KB011429

건강한
건물

HEALTHY
BUILDINGS

HEALTHY BUILDINGS
How Indoor Spaces Drive Performance and Productivity
by Joseph G. Allen, John D. Macomber

Copyright © 2020 by the President and Fellows of Harvard College
All rights reserved.

This Korean edition was published by THE MUST-READ BOOKS PUBLISHING in 2021 by arrangement with Harvard University Press through KCC(Korea Copyright Center Inc.), Seoul.

이 책의 한국어판 저작권은 (주)한국저작권센터(KCC)를 통해 저작권자와 독점계약을 맺은 머스트리드북에 있습니다. 저작권법에 의해 한국 내에서 보호를 받는 저작물이므로 무단전재와 복제를 금합니다.

건강한 건물

HEALTHY BUILDINGS

코로나 이후,
사무실이 진화한다

조지프 앨런 · 존 매컴버 지음 | 이현주 옮김

머스트
리드북

서문

환경 위험에 맞서 더 건강한 공간을 만드는 법

주거지를 찾는 일은 식량, 물과 함께 인간의 가장 기본적인 욕구 중 하나다. 그러나 아주 오래전 주거지는 단순히 인간이 수렵 채집 활동을 마친 후 휴식을 취하기 위해 돌아오는 장소에 불과했다. 그 시절 주거지란 머리 위를 덮는 지붕을 의미했으며, 우리는 야외에서 거의 모든 시간을 보냈다. 오늘날 이런 주거지는 우리가 살아가고 일하고 공부하고 놀고 휴식하고 회복하는 곳이다. 수천 년에 걸쳐 인간은 야외 생활이 아닌 실내 생활을 하는 종으로 진화했다.

그러나 건물이 이제 우리 삶과 생계의 터전임에도 불구하고 우리가 그 안에서 들이마시는 공기의 질에 대해서는 제대로 따져보지 않는다. 실외 대기 오염에 관한 뉴스는 자주 접할 수 있다. 그것도 거의 매일. 그렇다면 실내 공기 오염에 관한 뉴스는 어떤가? 아마 거의 접하기 힘들 것이다. 우리는 실외 대기 오염을 걱정하는 데 많은 시간을 할애하지만 사실 인간의 건강에 가장 큰 영향을 주는 것은 실내 환경이다.

오늘날 건물 대부분은 특정 기능을 최적화하도록 설계되어 있다.

건물의 '건강 상태'는 여러 건축 규정에 따라 정의되는데 위생 시설, 전기 배선, 방화 시설, 채광과 통풍, 접근성 등 많은 것들에 대한 기준이 있다. 도시 형태의 역사를 훑어보면 미학, 안락함, 웅장함 등이 우리에게 중요한 요소라는 것을 알 수 있다.

실내 환경이 우리의 기분과 성과에 영향을 준다는 사실은 누구나 알고 있다. 모두가 답답한 회의실이나 들어가자마자 재채기가 나오는 친구의 집처럼 제 기능을 하지 않는 실내 공간을 경험한 적이 있기 때문이다. "내가 일하고 싶은 곳은 바로 이런 공간이야" 혹은 "여기서 당장 나가고 싶어"처럼 즉각적이고 본능적인 반응을 일으키는 사무실이 있다. 콕 집어 말하기 힘든 요소들이 한꺼번에 드러나는 것이다.

공유할 만한 좋은 소식이 있다. 손쉬운 방법으로 건물을 '건강하게' 만들 수 있다. 더 좋은 것은 건물을 건강하게 만드는 건강한 건물Healthy Building 전략이 훌륭한 사업 전략이라는 점이다. 건물을 운영하는 데 드는 실제 비용은 친환경 건물Green Building 운동의 동인인 에너지, 폐기물, 물이 아니라 그 안에서 생활하는 사람들 때문에 발생한다. 우리가 건물을 건강하게 만들면 그곳에서 생활하는 사람들이 건강해지고 그들의 생산성이 높아져 결국 회사의 이익으로 연결된다.

공중보건학, 건축학, 경영학의 이런 융합은 우리 시대 가장 큰 미개척 사업이 무엇이고, 건강 분야에서 어떤 기회가 생길 수 있는지 보여준다. 친환경 건물에서 건강한 건물을 짓는 추세로 바뀌면서 영리한 비즈니스 리더들은 이전에는 별개로 취급되던 세 가지 학문을 융합하여 일생일대의 사업 기회를 포착할 수 있을 것이다. 곧 알게 되겠지만 건강한 건물 전략은 비즈니스 리더, 직장인, 투자자, 개발자, 대중 등 지구상의 모든 이해관계자에게 유리한 가치 제안이라는 사실이 밝혀졌다.

비즈니스 리더에게

당신은 뛰어난 인재를 얻기 위해 글로벌 경쟁에 뛰어들어야 한다는 사실을 누구보다 잘 알고 있다. 하지만 똑똑하고 뛰어난 인재를 끌어모으고 유지하는 수단으로 건물을 이용할 수 있다는 사실은 모를 수도 있다. 회사는 큰돈을 투자해서 인재를 데려온 후 건물을 관리하여 그 인재의 성과를 최대로 향상시킬 수 있다. 이 책은 건물에서 가장 중요하고 값비싼 자산인 당신이 고용한 사람들의 가치를 발견할 수 있는 비결을 담고 있다. 당신은 건물을 인적 자원 관리 도구로 활용하고 있는가?

직장인에게

입사 지원자는 자신이 맡게 될 책무의 성격, 상사, 연봉, 휴가 기간 등에 관해 주로 질문한다. 이제 당신의 건강과 성과에 가장 큰 영향을 주는 한 가지, 바로 당신이 일하게 될 공간에 대해 질문할 때다. 건물 관리자는 실내 환경을 최적화하기 위해 어떤 일을 하고 있는가? 환경의 질을 나타내는 지표를 추적 관찰하고 무언가 잘못되었을 때 곧바로 개선 조치를 하는가? 그들은 단순히 최소한의 요구 사항을 충족하는가, 아니면 복지를 증진하는 전략을 채택하고 있는가? 당신은 사무실 건물을 면접 보고 있는가?

투자자와 개발자에게

친환경 건물 운동은 건강한 건물 운동에 자리를 내주고 있는데 여기에는 그럴 만한 이유가 있다. 친환경 건물 운동은 대체로 에너지 절약을 통한 금전적 절약을 추구해왔다. 한 조사에 따르면 7조 달러 이상의 부동산 기관 자금이 친환경 건물에 투자되고 있다. 그러나 이런 투자는 에너지, 폐기물, 물처럼 건물 운영 비용의 1퍼센트를 줄이기 위한 것이다. 우리는 에너지를 절약하기 위해 건물을 짓지 않는다. 우리는 사람을 위해 건물을 짓는다. 당신의 투자는 다가오는 건강한 건물 운동에 대해 경쟁력을 갖추고 있는가?

지구상의 모든 사람에게

건물은 에너지 체계와 변화하는 기후와의 긴밀한 관계를 통해 우리의 건강에 영향을 준다. 전 세계 에너지 생산은 대부분 화석 연료에 의지하고 있으며, 건물은 그 에너지의 40퍼센트를 소비한다. 뉴욕 같은 지역에서는 그 비율이 80퍼센트에 육박한다. 따라서 건물의 에너지 절약 기능은 대기 오염과 온실가스 배출 감소 면에서 건강에 공동 혜택co-benefit을 제공할 수 있다. 당신이 지내는 건물은 당신에게 공중보건 혜택을 주는가?

우리는 이 책에서 공중보건학, 건축학, 경영학의 40년 역사를 하나로 모아 건물이 우리의 건강과 부富를 위해 그토록 중요한 이유를 설명한다. 이 세 가지 학문은 역사적으로 별개로 취급되어왔지만 사실 이들은 서로 연결되어 있다. 우리는 탄탄한 과학적 증거를 바탕으로 건강한 건물에 관한 경영 사례를 제시하는 한편, 건물을 활용하여 소유자, 거주자, 개발자 그리고 지역 사회를 위해 유익한 가치 제안을 하는 현실적 방법을 소개한다. 시장이 던지는 다음과 같은 질문에 대한 답을 제공함으로써 우리는 이런 가치 제안을 하는 방법을 명확히 보여줄 것이다.

- 건강한 건물이란 도대체 무엇인가?
- 건강한 건물 전략은 회사의 성과에 어떤 영향을 주는가?
- 건강한 건물 운동의 원동력은 무엇인가?
- 스마트한 건물은 어떻게 건강한 건물과 교차하는가?
- 투자를 이익으로 연결하여 가치를 창조하고 획득하는 방법은 무엇인가?
- 건강한 건물 운동은 전 세계적으로 확장할 수 있을까?

우리가 경제적 가치를 창조하고 인간의 건강과 성과를 향상시키기 위해 건물의 잠재력을 활용하는 방법을 소개하면서 다룰 몇 가지 질문이다.

차례

2부 건강한 건물 전략

1부

건강한 건물 예찬

1장

이 이야기가 당신에게 중요한 이유

가장 값진 재산은 건강이다.

— 랠프 월도 에머슨

존의 깨달음

나는 건축을 하기 위해 태어났다. 말을 배우기도 전에 부엌에 옥수숫가루로 작은 모래밭을 만들고 트럭과 불도저를 갖고 놀았다. 바닥에서 천장까지 캔틸레버(한쪽 끝이 고정되고 다른 끝은 받쳐지지 않은 상태로 되어 있는 보—옮긴이) 방식으로 블록을 쌓아 올려 여동생을 즐겁게 해주었다. 블록 하나에서 시작하여 얼마나 넓게 확장할 수 있을까? 천장에 닿으려면 블록이 몇 개나 필요할까?

건축에 대한 이런 재능은 선천적으로 타고났다고 할 수 있다. 나의 증조할아버지는 1904년 대형 건설 회사를 그만두고 조지B.H.매컴버컴퍼니를 설립했다. 그는 보스턴에 최초의 구조용 강재 건물(지금은 밀크가 79번지라고 불린다)과 찰스강에 다리가 생기기 전에 웰드보트하우스(매사추세츠주 케임브리지의 찰스강 기슭에 있는 하버드대학 소유 건물—옮긴이)를 지었다.

할아버지가 1927년에 가업을 이어받았고 내 아버지가 다시 1957년에 회사를 물려받았다. 아버지의 초기 프로젝트 중 하나인 예일대학 미술관의 육각형 격자 모양 철근콘크리트구조 바닥은 시간이 지나면서 그의 입체적 사고 능력을 여실히 보여주었다. 아버지는 마감된 콘크리트가 어떻게 보일지, 철근이 어디에 배치될지 그리고 (거꾸로, 뒤로) 합판이 어떻게 마무리되어야 다 떼어내지 않고 아래에서부터 효과적으로 해체할 수 있는지 상상해야 했다.

형제들과 나는 1990년 가업을 물려받아 아버지가 중단한 곳에서 다시 시작했다. 나는 동일한 모놀로식 콘크리트 타설로 만들어진 연속적인 측벽의 위아래로 계단이 번갈아 있는 현장 주조 건물을 위한 거푸집을 설계했다. 쉬운 일은 아니었지만 아버지가 그랬던 것처럼 나도 퍼즐의 논리에 매력을 느꼈다.

나와 아버지는 둘 다 타고난 실생활 문제 해결사였으며, 우리는 고층 아파트, 데이터센터, 벽 자체가 수집품의 일부인 박물관, 재활의학 전문 병원 등의 프로젝트에 참여했다. 나는 조지B.H.매컴버컴퍼니의 회장이자 주주로서 15년간 형제들과 함께 일했다. 우리는 매사추세츠공과대학MIT, 피델리티인베스트먼트, 스테이트스트리트은행, 매사추세츠종합병원, 이사벨라 스튜어트 가드너 뮤지엄, 보스턴 현대미술관 등을 고객으로 확보하고 뉴잉글랜드 전역의 랜드마크를 지었다. 상업용 부동산 개발자를 위해 수십 개의 사무실 건물, 아파트, 상가 등의 건축에도 참여했다.

2006년까지 보스턴에서 건축업은 경쟁이 매우 치열하고 대립과 갈등이 많으며 마진이 적었다. 나는 소송 담당자나 미수금 수금자가 아니라 건축가가 되고 싶었다. 그래서 형제들과 4대에 걸쳐 102년간 꾸려온 회사를 매각하고 교수로서 두 번째 경력을 시작했다.

하버드경영대학원에 들어간 나는 처음에 두 과목을 가르쳤다. 하나는 부동산Real Property으로, 기본적으로 어떻게 자금을 조달하고 토지를 매입하여 가치를 끌어올리는지 알려주는 부동산 기초 강의였다. 하버드경영대학원에서는 이 과목을 금융학과에서 투자자 중심으로 가르쳤다. 다른 하나는 부동산 개발, 설계, 건설로, 하버드디자인스쿨과 공동으로 진행했으며 업계의 현실적인 면을 다루는 데 초점을 맞추었다. 물론 두 과목 모두 보람된 일이었지만 천장 타일을 구입하거나 아파트 재융자를 받는 데 필요한 새로운 학술 연구는 많지 않았다.

그러다 두 가지 일이 일어났다. 하나는 하버드경영대학원에서 인도에 부동산 최고경영자 과정을 개설한 것이다. 나는 그 프로그램의 수장으로서 강의차 인도에 자주 갔는데, 그보다 더 중요한 목적은 연구하고 글을 쓰는 일이었다. 하버드경영대학원의 사례 연구 주제는 인도 북서부 구자라트주의 수도 독점사업권부터 뭄바이의 비공식 주택 재개발, 동부 콜카타의 저소득층 주택 개발, 전국적인 인프라 금융에 이르기까지 다양했다.

인도의 건축 기획자들은 끊기지 않는 전기, 항상 깨끗한 물, 안정적인 상하수도 시설, 심지어 도로와 같은 신뢰할 수 있는 인프라를 제공하기 위해 국가에 의존할 수 없는 상황이었다. 현금흐름, 콘크리트, 안전모, 구조 사각화 등 나와 함께 성장한 도구들은 수직적 건축물에서의 개인적 경험만큼이나 수평적 인프라에도 크게 적용되었다. (미국 상무부에서 '가벼운 일반 건축물'로 분류하는 초고층 건물이나 박물관 등을 포함하여 대부분의 상업용 부동산과 공공시설 건축물은 대부분 수직적 건축물이다. 또 다른 범주로 도로, 전선, 수송관, 공항 같은 중형 건축물heavy construction과 토목 공사가 있는데 이것은 대부분 수평적 건축물이다. 발전소나 정유공장 등도 중형 건축물 범주에 속한다.)

환경 문제 외에도 모든 사람에게 주택을 공급하는 것은 정부 차원에서는 불가능한 일이지만 특정 상황에서 민간 부문의 경우에는 가능할 수 있다. 내가 진행한 하버드경영대학원의 사례 연구 「다라비: 아시아 최대 빈민가 개발하기」는 현재 수십 개 대학에서 연구 자료로 사용하고 있으며 《월스트리트저널》을 비롯하여 여러 매체에도 소개되었다. 이 사례는 정부와 민간 부문의 파트너십이 저소득층과 중간소득층의 주택 문제를 개선하는 데 어떻게 활용될 수 있는지 보여준다.[1]

그와 동시에 나는 하버드대학환경센터와 하버드경영대학원이 공동으로 추진하는 '경영과 환경 이니셔티브'에 더 활발히 참여했다. 나는 대기 중 이산화탄소가 지구온난화에 얼마나 치명적인 영향을 미치는지와 같은 정책적인 문제를 논의할 자격이 없다. 제22차 유엔기후변화협약 당사국 총회COP22[2]와 파리기후변화협약 시행에 대해 논의할 지식이나 경력도 없다. 이런 내가 어떻게 도움이 될 수 있었을까?

내가 잘할 수 있는 일은 돈과 건축에 대해 생각하는 것이었다. 특히 수억 명의 삶에 영향을 주는 수도, 공중보건, 도로, 전기, 대중교통에 투자하기 위해 수조 달러의 민간 자본을 확보하는 일에 전문성을 가지고 있었다. 공중보건은 분명 사회의 성공과 직접적으로 연결되어 있다.

요즘 나는 도시와 건물에 관해 연구하고 있는데, 여기에는 몇 가지 이유가 있다. 첫째, 전 세계 국내총생산GDP은 대부분 도시에서 발생한다. 둘째, 전 세계 온실가스도 대부분 도시에서 발생한다. 셋째, 도시는 실행력을 가진 정치적 집합체의 성격을 지닌다. 시장과 시의회 의원은 유권자와 더 가깝고, 더 많은 책임을 지며 도시 협약, 지대 설정, 법규 등을 신중하게 사용하여 더 많은 일을 할 수 있다. 마지막으로 도시는 개인 투자자들이 투자하기에 적합한 규모다. 그들은 싱가포르, 이스라엘, 파나마보다 큰 국가의 연방 정부 단위에서는 구현하기 힘든 방식으로 도시 규모에서 도로, 교량, 발전소, 기지국 네트워크에 투자할 수 있다.

물론 도시는 그 안에서 생활하고 일하는 사람들을 위한 것이다. 그러나 경질자산hard assets(석유, 천연가스, 금, 은, 농지, 천연유색 다이아몬드, 상업적 부동산과 같은 내재 가치가 있는 물품—옮긴이)은 이 사람들이 번영할 수 있는 틀을 만든다. 이런 이유로 나는 도시에서 에너지와 교통, 물과 상하수도 시설, 정보통신기술 인프라를 포함한 경질자산의 설계, 재정, 전파의 정도를 살핀다. 물론 도시의 중심에는 언제나 건물이 있다.

이것은 두 가지 실망스러운 역설로 연결된다.

첫 번째는 인프라의 역설이다. 인프라 투자자, 세계은행 같은 다

자간 기구, 학계의 모임에서 '인프라 역설'에 대해 자주 이야기한다. 도이치은행에 따르면 부유한 개인, 연기금, 보험 회사, 기부금, 국부펀드 등 글로벌 금융 시스템의 채권 부분에 50조 달러 이상의 금융자산이 투자되어 있다. 모두 수익을 추구하는데 현재 수익률은 미국 국채 수익률인 약 3퍼센트에 불과하다.[3] 그와 동시에 인프라 공간에는 가치 있고 현금 유동성이 있으며 사회에 유익한 수백 개 이상의 프로젝트가 있다. 어떻게 하면 이런 프로젝트들을 돈벌이가 되게 만들고 싶은 욕구와 자금을 연결할 수 있을까? 내가 하버드경영대학원에서 강의하는 〈지속 가능한 도시와 탄력적 인프라〉는 이를 위한 구조, 기회, 규제를 탐구하는데, 대부분 위험의 인식과 분배와 관련되어 있다.

두 번째는 훨씬 더 골치 아픈 역설로 '건강한 부동산 투자의 역설'이라고 부르기로 하자. 우리 사회는 형편없는 건물에 돈을 낭비하고 있고, 우리는 형편없는 건물에서 삶을 낭비하고 있다. 솔직히 말해 건물 안 공기가 우리를 병들게 하고 생산성을 떨어뜨린다. 이 역설은 채무 불이행, 사고 혹은 현금흐름 문제 등 단순히 프로젝트 수준의 불확실성에 관한 것이 아니다. 올바른 장기 엔지니어링 투자를 하기 위해 누가 어떤 조치를 해야 하는지에 관한 문제다. 올바른 운영 결정을 내리기 위해 누가 어떤 선택을 해야 하는가? 장기적으로 볼 때 건물의 건강을 통해 혜택을 받는 사람은 누구인가? 투자자도 여기서 발생하는 혜택을 어느 정도 누릴 수 있는가?

최근까지 건강한 건물이 가져다주는 혜택은 너무 추상적이어서 구체적인 투자 사례를 도출하기 어려웠다. 지금도 여전히 대출기관, 임대인, 임차인 그리고 그 안에서 일하는 사람들이 얻는 인센티브가 동등하지 않다. 그러나 새로운 정량적 연구는 우리의 인지 능력, 건강, 생산성, 복지가 건물의 설계, 운영, 관리에 관한 결정에 직접적인 영향을 받는다는 것을 객관적이고 재현 가능한 방식으로 보여준다.

이것은 우리 모두가 시간을 보내는 물리적 구조물의 기저를 이루는 비즈니스 모델을 살펴보는 새롭고도 매우 흥미로운 방법이자 건강을 위한 실질적인 조치와 재무 모델을 연결하는 방법이다. 그러나 나는 이 일을 진행하기 전에 건강한 건물의 과학에 대한 전문 지식이 필요하다고 생각했다.

그렇게 나는 조를 찾게 되었다.

조의 깨달음

존과 마찬가지로 나 역시 어느 정도 부모님의 길을 따랐다고 할 수 있다.

아버지는 뉴욕에서 강력계 형사로 일했는데, 1980년대 중반 '올해의 형사상'을 받을 만큼 유능한 형사였다. 20년간의 형사 생활을 마치고 은퇴한 후 사설탐정 회사를 차렸다. 아버지는 현장 수사를 맡았고 어머니는 장부 기록을 담당했다. 나도 어린 시절부터 사설탐정 일을 하며 시간을 보냈다. 인기 드라마 〈매그넘 P.I.〉(1980년부터 1988년까지 방영된 미국의 범죄 드라마—옮긴이)에서처럼 페라리를 타진 못했지만 감시, 잠복수사, 과학 수사, 스킵트레이싱을 하며 뉴욕의 다섯 개 자치구를 휘젓고 다녔다. (스킵트레이싱skip tracing은 사람들이 살아가고, 일하고, 일반적으로 시간과 돈을 쓰는 곳을 알아내기 위해 추적하는 관행을 일컫는 업계 용어다. 도망간 사람의 행방을 추적하는 관행에서 유래했다.) 내 사설탐정 경력은 비밀 아닌 비밀이지만 미리 알려줄 이야기가 있다. 만약 이 글을 읽고 당신이 구글에 '조 앨런 사설탐정 보스턴'을 검색한다면 검색창에 뜨는 조 앨런은 내가 아니다. 나와 아무런 연관이 없는 인물이다.

나는 대학 시절은 물론 졸업 후에도 사설탐정 일을 계속했다. 나중에 아버지가 주요 고객의 보안 책임자로 고용된 후에는 동생과 함께 회사를 맡아 운영했다. 탐정 일을 너무 좋아했지만 마음속으로는 항상 내가 과학자라고 생각했다. 그래서 사설탐정으로 일하면서 대학원에 진학해 환경과학을 공부했고, 만일을 대비하여 미국연방수사국FBI에도 지원했다.

나는 하마터면 콴티코 기지(버지니아주 북동부에 있는 미 해병대 기지—옮긴이)로 가서 FBI 특별 수사관이 될 뻔했다. 그들은 내 지원서를 마음에 들어 했고 나는 몇 시간 동안 필기시험을 친 후 합격했다는 통보를 받았다. 그런 다음 지금까지 내가 알고 지낸 사람 혹은 교류한 사람을 모두 적어 50쪽짜리 서류를 제출했다(그들은 목록에 있는 사람 대부분에게 연락했다). 이 단계를 통과한 후 나는 필라델피아로 날아가 종일 FBI 특별 수사관들의 질문 공세에 시달렸다. 그 후 또 다른 시험이 기다리고 있었는데, 많은 서류를 샅샅이 뒤져 금융 사기에 대한 설득력 있는 주장을 엮어내는 것이었다. 이 시험도 무난히 통과했다.

특별 수사관 합격까지 비교적 쉬운 두 관문만을 남겨놓고 있었는데, 거짓말 탐지기 검사와 체력 검사였다. 나는 체력 검사를 위해 몇 달 동안 훈련해왔기 때문에 거짓말 탐지기 검사만 통과하면 되었다.

그러나 나는 그 검사에 통과하지 못했다. 나를 범죄 경력을 숨긴 파렴치한으로 매도하기 전에 한 가지 밝혀두자면 나는 그저 미숙한 시험관의 피해자였다. 거짓말 탐지기 검사가 시작되면 지원자는 기계에 연결되고, 시험관은 형식적인 질문 몇 가지를 던진 후 테이블 사이를 돌아다니며 잡담을 한다. 여전히 기계에 연결되어 있지만 지원자가 검사가 끝났다고 생각하게 만드는 전략이다. 그런 다음 시험관은 질문을 계속한다. 나를 담당한 시험관은 내가 숨기고 있을지도 모르는 비도덕적인 비밀을 쉽게 털어놓게 하려고 터무니없고 부자연스러운 시나리오를 내밀었다.

"이봐, 조. 내 친구의 친구가 치과의사인데 부업으로 친구에게 처방전이 필요한 약을 가져다준대. 뭐 별일 아니야. 비밀에 부쳐줄 테니 당신도 그런 일을 하고 있으면 내게 털어놔 봐."

"음, 아뇨." 나는 웃음이 터져 나오는 것을 억지로 참으며 대답했다.

"조, 내 친구 중 한 명은 반정부 인터넷 포럼에서 가명으로 활동하고 있어. 별일 아니지. 우리 모두 자기 생각을 말할 자격이 있으니까. 당신도 그런 활동을 하고 있으면 말해줘. 이 이야기만 하고 다시 검사를 시작하자고."

그는 섹스, 마약, 로큰롤, 공산주의 등 거의 모든 주제에 대해 질문했다. 모든 주제마다 "조, 내 친구는 ____을 하고 있어. 별일 아니야. 당신도 그래?"라는 패턴으로 대화가 이어졌다.

나는 시험에 떨어졌다는 통보를 받고 정식으로 항의했다. FBI 담당자가 내 항의를 받아들여 재시험을 볼 기회를 주었다. FBI는 나의 재시험을 위해 이라크에서 말 그대로 최고의 심문자를 데려왔다. (그에게 나의 재시험보다 더 중요한 일은 없었던 걸까?) FBI가 데려온 심문자는 내가 상상하던 모습 그대로였다. 2미터에 가까운 큰 키에 덩치가 크고 험상궂은 얼굴을 한 사내였다. 그는 위협적인 부츠를 신고 있었는데, (나를 육체적으로 위협하면서) 정신적으로 흠씬 팰 준비가 된 것 같았다.

동일한 검사가 진행되었지만 이번 시험관은 능숙했다. 터무니없는 시나리오는 꺼내지도 않았다. 그의 방식은 최대한 겁을 주는 것이었다. 그가 자리에서 일어나 코앞에서 소리를 질렀지만 나는 침착함을 유지했다. 그는 "네가 무슨 일을 하고 있는지 다 아니까 말도 안 되는 소리는 집어치워!"라고 계속 이야기했다. 나는 머릿속에 '당신이 무슨 이야기를 하는 건지 모르겠지만 이상하게도 재밌군!'이라는 생각만 떠오를 뿐이었다.

나는 침착하게 행동했다. 극심한 위협에 어떻게 반응하는지 보는 것도 시험 일부라고 생각했다. 모든 과정이 끝난 후 그가 시험실에서 나를 데리고 나가며 수백 명의 특별 수사관 앞에서 호통치고, 문을 세게 닫으며 나를 거의 칠 뻔했을 때도 나는 이번 시험에 통과했다고 확신했다. 그렇게 문을 세게 닫는 것도 시험의 마지막 관문이라 생각했기 때문에 '좋은 시도였지만 나는 이런 일에 당황하지 않아'라고 생각하며 매우 침착하게 행동했다. 나는 그가 다시 문을 열고 들어와 영화 〈찰리와 초콜릿 공장〉의 마지막 장면에 나오는 윌리 웡카처럼 미소를 지으며 내가 이겼다고 말할 것으로 반쯤 기대했다.

하지만 문은 다시 열리지 않았다. 나는 또다시 시험에 떨어졌다. 그들은 이번에 내가 '대항책'을 취했다고 시험에서 떨어뜨렸다. 터무니없는 일이었다. 나는 거짓말 탐지기 조사에 대한 대항책이 무엇인지 모른다. 그때도 몰랐고 지금도 여전히 모른다. 그러나 그날 한 가지 배운 것이 있다. 나는 '과학의 오용'에 대해 회의를 느꼈다.

신기한 것은 내가 두 번째 거짓말 탐지기 검사를 받고 시험에 떨어진 날이 공중보건대학원 수업 첫날이었다는 사실이다. 오전에 FBI 거짓말 탐지기 시험에 떨어졌다는 통보를 받고 몇 시간 후 대학원 수업을 들은 학생은 분명 내가 유일할 것이다. 나는 가끔 FBI 시험에 통과했더라도 내가 대학원 수업에 참석했을지 궁금하다….

나는 내가 꽤 실력 있는 FBI 특별 수사관이 되었을 것으로 생각하지만 한편으로 그때 거짓말 탐지기 검사에서 탈락한 것을 다행으로 여긴다. 시험에 떨어지는 바람에 열정을 가지고 진정으로 하고 싶은 일을 찾게 되었다. 묘하게도 여전히 과학 수사 분야에 속한 일이었다.

나는 문제의 건물에 대한 첫 과학 수사를 진행하면서 급성장하는 '건강한 건물 운동'의 힘과 잠재력을 발견했다. 이것은 일반적인 새건물증후군sick building syndrome(건물 안의 오염된 공기, 화학물질 등으로 인해 그 안에서 생활하는 사람들이 피로, 두통, 눈 따가움, 호흡 곤란 등을 겪는 것—옮긴이)과 달랐다. 사람들이 가끔 두통, 눈의 염증, 현기증, 알레르기 반응 같은 증상을 호소하는 답답한 칸막이 사무실이 아니었다. 새건물증후군의 심각성을 깎아내리려는 의도는 아니지만 이번에는 병원 건물이었고 네 사람의 생명이 위태로웠다.

2009년 애틀랜타의 그래디병원에서 발생한 일이었다. 두 개의 층에 있던 네 명의 환자가 같은 달 레지오넬라증에 걸렸다. 전형적인 집단 발병 시나리오였다. 그래디병원에서 어떻게 발병이 일어났는지 설명하기 전에 레지오넬라증을 간단히 소개하겠다. 레지오넬라증은 매년 건물 안팎에서 수천 명의 미국인이 걸리는 매우 흔한 질병이다. 매년 7천500건 정도 발생하는 것으로 보고되지만 실제 발병 건수는 이보다 훨씬 많다. 레지오넬라증은 진단을 받지 않거나 혹은 보고되지 않는 경우가 많기 때문이다. 병에 걸린 사람 열 명 중 한 명이 사망하는 치명적인 질병이기도 하다.[4]

레지오넬라증은 1976년 벨뷰스트랫퍼드호텔에서 열린 미국재향군인회 총회에서 발병하여 처음 발견되었다. 며칠 동안 2천 명이 생명을 위협하는 극심한 폐렴 증상을 보였고 그중 29명이 사망했다. 가장 무서운 것은 아무도 그 원인을 알지 못했다는 사실이다. 그 행사에 참석한 1만 명의 회원들은 자신도 병에 걸렸을까 봐 두려워했다. 이 사건은 《뉴스위크》 표지에 실릴 만한 일이었다. (인터넷 뉴스가 등장하기 전에는 《뉴스위크》 표지에 실리는 것은 대단한 일이었다.)

이 질병이 '레지오넬라증' 혹은 '재향군인병'으로 불리는 이유는 회원들이 스스로를 재향군인Legionnaire으로 부르는 미국재향군인회 총회에서 처음 발생했기 때문이다. 몇 달간의 조사를 거쳐 미국질병통제예방센터CDC는 발병 원인을 밝혀냈다. 건물 냉방 장치에 있는 세균이 원인이었는데 이 세균의 이름이 바로 레지오넬라균이다.

레지오넬라균은 자연 발생하는 수인성 세균으로 폐렴 같은 질병을 일으킬 수 있다. 이 세균은 자연계에 어디에나 존재하지만 그 수가 많지 않다. 그러나 물이 고여 있거나 물 온도가 미지근한 환경에서는 세균이 빠르게 확산한다. 건물 안 몇몇 장소는 레지오넬라균이 서식하기에 좋은 집이 되어준다. 배수관의 생물막 내부, 건물 옥상의 냉각탑 안 혹은 재향군인회의 경우처럼 에어컨 응축액 배수관에서 이 세균은 주로 서식하고 성장한다.

건물 안에서는 사용하지 않는 배관에서 레지오넬라균이 흔히 발견된다. 사용하지 않는 배관은 배관 설비에서 가령 건물을 새로 수리하면서 식수대를 제거하기 위해 오래된 배관을 끊었을 때 생긴다. 가끔 건물주가 효율성, 비용, 게으름, 근시안적 생각 때문에 수도관을 배관 설비의 접합 부분에서 절단하지 않고 식수대가 있던 곳에서 바로 수도관을 막고 벽을 세울 때도 있다. 이런 경우 사용하지 않는 배관이 생긴다.

사용하지 않는 배관은 물이 더 이상 순환하지 않으면서 연장된 배관이므로 물이 고이고 미지근한 온도로 유지된다. 레지오넬라균이 자라기에 더없이 좋은 환경이다. 더 중요한 것은 이 세균이 건물 상수도 시설에 남은 소독제(보통 염소를 사용한다)가 쉽게 '공격'하지 못하는 곳에서 자라난 후 상수도의 주요 배관에 세균을 계속 흘려보내는 공급자 역할을 한다는 점이다.

단순히 물속에 레지오넬라균이 있다고 병에 걸리는 것은 아니다. 레지오넬라증은 세균을 들이마실 때 생기는 병이다. 따라서 건물에 레지오넬라균이 서식한다고 해서 문제가 되지는 않는다. 세균이 공기 중에 분사되거나 미세한 입자로 퍼져나가야 한다. 재향군인회 발병 사건의 경우 세균이 냉난방 장치를 통해 공기 중에 분사되어 퍼져나갔다.

그 이후로 우리는 냉난방 시설에 생길 수 있는 레지오넬라균을 신경 써서 관리하고 있다(거의 그렇게 하고 있지만 2017년 디즈니랜드에서 22명이 걸렸고 2014년 포르투갈에서 336명이 병을 앓고 10명이 사망한 것처럼 여전히 발병 빈도가 높다). 그리고 개수대에서 물이 튀거나 변기 물을 내릴 때 튀는 경우를 제외하면 상업용 건물 안에서 물이 공기 중에 분사되는 경우는 많지 않다. 그러나 병원은 샤워 시설 때문에 다른 건물보다 물이 공기 중에 분사되는 경우가 잦다(이런 이유로 비슷한 환경인 호텔도 마찬가지로 레지오넬라증 집단 발병이 자주 일어난다).

레지오넬라균에 대해 어느 정도 이해했으니 이제 그래디병원 이야기로 돌아가 보자. 수도관에서 물 표본을 채취하여 검사한 결과 질병이 발생한 두 개 층의 물에서 레지오넬라균이 발견되었다. 엄밀히 말하면 그래디병원에서 일어난 사건은 이례적인 일은 아니었다. 병원을 포함한 여러 건물에서 레지오넬라균이 흔히 발견된다. 한 설문조사에 따르면 미국 병원의 90퍼센트에서 레지오넬라균이 발견되었다.[5] 또한 레지오넬라증이 발생하는 것도 이례적인 일은 아니다. 미국에서는 매년 수천 건의 레지오넬라증이 발생하기 때문이다. 하지만 그래디병원 사례의 특이한 점은 같은 달, 두 개의 층에서 네 명의 환자가 발생했다는 사실이다. 이것은 집단 발병이었다.

그래디병원 경영진은 문제의 심각성을 즉각 알아차리고 수도관에 강력한 살균제를 흘려보내는 등 몇 가지 조치를 했지만 두 개 층의 수도관에서 레지오넬라균을 완전히 없애는 데 실패했다. 결국 그들은 환경 컨설팅 회사를 고용했는데, 그 회사가 바로 내가 공중보건학 석사학위를 취득한 후 처음 일한 곳이었다.

우리가 맡은 일은 레지오넬라증의 집단 발병을 막는 것이었다. 얼핏 단순해 보이지만 실제로는 꽤 복잡한 목표였다(물론 그래서 그들이 우리 회사를 고용했을 것이다. 난해한 프로젝트를 맡거나, 팀원들이 프로젝트가 너무 힘들다며 불평할 때마다 나는 쉬운 일이라면 애초에 우리를 찾지 않았을 것이라고 말한다). 나는 새로 학위를 따고 '박사'라는 호칭을 얻자마자 집단 발병을 막기 위해 컨설팅 회사 대표와 함께 조지아주 애틀랜타행 비행기에 몸을 실었다.

내가 출장을 위해 짐을 꾸리는 동안 영리한 아내가 가장 큰 문제를 일깨워주었다. "대체 당신이 레지오넬라증에 대해 아는 게 있어?" 핵심을 찌르는 질문이었다. 아내의 말이 옳았다. 나는 공중보건학을 전공했지만 내 논문은 가정과 사무실 제품에서 발견되는 내염성 유독 화학물질에 초점이 맞춰져 있었다. 내가 아는 것은 환경보건학 개론 세미나에서 레지오넬라증에 관한 30분짜리 강연을 들은 것이 전부인데, 이제 나는 병원에서 일어난 생명을 위협하는 집단 발병 문제를 해결하러 떠나야 했다. 이것은 심각한 과실이었을까?

아니다. 그렇지 않았다. 나는 레지오넬라균에 대해 정식으로 교육을 받은 것은 아니지만 노출위험도 평가학에 관한 전문 지식을 가지고 있었다. 노출위험도 평가학이 무엇인지 궁금한 사람도 있을 것이다. 나는 화학물질이나 생물학적 위험에 노출되었을 때 그 원인을 밝히는 것에 관해 교육을 받았다. 이 학문은 이런 독성물질이 건물 내에서 공기, 물, 먼지를 통해 어떻게 전파되는지 파악한다. 그것이 우리 몸에 어떻게 들어가고, 일단 몸에 들어가면 어떤 일이 일어나는지, 노출 원인을 완화하는 방법은 무엇인지 등을 알아낸다. 레지오넬라증이나 다른 새건물증후군 문제를 조사하는 데 꼭 필요한 지식이라 할 수 있다.

나는 아내에게 "내가 해결할 수 있어. 노출위험도 평가학을 수인성 세균이라는 새로운 문제에 적용하는 것뿐이야"라고 말했다. 아내에게 한 말이지만 사실 나 자신에게 한 말이기도 했다. 나는 자신감을 키우기 위해 "나는 해결할 수 있어"라고 되뇌었다. 많은 생명이 달린 일이었다.

이 말은 당시에도 사실이었지만 지금도 여전히 맞는 이야기다. 시간이 지나면서 새로운 방법이 추가되었지만 기본적으로 내가 한 일이 경력을 쌓는 과정에서 내 접근 방법이 어떤 것이었는지 설명해준다. 바로 새건물증후군 현상이 나타난 모든 건물에 노출위험도 평가학의 기본 원칙을 적용하는 것이다. 이를 통해 나는 과학수사팀과 협력해 상업용 사무실 건물에서 발생한 유방암 집단 발병에서 부엌 화강암 조리대에서 라돈이 방출된 일에 이르기까지 다양한 문제를 해결했다. 나는 미군에서 발생한 '신생아 11명 사망' 사건의 환경적 원인을 평가하고, 2010년경부터 몇 년간 미 남서부 지역을 괴롭힌 '중국산 석고 보드' 사건의 조사를 이끌었다.

그래디병원 이야기로 다시 돌아가자. 나는 애틀랜타행 비행기에서 새로운 상사 옆에 앉아 24시간 동안 1970년대 이후 발표된 레지오넬라균에 관한 주요 연구 논문을 모두 훑어보았다. 새로운 상사는 이런 새건물증후군과 관련된 문제를 수십 년간 해결해왔고, 우리는 함께 꽤 뛰어난 팀을 이루었다. 비행기가 애틀랜타에 도착했을 때 우리는 나름의 계획을 가지고 있었다. 단순히 집단 발병을 막는 것이 아니라 앞으로 같은 일이 발생하지 않도록 예방하는 것이었다.

기밀 유지 문제 때문에 우리가 그래디병원에서 어떤 방법을 썼는지 자세히 설명할 수는 없다(지금까지 설명한 내용은 모두 외부에 공개된 정보다). 그러나 우리가 집단 발병을 막았다는 사실은 분명하게 말할 수 있다. 우리는 여러 방법을 결합한 다면적인 전략을 썼다.

POU Point Of Use 필터를 사용하고, 상수도 시설에 강력한 소독약을 흘려보낼 뿐만 아니라 과산화염소 수처리 시스템을 설치하고, pH · 온도 · 세균 증식 같은 수질을 나타내는 지표를 철저히 관리했다. 그리고 궁극적으로 온수 가열기와 순환 장치를 개선했다. 이 모든 일을 하는 데 100만 달러에서 500만 달러의 비용이 들었다(정확한 비용 역시 공개할 수 없다). 하지만 인명 피해나 몇 달간 병원 두 개 층을 폐쇄함으로써 발생한 손실액과는 비교할 수 없었다.

우리가 일을 맡은 후부터 몇 년 뒤 계약이 끝날 때까지 감염자는 더 이상 발생하지 않았다(내가 알기로 우리가 완전히 떠난 후에도 감염자는 없었다). 물론 우리 힘만으로는 불가능한 일이었다. 우리를 지원해주는 팀이 있었고 그래디병원의 여러 관계자, 간호사, 전염병 관리 전문가, 수질 소독 전문가, 의사가 있었다. 그리고 가장 중요한 건물 엔지니어들의 도움이 컸다.

건물 엔지니어와 설비 관리자는 우리 건강의 진정한 영웅들이다. 내가 항상 "건물을 관리하는 사람이 의사보다 당신의 건강에 더 큰 영향을 준다"라고 말하는 이유가 여기 있다. 그래디병원에서 우리는 건강한 건물의 이름 없는 영웅들과 함께 배관 설계도와 지하실 배관 시설을 자세히 살펴보느라 수많은 시간을 보냈다.

나는 우리가 그래디병원에서 해낸 일이 자랑스럽다. 개인적으로 내가 성장하는 기회가 되기도 했다. 나는 공중보건대학원에서 노출 위험도 평가학을 공부했으며 건축학을 정식으로 배운 적은 없었다. 하지만 새건물증후군이 발생하는 건물의 문제를 해결하려면 건축학과 공중보건학의 융합이 필요하다는 것을 몸으로 느꼈다. 그래서 재향군인회 집단 발병 사건 조사 이후 몇 년간 건축공학자, 기계공학자, 독물학자, 전염병학자, 통계학자, 노출위험도 전문가가 모인 팀의 일원이 되어 복잡한 새건물증후군 문제를 해결하며 건축학을 익혔다.

모든 상호 심사 논문을 "추가 연구가 필요합니다"라는 문장으로 마무리하던 학계에서는 중요치 않던 신속성이 컨설팅에서는 중요한 요소로 작용했다. 현실 세계에서 문제가 되는 것은 "지금, 이 병원에 사람들이 있어도 안전한가"이다. 우리는 그 순간 가지고 있는 모든 정보에 기초하여 결정을 내려야 했다. 프로젝트를 마무리할 때마다 나는 "딸이나 아내가 이 건물에서 일한다고 해도 동일한 해결책을 제시할 것인가?"라고 자문해본다. 만약 그렇지 않다는 답이 나오면 나는 절대 위험 경보를 해제하지 않는다.

하버드대학 교수로서 이제 나는 내가 받은 공식적인 공중보건 교육에서 단점이라 생각한 것을 바로잡으려 노력한다. 나는 당시 내가 몰랐던 건물의 중요성을 공중보건학과 학생들에게 알려주기 위해 건축학과 공중보건학을 융합하여 강의한다. 또한 컨설팅에서 배운 신속성을 염두에 두고 수업을 진행한다. 나는 팀원들도 나와 똑같이 할 것을 기대한다. 나의 실험실 벽에는 "당신의 연구가 세상에 어떤 영향을 줄 것인가?"라고 적혀있다. 우리는 많은 논문을 발표하고 다양한 강의를 진행하며 세미나도 자주 개최한다. 하지만 우리가 자신을 평가하는 기준은 모두 영향력에 관한 것이다.

그 과정에서 나는 새로운 도구와 기술을 익혔다. 그중 가장 중요한 것은 이 책에서 다루고 있는 경영학이다. 그래디병원 집단 발병 사건에서 노출위험도에 관한 훈련의 힘에 눈을 떴듯이, 다른 병원에서 발생한 레지오넬라증을 해결하면서 건강한 건물의 경제학에 주목해야 한다는 사실을 깨달았다. 지금부터 소개하는 사례에서는 내가 감정인으로 고용되었는데 세부 사항을 기밀로 유지해야 하므로 이름, 장소, 시기 등을 언급할 수 없다. 고객 보호 차원에서 이름과 장소를 바꿔서 설명하겠다.

배경은 그래디병원과 같았다. 한 병원에서 레지오넬라증이 발생했다. 하지만 이번에는 누군가가 목숨을 잃었다. (레지오넬라증이 집단 발병할 때 흔히 일어날 수 있는 일이다. 병원에서 레지오넬라균에 노출된 사람 중 약 40퍼센트가 레지오넬라증에 걸렸다. 이것이 전염병학자들이 말하는 발병률이다. 병에 걸린 사람은 약 10퍼센트 확률로 목숨을 잃을 수 있는데, 이것을 치사율이라 한다.[6])

그래디병원에서처럼 나는 사건을 진단하고 병원에 해결책을 제시하기 위한 전문가로 고용되었다. 당시 나는 여러 차례의 레지오넬라증 집단 발병 조사와 수십 개의 프로젝트를 이끌면서 새건물증후군 문제에 관해 많은 경력을 쌓은 노련한 과학수사관이었다. 나는 병원의 접근 방법과 데이터를 검토한 후 이 병원이 적절한 개선 조치를 했다는 것을 확인했다.

이 병원은 환자 가족과의 소송에서 수백만 달러에 합의하기로 했다. 하지만 그다음에 일어난 일이 충격적이었다. 그 일은 오늘날까지도 내 뇌리에 박혀있으며 내가 이 책을 써야겠다고 다짐한 이유 중 하나이기도 하다.

누군가가 목숨을 잃었다. 병원은 이 사건을 해결하는 데 수백만 달러를 썼고, 나를 포함하여 조사에 참여한 여러 전문가에게 수십만 달러를 지급했다. 나는 공중보건학자로서 그리고 사업가로서 병원에 사전 예방적인 레지오넬라균 관리 계획을 제안했다. 이전 병원에서 경험한 집단 발병과 그래디병원에서 4년 넘도록 새로운 발병이 없었던 계획의 성공으로 나는 우리가 함께하는 동안 앞으로 다시는 레지오넬라증이 발생하지 않으리라고 확신했다.

내가 제안한 계획은 2만 달러의 비용이 들었다. 그것이 전부다. 병원이 앞서 수백만 달러의 비용을 지출한 것을 토대로(언론의 혹평으로 얻는 피해는 말할 것도 없이) 나는 회사 대표에게 내 제안은 거의 성사되었다고 말했다. 사실 대표와 나는 우리가 제공하는 서비스에 비하면 2만 달러는 적은 비용이라 생각했다. 우리는 이것이 미 전역의 병원에 홍보할 수 있는 많은 레지오넬라균 관리 계획 중 하나가 될 것이라며 합리화했다.

그러나 우리의 예상은 완전히 빗나갔다. 놀랍게도 병원 측은 우리의 제안을 받아들이길 주저했다. 왜일까? 그들은 비용이 너무 많다고 이야기했다. 나는 깜짝 놀랐다. 공중보건학자로서 어떤 방식으로도 이 상황을 이해할 수 없었다. 환자가 생명을 잃었고, 합의금으로 수백만 달러를 지급했으면서 다시는 이런 일이 발생하지 않도록 예방하는 데 2만 달러를 투자하길 주저하는 이유가 무엇일까?

알고 보니 나는 병원 운영에 관한 의사 결정 과정에 작용하는 경제적 요인에 대해 전혀 모르고 있었다. 얼마 후 깨달은 사실은 수백만 달러의 합의금은 보험 회사가 지급하지만 위험 관리 계획을 위한 2만 달러는 병원의 예산에서 해결해야 한다는 것이었다.

생명을 잃은 환자 가족에게 합의금을 주는 것은 병원이 아니었다(보험료가 인상될 수 있겠지만 이번 사건은 그들의 보험료를 결정하는 많은 요소 중 아주 사소한 것이었다). 하지만 시설팀 예산에서 2만 달러는 선뜻 지불할 수 없을 만큼 큰 항목이었다. 어쨌든 '환자의 건강'

은 의사들과 간호사들의 임무지 그들의 임무는 아니었다.

이렇게 해서 나는 인센티브 분할split incentives 문제를 접하게 되었다. 이 병원의 경우 시설팀 목표와 사업 목표 사이의 불일치, 병원과 보험 회사 사이의 인센티브 분할이 문제로 드러났다. 물론 인센티브 분할 문제는 병원에서만 일어나는 일이 아니며 건강한 건물과 관련된 대화 여기저기서 나타난다. 부동산 투자자, 소유자, 개발자, 세입자 모두 저마다 다른 목표를 가지고 있으며, 이것은 건강한 건물 전략을 채택하는 데 걸림돌이 될 수 있다. 이 주제에 대해서는 인센티브 분할 문제를 극복하는 해결책과 함께 이 책에서 여러 차례 다룰 것이다.

이런 인센티브 분할 문제가 건강한 건물 전략을 채택하는 데 걸림돌이 된다는 사실을 깨닫고 나는 공중보건에 관한 연구를 사업적 논쟁과 연결하는 데 더 많은 시간을 투자하기로 결심했다.

그렇게 나는 존을 찾게 되었다.

연구를 실전에 적용하기

우리는 파트너십을 맺고 몇 년간 비즈니스 리더들과 대화를 나누고 있다. 새로운 대화를 나눌 때마다 많은 리더들이 건강과 비즈니스 세계에서 마음껏 활용할 수 있는 다양한 정보와 도구들이 있음을 알고 깜짝 놀라곤 했다. 대부분 그들에게 큰 도움이 될 수 있지만 학계 밖으로는 뻗어나가지 않은 정보들이었으며, 우리가 기초 지식이라 여기는 것들도 몇 가지 있었다.

한 가지 예를 들어보겠다. 조는 한 콘퍼런스에서 '친환경 건물, 세계 보건 그리고 UN 지속가능발전목표Sustainable Development Goals의 결합'을 주제로 강연한 적이 있다. 강연은 실내 건강에서 공중보건에 이르기까지 모든 것을 망라하고 있었으며, 건물이 어떻게 지속가능한 도시화 노력의 중심에 있는지 보여주는 과학적 자료로 구성되었다. 후자의 관점에서 조는 건물에서 사용하는 에너지는 대부분 화석 연료에서 나오기 때문에 건물이 대기 오염의 주범이라 언급했다. 그러다 실외 대기 오염의 토대이자 가장 많이 연구된 대기 오염 물질 중 하나인 초미세먼지PM2.5가 건강에 미치는 영향에 관한 이야기가 나왔다.

강연이 끝나고 조는 건물용 공기 필터를 판매하는 회사의 고위 임원과 대화를 나눌 기회가 있었다. 이 임원은 무표정한 얼굴로 "초미세먼지가 건강에 미치는 영향에 대한 데이터가 있나요?"라고 물었다. 공중보건학계에 있는 우리에게 이 질문은 천문학자에게 "달이 지구 주위를 돈다는 증거가 있나요?"라고 묻는 것과 같다. 초미세먼지를 주제로 발표된 학술 논문을 모두 합하면 백 층짜리 건물을 채우고도 남을 것이다. 학술 논문 데이터베이스 펍메드PubMed에는 초미세먼지와 건강을 주제로 한 약 7천 편의 논문이 수록되어 있고, 지난 몇 년간 매년 1천 편 이상의 논문이 발표되었다. 매일 약 세 편의 논문이 발표되는 셈이다.

우리가 초미세먼지에 대해 아는 몇 가지 사실은 다음과 같다.

- 전 세계적으로 폐암 사망자의 5퍼센트는 미세먼지로 인한 것이다.[7]
- 초미세먼지가 10마이크로그램 퍼 세제곱미터㎍/㎥ 증가할 때마다

사망률은 7퍼센트 올라간다.[8]

- 장기적으로 초미세먼지가 10마이크로그램 퍼 세제곱미터 증가할 때마다 병원 입원율은 4퍼센트 올라간다.[9]

참고로 현재 미국의 대기 노출 제한 수치는 12마이크로그램 퍼 세제곱미터이고, 지난 몇 년간 로스앤젤레스의 연평균 수치는 13마이크로그램 퍼 세제곱미터에서 19마이크로그램 퍼 세제곱미터였다. 베이징과 뉴델리에서는 초미세먼지 농도가 1천200마이크로그램 퍼 세제곱미터를 넘어섰다(마이크로그램 퍼 세제곱미터는 공기 중 대기 오염물질의 양이나 농도를 이야기할 때 흔히 쓰인다. '공기 1세제곱미터당 10마이크로그램㎍의 초미세먼지'가 있다고 읽는다).

질문을 받고 조는 깜짝 놀라 한동안 입을 다물지 못했다. 하지만 이후에도 놀랄 일은 많았다. 또 다른 충격적인 사례는 매일 수백만 명의 건강을 책임지는 사람의 이야기다. 더 정확히 말하면 수백만 명의 어린이 건강이다.

전 미국 교육부 장관 벳시 디보스는 2018년 CBS 시사프로그램 〈60분〉과의 인터뷰에서 이 책을 읽는 모든 사람이 경악할 만한 이야기를 했다. "우리는 학교 건물이 아니라 학생들에게 투자해야 합니다."[10] 대체 이것이 무슨 소리인가. 학생들과 학교 건물은 직접적으로 연관되어 있다. 학교 건물이 학생들의 건강, 사고력, 성적에 미치는 영향을 조사한 과학 연구가 200건이 넘는다.[11] 연구에서 밝혀진 사실은 놀랍다.

- 학생들의 인지 검사 결과, 환기가 잘 안 되는 교실에서 공부할 때

주의력이 5퍼센트 떨어졌다. 연구자들은 이것이 아침 식사를 거를 때 나타나는 효과와 같다고 평가했다.[12]

- 4천 명 이상의 6학년 학생들을 대상으로 한 연구 결과, 낮은 환기율, 습기, 부적절한 환기는 모두 호흡기 증상 발병률을 높이는 요인이었다. 부적절한 환기는 높은 결석률과도 연관이 있었다.[13]
- 3천 명 이상의 5학년 학생들을 대상으로 한 연구 결과, 환기가 잘 되는 교실에서 공부한 학생들의 수학, 읽기, 과학 점수가 더 높았다.[14]
- 뉴욕시에서 100만 명의 학생들을 대상으로 시험 성적을 조사한 결과, 기온이 화씨 90(약 섭씨 32)도인 날 치른 시험을 통과하지 못할 가능성이 기온이 화씨 75(약 섭씨 23.5)도인 날 치른 시험보다 14퍼센트 높았다. 연구자들은 이로 인해 평균적인 뉴욕 학생이 제때 졸업할 가능성이 2.5퍼센트 낮아진다고 추정했다.[15]
- 1년간 1천 룩스lx, 6천500켈빈K의 집중 조명이 설치된 교실에서 공부한 3학년 학생이 일반 조명이 설치된 교실에서 공부한 학생보다 더 높은 비율로 읽기 능력이 향상되었다(36퍼센트 대 17퍼센트).[16]
- 300여 명의 학생을 대상으로 한 연구 결과, 그들에게서 채취한 표본의 99.5퍼센트에서 쥐 알레르겐이 검출되었고, 쥐 알레르겐에 더 많이 노출된 학생일수록 알레르기 증상이 나타나고 폐 기능이 저하될 가능성이 컸다.[17]

엄밀히 말하면 디보스만 학술 논문에 대한 지식이 부족한 것은 아니다. 사람들은 대부분 이런 유형의 과학적 데이터를 가지고 있지 않다. 사실 이런 데이터를 몰라도 큰 문제가 되지 않는다. 하지만 전 미 교육부 장관인 디보스는 이런 유형의 지식에 의존하는 조직을 이끄는 리더였다. 이 책을 읽는 당신도 공중보건학, 건축학, 경영학을 어떻게 활용할 수 있는지 제대로 이해하지 못한 채 직원들의 건강과 사업에 대한 중요한 결정을 내려야 하는 위치에 있을 수도 있다.

앞서 소개한 이야기들은 다른 사람들의 어리석음을 지적할 기회를 제공하지만 사실 이 두 사례가 보여주는 유일한 것은 우리 두 사람의 실패다. 그렇다. 비웃음을 받아야 할 사람은 바로 우리 자신이다. 우리는 과학적 데이터 무더기 위에 앉아서 다른 사람들이 이를 제대로 활용하지 않는다는 사실을 지적하고 있다. 그러나 사실상 거의 모든 데이터는 '실내외 공기의 미세입자PM2.5와 거대 입자PM10-2.5에 노출된 인간 단핵구에서 세포 독성과 염증성 사이토카인 유발'과 같은 제목의 이해하기 힘든 전문 용어와 경고, 불확실성으로 가득한 학술 논문에 갇혀 있다.

이런 유형의 글쓰기는 과학자들에게 유익하고 꼭 필요하다. 실제로 우리가 기대하고 원하는 것이므로 과학적 과정의 가치를 축소할 의도는 없다. 하지만 이런 정보의 상당 부분을 실무자들이 활용할 수 없다는 사실은 그리 놀라운 일이 아니다. 우리 과학계는 전체적으로 어려운 과학을 접근 가능한 언어와 실행 가능한 권장 사항으로 해석하는 데 힘써야 할 필요가 있다.

이 책을 통해 우리는 이런 문제점을 바로잡으려 한다. 당신을 대신해 우리는 수많은 과학 논문과 경영 사례를 검토했다. 우리의 목표는 풍부한 연구 결과를 실무자들의 손에 쥐여주고 미래의 교육부장관이나 건물에 있는 수많은 사람의 건강과 생산성을 관리하는 모든 사람이 다시는 "우리는 건물이 아니라 사람에게 투자해야 한다"

라는 말을 하지 않도록 하는 것이다.

실내 공간 혁신 전략

우리는 이 책에서 학술 논문에서 발견한 지식뿐 아니라 수년간 건물 공간에서 비즈니스 리더들과 함께 실무를 처리하면서 얻은 이야기도 나눌 것이다. 이 모든 데이터와 정보를 유리하게 활용하는 방법을 소개하면서 건강을 위해 건물을 최적화하는 데 집중할 때 사업도 성공한다는 사실을 입증해 보일 것이다.

이 책은 크게 두 부분으로 나누어져 있다. 1부에서는 건강한 건물을 입증하는 사례를 제시한다. 1장에서는 우리 두 사람이 이 책을 함께 쓰게 된 동기와 건강과 사업을 함께 논의하는 것의 가치를 공유한다. 2장에서는 우리 모두 앞에 놓인 도전과 기회를 설명한다. 이 업계를 형성하고 재구성하는 거대한 힘을 논하지 않은 채 건강과 건물의 역할을 토론하는 것은 의미 없는 일이 될 수 있다. 우리는 변화하는 인구, 도시, 자원, 기후, 민간 부문의 역할, 건강의 정의, 건물, 일, 기술, 가치의 세계적 대변화가 우리가 사는 세상, 사업, 건물 그리고 건강을 어떻게 재편하는지 보여줄 것이다. 이 열 가지 세계적 대변화는 모두 건강한 건물이라는 한 가지 요점으로 수렴한다.

3장에서는 전 세계 직장인을 대상으로 이 책의 주요 목표인 건강한 건물에 관한 간단한 경영 사례를 소개한다. 실내 환경이 건강과 생산성을 결정하는 핵심 요소라는 주장에 관해 반박할 수 없는 증거를 제시하고, 건물 안의 사람에게 초점을 맞춘 사업 전략이 기업에 실질적인 이익을 가져다준다는 사실을 보여준다. 4장에서는 우리가 건물을 어떻게 활용할 수 있는지 알려준다. 5장에서는 환기 장치 하나만으로도 기업 전체에 상당한 이익을 가져올 수 있음을 보여주는 경제적 증거를 제시하고, 이 가치를 창조하고 포착하는 방법을 소개한다.

앞서 언급한 열 가지 세계적 대변화와 건강한 건물에 관한 간단한 경영 사례를 숙지하고 나면 "그 밖에 무엇이 중요하고, 나는 무엇을 해야 하는가?"라는 의문이 들게 된다. 다른 모든 사람처럼 당신도 분명 같은 질문을 던질 것이다.

2부에서는 논의의 범위를 넓혀 건강한 건물을 갖는다는 것이 무엇을 의미하는지 알아보고, 건강한 건물 전략을 실행할 수 있는 도구를 제공한다. 6장에서는 건강한 건물의 아홉 가지 기본 토대 이면에 숨은 과학에 생명을 불어넣어, 공중보건학과 경영학의 도구와 지식을 습득하여 아홉 가지 기본 토대 각각을 오늘날의 상황에 맞게 구현하는 방안을 소개한다. 7장에서는 건물에 배치한 제품이 건강에 어떤 영향을 주는지 탐구한다. 8장에서는 건강한 건물 인증 제도와 그 이면의 경제성 그리고 건강한 건물 인증을 규정하는 주요 요소를 살펴본다. 측정할 수 없는 것은 개선할 수 없다. 9장에서는 건강한 건물 전략의 효과를 측정하기 위해 핵심성과지표KPI, 새로운 센서 기술과 함께 건강성과지표HPI, Healthy Performance Indicator를 활용하는 방법에 관한 논의로 이동한다.

마지막 두 장에서는 건강한 건물 운동을 중심으로 승자의 영역을 확장하는 방법을 살펴본다. 10장에서는 건물의 네 개 벽 너머로 건강한 건물에 관한 대화를 확장한다. 건물-에너지-건강-기후-회복력의 관계를 살펴보고, 부동산의 사회적 성과를 정량화하고 기후변화에 맞서 회복력을 발휘하는 사업 기회와 과제를 탐색한다. 11장에서는 “이제 무엇을 해야 하는가?”와 “앞으로 무엇을 해야 하는가?”라는 질문을 통해 건강한 건물 운동을 주력 프로젝트에서 일상적인 사업으로 확장하는 방법을 알아본다. 마지막으로 후기에서는 건강한 건물 운동에서 모든 사람이 혜택을 얻는 방법을 명확히 보여주고, 주요 요점을 종합하며 책을 마무리한다.

2장

지금 세계를 주도하는 열 가지 대변화

사람이 건물을 만들고, 그 건물이 다시 사람을 만든다.

–윈스턴 처칠

세상은 우리를 둘러싸고 변하고 있으며 그 중심에는 건물이 있다. 오늘날 우리가 건물에 관해 내리는 결정은 후대의 건강을 결정할 것이다. 윈스턴 처칠의 유명한 이 말이 어느 때보다 절실하게 와닿는다. 건축계에 종사하는 사람은 물론 많은 사람이 처칠의 이 말을 들어본 적이 있을 것이다. 그러나 오늘날 널리 알려진 이 구절을 말할 때 영국 총리 처칠이 도시 구조의 사회적 영향에 대해 어떤 거창한 의견을 피력한 것은 아니다. 어쨌거나 그는 천연자원이 풍부하고 자연이 오염을 해결할 수 있는(혹은 그렇게 생각했던) 시절에 살았다. 오늘날과 같은 대규모 인구 증가와 도시화가 일어나지 않았을 때다.

당시 처칠은 매우 특별하면서도 자신과 밀접하게 연관된 것을 염두에 두고 있었다. 그는 영국 의회 의사당이 정부와 국민("건물이 사람을 만든다"에서 '사람')에게 미치는 영향에 대해 생각했다. 영국 의회에 관한 이야기지만 매우 흥미롭다. 분명 당신에게도 도움이 되는 이야기일 테니 몇 문단만 더 읽어보길 바란다.

영국 의회는 상하 양원으로 구성되어 있으며, 각각의 의사당은 웨스트민스터 궁전의 반대편 끝에 자리 잡고 있다. 하원 의사당은 제2차 세계대전이 한창이던 1943년 집중 공습 때 독일군 폭격기가 떨어뜨린 소이탄이 폭발하면서 발생한 화재로 파괴되었다. 1943년 이전의 하원 본회의장은 매우 아늑한 장소였다. 의원들은 고작 30센티미터 거리를 두고 정치적 적수들과 얼굴을 맞대고 앉아야 할 정도로 비좁았으며 수상은 가운데에 서 있어야 했다. 본회의장이 너무 작고 아늑해서 의원이 다 앉을 자리도 모자랐다.

친밀감은 사실 영국 의회의 주된 특징이었다. 이 회의장에는 숨거나 도망갈 곳이 없었다. 의원들은 동료 의원들과 얼굴을 맞대고 논쟁해야 했다. 적과 아군 모두 상대의 눈에서 두려움이나 확신 같은 감정을 읽을 수 있었다. 서로의 입냄새도 맡을 수 있을 정도였다. 회의는 계획적으로 소란스러운 행사로 변질되었다(간혹 흥미로운 독설이 오가기도 했다).

독일군의 폭격으로 하원 의사당이 잿더미로 변해버리자 모든 의원이 앉을 수 있을 만큼 넓고 탁 트인 의사당을 새로 짓기로 했다. 반원형 구조의 의사당을 짓자는 의견이 나왔다. 그때 처칠은 "사람

그림 2.1 영국 의회 의사당 자료: i.Stock.com/whitemay

이 건물을 만들고, 그 건물이 다시 사람을 만든다"라는 유명한 발언을 했다. 처칠은 의사당 건물이 토론, 사회, 사람에게 영향을 준다는 사실을 알고 있었다. 좁은 하원 의사당이 당시의 영국을 만들었다. 그는 반원형 구조의 의사당을 격렬하게 반대했다.

그럼 미 하원 의사당은 어떤가? 넓다 못해 장엄할 정도이며 친밀감은 전혀 찾아볼 수 없다. 미 하원 본회의장은 영국 하원 본회의장처럼 직사각형의 권투장이 아니라 처칠이 거부한 반원형 구조로 설계되었다. 미 하원 본회의장은 친절함과 편안함이 느껴지지만 토론에는 완전히 관심 없게 만든다. 뒷자리에 앉은 사람들은 연단에서 30미터나 떨어져 있다. 발언자의 확신이나 두려움, 열정을 느낄 수 없다. 건물이 어떤 토론이 벌어질지 결정한다.

그 자리에 없는 사람에 대해 나쁘게 말하기가 더 쉽다는 사실은 모두 알 것이다. 때로 우리는 "어떻게 면전에 대고 그렇게 말할 수 있느냐?"라고 말하곤 한다. 누군가의 면전에 대고 독설을 퍼부으려면 엄청난 확신과 대담함이 필요하다. 하지만 뒷전에서는 혹은 온라인상에서는 거리낌 없이 말할 수 있다. 미 하원 본회의장에서 말하는 것은 누군가의 뒷전에서 말하는 것과 같다.

영국으로 다시 돌아가, 처칠의 노력은 결실을 맺었다. 하원 의사당은 원래 형태인 직사각형의 권투장 모양으로 재건되었고, 여전히 모든 사람이 앉을 만큼 충분한 공간은 없었다. 80년이 지난 지금도 여전히 그 건물은 나라를 만들고 있다.

우리는 건물을 만들고, 그 건물은 다시 우리의 건강, 사업, 지구를 만든다. 지금 세계를 주도하는 열 가지 대변화의 중심에는 건물이 있다.

대변화 1~4: 인구, 도시, 자원, 기후

자, 이렇게 생각해보자. 우리는 인구 70억 명이 넘는 지구에 살고 있으며 그 숫자는 90억 명을 향해 빠르게 나아가고 있다. 하나의 집단으로서 우리는 나이 들고 있으며 이전 세대보다 훨씬 늙은 사람들의 숫자가 많다. 세계 보건의 발전으로 평균 수명이 크게 늘어나면서 연령별 인구 분포가 극적으로 변하고 있다. 1900년에 65세 이상 미국인은 전체 인구의 4퍼센트에 불과했다. 지금은 그 비율이 16퍼센트에 달하며 2050년에는 20퍼센트에 도달할 것으로 예상한다. 이탈리아, 프랑스, 독일 같은 유럽 국가들은 65세 이상 인구의 비율이 이미 20퍼센트에 도달했으며 일본의 경우 28퍼센트를 차지한다. 더 놀라운 것은 인간 수명의 상부에서 일어나고 있는 일이다. 100년 전만 해도 80세 이상 인구는 전 세계적으로 극소수에 불과했다(0.2퍼센트). 지금은 그 비율이 한 자릿수로 늘었고(2퍼센트), 2050년에는 4퍼센트를 넘어설 것으로 예상한다.[1]

세계 인구는 또한 이동하고 있다. 역사상 처음으로 도시에 사는 사람이 그렇지 않은 사람보다 더 많다. 이런 관점에서 보면 2050년이 되면 인도에서는 4억 명 이상이 도시로 이동할 것으로 전망된다.[2] 무려 4억 명이다! 어림잡아 오늘부터 2050년까지 두 달마다 하나씩 파리만 한 도시가 생겨나는 셈이다. 그렇게 되면 새 건물이 많이 필요할 텐데 실제로 이런 수요를 충족하는 데 필요한 인프라의 70~80퍼센트는 아직 완성되지 않았다.[3]

인도와 세계 곳곳에서 발생하는 이런 수요를 충족할 수 있는 능력은 천연자원의 한계로 인해 압박을 받고 있다. 간단히 말해 우리는 지구를 그것의 용량보다 더 많이 사용했다. 오염의 해결책이 희석이던 시대는 지났다. 우리는 오염물질을 공기와 물에 영원히 버릴 수 있다고 생각하고 그것들이 흩어지는 광경을 보면서 문제가 해결되었다고 여겼다. 레이철 카슨이 1962년에 쓴 책 『침묵의 봄 *Silent Spring*』은 이런 접근 방법의 위험성을 알리는 첫 번째 경고였다.[4]

60여 년이 지난 후 우리는 주의를 촉구하는 또 다른 경고를 접했다. 이번에는 천연자원 소비와 변화하는 지구의 생명 유지 능력에 관한 것이었다. 우리가 현재 1.5개의 지구를 소비했다는 이야기를 들어본 적이 있을 것이다. 미국에 사는 사람들이라면 그 수치가 지구 4개에 가깝다. 하버드대학의 저명한 생물학자 에드워드 윌슨은 그의 책 『지구의 절반*Half-Earth*』에서 지나친 소비와 개발로 인한 생물 다양성의 상실은 대재앙이므로 지금 당장 지구의 절반을 보호구역으로 지정하고 서식지를 보전해야 한다고 경고한다.[5] 이것이 자연을 위해 자연을 깨끗하게 보호하자는 환경 문제를 지지하는 개념이라 생각한다면 당신은 틀렸다. 윌슨은 인간의 생존이 걸린 문제라고 주장한다. 종합하면 오염물질을 계속 배출하고 천연자원과 환경을 남용하는 것은 현재 우리가 과도하게 사용하는 자원이 언젠가 고갈될 수 있다는 암시다.

그러나 당신은 천연자원에 대한 강의를 듣기 위해서가 아니라 건물에 관심이 있어서 이 책을 샀을 것이다. 건물은 이런 자원을 고갈시키는 데 중요한 역할을 하고, 건강한 건물이 자원 고갈에 대응하는 역할을 할 수 있다는 점은 그리 놀랄 만한 일이 아니다. 건물은 지구상에서 모든 산업 자재를 가장 많이 소비한다.[6] 건물을 무너뜨리면 거기에 사용된 자원은 모두 어디로 갈까? 대부분 쓰레기 매립장으로 간다. 한 번 사용된 후 영원히 묻히는 것이다. 미국 건물에서 발생하는 철거 잔해는 매년 매립장으로 가는 전체 쓰레기양(도시 고형 폐기물)보다 더 많은 폐기물을 생성한다.[7]

인구 증가, 도시화, 자원 소비라는 세 가지 대변화의 충돌이 미치는 영향은 네 번째 대변화인 지구의 기후변화로 인해 더욱 악화한다. 건물은 여기서도 중요한 역할을 한다. 전 세계 에너지의 약 80퍼센트는 화석 연료를 태우는 과정에서 발생한다. 그 에너지의 40퍼센트를 소비하는 건물은 에너지 생성 과정에서 발생하는 대기 오염물질과 온실가스 증가에 기여함으로써(에너지 효율 건물인 경우는 줄임으로써) 우리의 건강에 간접적인 영향을 준다.[8]

기후변화는 사회적 역동성, 인구 이동, 생태계, 농업을 변화시키고 궁극적으로 인간의 건강에 부정적인 영향을 줄 것이다. 8년간 버락 오바마 전 대통령의 과학기술보좌관을 지낸 존 홀드런은 최근 하버드대학환경센터 행사에서 이를 잘 요약해주었다.[9]

- 기후가 변하고 있다.
- 원인은 인간 활동 때문이다.
- 그 영향은 이미 나타나고 있다.
- 부정적인 영향은 지구의 생명 유지 체계에 반영된다.
- 향후 영향의 정도는 지금 우리가 하는 행동에 달려있다.

종합하면 변화하는 인구, 도시, 자원, 기후의 네 가지 대변화는 '인류세人類世'라고 부르는 인간의 활동이 지구 환경을 바꾸는 이 시대의 결과물이다. 인간 활동이 지구의 생명 유지 체계에 미치는 심오한 영향은 '구축된 환경built environment(자연환경에 인위적인 조성을 가해 만들어낸 환경—옮긴이)'에 관한 우리의 결정이 자연환경과 궁극적으로 건강에 미치는 영향에 대한 사고방식을 근본적으로 바꾸고 있다.

대변화 5: 민간 부문의 역할

누군가는 앞서 언급한 네 가지 대변화로 인한 위협을 인식하고 논리, 과학, 비용편익분석, 과세권, 채권 발행 능력, 여론 등을 활용하여 미리 계획하면서 도로, 교량, 전력, 수도, 위생 시설, 공원 등 우리 모두에게 필요한 인프라를 구축하고, 건강한 시민을 위한 일자리, 주택, 학교, 병원, 예술 등 우리 모두가 바라는 결과를 얻는 것이 정부의 핵심 기능이라고 생각할 수 있다.

그러나 이런 일들을 해내기에는 정부가 현저하게 무능력하다는 비판을 피할 수 없다. 브라질에서 나이지리아, 말레이시아, 이탈리아까지 정치적 교착 상태가 격차를 강조한다. 미국에서는 이것이 필수적이고 건전한 경제적 투자라는 양 정당의 광범위한 동의에도 불구하고 정치적 교착 상태에 빠져 오래전에 시행했어야 할 인프라에 대한 투자가 이루어지지 못하고 있다. 볼리비아, 에티오피아, 미얀마에서도 동일한 인프라 투자가 필요하지만 재정 부족으로 실행으로 옮기지 못했다. 대중매체에는 델리나 상하이의 오염된 공기가 매일 얼마나 많은 사람을 병들게 하는지에 관한 이야기가 가득하다. 지저분한 빈민가 같은 지구를 바라는 것이 아니라면 이런 상황을 개선하기 위해 민간 부문이 할 수 있는 일을 고민해야 한다. 이 문제에 대한 해결책은 꽤 많은 것으로 밝혀졌다. 이 책에서 그 방법을 소개하겠다.

대변화 6: 건강의 정의

과거 건강의 정의는 '질병이 없는 상태'를 의미했지만 최근에는 세계보건기구WHO의 발표에 따라 '단순히 쇠약하거나 질병이 없는 상태를 넘어 완전한 신체적, 정신적, 사회적 행복이 있는 상태'로 바뀌었다. 이로 인해 비즈니스 세계는 혼란에 빠졌다. 기업은 직원을 위한 질병 예방 전략뿐 아니라 건강 증진 전략도 가치가 있다는 것을 인식하고 있다. 학계와 의학계 용어로 이것을 질병의 발생 혹은 질병의 근원에 관한 연구에서 건강의 근원salutogenesis 혹은 건강의 생성과 증진에 관한 연구로 이동하고 있다고 표현한다.[11] 이는 훌륭한 홍보 전략이자 인적 자원 관리 전략이며, 많은 기업에 있어 핵심 가치의 중심을 이루지만 주된 원동력은 경제적인 것에 있다.

국제 학술지 《미국의학협회저널*JAMA*》에 수록된 논문에서 브라운대학 공중보건대학장 아시시 자와 동료들은 미국이 GDP의 무려 17.8퍼센트를 의료비에 썼다고 밝혔다. 이것은 의료 서비스 이용률이 비슷함에도 불구하고(건강상 결과들은 명백히 악화하고 있다) 전 세계 다른 고소득 국가 10개국에 비해 2배나 높은 수치다.[12] 미국에서는 사람들 대부분이 의료 서비스가 직장과 연결되어 있으며, 고용주가 치료 비용을 부담하기 때문에(매년 직원 한 명당 1만4천~2만 달러 이상이다) 기업은 직원의 건강을 지키는 데 커다란 경제적 동기 부여가 필요하다.[13]

이런 이유로 기업이 각종 건강관리 프로그램에 수백만 달러를 투자한다는 사실은 그리 놀랍지 않다. 그러나 직원 건강과 생산성을 증진하기 위한 이런 모든 노력을 살펴볼 때 많은 기업이 건강관리 전략에 건물에 대한 요소를 포함시키지 않는다는 사실을 알면 깜짝 놀랄 것이다. 하지만 변화의 조짐이 나타나고 있다. 대표적인 사례로 하버드대학과 구글을 들 수 있다.

하버드경영대학원과 하버드공중보건대학원은 2016년 공동으로 대학 토론회의 일종인 콜로키움을 개최했다. 하버드대학에서 별

개의 두 전문대학원에서 수많은 졸업생, 교수진, 연구원, 업계 전문가 들을 소집하는 것은 매우 이례적인 일이었다(대부분의 사람이 이런 일이 일상적으로 일어난다고 생각할 수 있지만 그렇지 않으며 특별한 노력이 필요하다). 콜로키움의 주제는 비즈니스 리더십의 필수 요소로 묘사되는 '건강 문화' 개념과 관련해 두 분야에서 기여할 수 있는 일로 정했다. 로버트우드존슨재단이 후원한 이 콜로키움에서 많은 최고경영자CEO와 학자는 단합하여 기업이 어떻게 계획적인 조치를 통해 소비자 건강, 직원 건강, 공동체 건강, 환경 건강의 네 가지 영역에서 건강한 성과를 이끌어낼 수 있을지 고민했다.[14] 우리는 둘 다 참석했고, 우리가 매일 함께 일하는 많은 회사의 경영진도 그 자리에 있었다.

이 행사는 굉장한 성공을 거두었다. 주요 성과 중 하나는 '건강 문화를 통한 비즈니스 개선하기'라는 대규모 온라인 공개강좌를 개설한 일이었다. 이 강의는 건강 문화를 조성하는 방법에 관심 있는 전 세계 비즈니스 종사자에게 무료 교육 기회를 제공하는 것이 목표였다. 2018년 봄에 시작되어 큰 성공을 거둔 이 강의에서 하버드대학의 저명한 전문가들은 9주간 수천 명의 온라인 학생들에게 건강이 사업의 수익을 높이는 방법을 다방면으로 다룬 콘텐츠를 제공했다. 건물도 언급되었으나 거기에만 초점을 맞춘 것은 아니었다.

그러나 이제 상황이 변화하고 있다. 건강 문화 만들기 프로그램에 건강한 건물이 핵심 영역으로 추가되었다. 하버드대학에 특별히 건강한 건물에 초점을 맞춘 임원 교육 프로그램이 개설되었을 뿐 아니라 '하버드 어드밴스드 리더십 이니셔티브' 같은 다른 프로그램도 이 주제를 다루었다.

우리의 관점에서 가장 중요한 것은 이 지식이 차세대 리더인 학생들에게 도달하게 되었다는 사실이다. 하버드는 하버드디자인대학원과 하버드공중보건대학원 사이에 공동 학위 프로그램을 새로 개설했다. 더 나아가 존은 조의 공중보건대학원 학생들에게 부동산 금융을 가르치고, 조는 존의 경영대학원 학생들에게 건강한 건물을 가르치는 등 우리는 서로의 대학에서 '홈 앤드 어웨이' 방식으로 강의하고 있다. 여기서 핵심은 수많은 미래 경영자와 건축, 공중보건 분야 리더들이 교육을 받아 건강한 건물의 힘을 이해하고 더 정밀한 과학과 더 포괄적인 금융 도구를 익히는 것이다.

이런 변화는 학계에서만 일어나는 것이 아니다. 글로벌 대기업에도 변화의 기운이 감돌고 있다. 구글만큼 인재를 지속적으로 끌어모으고 매년 뛰어난 혁신을 이루어내며 훌륭한 직장 문화를 만드는 데 능숙한 조직은 없다. 이런 이유로 전 구글 CEO 에릭 슈밋이 조너선 로젠버그와 함께 『구글은 어떻게 일하는가How Google Works』를 펴냈을 때 우리는 큰 관심을 가지고 그 책을 읽었다.[15] 전 세계 모든 사람과 마찬가지로 우리도 구글의 공동창업자 세르게이 브린, 래리 페이지와 함께 이 거대 기술 기업을 창조하기 위해 일한 사람들의 통찰력을 얻고자 했다.

구글의 '비결'은 사람에 주력하는 것이다. 그들의 표현으로 '스마트 크리에이티브Smart Creative'라고 부르는 전문성과 창의력을 갖춘 사람들에게 집중한다. 이 책의 첫 장에서 스마트 크리에이티브를 최대한 활용하는 방법을 설명하는 다음 문장을 읽을 때 우리가 얼마나 기뻤을지 상상해보라. "21세기 사업에서 성공하는 유일한 방법은 훌륭한 제품을 지속적으로 만들어내는 것이고, 이를 위한 유일한 방법은 스마트 크리에이티브를 유치해 성공할 수 있는 환경에 배치하는 것이다." 이 책은 건물에 대해 직접적으로 언급하지 않았지만(사실 그러길 바랐다) 구글은 행동을 통해 사람들이 일하는 환경이 중요하다는 메시지를 분명하게 전달했다.

또 다른 책에서는 건물과 그 안에 있는 사람들이 건강하고 번영하는 것이 혁신적인 비즈니스의 중심이라는 사실을 명확하게 밝혔다. 한번은 UC버클리에서 학생, 기술 전문가 들과 함께 프로젝트 회의를 하면서 페이지가 무언가를 보여주기 위해 공기 중의 먼지 크기와 분포를 측정하는 장비인 파티클카운터를 꺼냈다(그렇다. 페이지는 대기 오염 측정기를 항상 휴대하고 다닌다). 페이지는 회의 참석자들 앞에서 카펫을 두드려 공기 중에 떠다니는 먼지 입자 수가 얼마나 극적으로 치솟는지 보여주었다. 우리는 모두 잠재적으로 유독한 먼지 속을 걸어다니고 있다, 즉 환경이 중요하다는 메시지를 전한 것이다.[16]

페이지의 시연에서 나온 먼지 입자의 수치는 가히 충격적이었고 그 의미는 지켜보던 모든 사람에게 즉각적으로 분명하게 전달되었다. 여기에는 구글 부동산팀과 직장 서비스팀도 포함되었다. 창업자가 공개 프레젠테이션에서 공기질에 대해 언급했다면 이것이 최우선으로 해결할 일이라는 중요한 신호라고 볼 수 있다. 그렇기 때문에 구글 부동산팀이 자신들의 업무를 다음과 같이 보는 것은 그리 놀라운 일이 아니다. "구글 부동산팀에게 건물은 제품이고 그 안에서 일하는 사람들은 사용자예요. 우리의 목표는 처음부터 끝까지 지속 가능성을 확립하고 지구와 미래 거주자의 건강과 행복을 우선시하는 겁니다."[17] 구글 최고지속가능책임자CSO 케이트 브란트가 말했다.

당신의 CEO가 파티클카운터를 휴대하고 다닌다면 당신이 중점을 두어야 할 것이 분명해진다. 구글에서 변화는 말 그대로 현재 진행 중이다.

대변화 7: 건물

외부 세계와 단절되어 조용하고 고급스러운 자동차 내부의 운전자를 보여주기 전에 시끄럽고 혼란스러운 외부 풍경을 보여주는 TV 광고를 본 적이 있는가? 대조적인 자동차 실내외 광경을 보여주는 장면을 통해 이들이 전하려는 메시지는 이 자동차가 외부 세계의 모든 위험으로부터 '단단히' 봉쇄되어 있다는 것이다.

이렇게 자동차 내부를 단단히 봉쇄하는 데는 몇 가지 이유가 있다. 우선 실내 환경이 확실히 조용하고, 공기가 덜 새어 나가 냉난방 효과가 높다. 그러나 여기에는 예상치 못한 부작용도 따른다. 자동차 내부의 오염물질이 빠져나가지 못해 제품에서 배출되는 잠재적인 독성물질과 탑승자가 배출하는 이산화탄소가 쌓이게 된다. 자동차 내부의 이산화탄소 농도가 건물에서 허용되는 농도보다 4~5배나 높은 것을 자주 확인할 수 있다.[18] 가족이나 친구와 장거리 운전을 할 때 졸린 적이 있는가? 자동차 내부의 높은 이산화탄소 농도가 졸음을 유발한 것이다. 운전 중에 졸리면 창문을 열어야 한다고 이야기하는 이유가 여기 있다.

건물도 마찬가지다. 사람처럼 건물도 숨을 쉬어야 한다. 그러나 우리는 지난 40년간 자동차와 마찬가지로 건물의 공기 유입을 차단하는 엄청난 일을 계속해왔다. 백 년이 넘도록 건물 안으로 유입되어야 하는 신선한 공기의 적정량을 알아내려 노력해왔다. 1970년대 후반 에너지 위기가 시작되면서 우리는 에너지를 절약하기 위해 건물의 외피를 단단히 감싸고 환기율을 낮추는 데 총력을 기울였다. 가정, 사무실, 학교를 지을 때 우리의 목표는 공기가 최대한 덜 새어 나가게 하는 것이었다(이에 대해서는 4장에서 설명할 것이다).

이런 노력은 매우 성공적이었다. 1970년대 에너지 위기를 완화하는 데 기여한 선구적인 건물 엔지니어들에게 찬사를 보낸다. 그러나 그들은 그 과정에서 공중보건학자들과 상의해야 했을지도 모른다. 자동차 이야기에서 추측할 수 있듯이, 건물의 틈새를 모두 막은 결과 실내에 오염물질이 쌓이게 되었고 그 결과 새건물증후군이 나타났다. 만약 건물에 머무는 동안 몸이 좋지 않음을 느낀다면, 에너지 위기를 해결하는 가장 좋은 방법은 공기 유입을 차단하는 것이라고 생각한 건물 엔지니어들 덕분이다.

새건물증후군은 1980년대 초반 뉴스와 논문에 처음 등장했다. 새건물증후군이란 무엇일까? 메리엄-웹스터 사전은 새건물증후군을 다음과 같이 정의하고 있다. "두통, 피로, 눈 자극 등 현대의 밀폐된 사무실 건물에서 일하는 사람들에게 나타나는 일련의 증상으로, 포름알데히드 퓸fume이나 미생물 등의 실내 오염물질을 원인으로 꼽는다."[19]

우리는 메리엄-웹스터 사전의 정의에 몇 가지 수정을 가하고자 한다.

- 새건물증후군은 건물에서 일하는 사람뿐 아니라 방문자에게도 영

향을 준다.

- 새건물증후군은 '현대식' 건물뿐 아니라 모든 건물에서 발생할 수 있다.
- 밀폐된 건물이 주된 원인이지만 곰팡이나 레지오넬라균을 발생시키는 누수, 건강한 건물의 아홉 가지 기본 토대(6장에서 설명할 것이다)에서 탐구할 다른 요인들이 원인이 될 때도 있다.
- 포름알데히드 퓸과 미생물이 대표적인 실내 오염물질이지만 이외에도 새건물증후군을 일으키는 요인은 많다. (엄밀히 말하면 '퓸'은 금속 가공이나 흡연 과정에서 나오는 연기처럼 공기 중에 떠다니는 고체 미립자를 의미한다. 반면 포름알데히드는 증기나 가스다.)
- 새건물증후군은 열악한 환경에서 시간을 보낼 때 발생하며 그 환경에서 벗어나면 증상이 사라지기도 한다.

대변화 8: 일

글로벌 종합 부동산 서비스 회사 존스랑라살JLL의 미주 지역 CEO 그레그 오브라이언은 여덟 번째 대변화의 본질을 다음과 같이 간결하게 표현했다. "주로 디지털 혁명으로 직원들이 일하는 방법, 시기, 장소의 본질에 엄청난 변화가 일어나고 있다."[20] 긱 이코노미gig economy가 확대되고 많은 회사가 선택적 근로시간제와 재택근무 선택권을 제공하고 있으며, 일부 회사는 직원들이 지정된 책상을 이용하지 않고 좌석을 예약해서 사용하는 이른바 '호텔링hoteling'을 실시한다.

《하버드비즈니스리뷰》에 게재된 「긱 이코노미에서 번성하기」라는 글에서 저자들은 북미와 서유럽에서만 약 15만 명의 근로자가 파트타임 혹은 자유계약직 형태로 일하고 있다고 밝혔다.[21] 어떤 일을 하는 사람들이 가장 큰 영향을 받을까? 저자들은 맥킨지앤드컴퍼니 보고서를 인용하여 지식 근로자와 창의적 근로자가 프리랜스 이코노미freelance economy에서 가장 빠르게 성장하고 있다고 말했다. 한 마디로 구글과 다른 기업들이 글로벌 인재 유치 경쟁에 뛰어든 스마트 크리에이티브다.[22] 기업 이익에 가장 큰 영향을 주는 꼼꼼한 유형의 고연봉자들도 여기에 포함되는데, 이들의 성과가 향상되면 덩달아 기업의 실적도 늘어날 것이다.

기업은 어떻게 이들을 지킬 수 있을까? 2017년 하버드대학에서 열린 프레젠테이션에서 미국 산업안전보건연구원NIOSH 원장 존 하워드는 이런 유형의 근로자를 연구하면서 겪는 어려움을 토로했다. 이들이 어디에 있는지도 모른다면 어떻게 근로자를 연구하고 도울 수 있겠는가? 미국 산업안전보건청OSHA 역시 고용주가 임시직 근로자에게 산업안전보건법 요건을 모두 지키지 않을 수 있다는 우려를 표명했다.[23] 기본적으로 몇몇 회사는 직원들이 현장에서 특정 작업을 수행하지 못하도록 하거나 혹은 일시적으로 고용함으로써 위험을 일부 '오프쇼어링'off-shoring(기업이 경비를 절감하기 위해 생산, 용역, 일자리 등을 해외로 내보내는 현상—옮긴이)을 한다. 그렇다면 그들의 근무 환경은 누가 책임지는가? 산업안전보건청은 임시직 취업알선소와 회사가 공동으로 책임져야 한다고 말한다. 공평하긴 하지만 임시직 취업알선소를 통하지 않는 긱 이코노미에서 일하는 많은 사람은 어떤가? 아직 해결되지 않은 문제다.

최근 화제가 되고 있는 호텔링이나 공간을 용도에 따라 자유롭게 재구성할 수 있는 오픈 플로어 플랜open floor plan 같은 새로운 업무 환경은 어떤가? 두 가지 방법 모두 공간 사용을 극대화할 수 있으므로 기업 입장에서는 막대한 비용을 절약할 수 있다. 1인당 업무 공간으로 일반적인 250제곱피트$^{ft^2}$(약 23.22제곱미터)보다 100제곱피트(약 9.3제곱미터)를 할당하는 것이 비용 면에서 저렴하다. 복도와 수많은 벽, 문을 설치하는 것보다 뻥 뚫린 공간 하나를 유지하는 것이 비용 절감 효과가 크다. 게다가 많은 직업의 경우 사무실에는 임시 공간만 유지하고 집이나 카페에서 원격으로 일할 수 있다.

그러나 여기에는 위험 부담이 따른다. 제도가 제대로 운영되지 않으면 인재를 잃거나 생산성이 떨어질 수 있다. 이와 관련해 하버드 경영대학원 동료 이선 번스타인과 스티븐 터번이 최근 발표한 논문은 큰 관심을 끌고 있다.[24] 사무실 구조를 오픈 플로어 플랜으로 바꾼 본사에서 일하는 직원들의 업무 태도를 조사한 결과, 예상과 달리 사회적 상호 작용은 감소하고 메일 사용은 증가한 것으로 나타났다.

이 연구에 따르면 오픈 플로어 플랜 구조의 사무실을 성공적으로 활용하기 위해서는 다양한 개인의 업무 유형에 맞는 환경을 제공하고, 일상적인 업무의 변화하는 특성에 맞춰 환경을 개선해나가야 한다. 간단히 말해 어떤 사람들은 조용한 도서관 같은 공간을 선호하고, 또 어떤 사람들은 시끄러운 카페 같은 환경을 선호한다. 혼자 집중해서 일해야 하는 날이 있고, 여러 사람과 협력해야 하는 날이 있다. 건물은 기업이 이런 환경을 조성하는 데 도움을 줄 가장 좋은 친구이며, 이런 요구는 미학을 뛰어넘는 것이다.

기업은 이런 '엄청난 변화'가 일어나는 것을 가만히 지켜보고 있지 않다. 예상할 수 있듯이 그들은 전략적인 방법으로 이런 흐름에 대응하고 있다. JLL의 오브라이언은 이를 직접 목격하고 다음과 같이 말했다. "이런 업무 환경의 변화는 기업의 부동산 관련 결정에 영향을 준다. 기업은 직원 건강과 행복을 핵심 요소로 삼고 인간의 경험에 초점을 맞춘 업무 공간으로 대응하고 있다."[25]

대변화 9: 기술

지금까지 언급한 건물에 대한 업계 설명은 대부분 개인적인 일화와 주관적인 조사에서 나온 것이다. 건축가와 부동산 개발자는 자신의 설계에 대한 멋진 설명과 자신이 개발한 건물이 사람을 기분 좋게 만드는 방법에 대한 개인적인 일화를 들려주며 존재감을 드러낼 수 있다. 존과 그의 동료가 참여한 하버드경영대학원 사례 연구에서 한 개발자는 흥미로운 발언을 했다. "행운을 창조하는 베다 건축법Vedic Architecture은 세계에서 가장 오래된 건축 체계다. 이것은 모든 자연의 법칙과 완벽하게 조화를 이루며, 자연의 법칙에 따라 건물을 짓고 설계하는 방법에 관한 지식이다. 자연의 법칙은 인체 생리학부터 거대한 우주 전체에 이르기까지 모든 것을 완벽한 질서로 다스리는 자연과 지능의 보편적인 원리다."[26]

이것은 마케팅에 활용하기에 좋은 이야기로 어떤 면에서는 논쟁의 여지가 없는 말이다. '모든 자연의 법칙과 완벽하게 조화를 이루는' 건물을 설계하고 싶지 않은 사람이 어디 있겠는가? 하지만 하드 데이터hard data(관리의 효과성을 진단할 때 사용되는 자료로 생산성, 품질관리 등과 같이 그 효과를 측정하거나 정량화하기 쉬운 자료를 의미한다—옮긴이)로 뒷받침되는가? 정량화하거나 입증할 수 있는 것이 있는가? 이 질문에 대한 답은 '예'다. 저비용 환경 센서와 웨어러블 기술의 확산으로 인간과 환경의 성과를 고도로 전문적인 수준에서 객관적으로 측정할 수 있게 되면서, 우리는 질적인 것에서 양적인 것으로 이동하는 지점에 이르렀다. 건물은 이제 '빅데이터' 시대로 접어들고 있다.

우리의 DNA가 개별 유전자보다 훨씬 흥미롭다는 것을 깨닫게 해주는 새로운 균유전체학Metagenomics(DNA나 RNA 등을 유기적으로 연구하는 분야—옮긴이) 도구의 출현으로 유전학 분야는 빠르게 변화하고 있다. 이와 마찬가지로 건축 분야도 새로운 기술과 도구 덕분에 빠르게 변화하고 있다. 새로운 센서 기술은 보이지 않는 것을 가시화해 건물과 실내 환경이 분 단위로 어떻게 변화하는지 실시간으로 알 수 있게 해준다. 예전에는 매년 평가를 실시하고 그에 맞춰 궤도 수정이 이루어졌다. 이제 환경 센서가 건물 관리 체계와 직접 통신하여 변화하는 실내 환경에 자율적으로 반응한다.

가장 중요한 것은 이 새로운 '스마트한' 건물들이 과연 똑똑하고 건강할 것인가 하는 점이다. 대기업들은 건물이 두 가지를 모두 충족할 것으로 예상한다. 에너지 관리와 자동화 분야 디지털 혁신을 선도하는 글로벌 기업 슈나이더일렉트릭의 디지털 빌딩 최고기술책임자 레베카 볼은 다음과 같이 말했다. "자율주행차가 현실이 된 세상에서 사람들은 기본적인 냉난방 기능을 넘어 건물과 상호 작용을 할 수 있기를 기대한다. 사물인터넷과 인공지능 기술 덕분에 건물이 사용자 경험을 개선하고 더 건강한 환경을 조성하기 위해 모든 것을 감지하고 자동 조절할 수 있게 되었다."[27] 최고기술책임자가 건강에 관해 말한 것은 무시해서는 안 되는 시장의 신호다.

대변화 10: 가치

열 번째 대변화는 투자 세계에서 환경, 사회, 지배구조ESG에 대한 관심이 증가한 것이다. ESG라는 표현을 접한 적이 없다면 그 뒤에 숨겨진 개념은 다음과 같다. 우리가 내리는 투자 결정은 경제적인 이유뿐 아니라 궁극적으로 우리의 가치관에 기초한다. 만약 우리가 담배 회사나 산업공해 유발 업체 같은 나쁜 일을 하는 회사에 투자한다면 우리도 그들이 일으키는 피해에 기여하는 것이다. 반대로 우리가 좋은 일을 하는 회사에 투자한다면 우리는 그들이 가져다주는 혜택에 기여하는 것이다. 간단한 개념이다.

투자자들은 좋은 일을 하는 회사에 투자하고 싶어 한다. 여기서 우리는 상대적으로 소규모 투자와 저축을 하는 개인 투자자를 말하는 것이 아니다. 개인 투자자로서 우리는 ESG를 투자 전략으로 선택했고 어쩌면 당신도 마찬가지일 수 있다. 우리 모두는 우리의 작은 투자 결정이 영향력 있다고 생각하고 싶어 한다. 이것은 사실일 수도 아닐 수도 있지만, 대규모 투자자들이 ESG에 관해 이야기하면 기업들은 자세를 바로잡고 귀를 기울이기 시작한다. 대규모 투자자란 노르웨이 국부펀드나 일본 후생연금펀드 같이 전 세계적으로 수조 달러의 투자 결정을 좌우하는 대규모 연기금과 국부펀드를 말하는 것이다. 《하버드비즈니스리뷰》에 게재된 글에서 로버트 에

클스와 스베틀라나 클리멘코는 2018년 현재 운용자산이 81조7천억 달러에 달하는 1천715개 투자 회사가 ESG를 투자 결정에 포함하겠다는 의사를 표시했다고 밝혔다.[28]

6조 달러 이상의 운용자산을 굴리는 투자계의 또 다른 큰손 블랙록이 2018년 투자하는 모든 기업의 CEO에게 "당신의 사회적 목적이 무엇인지 알고 싶다"라는 편지를 보냈을 때 투자 관련 커뮤니티는 큰 충격을 받았다.[29] 얼마 지나지 않아 2019년에는 미국 기업인 간담회에 속한 애플, JP모건체이스, 월마트 등 글로벌 기업의 CEO 200여 명이 모여 기업의 목적의식을 재정립했다. 목표는 주주 중심주의 시대를 끝내는 것이었다. 이 단체는 주주 가치를 창조하는 것 외에도 기업은 "직원에게 투자하고 환경을 보호하며 공급업체를 공정하고 윤리적으로 대해야 한다"라는 성명서를 발표했다.[30]

자, 상상해보라. 전 세계 주요 기업 경영진 200여 명이 일반적인 분기별 실적에 집중하는 대신 장기적인 ESG에 집중해야 할 때라고 이야기했다. 이런 움직임은 전 세계적으로 탄력을 받고 있다. 세일즈포스 CEO 마크 베니오프는 2019년 「세일즈포스의 사명은 '좋은 일을 함으로써 좋은 성과를 내는 것'이다」라는 칼럼에서 다음과 같이 말했다. "모든 기업과 CEO는 자신의 책임이 회사 건물 안에서 머물러서는 안 된다는 사실을 깨달아야 한다. 주주 가치뿐 아니라 이해관계자의 가치에 집중하기 시작할 때 기업은 더 성공하고, 공동체는 더 평등해지며, 사회는 더 공정해지고, 지구는 더 건강해질 것이다."[31]

이것이 건물에 의미하는 바는 무엇일까? 지난 20년간 계속된 친환경 건물 운동을 숙고해봄으로써 많은 것을 배울 수 있다. 예전에는 '친환경' 건물을 짓는 것이 최첨단이자 혁신적인 접근 방법이었지만 지금은 여러 시장에서 일상적인 일이 되었다(친환경 건물 운동에 대해서는 8장에서 자세히 다룰 것이다). 보이지 않는 손은 친환경 건물을 요구했다. 친환경 건물이 좋은 투자 대상이었기 때문이다. 시장도 그에 답했다. 이제 그 보이지 않는 손이 건강한 사람과 건강한 기업에 투자할 때라고 신호를 보내고 있다.

부동산 시장은 "부동산 자산의 사회적 성과는 무엇인가?"라는 질문을 떠안게 되었다. 긍정적인 의미의 사회적 성과는 이미 재무제표의 개별 항목으로 반영되어 있을 것이다. 좋은 건물은 경제적 가치로 정량화할 수 있는 건강과 관련된 공동 혜택을 가져다준다. 사회적 성과를 정량화할 수 있다는 것은 이것이 재무제표의 개별 항목으로 추가되어 부동산 관련 의사 결정을 임팩트 투자impact investment(재무상의 관점에서 수익을 창출하면서 사회적 · 환경적 성과도 달성하는 투자—옮긴이)에 연결할 수 있음을 의미한다(이에 대해서는 10장에서 살펴볼 것이다). 기업 가치가 변화하는 오늘날 건물은 의심할 여지 없이 그 최전선이자 중심이 될 것이다. 자, 준비되었는가?

오늘날 우리가 건물에 관해 내리는 결정이 후대의 건강을 결정할 것이라는 이야기로 이번 장을 시작했다. 이제 건물이 진원지에 있는 열 가지 세계적 대변화는 부정할 수 없는 현실이 되었다. 건강한 건물 전략이 이런 대변화가 가져온 많은 문제의 해결책이라는 것도 부정할 수 없다. 이 사실이 우리를 이 책의 핵심 전제와 약속으로 인도한다. 건강한 건물은 최고의 건강 기회이자 사업 기회 중 하나임에 분명하다.

3장

우리는 왜 90퍼센트를 무시하는 걸까

현대인이 하루 중 야외에서 보내는 시간은 가장 적은 비중을 차지하며 대개 너무 작아서 거의 드러나지 않는다. 이것은 우리가 기본적으로 실내 종족이라는 사실을 의미한다.

–웨인 오트

우리는 왜 90퍼센트를 무시하는 걸까? 이 질문은 우리가 건강과 이익을 위해 생활하고 일하는 건물에 관한 관심을 유발하기 위해 조가 프레젠테이션을 시작하면서 자주 던지는 질문이다. 그의 방정식에는 시간과 돈이라는 두 개의 항이 있다.

우리가 무시하는 90퍼센트: 시간

시간부터 알아보자. 연구 결과에 따르면 북미와 유럽 사람들은 하루 중 90퍼센트의 시간을 실내에서 보낸다.[1] 밖으로 돌아다녀야 하는 직업도 있고, 아이들은 성인들보다 야외에서 더 많은 시간을 보내기 때문에 정확한 수치는 아니다. 그러나 선진국의 경우 대부분 우리가 생각하는 것보다 훨씬 더 정확하게 이 수치가 들어맞는다. (장소나 계절에 따라 90퍼센트가 과소 평가된 수치일 때도 있다. 아부다비에서는 조가 프레젠테이션에서 90퍼센트라는 수치를 발표하자 청중들이 재밌어하며 웃었다고 한다. 아랍에미리트에서는 이 수치가 99.9퍼센트에 가까울 수 있다.)

이 90퍼센트라는 수치를 긴 안목에서 보려면 그것이 자기 삶에서 의미하는 바를 생각해보는 것이 좋다. 40세가 되면 사람들은 실내에서 36년을 보낸 것이 된다. 직접 확인해보라. 나이에 0.9를 곱하면 자신이 지금까지 실내에서 보낸 시간을 알 수 있다. 운 좋게도 우리가 80세까지 살 수 있다면 무려 72년을 실내에서 보내는 것이다. 덴마크의 창호 설비 회사 벨룩스가 영리하게도 '실내 세대 Indoor Generation'라고 명명할 정도로 우리는 하루의 대부분을 실내에서 보낸다.[2] 우리가 실내에서 보내는 시간 면에서 보면 실내 환경은 우리의 건강에 엄청난 영향을 주는 것이 분명하다.

그 90퍼센트를 분석해 우리가 주로 어디서 시간을 보내는지 살펴보자. (이 부분은 미국에서 이루어진 연구에 기초했다. 구체적인 수치는 나라마다 다를 수 있지만 전 세계 어느 나라든 기본 사실은 변치 않는다.) 우리는 집, 사무실, 자동차와 음식점, 가게, 헬스장, 비행기 같은 여러 장소에서 시간을 보내는 경향이 있다. 아이들의 경우 이와 매우 다른 경향을 보이는데, 고등학교를 졸업할 때쯤이면 그들은 1만 5천600시간을 학교에서 보내게 된다. (덧붙이자면 하버드대학 공중보건학자 잭 슈펭글러가 지적하듯이, 학교는 사람들이 실내에서 시간을 보내도록 강요하는 두 가지 유형의 건물 중 하나다. 다른 하나는 감옥이다.)

가끔 우리는 건강한 건물 운동을 발전시키기 위해 우리가 해야 할 일은 이 '90퍼센트'에 대해 언급하는 것이 전부라고 생각하기도 한다. 이 이야기를 듣고 어떻게 실내 환경이 우리의 건강에 영향을 주지 않는다고 생각할 수 있겠는가? 젠장, 우리는 이 행성의 작은 상자 안에서 평생의 3분의 1을 보낸다. 바로 침실이다!

이 모든 실내 시간을 가늠할 수 있는 기이하지만 유용한 방법이 있다. 포틀랜드주립대학 컴퓨터공학과 학과장이자 뛰어난 건축학자인 리처드 코시는 여기에 긴 안목으로 현명하게 접근한다. "미국인은 몇몇 고래 종들이 물속에서 지내는 시간보다 더 많은 시간을 건물 안에서 보낸다."[3]

정말일까? 고래가 육지 포유동물인 인간이 야외에서 보내는 것보다 더 많은 시간을 물 위에서 보낸다는 것은 믿기 힘들지만 사실이다. 우리는 고래를 이해하기 위해 그들이 물 위에 있을 때 숨 쉬는 공기가 아니라 그들이 사는 물속을 연구한다. 인간을 연구할 때도 마찬가지다. 실내에서 보내는 이 모든 시간 동안 우리는 실내 공기질보다 실외 공기질에 더 집중하는 경향이 있다. 어느 날이든 신문이나 뉴스 사이트를 확인해보면 실외 대기 오염이 얼마나 심각한지 알 수 있을 것이다. 그러나 건물 위생에 관한 이야기는 얼마나 자주 접하는가?

규제 체계 또한 실외 환경에 초점이 맞춰져 있다. 미국에서는 대기오염방지법을 시행하고 있는데, 이 법은 초미세먼지와 미세먼지, 납, 오존, 이산화황, 이산화질소, 일산화탄소의 여섯 가지 대기 오염물질의 배출 한도를 제한하는 국가대기질기준NAAQS을 규정하고 있다.[4] 다른 여러 국가도 대기 오염에 관해 이와 비슷한 기준을 가지고 있다.[5]

그렇다면 '국가실내공기질기준'은 어떤가? 그런 것은 존재하지 않는다. 미국에서 이와 가장 유사한 것은 산업안전보건청이 실내 오염물질 배출에 대해 법적으로 강제할 수 있는 제한을 설정한 것이다. 그러나 이것이 우리 모두가 안전하다는 것을 의미한다고 생각한다면, 산업안전보건청의 제한으로 정말 건강을 보호할 수 있다고 주장하는 과학자는 극소수라는 사실을 알아야 한다. 이 점에 대해서는 산업안전보건청도 동의한다. 그들은 웹사이트에 "산업안전보건청은 많은 허용노출한계PEL가 근로자의 건강을 보호하기에 부적절하고 시대에 뒤떨어진다는 것을 인정한다"라고 명시하고 있다.[6]

그 이유는 산업안전보건청이 1970년에 설립되었기 때문이다. 당시 1968년 보고서에 기초해 많은 화학물질에 대해 '허용 가능한' 노출 한계가 설정되었고, 그런 비보호적 노출 한계는 새로운 법률에 포함되었다. 이후 산업안전보건청은 열여섯 가지 항목에 대해서만 새로운 허용노출한계를 규정했을 뿐이다. 가장 최근의 예로는 2006년에 호흡기 질환, 천식, 피부 자극, 간과 신장 손상 등을 유발하는 독성이 강한 중금속인 육가크로뮴hexavalent chromium을 추가한 것이 있다. 산업안전보건청의 허용노출한계는 우리를 보호해주지 못한다. 솔직히 말해 사무실 건물에서 산업안전보건청의 허용노출한계에 규제된 위험 요소를 접한다면 무언가 크게 잘못된 것이다.

우리가 무시하는 90퍼센트: 돈

우리가 무시하는 두 번째 90퍼센트는 회사를 운영하는 데 드는 실질적 비용인 건물 안에서 일하는 사람들이다. 대부분의 회사는 예산의 90퍼센트를 인적 자원에 투자하는데, 이 수치는 대체로 직원들의 연봉, 수당 그리고 4장에서 살펴볼 생산성에 따라 결정된다.

글로벌 부동산 서비스 회사 JLL이 만들어 널리 알린 3-30-300 부동산 법칙은 전기·가스·수도요금, 임차료, 인건비의 세 가지 요소에 대한 회사의 1제곱피트당 상대적 비용을 보여준다.[7] 회사가 전기나 난방 같은 유틸리티 비용으로 3달러를 지출할 때마다 임차료로 30달러, 인건비로 300달러를 지출한다는 법칙이다. 사람 같은 값비싼 자산이 최상의 기능을 발휘하지 못한다면, 환기 장치 같은 소소한 시설 관리 비용에 초점을 맞추는 것은 매우 어리석은 일일 수 있다는 깨달음을 준다.

이 경험 법칙은 여러 가지 자료를 통해 입증될 수 있다. 예를 들어 국제 건물소유자및관리자협회BOMA에서 2018년 발표한 《사무실경험교환보고서*Office Experience Exchange Report*》에 따르면, 민간 부문 사무실 건물의 1제곱피트당 평균 임차료는 30.35달러, 평균 유틸리티 비용은 2.14달러, 직원 1인당 업무 공간은 통로와 로비를 포함하여 288제곱피트(약 26.76제곱미터)다.[8] 직원 1인당 공간은 사무실이 작아지면서 250제곱피트(약 23.22제곱미터)에 가까워지고 있다. 급여의 관점에서 보면 매사추세츠주의 일반적인 사무직 근로자인 광고 판매 대리인, 세무 대리인, 컴퓨터 사용자 지원 전문가 같은 직업군의 총임금은 미국 노동통계국에 따르면 연간 약 6만5천 달러 수준이다.[9] 고용주가 지급하는 다른 비용을 포함하면 직원 1인당 최대 비용은 연간 약 7만5천 달러에 달한다. 이것을 1인당 공간인 250제곱피트로 나누면 연간 1제곱피트당 300달러가 산출된다.

3-30-300 경험 법칙이 일반화되고 단순화되긴 했지만 비용의 크기 순서는 여전히 적절하고 유용하다. 일부 직업은 이보다 훨씬 더 많은 돈을 지불한다. 연봉이 높을수록 생산성의 영향력이 더 커지고 에너지 절약의 영향력은 더 작아진다.

앞서 현대인이 실내에서 보내는 시간의 맥락에서 지적했듯이, 건축계의 논의는 다시 한번 주요한 90퍼센트인 사람의 비용 절감 효과를 놓쳤다. 재무 부문은 임차료와 유틸리티에 지출하는 10퍼센트에 집중하는 경향이 있다. 그렇다고 오해해서는 안 된다. 이런 비용도 매우 중요하지만 건축계는 너무 오랫동안 여기에만 초점을 맞추어왔다. 이렇게 생각해보자. 전 세계적으로 수십억 제곱피트의 사무실 공간이 등록된 친환경 건물 운동은 주로 그 10퍼센트라는 작은 부분 집합, 총점유비용 면에서 볼 때 1퍼센트를 차지하는 에너지, 폐기물, 물 관련 비용을 좇는 데 주력해왔다.

회사가 이 1퍼센트에 집중하는 이유는 이런 것들이 대체로 쉬운 표적이기 때문이다. 그것들은 두 가지 면에서 쉬운데, 첫째는 에너지 절약을 기반으로 손쉽게 투자수익률을 계산할 수 있다. 만약 전열교환기에 투자한다면 소유자는 장비에 대한 초기 자본 비용이 몇 년 안에 회수될 것임을 금방 알 수 있다. 경영진이 그야말로 봉투 뒷면에 계산해서 알아낼 수 있을 정도로 간단한 계산이다. (엄밀히 말하면 에너지 모델링을 하는 사람들에게 이것이 절대적인 의미에서 '쉽다'라는 의미는 아니다. 이런 모델을 구축하는 데는 상당한 수준의 정교함과 전문 지식이 필요하지만 보건이나 위생 개념보다는 정량화하기가 쉽다.)

둘째, 건물의 에너지, 폐기물, 물 등은 손쉽게 측정할 수 있다. 약간의 노력으로 현재 앉아 있거나 혹은 소유하거나 관리하는 건물에서 한 해 동안 에너지를 얼마나 사용하는지 정확히 알아낼 수 있다. 기본적으로 한두 개의 간단한 측정기와 몇 가지 요금고지서만 있으면 건물에서 사용하는 에너지양을 파악할 수 있다. 따라서 하드 데이터를 바탕으로 투자수익률을 계산할 수 있으며, 에너지 서비스 회사가 매일 하듯이 사용량을 측정하고 자금을 조달하고 보증할 수 있다.

그러나 비용의 90퍼센트를 차지하는 건물 안에 있는 사람들을 생각해보자. 건물 안에 있는 사람들의 건강을 어떻게 '측정'할 것인가? 아니면 한 개의 층 혹은 한 개의 방에 있는 사람들까지? 이것은 간단한 일이 아니다. 쉽지 않은 일이기 때문에 그동안 발전을 가로막는 걸림돌이 되어왔다. 우리는 에너지를 아주 잘 측정할 수 있으므로 관리도 아주 잘할 수 있다. 그러나 사람은 이 방정식에서 제외되었고, 예상할 수 있듯이 우리는 이 기회를 관리하는 데 실패했다.

우리 두 사람은 이 문제에 대해 오랫동안 고민해왔다. 건물 안에 있는 사람들의 건강을 측정하는 방법에 대해서는 9장에서 소개할 것이다. 본론만 이야기하자면 저 90퍼센트는 앞으로 엄청난 기회로 작용할 것이다. 간단히 말해 실내 환경은 건강과 부에 중요한 역할을 한다. 이상, 우리가 하고 싶은 이야기는 끝났으니 책을 덮어도 좋다.

실내 환경의 세 가지 공격

이제 기본적인 내용은 모두 다루었으니 실내 환경과 그것이 우리의 건강에 미치는 영향에 대해 광범위하게 탐구해보려 한다. (재무적 영향에 대한 세부 사항은 4장에서 살펴볼 것이다). 이번 장의 나머지 부분에서는 과학이 말하는 것들을 이야기한 다음 노출위험도를 최소화하는 방법에 대한 틀을 제공할 것이다.

공격 1: 실외 대기 오염의 불결한 비밀

충격적인 이야기를 들려주겠다. 우리가 경험하는 대부분의 실외 대기 오염물질은 실내에서 발생할 수 있다. 실외 대기 오염의 불결한 비밀이다. 믿기지 않는다면 이를 증명하기 위해 간단한 계산을 해보자.

초미세먼지PM2.5라고 불리는 주요 대기 오염물질 배출량이 주기적으로 20마이크로그램 퍼 세제곱미터에 달하는 로스앤젤레스에 있다고 가정해보자. 참고로 PM은 '입자상물질Particulate Matter'의 약자로 공기 중에 떠다니는 먼지를 말한다. '2.5'는 지름 2.5미크론μ 이하의 입자상물질을 나타낸다. 입자의 크기가 중요한 이유는 이 정도 크기의 입자는 우리가 호흡할 때 가스 교환 작용을 하는 폐의 가장 깊은 부위인 폐포까지 침투하기 때문이다. 크기가 큰 입자는 코점막이나 상부 호흡기에서 걸려 우리가 코를 풀거나, 폐가 점액섬모청소MCC 작용을 통해 바이러스를 호흡기 밖으로 내쫓을 때 함께 제거된다.

사람들은 대부분 실외 대기 오염물질이 집이나 건물 안으로 얼마나 침투하는지 충분히 인식하지 못하고 있다.[10] 예상할 수 있듯이 실외 대기 오염물질이 집이나 건물 안으로 얼마나 침투하는지 결정하는 것, 즉 소위 말하는 침투 요인은 다양하다. 건축 연도, 누수 여부, 창문 개방 여부, 환기와 정화 체계의 종류는 말할 것도 없고 풍향, 압력, 기타 기상 요인도 중요한 역할을 한다. 다양한 침투 요인을 검토한 결과 집 안에서의 오염물질 침투에 대한 중앙값 추정치는 -50퍼센트에 달한다는 것을 알 수 있다.[11] 상업용 건물은 보통 MERV 8 필터를 사용하는데, 초미세먼지 제거율은 이 추정치와 비슷하다. (MERV는 Minimum Efficiency Reporting Value의 약자로 최소효율보고값을 의미하며, 필터 효율을 1~16등급으로 표시한 필터를 말한다.) 이런 사실을 바탕으로 실증 목적으로 로스앤젤레스의 실외 대기 오염물질 수치를 활용해 추정하면 평균적으로 실외 대기 오염물질의 실내 농도는 그 절반인 10마이크로그램 퍼 세제곱미터임을 알 수 있다.

이제 우리가 얼마나 많은 공기를 들이마시는지 알아봐야 한다. 궁극적으로 매일 우리 몸에 들어오는 공기 오염물질의 총량을 알고 싶기 때문이다. 공중보건에서는 이를 '일용량'이라 한다. 우리는 1시간당 약 1천 번 호흡한다. 이것은 우리가 일반적으로 1시간당 약 0.625세제곱미터, 하루에 15세제곱미터의 공기를 들이마신다는 것을 의미한다.[12]

외부에서 유입된 공기 오염물질이 실내에 얼마나 많이 퍼져 있는지, 우리가 매일 얼마나 많은 공기를 들이마시는지 알았으므로 이제 우리가 그 공기를 어디에서 들이마시는지 알아봐야 한다. 이번 장의 서두에서 설명한 '우리가 시간을 보내는 곳'에 관한 자료를 다시 한번 살펴보자. 하루 중 90퍼센트의 시간을 실내에서 보낸다는 것은 우리가 매일 21시간 이상을 실내에서 보내고 3시간 미만을 실외에서 보낸다는 의미다(물론 실외에서 보내는 시간이 1시간도 채 되지 않는 사람도 있을 것이다).

이제 남은 계산은 매우 간단하다. 이것을 모두 곱하면 실외 대기 오염물질의 노출이 대부분 실내에서 이루어진다는 직관에 반하는 사실을 입증하는 증거를 확인할 수 있다. 이 사례에서 실내에서 들이마신 실외 대기 오염물질의 양은 실외에서 들이마신 양보다 4배나 많은데 이것은 더 이상 비밀이 아니다.

우리는 매일 멕시코시티, 서울, 뉴델리, 베이징 같은 지역의 실외 대기 오염이 얼마나 심각한지 보여주는 뉴스를 접한다. 이들 지역의 실외 대기 오염은 위험할 정도로 정말 심각하다. 이런 뉴스는 일반

표 3.1 실외 대기 오염물질의 불결한 비밀

	실외 대기 오염물질	호흡률	실내에서 보내는 시간	하루에 들이마시는 실외 대기 오염물질 총량
실외	20㎍/㎥	0.625㎥/시간	2.4시간 (24시간의 10%)	30㎍/일
실내	10㎍/㎥	0.625㎥/시간	21.6시간 (24시간의 90%)	135㎍/일

적으로 미세먼지로 뒤덮인 거리를 부모와 아이가 마스크로 코와 입을 가리고 걸어가는 사진과 함께 실린다. 하지만 그 부모와 아이가 건물 안으로 들어갔을 때 어떤 일이 일어나는지를 언급한 기사를 찾아보기 바란다. 이 '실외 대기 오염물질의 불결한 비밀'에 관한 기사는 절대 찾아볼 수 없을 것이다. 실외 대기 오염물질에 관한 기사를 가족이 마스크를 쓰고 소파에 앉아 있는 사진과 함께 볼 수 있는 날을 기대한다(참고로 일회용 방진 마스크는 이런 종류의 오염물질에는 효과가 전혀 없다. N95 마스크를 쓰고 소파에 앉아 있어야 한다).

공격 2: 실내에서 찾는 오염원

실외 대기 오염물질이 실내로 침투하는 것뿐 아니라 실내에서도 공기를 오염시키는 물질이 발생한다. 실제로 미국 환경보호국의 추정에 따르면 일부 오염물질의 경우 실내 농도가 실외보다 3~5배 더 높고, 대다수 오염물질의 경우 이 비율이 10배 이상까지 올라갈 수 있다.[13]

이렇듯 실내 오염물질의 농도가 실외보다 높은 이유는 에너지 절약을 위한 노력의 하나로 실외에서 들어오는 신선한 공기를 차단했기 때문이다. 우리는 이렇게 밀폐된 공간에 갇혀 냄새가 나면 각종 스프레이, 향초, 향기 나는 세제 등을 사용해 답답한 실내 공기를 개선하려 한다. 그 스프레이가 우리의 건강에 더 좋지 않을 수 있다는 사실은 깨닫지 못한 채 말이다. 우리가 만든 이 갑갑한 상자 안에서 좋은 냄새를 맡기 위해 겨드랑이 탈취제, 향수, 향기 나는 샴푸를 사용한다. 건물을 지을 때 쓰인 건축 자재와 가구에서 나쁜 가스가 배출되는 것은 말할 것도 없다.

그 외에도 여러 종류의 실내 오염물질이 있는데, 들어본 것도 있을 것이고 전혀 생각지 못한 것도 있을 것이다. 가장 잘 알려진 실내 오염물질은 휘발성 유기화합물VOCs이다. 휘발성 유기화합물은 페인트, 건축 자재, 표면세정제, 화이트보드 펜, 가구, 심지어 드라이클리닝 등에서 광범위하게 배출되는 화학물질이다. 이름에서 알 수 있듯이 이 물질이 포함된 제품에서 휘발하거나 가스가 배출된다. 집 안에서는 세탁 세제, 정전기 방지제, 소파, 비누 등에서 휘발성 유기화합물이 배출된다.

가장 악명 높은 휘발성 유기화합물 중 하나인 포름알데히드는 발암물질로 알려져 있는데, 일부 수납장에 붙이는 목재나 강화마루에 사용되어 가정이나 사무실에 가스를 배출한다. 건축 자재 회사 럼버리퀴데이터스가 2015년 중국에서 수입한 바닥재에서 포름알데히드가 기준치보다 많이 검출되어 세간의 이목을 끌었다. (럼버리퀴데이터스는 2019년 이 문제와 관련해 투자자를 오도했다는 이유로 3천300만 달러 상당의 합의금을 지불했다.)[14]

또 다른 악명 높은 휘발성 유기화합물은 휘발유에서 나오는 벤젠, 톨루엔, 에틸벤젠, 자일렌BTEX 화학물질이다. 우리는 차 안에서 숨을 들이마실 때 BTEX에 노출된다. 집에 차고가 붙어 있다면 BTEX 화학물질이 집 안으로 들어올 수 있다.[15] 사무실과 학교에서도 공기 흡입구나 창문의 방향이 길거리나 주차장을 향하는 경우 BTEX가 건물 안으로 들어오기도 한다. 하교 시간이 되면 스쿨버스들이 건물 근처에서 공회전하기 때문에 벤젠 수치가 상승하고 포름알데히드와 미세먼지가 증가한다.[16] 만약 차로에 둘러싸인 지역에 산다면, 특히 교통 체증이 심한 곳이라면 BTEX 화학물질이 일상에 침투해 있을 확률이 높다.

개인 생활용품에서도 휘발성 유기화합물을 발견할 수 있는데 향수, 로션, 손 세정제, 샴푸, 겨드랑이 탈취제 등에서 주로 검출된다. 포틀랜드주립대학의 건축학자 리처드 코시와 동료 아틸라 노보셀락Atila Novoselac이 텍사스 지역 고등학생을 대상으로 한 연구 결과, 조사한 모든 교실에서 청소년이 사용하는 바디스프레이 브랜드 엑스Axe의 휘발성 유기화합물이 검출되었다.[17]

휘발성 유기화합물에는 오렌지에서 발견되는 달콤한 냄새가 나는 화학물질인 리모넨도 포함되는데, 이 물질은 가정용 세제에 첨가되어 쾌적한 향기를 발산한다. 인체에 해가 없는 성분인 것 같지만 리모넨은 오존과 반응해 포름알데히드와 실내 부유 먼지를 생성한다.[18] 따라서 외부에서 먼지 입자가 들어오는 것뿐만 아니라 실내에서도 먼지 입자가 발생한다.

실내에서 먼지 입자를 생성하는 것은 오존과 반응하는 휘발성 유기화합물 외에도 다른 여러 가지 원인 물질이 있다. 흡연은 말할 것도 없고, 양초를 태우거나 볶음 요리를 할 때도 먼지 입자가 배출된다. 콜로라도주립대학의 화학자 델핀 파머와 같은 대학 환경공학자 마리나 밴스가 이끄는 연구팀이 집 안의 미생물과 환경화학의 관찰 연구의 하나로 추수감사절 저녁 식사를 요리하는 동안 실내 공기 오염도를 측정한 결과, 실내 먼지 입자 농도가 실외 먼지 입자 농도의 최대치보다 10배 이상 높다는 사실이 발견되었다.[19]

우리 몸도 예외는 아니다. 찰스 슐츠의 만화 캐릭터처럼 우리는 모두 지저분한 '피그펜'과 다르지 않다(피그펜은 만화 『피너츠』에 나오는 캐릭터로, 항상 먼지를 몰고 다니는 지저분한 아이다). 집 안을 거닐거나, 소파에 앉거나, 빨래를 개면서 우리는 주변의 모든 물건 표면에 쌓여 있던 먼지 입자를 일으키며 우리를 둘러싸는 보이지 않는 먼지 입자들의 구름을 생성한다.

문제는 주로 먼지 입자를 들이마시는 것에서 비롯되지만 오염물질은 우리가 먹는 음식, 손과 입의 접촉, 심지어 피부를 통해서도 우리 몸에 침투한다. 이와 관련해 덴마크공과대학 교수 가브리엘 베코와 찰리 웩슬러는 동료들과 함께 '우리는 피부를 통해 호흡하는가?'라는 주제로 흥미로운 연구를 진행했다.[20] 연구자들은 일반적인 실내 오염물질 수치가 높은 방에 몇 시간 동안 앉아 있었다. 바지까지 모두 벗어 거의 모든 피부가 오염물질에 노출되었지만 머리와 얼굴은 호흡용 복면으로 감싸 깨끗한 공기를 마실 수 있도록 했다. 그런 다음 몸속에 화학물질이나 대사물질이 침투해 있는지 확인하기 위해 소변 검사를 받았다. 며칠 후 그들은 같은 과정을 반복하되, 이번에는 화학물질이 몸속에 들어오는 다양한 경로의 상대적 중요도를 식별하기 위해 머리에 복면을 쓰지 않았다.

실험 결과, 놀랍게도 일부 가소제(심지어 니코틴도)의 경우 피부를 통해 흡수되는 양이 호흡을 통해 흡입하는 양만큼 많다는 사실이 발견되었다. 한 마디로 우리는 분명 피부를 통해 호흡하고 있었다. 연구자들은 옷이 보호막이나 오염원으로 작용할 수 있다는 사실도 발견했다. 만약 옷에 이런 화학물질이 들어있다면 피부에 더 가까이 밀착되어 더 오랜 시간 동안 오염물질에 지속적으로 노출될 수 있다. 반대로 만약 화학물질이 방 안 어딘가에 있다면 깨끗한 옷이 겉으로 드러나는 피부 면적을 줄여주기 때문에 오염물질에 덜 노출될 수 있다.

건물과 오염물질 노출을 고민할 때 건축계는 일반적으로 실내 공기질IAQ, Indoor Air Quality을 중심으로 대화를 진행하는 경향이 있다. 기본적으로 IAQ라는 약칭이 실내 환경의 모든 위험을 의미하는 용어로 사용되고 있는데 이를 바로잡을 필요가 있다. IAQ보다 더 많은 사항을 아우르는 실내 환경질IEQ, Indoor Environmental Quality을 사용하는 것이 더 적절하다. 그 이유를 지금부터 설명하겠다.

휘발성 유기화합물 외에도 고려해야 할 많은 실내 오염물질이 있고, 호흡을 통해 흡입하는 것 외에도 여러 노출 경로가 있다. 중금속 납은 오래된 페인트, 낡은 수도관, 실내에 남긴 신발 자국 등에서 발견된다. 납은 직접 섭취하거나 혹은 공기 중에 떠다니는 먼지를 통해 흡입하는 방법으로 우리 몸에 들어온다. 혹은 미시간주 플린트에서 일어난 예방 가능한 재앙이 보여주듯이, 식수에 흘러들어 우리가 섭취할 수 있다. 실내 공기질이라는 용어는 너무 한정된 의미를 담고 있어 이런 상황에는 적합하지 않다.

가구, 카펫, 기타 제품에 사용되어 우리의 호르몬 체계를 파괴하는 위험한 화학물질도 있다(제품에서 검출되는 유해 화학물질에 대해서는 7장에서 다룰 것이다). 이 중에는 우리가 반휘발성 유기화합물SVOCs이라 부르는 것도 있다. 반휘발성 유기화합물은 다재다능한 휘발성 유기화합물이라 할 수 있다. 가스일 수도 있고, 공기 중에 떠다니는 먼지에 붙어있을 수도 있으며, 벽이나 바닥, 피부나 옷에 묻어있을 수도 있다. 이것을 과학 용어로 '분할partitioning'이라 한다. 이런 반휘발성 유기화합물이 공기 중이나 먼지에 상주하는 위치는 물리적·화학적 특성과 온도·습도·부유 먼지 수준 같은 환경 조건에 따라 달라진다.

다재다능한 반휘발성 유기화합물은 매우 영리한 방법으로 몸에 들어온다. 우리가 손으로 음식을 먹거나 입술을 만질 때 손에 묻은 소량이 입으로 들어가 폐, 피부, 위장관을 통해 체내에 침투한다. 손에서 입으로 접촉을 통한 먼지의 이동을 '부수적인 섭취'라고 한다. 하루에 최대 집 먼지 100밀리그램까지 이런 '부수적인 섭취'가 가능하다는 사실을 아는가?[21] 사무실이나 집 안에 쌓인 먼지에 대해 다시 생각해봐야 할지도 모른다.

이 모든 것은 우리가 사무실, 집, 자동차에서 사용하는 제품과 그곳에서 하는 활동이 우리 몸이 끊임없이 흡수하고 섭취하는 실내 혼합물질의 일부를 생성한다는 사실을 말해준다. 이것은 실내 공기질을 넘어서는 문제로 실내 환경질과 관련되어 있다. 건물은 이런 상태를 조성하거나 완화하는 데 중요한 역할을 한다.

공격 3: 이웃의 행동

이제까지 우리의 건강을 공격하는 두 가지 요소, 즉 실내에서 발생하는 공기 오염물질과 실외에서 들어오는 대기 오염물질에 관해 이야기했다. 그러나 실내 환경의 위험은 사실 많은 사람을 세 가지 방향에서 공격한다. 실외 대기 오염물질이 실내로 들어오는 것을 최선을 다해 막고, 자신의 공간에서 오염물질이 발생하지 않도록 극도로 조심한다 해도 또 다른 걱정거리가 있다. '그것'은 바로 당신의 이웃이다.

고층 아파트나 공동주택에 사는 사람이라면 이웃에서 나는 음식 냄새를 맡아본 경험이 있을 것이다. 이것은 건물 내부 공기가 서로 통하고 있다는 사실을 말해준다. 이웃이 무엇을 하고 있는지 물어

보고 싶을 수도 있다. 많은 건물에서 평균적으로 아파트 내부 공기의 9퍼센트는 이웃집에서 들어오기 때문이다(오래된 공동주택이라면 그 비율이 35퍼센트까지 올라갈 수 있다).[22]

다음에 엘리베이터나 계단에서 이웃을 만나면 그들을 잘 살펴보고 "정말 저 사람들의 공기를 들이마시고 싶은가?"라고 자문해보자. 그들이 담배를 피운다면 당신도 담배를 피우는 것이다. 그들이 고양이를 키운다면 당신도 고양이를 키우는 것이다. 그들의 집에 포름알데히드를 내뿜는 강화마루가 있다면 당신도 어느 정도 영향을 받을 수밖에 없다.

이웃과 관련된 이런 문제는 단지 공동주택 건물에만 해당하지 않는다. 실내 환경질에 영향을 줄 수 있는 인접한 공간은 모두 '이웃'이라 생각할 수 있고 또 생각해야 한다. 상업용 사무실 건물의 경우 이웃은 옆 건물이 될 수 있다. 한 건물의 공기 배출구에서 나오는 공기가 옆 건물의 공기 흡입구로 들어갈 때가 많다. 음식점의 배기가스가 옆 건물의 공기 흡입 장치로 들어가면 기름진 냄새가 나기 때문에 금방 알 수 있다. 옆집에서 공사하는 경우 갓 자른 나무 냄새가 당신의 집에 스며들 수 있다. 이런 현상은 건물 사이로 얼마나 많은 공기가 이동할 수 있는지 보여준다.

이런 문제의 가장 흔한 사례는 공기 흡입구가 지상층이나 주차장에 있는 건물에서 찾을 수 있다. 건물의 공기 흡입 장치가 주변의 공회전하는 차량에서 나오는 오염물질을 빨아들여 건물 안으로 순환시킨다. 다음에 거주하는 지역의 번화가에 있는 여러 건물을 지날 때 자세히 살펴보면 도로나 주차장 근처에 공기 흡입구가 있는 경우를 쉽게 발견할 수 있을 것이다.

조는 가끔 공기 중에서 쥐 냄새가 나는 사무실 건물 사례를 자주 소개한다. 건물 소유자는 해충 관리 회사를 고용해 건물 안을 샅샅이 뒤졌는데도 해충 침입의 흔적을 찾지 못했다. 그들은 건물을 철저히 조사한 후에도 건물에서 왜 설치류 냄새가 나는지 이유를 알 수 없었다. 그러다 건물 주변을 살피기 시작했다. 건물의 공기 흡입구가 골목길에 있었고, 옆 건물의 공기 배출구가 같은 골목에 있었다. 알고 보니 옆 건물이 수백 마리의 쥐를 가지고 동물 독성학 실험을 하는 곳이었다.

노출과 위험의 사슬 끊기

건강을 위협하는 이 같은 실내 환경의 세 가지 공격으로 모든 것을 잃었으니 남은 생은 산속이나 밀폐된 비눗방울 안에서 보내야겠다고 생각할 수도 있다. 하지만 그럴 필요 없다. 건물이 실제로 이런 위험의 영향을 완화하는 데 도움이 될 수 있다는 좋은 소식이 있기 때문이다.

이런 실내 환경의 공격이 우리에게 어떤 영향을 주고, 건물이 어떻게 도움이 될 수 있는지를 이해하려면 노출 과학의 기본 개념을 알아야 한다. 즉 오염물질의 농도, 노출 기간과 빈도가 어떻게 결합하여 건강에 부정적인 영향을 줄 수 있는지 파악한 다음 그런 일이 발생하지 않도록 중재하는 방법을 찾아야 한다.

자동차에 기름을 넣는 동안 가끔 벤젠, 톨루엔, 에틸벤젠, 자일렌 등 BTEX 화학물질에 짧게 노출되는 경우를 떠올려보자. 이때 고농도의 벤젠에 노출될 수 있지만 노출 시간이 짧고 노출 빈도가 드물어 전반적인 위험도가 낮다. (전기차를 가진 사람이라면 이런 위험에 절대 노출되지 않겠지만 주유소 직원의 경우 장시간 노출될 수 있다.)

공중보건 분야에서 건강에 영향을 주는 다양한 건물 요소를 이해하려 할 때 고려해야 할 유용한 모델 중 하나는 '노출 관련 질병에 관한 개념 모델'이다. 이 모델은 조의 박사학위 논문 지도교수이자 현재 보스턴대학 공중보건대학 부학장인 마이클 맥클린이 조에게 소개한 것이다. (이 부분을 지루하지 않게 쓰기로 마음먹었지만, 우리가 학계에 몸담고 있는 만큼 개념 모델에 관해서도 이야기해야 한다. 유용한 내용일 테니 조금만 참아주길 바란다.)

노출 관련 질병에 관한 개념 모델이 훌륭한 이유는 개념이 정말 단순하고 실제로 매우 유용하기 때문이다. 그림 3.1에서 왼쪽에서 오른쪽으로 나아가면서, 우리는 건물 안의 오염원에서 이런 오염물질에 대한 개인적인 노출로 그리고 이후 몇 단계를 거치면서 잠재적인 건강 영향으로 옮겨간다.

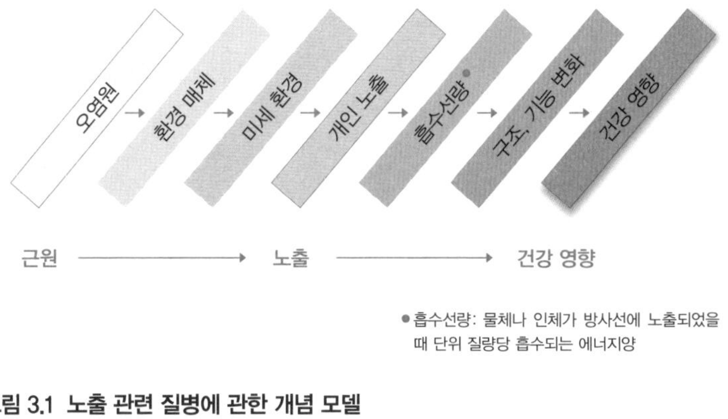

그림 3.1 노출 관련 질병에 관한 개념 모델

이 모델이 왜 유용할까? 개인이 오염물질에 노출되기 전에 사슬을 끊는다면 건강에 영향을 주는 위험을 제거하거나 최소화할 수 있기 때문이다. 이 모델의 핵심은 이름에서 드러나지만, 어쨌거나 강조할 필요가 있는 것은 이 모델이 유전학과 같이 건강에 영향을 주는 다른 요인이 아니라 노출 관련 질병에 관해 다루고 있다는 점이다. 여기서 언급하는 요인은 모두 환경에 관한 것으로, 그 사슬을 끊기 위해 건물을 어떻게 그리고 왜 활용해야 하는지 알려준다.

노출 관련 질병에 관한 개념 모델의 이해를 돕기 위해 몇 년 전 세간의 이목을 끌었던 유명 사건을 살펴보자.

"당신의 부엌 조리대에는 무엇이 도사리고 있는가?"

《뉴욕타임스》는 2008년 「당신의 부엌 조리대에는 무엇이 도사리고 있는가?」라는 놀라운 제목의 기사를 게재했다. 이 기사는 화강암으로 만든 부엌 조리대에서 라돈이 검출되었다는 소식을 '속보'로 전하면서 미국 국민을 두려움에 떨게 했다.[23] "대체 라돈이 뭐길래 내가 신경 써야 하느냐?"라고 묻는 사람이 있을 것이다. 라돈은 방사성 기체로서 일반적으로 두 번째로 높은 폐암 발병 요인으로 알려져 있다.

라돈은 지상의 화강암에서 우라늄이 자연 부식하면서 발생하는 흔한 기체로, 우리가 집을 생각할 때 주로 떠올리는 위험 요소다. 토양에 스며든 라돈이 건물 벽이나 바닥의 갈라진 틈새로 침투해 집 안 전체로 퍼질 수 있기 때문이다. 《뉴욕타임스》 기사는 집 안에 있는 화강암에서도 라돈이 검출된다고 밝혔다.

라돈이 흥미로운 이유는 다른 환경 오염물질과 달리 위험 허용치가 비정상적으로 높기 때문이다. 수치로 표현하면 미국 환경보호국은 다른 오염물질의 위험 허용치를 100만분의 1(10^{-6})로 제한하는 반면, 라돈은 집 안 공기 1리터당 4피코퀴리pCi 이하로 유지하는 것을 목표로 설정했다. 이것은 비흡연자의 경우 평생 100명 중 1명(10^{-3}), 흡연자의 경우 10명 중 1명(10^{-2})이 폐암에 걸릴 수 있는 위험률이다. 요컨대 우리는 라돈에 대해 다른 환경 오염물질보다 훨씬 높은 수준의 위험을 '허용'한다.

노출 관련 질병에 관한 개념 모델로 돌아가, 라돈으로 모델의 다른 단계들을 설명해보겠다. 《뉴욕타임스》 기사에서 언급했듯이, 라돈의 근원은 화강암으로 만든 부엌 조리대다. 모델의 다음 단계인 환경 매체는 공기, 물, 먼지 등을 말하는데, 라돈은 화강암 부엌 조리대(오염원)에서 실내 공기(환경 매체)로 배출되는 기체다.

모델의 다음 단계는 미세 환경이다. 이것은 우리가 오염물질을 접하는 곳을 의미한다. 대개 화강암은 부엌에 사용되지만 거기서 배출되는 기체는 집 안 전체를 돌아다니므로 우리는 부엌뿐 아니라 침실, 지하실, 심지어 집 주변까지 다양한 미세 환경에서 라돈과 접촉할 수 있다. 유해물질의 위해성을 이해하려면 우리가 노출될 수 있는 다양한 미세 환경을 알아야 하므로 이것은 매우 중요하다.

모델의 다음 단계인 개인 노출에 대해 알아보려면 우리가 시간을 보내는 곳(미세 환경)과 공기 중 오염물질(환경 매체) 농도를 알아야 한다. 용어를 제쳐놓고 보면 이것은 매우 논리적인 개념이다. 오염물질은 우리가 접촉하지 않는다면 건강에 큰 영향을 줄 수 없다. 주유소의 BTEX처럼 말이다.

부엌 조리대에서 검출된 라돈 사례에서 오염원이 있는 부엌에서 개인 노출 농도가 가장 높을 것으로 예상할 수 있다. 하지만 노출 빈도와 지속 기간은 어떤가? 이것을 파악하기 위해 앞서 소개한 '우리가 시간을 보내는 곳'으로 돌아가면 우리는 하루 중 2퍼센트 시간을 부엌에서 보내고 34퍼센트의 시간을 침실에서 보낸다. 따라서 라돈 농도는 부엌에서 가장 높을 수 있지만 노출 빈도와 지속 기간은 매우 낮을 수 있다.

건물의 역할에 대해 생각해볼 수 있는 흥미로운 사실이 있다. 중앙 냉방 시스템을 채택한 가정에서는 오염원인 조리대가 있는 곳임에도 불구하고 부엌이 집 안 다른 곳보다 라돈 농도가 높지 않다. 그 이유가 무엇일까? 중앙 냉방 시스템이 집 안의 모든 공기를 끌어모아 냉각한 다음 그 공기를 다시 집 안 전체에 고르게 퍼뜨리기 때문이다.

중앙 냉방 시스템은 기본적으로 라돈 농도가 높은 부엌의 공기를 집 안 다른 곳에서 나오는 공기와 혼합한 다음 그 공기를 다시 집 안 전체에 퍼뜨린다. 그 결과 부엌에서는 라돈 농도가 낮아지지만 집 안 다른 곳에서는 높아진다. 전체적인 노출 관점에서 보면 침실에서 보내는 시간이 더욱 중요해진다. 중앙의 공기가 우리가 많은 시간을 보내지 않는 곳에서 라돈의 일부를 가져와 우리가 많은 시간을 보내는 곳으로 보내기 때문이다. (상업용 사무실 건물, 병원, 학교에서도 이와 같은 일이 자주 일어난다. 환기 장치는 때로 건물 전체에 오염물질을 퍼뜨리는 효율적인 시스템 역할을 한다.)

이 개념 모델의 왼쪽 요소들을 살펴봤으니 이제 우리가 어디에서 개입해야 할지 쉽게 파악할 수 있다. 부엌 조리대에서 배출되는 라돈에 대한 노출을 줄이고 싶다면 오염원을 제거하거나 혹은 건물 환기 장치를 통해 공기 중(환경 매체)에 확산되는 오염물질 농도를 낮추거나, 다른 미세 환경에서 보내는 시간을 줄여야 한다.

실제로 건물 관련 오염물질 노출을 생각할 때는 반드시 이 모델을 활용해야 한다. 잠재적 위험 요소가 어떻게 오염원에서 배출되어 노출을 일으키는지를 이해하지 않고 잠재적 위험 요소의 존재만으로 위험하다고 말하는 경우가 많다. [모델의 오른쪽은 이 책의 범위 밖이지만 오염물질이 몸 안으로 들어온 후 어떤 일이 일어나는지를 다룬다. 독성학에서는 이를 흡분대배ADME(흡수Absorption, 분포Distribution, 대사Metabolism, 배설Excretion)라는 약어로 편리하게 표현한다. 모델의 끝에서 두 번째 상자는 구조와 기능이 변경된 것으로 흡수선량(몸에 들어간 양)만으로 충분치 않다는 것을 강조한다. 오히려 잠재적으로 건강에 영향을 주려면 흡수선량이 우리의 생물학적 시스템 중 하나의 구조나 기능을 변경해야 한다.]

부엌 조리대에는 아무것도 없다

부엌의 화강암 조리대에서 라돈이 검출된 사건이 어떻게 처리되었는지 이야기해주지 않고 이번 장을 마무리하면 안 될 것 같다. 조는 《뉴욕타임스》 기사가 게재된 후 이 프로젝트를 해결하기 위해 고용되어 팀을 이끌고 예전 컨설팅 회사 동료들과 몇 가지 조사를 실시했다. 이어진 과학 수사는 기본적으로 노출 관련 질병에 관한 개념 모델을 따랐으며, 가장 먼저 부엌 조리대에서 집 안으로 흘러나오는 라돈의 배출 혹은 흐름을 측정했다. 아니나 다를까 몇몇 화강암 조리대에서 라돈이 검출된다는 사실을 확인할 수 있었다.

《뉴욕타임스》 기사가 실수한 부분은 바로 이 대목이다. 그들은 기본적으로 개념 모델 전체를 고려하지 않고 화강암 조리대에서 라돈이 검출되었다는 사실만 보도했다. 기자가 인터뷰한 '전문가'가 조와 그의 팀처럼 했다면, 즉 100만 개의 화강암 조리대를 구입해 설치하고 집 안의 다양한 환기율과 사람들이 시간을 보내는 장소 등을 고려해 실험한 뒤 파악한 사실을 알아냈을 것이다. 조와 그의 팀은 99.99퍼센트의 시나리오에서 일반 미국 가정에서 지상에서 나오는 수치보다 더 낮은 수치의 라돈이 검출된다는 사실을 발견했다.

동료 심사 논문에서 내린 공식적인 결론은 다음과 같다. "이 연구 결과는 부엌 화강암 조리대에서 집 안에 유의미한 영향을 줄 만큼 라돈이 배출될 가능성은 무시해도 좋을 만큼 낮다는 것을 보여준다. 이런 미미한 위해성은 환경보호국이 잠재적 환경 위험을 규제할 때 적용하는 위험 한계에 근거하여 허용 가능한 수준으로 간주된다(10^{-5}~10^{-6})."[24]

만약 부엌 화강암 조리대를 뜯어낼 생각이라면 다시 생각해보길 바란다.

이번 장에서는 우리가 시간을 보내는 건물이 건강에 영향을 준다는 사실을 분명하게 밝히는 데 주력했다. 4장에서는 건강과 성과를 끌어올리기 위해 취할 수 있는 구체적 방법을 소개하고 이것이 어떻게 기업의 이익으로 직결되는지 보여줄 것이다.

문제는 바로 이것이다. 서문에서 우리는 7조 달러의 부동산 기관 자금이 친환경 건물에 투자하고 있다고 언급했다. 이 글을 쓰고 있는 현재 전 세계적으로 100개 이상의 친환경건물협의회가 있으며 수십억 제곱피트의 사무실 공간이 친환경 인증을 받았다. 이번 장에서 우리는 친환경 건물(주로 회사 비용의 1퍼센트를 차지하는 에너지, 폐기물, 물에 초점을 맞춘다)에 대한 생각에서 건강한 건물(건물 비용의 90퍼센트인 사람에게 초점을 맞춘다)에 대한 생각으로 전환할 때 우리에게 펼쳐질 수많은 기회를 보여주었다. 전 유나이티드테크놀로지스 최고지속가능책임자이자 현재 도시녹색위원회Urban Green Council 수장인 존 맨딕은 이와 관련해 다음과 같은 간단명료한 질문을 던진다. "우리가 건강에 초점을 맞추기 시작할 때 얼마나 빠르고 멀리 갈 수 있을지 상상할 수 있는가?"[25]

4장에서는 바로 그 건강과 부를 이루기 위해 건물의 힘을 활용하는 가장 빠르고 손쉬운 방법을 소개한다.

4장

사람을 위해 일하는 건물

어떤 외부 공기도 환기하지 않고 계속 숨 쉬는 밀폐된 방 안의 공기보다 건강에 해로운 것은 없다.

–벤저민 프랭클린

기업은 인재를 끌어모으기 위해 글로벌 경쟁에 뛰어들고 있다. 어떻게 똑똑하고 능력 있는 인재를 끌어들이고 회사에 남게 할 것인가? 어떻게 그들에게 채용 후 최고의 실력을 발휘할 기회를 제공할 것인가? 직원을 채용하고 유지하며 생산성을 끌어올리는 데 있어 건물이 차별화 요소로 작용한다는 사실이 밝혀졌다. 개인적으로 당신은 어떤 환경에서 일할 때 최고의 능력을 발휘할 수 있는가?

3장에서 우리는 실내에서 보내는 시간이 건강의 큰 동인이고, 건물 안에 있는 인적 자원이 사업 비용의 가장 큰 동인이라고 이야기했다. 그리고 건물을 관리하는 사람이 의사보다 당신의 건강에 더 큰 영향을 준다는 이야기도 했다. 그 사람이 최고재무책임자만큼 당신의 실적에 큰 영향을 줄 수 있다.

자연스럽게 "건물이 우리를 위해 일하게 하려면 구체적으로 어떤 조치를 해야 하는가?"라는 질문이 따라온다. 이 질문에 대한 답은 말 그대로 우리 코앞에 있다.

많은 두꺼운 책에서 스탠딩 미팅, 재택근무, 성과급, 몰입 프로그램 등 직원 생산성 향상을 위한 비법과 요령을 설명하는데 이 목록에는 항상 가장 손쉬운 방법이 빠져 있다. 바로 사무실 공기질을 개선하는 것이다. 직원 생산성에 영향을 미치는 가장 중요한 요소 중 하나인 사람들에게 공급되는 신선한 공기량을 살펴보자. 조가 참여한 수백 건의 병든 건물에 대한 과학 수사에서는 근본 원인이 불충분한 환기인 경우가 많았다. 실제로 이런 경우 100퍼센트 환기가 근본 원인이 아니더라도 문제를 해결하기 위해서는 이를 제대로 이해해야 했다.

환기에 관해 설명할 때 우리는 실외 공기 환기, 즉 건물 안으로 들어오는 신선한 공기량에 관해 이야기한다. 수십 년간의 연구에 따르면 환기가 실내 건강을 좌우하는 결정적 요인이라는 사실이 밝혀졌다. 수십 년간의 연구가 없더라도 우리는 수백 년간 전해오는 이야기를 통해 이 사실을 잘 알고 있다. 벤저민 프랭클린은 다음과 같이 고백한 적이 있다. "나는 신선한 공기를 적으로 생각하고 내가 지내는 방 안의 모든 틈새를 세심하게 막았다. 하지만 경험을 통해 내가 틀렸다는 사실을 깨달았다. 이제 어떤 외부 공기도 환기하지 않고 계속 숨 쉬는 밀폐된 방 안의 공기보다 건강에 해로운 것은 없다고 믿는다."[1]

실내 공기와 인지 능력의 관계

조가 이끄는 하버드공중보건대학원 건강한 건물 연구팀은 최근 공기질이 지식 근로자의 생산성을 나타내는 유용한 지표인 인지 기능에 미치는 영향을 알아보기 위해 실험을 했다. 개념은 간단하지만 설계는 복잡한 인지 기능 연구를 위해 연구자들은 시러큐스대학의 엄격하게 통제된 가상 사무실 환경으로 2주에 걸쳐 6일간 직장인들을 출근하게 했다. 연구자들은 실험 참가자들이 원래 사무실 대신 그곳으로 출근해 오전 9시부터 오후 5시까지 자신들과 함께 일상적인 업무를 처리하도록 했다.[2]

이 연구에서 독특하고 흥미로운 것은 매일 그들이 눈치채지 못하게 연구자들이 사무실의 공기질을 미묘하게 바꿨다는 점이다. 이런 실험 방식은 사람을 대상으로 한다는 것을 제외하면 우리 안에 다른 것을 넣는 동물 실험과 매우 유사했다. (인간을 기니피그처럼 실험한 것이 아닌지 걱정하는 사람들을 위해 밝히자면, 이 실험은 하버드대학 생명윤리위원회Institutional Review Board에서 관여하여 실험 참가자들이 공중보건 연구에서 보호를 받고 있는지 감독했다. 연구자들이 진행한 모든 실험 계획은 생명윤리위원회의 검토와 승인을 받았으며, 참가자들의 건강에 아주 조금이라도 위험하다고 여겨지는 상황은 전혀 없었다.)

하루를 마무리할 무렵 연구자들은 실험 참가자들을 대상으로 인지 기능 검사를 실시했다. 뉴욕주립대학 업스테이트의과대학 우샤 사티시 교수와 동료들이 개발한 이 검사는 수천 명의 참가자를 대상으로 아홉 가지 인지 기능 영역에서 성과를 정량화하는 데 사용되었다. 당신도 이것이 지식 근로자에게 적절하고 가치 있는 수행력 목록이라는 데 동의할 것이다.

- 기본 활동 수준
- 응용 활동 수준
- 집중 활동 수준
- 과제 지향
- 위기 대응
- 정보 탐색
- 정보 활용
- 폭넓은 접근 방법
- 전략

여기서 나온 결과를 참가자들 각자의 이전 상태와 비교했으며, 연구자들은 존이 조보다 더 높은 점수를 받더라도 크게 개의치 않았다. 참가자들이 자신의 기준치와 비교하여 어떤 점수를 받았는지에만 신경 썼다. 중요한 것은 이것이 이중 맹검법(약의 효과를 객관적으로 평가하는 방법으로, 진짜 약과 가짜 약을 피검자에게 무작위로 주고 효과를 판정하는 의사에게도 진짜와 가짜를 알리지 않고 시험하는 것—옮긴이) 연구라는 점이었다. 참가자들은 매일 연구자들이 사무실 공기질을 어떻게 바꾸는지 몰랐고, 데이터 분석가들 역시 마찬가지였다.

매일 공기질을 어떻게 바꾸었을까? 연구자들은 환기, 휘발성 유기화합물, 이산화탄소의 세 가지 요소가 인지 기능 수행에 주는 영향을 시험했다. 분명하게 말하지만 연구자들은 이색적인 상황을 연출하거나 기묘한 휘발성 유기화합물을 시험하지 않았다. 거의 모든 건물에서 발생하거나 혹은 발생할 수 있는 세 가지 요소를 시험했을 뿐이다. 환기의 경우 현재 기준보다 환기율을 2배로 늘리면 어떤 일이 발생하는지 시험했다.

실험 결과 작업자가 높은 환기율, 낮은 휘발성 유기화합물, 낮은 이산화탄소의 최적화된 실내 환경에 있을 때 아홉 가지 영역 모두에서 고차원 인지 기능이 극적으로 향상되었다. 이런 결과에 대해 잠시 생각해보자. 단지 사무실에 들어오는 공기량을 늘리는 것, 거의 모든 사무실에서 손쉽게 할 수 있는 이 일이 지식 근로자의 고차원 인지 기능에 정량화할 수 있을 정도의 혜택을 가져다주었다.

도시녹색위원회 수장 존 맨딕은 이런 결과를 보고 즉각 그 경제적 의미를 파악했다. 직원 성과를 향상하기 위해 전사적으로 새로운 시스템을 도입하면 모든 직원이 교육을 받은 후 결과를 확인하는 데 1년 이상 투자해야 한다. 반면 인지 기능 연구는 학습 곡선이 필요 없으며 그저 숨을 쉬기만 하면 되었다. 더 나아가 실용적인 관점에서 볼 때 휘발성 유기화합물과 이산화탄소는 환기율을 높이면 건물에서 대부분 통제할 수 있는 것이었다.

이것은 그리 놀라운 결과가 아니다. 프랭클린처럼 우리는 모두 좋지 않은 실내 환경을 경험한 적이 있다. 전혀 피곤하지 않은 대낮에 비행기를 탔는데 갑자기 졸린 적이 있는가? 비행기는 대개 탑승구에는 환기 장치를 작동시키지 않기 때문이다. 공기가 답답한 회

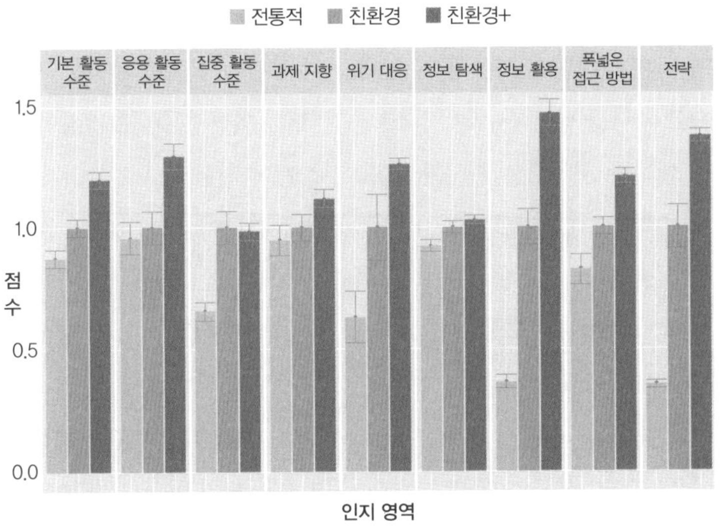

그림 4.1 세 가지 건물 상태별 아홉 가지 인지 영역에 대한 인지 기능 검사 점수[3]

의실에서 졸린 적은 없는가? 환기가 잘 안 되는 사무실이 많다. 사람들은 회의실에서 부족한 공기, 냄새, 온도 그리고 시계에 신경을 쓴다. 마침내 문이 열리면 회의실에 다시 호흡할 수 있는 공기가 들어오는 것을 느낄 수 있다.

이 연구에서 우리가 한 일은 모든 사람이 이미 경험한 현상의 영향력을 정량화한 것뿐이었다. 때로 우리가 매우 상식적인 분야의 학자라는 생각이 든다. 카지노 업계는 이런 사실을 오래전에 파악했다. 그들은 신선한 공기를 더 많이 주입하고, 온도를 시원하게 유지해 사람들을 각성시킴으로써 손님이 게임 테이블과 슬롯머신에 더 오래 머물도록 했다.

인지 기능 연구 결과는 2015년에 발표되었고 곧바로 상업용 부동산 관련 매체의 관심을 끌었다. 《월스트리트저널》은 「과학자들이 더 나은 건강의 단서를 찾기 위해 실내 공간을 실험하다」라는 제목으로 기사를 냈고, 《뉴욕타임스》에는 「보다 친환경적이고 건강한 직장」이라는 제목으로 기사가 실렸다. 심지어 전통적으로 야외 환경에 주력하는 《내셔널지오그래픽》에서도 「건물이 우리의 건강을 개선하는 다섯 가지 놀라운 방법」이라는 제목으로 기사를 게재했다. 인지 기능 연구는 《뉴스위크》의 표지도 장식했는데, 「사무실 공기가 당신을 죽이고 있다」라는 무시무시한 제목과 함께 음료수 냉각기 앞에 죽음의 신이 서 있는 그림이 실렸다. 이런 이야기를 들려주는 이유는 우리 연구의 영향력을 자랑하려는 의도가 아니라 건강한 건물의 객관적 측정 개념이 주류 문화에 얼마나 스며들고 있는지 보여주기 위함이다. 이런 개념은 더 이상 학계에 국한되지 않는다.

상업용 부동산 분야에서 보인 높은 관심에 고무되어 조는 《하버드비즈니스리뷰》에 연구 결과를 요약하고 건강한 건물의 경제적 잠재력을 분석한 글을 게재했다(「퀴퀴한 사무실 공기가 생산성을 떨어뜨린다」).[4] 기업 경영진이 실내 공기와 인지 능력 사이의 연관성을 깨닫게 하는 것이 목적이었다. 하지만 사실 그 실험 결과는 우리에게 그다지 놀라운 것이 아니었다. 지난 30년간 수많은 연구를 통해 실내로 들어오는 신선한 외부 공기량(환기라고 한다)이 건물 안에 있는 사람들의 건강을 좌우하는 결정적 요인이라는 사실이 밝혀졌기 때문이다. 이런 꾸준한 연구 흐름은 환기를 개선하면 새건물증후군이 줄어들고 결근율이 낮아지며 심지어 전염병에 걸릴 확률이 감소한다는 것을 증명해 보였다.[5]

허용 가능한 정도로 만족해선 안 된다

환기란 정확히 무엇이며 공중보건에 유용한 것이 분명하다면 왜 건물은 항상 충분히 환기되지 않는 걸까? 이를 이해하기 위해서는 역사를 더 깊이 탐구할 필요가 있다. 우리가 어떻게 여기까지 오게 되었고 앞으로 무엇을 할 수 있는지 알려주기 때문이다.

윌리스 캐리어가 1902년 발명한 에어컨은 우리가 일하는 방법, 시기, 장소를 영원히 바꿔놓았다. 현대 기계 체계는 신선한 공기가 건물로 들어오는 방식, 외부 오염물질을 여과하는 방식, 제습과 가습 방식, 열 조절 방식, 공기 전달 방식을 제어한다. 중요한 것은 외부 공기가 실내로 들어오는 방식뿐 아니라 유입되는 양도 제어한다는 점이다.

건물에 외부 공기가 얼마나 유입되어야 하는지에 대해 업계에서 정한 지침이 있다. 미국냉난방공조학회ASHRAE('애시레이'라고 읽는다)라고 불리는 기관이 지정한 기준이다. 하지만 이 기준에는 결정적 결함이 있다. ASHRAE 기준은 '허용 가능한 실내 공기질을 위한 환기Ventilation for Acceptable Indoor Air Quality'라고 부른다.[6] 여기서 '허용 가능한'이라는 단어에 주목해야 한다. 이것은 '건강한' 실내 공기질을 위한 기준이나 '최적의' 공기질을 위한 기준이 아니다. 명칭과 정의를 보면 알 수 있듯이 최소한의 기준에 불과할 뿐이다(ASHRAE도 이것이 최저 기준이라고 인정했다).

잠시 생각해보자. 우리는 환기가 건강과 생산성에 중요하다고 배웠다. 그러나 공동주택에서 사무실, 음식점, 학교에 이르기까지 우리가 하루를 보내는 거의 모든 실내 공간은 이 최저 환기 기준에 따르고 있다. 수많은 연구 결과가 이 최저 기준 이상으로 환기를 개선하면 얻을 수 있는 이점을 보여주는데도 말이다. 이런 허용 가능한 기준을 허용해서는 안 된다.

에너지 대 건강, 잘못된 선택

어쩌다 이런 상황까지 왔을까? 여기에는 100년에 이르는 오디세이가 있다. 허용 가능한 환기율은 지난 수십 년간 변화를 거듭하며 에너지 절약과 안락함, 즉 건물을 빈틈없이 봉쇄하는 것과 건물로 들어오는 신선한 공기량을 늘리는 것 사이에서 균형을 찾으려 노력했다. 이 점에 대해서는 ASHRAE가 자체적으로 결정을 내리지 못한 것 같다. 지난 30년간 이 학회는 그것이 '건강에 기반을 둔 기준'인지, 아니면 단지 '에너지에 관한 것'인지를 놓고 내부 논쟁을 벌였다. (최근에는 건강에 기반을 둔 기준으로 의견이 모아졌다.)

지난 수십 년간 ASHRAE는 '쾌적함 도표'를 발표했다(기술적으로 더 정확히 말하면 습윤공기선도psychrometric chart라고 한다). 이 표에서 제공하는 기준은 먼지 입자, 금속, 이산화탄소처럼 오늘날 우리가 접하는 여러 공기 성분을 쉽게 측정할 수 있기 전에 만들어졌다. 단순히 온도와 습도의 설정값을 맞추고, 엔지니어들이 몹시 춥거나 더운 날을 제외한 연중 대부분의 날에 온도와 습도를 산출할 수 있는 장비를 특정하는 데 도움을 주기 위해서였다.

기계식 에어컨이 나오고 처음 100년간 이 기준은 인간이 스스로 인지하는 "덥다(혹은 춥다)", "너무 습하다(혹은 너무 건조하다)"에 맞춰 잘 조절되었다. 그러나 우리가 숨 쉬는 공기 중에 무엇이 있는지를 평가하고, "춥지 않다" 혹은 "땀을 흘리지 않는다" 이상의 영향을 측정하는 능력은 센서와 데이터 관리 기술이 발전하면서 계속 향상되었다. 그런 기능이 발달한 건물은 거의 없었지만 이제 필요한 역량이었다.

우리는 지난 100년간 환기율이 변동을 거듭하면서 건강과 에너지를 맞바꾸는 여정을 거쳤다. 그렇다면 지금은 어느 지점에 있을까? ASHRAE는 상업용 건물의 권장 환기율을 1인당 약 20분당 큐빅피트cfm, cubic feet per minute로 정했다. 인지 기능 연구에서 우리는 1인당 약 20분당 큐빅피트와 40분당 큐빅피트인 상황에서 성과를 시험했는데, 표준 환기율을 2배로 늘리면 다양한 기능 면에서 인지 능력이 크게 향상되는 것으로 나타났다.

ASHRAE의 '허용 가능한 실내 공기질을 위한 환기' 기준에는 또 다른 문제가 있다. 거의 모든 건물이 이 최소 기준에 맞게 설계되어 있을 뿐, 많은 건물이 이 기준에 맞춰 운영되고 있지 않았다. 이것은 단지 허용 가능한 실내 공기질을 규정한 기준으로 운용 기준이 아닌 설계 기준에 불과할 뿐이었다. 건물이 문을 여는 첫날은 이 최소 허용 기준을 충족할 수 있지만 둘째 날부터는 아무도 환기가 잘되고 있는지 확인하지 않았다.

수치를 대입해보기 위해 환기의 대용물로 이산화탄소를 사용해보자(실내 이산화탄소 농도는 대부분 인간의 호흡으로 발생한다). ASHRAE의 최소 기준을 지키고 있다면 사무실의 이산화탄소 농도가 1천 피피엠ppm 미만이어야 한다. 그러나 실상은 많은 사무실에서 이산화탄소 농도가 이 기준치를 넘어서는 것으로 나타났다. 미국에서 문제가 없는 건물 100채를 조사한 결과, 95번째 백분위수 이산화탄소 농도는 약 1천500피피엠이었다.[7] 이것은 많은 건물이 1천 피피엠 이상을 기록했고, 건물의 5퍼센트는 최저 환기 기준을 크게 초과하고 있다는 것을 의미했다(전체적으로는 50퍼센트 수준을 유지했다).

낮은 환기율은 사무실 건물에서만 발견되는 문제가 아니다. 학교에서도 이산화탄소 농도가 1천500피피엠 이상인 경우를 흔히 볼 수 있다.[8] 로런스버클리국립연구소의 대기 오염 연구 전문가 마크 멘델과 동료들이 캘리포니아주의 28개 초등학교에서 162개 교실을 조사한 결과, 평균 이산화탄소 농도가 1천500피피엠 이상인 것으로 나타났다(어떤 지역에서는 평균 이산화탄소 농도가 2천500피피엠에 가까웠다).[9] 이것은 캘리포니아주만의 문제가 아니었다. 텍사스주에서는 조사 대상 학교 5개 중 1개에서 평균 이산화탄소 농도가 3천 피피엠을 초과했다.[10] 두 지역은 유사한 결과를 얻은 수십 개 연구에서 채택한 두 가지 사례에 불과할 뿐이며 과학적 증거들을 종합해보면 문제가 많은 것을 알 수 있다. 미국 학교의 최대 90퍼센트는 최소 환기 기준을 충족하지 못하고 있다.

당신이 잠을 자는 침실, 자동차 그리고 대부분의 비행기도 비슷하게 낮은 환기율을 기록했다. 여담이지만, 조와 동료들은 미국 연방항공국FAA이 지원하는 최고 기관의 자격으로 비행기(ASHRAE의 환기율 지침에 대해 성능 기준이 아니라 설계 기준을 따르는 또 다른 실내 환경이다) 기내 공기질을 조사했다. 그 결과 비행기 기내 이산화탄소 농도는 승객이 탑승하는 동안 최대 2천500피피엠까지 올라가는 것으로 나타났으며 비행 중에는 보통 1천500피피엠을 유지했다.[11] 이것이 바로 한낮에 비행기에 탑승해도 곧바로 잠들어버리는 이유다.

인지 기능 연구 결과를 접한 후 조와 동료들은 비슷한 연구를 수행했는데 이번에는 비행기 조종사와 모의 비행 장치를 활용하여 한층 흥미롭게 설계했다. 이 연구에서는 다양한 농도의 이산화탄소가 모의 비행 장치의 조종석에 주입되었다. 현역 비행기 조종사들은 공중 충돌 피하기, 엔진 화재 후 이륙 중단하기, 엔진 하나가 작동하지 않는 상태에서 비행기 착륙하기 등 스물한 가지 첨단 모의 비행 기동 훈련에 참여했다. 실험 결과 조종사들은 조종석에서 이산화탄소 농도가 높아질 때 첨단 기동 훈련에 실패할 가능성이 더 큰 것으로 나타났다.[12]

요약하면 우리는 온종일 허용 가능한 최소 환기율을 충족하지 못하는 환경에 있으며, 과학적 증거는 이런 환경이 우리의 인지 능력에 영향을 준다는 것을 보여준다.

높은 환기율이 재무제표에 주는 영향

우리는 측정 가능한 인지 능력(특히 정보 사용과 전략에 집중하여)과 연계하여 환기율의 과학이 사업에 어떻게 도움을 주는지 보여주고자 한다. 이를 위해 직원 40명의 가상 컨설팅 회사 헬스앤웰스를 예로 들어보겠다. 추정 손익계산서는 표 4.1과 같다.

지식 근로자가 일하는 많은 회사와 마찬가지로 헬스앤웰스는 급여가 회사 전체 비용의 3분의 2를 차지한다. 3장에서 설명한 3-30-300 경험 법칙을 떠올려보면 연간 급여가 300만 달러이고 임차료

표 4.1 헬스앤웰스의 추정 손익계산서

회사 기본 가정		
직원 수	40명	
평균 급여	$75,000	
수익에서 급여 비중	50%	
	기준치	**수익 비중**
수익	$6,000,000	
급여	$(3,000,000)	50.0%
임차료	$(300,000)	5.0%
전기 · 가스 · 수도요금	$(30,000)	0.5%
기타 비용	$(1,000,000)	16.7%
세전순이익	$1,670,000	27.8%
세금(30%)	$501,000	8.4%
세후순이익	$1,169,000	19.5%

가 30만 달러이며, 전기 · 가스 · 수도요금이 3만 달러로 손익계산서에서 0.5퍼센트를 차지한다(이 사례에서 수익은 급여의 2배이지만 몇몇 서비스 회사는 그보다 더 높기도 하다).

친환경 건물 운동 초창기에는 많은 기업이 에너지 효율성에 관심을 집중했다. 이것은 가치 있는 과제이지만 에너지 효율은 일반적인 사무실 임차인의 순이익에 크게 기여하지 않는다. 예를 들어 다음 사례처럼 헬스앤웰스의 전기 · 가스 · 수도요금(대부분 에너지)이 20퍼센트 감소하면 어떻게 될까? 이로 인한 순이익 변화는 0.5퍼센트 미만에 불과하다. 사무실 관리자가 신경 쓸 일이 많을 때 이런 상대적으로 미미한 비용을 절감하기 위해 큰 노력을 기울이지 않는

표 4.2 에너지 절약 시 헬스앤웰스의 추정 손익계산서

회사 기본 가정	
직원 수	40명
평균 급여	$75,000
수익에서 급여 비중	50%
(x)가정	**효과**
운영 비용(에너지)	−20%

		(X) 건강한 건물 결정의 항목별 효과		
	기준치	**운영 비용 효과**		**기준치 + 에너지 절약**
수익	$6,000,000			$6,000,000
급여	$(3,000,000)			$(3,000,000)
임차료	$(300,000)			$(300,000)
전기·가스·수도요금	$(30,000)	−20%	$6,000	$(24,000)
기타 비용	$(1,000,000)			$(1,000,000)
세전순이익	$1,670,000			$1,676,000
세금(30%)	$501,000			$502,800
세후순이익	$1,169,000			$1,173,200
변화				0.36%

것은 당연하다.

이제 급여와 관련된 항목을 살펴보자. 결국 이것이 단일 비용으로 가장 큰 비중을 차지한다.

비용적인 면부터 시작하면 이 회사 직원들이 높은 환기율 덕분에 더 건강해졌다고 가정해보자. 그렇다면 아파서 결근하는 날이 줄어들어야 한다. 이것은 우리가 지어낸 이야기일까? 아니면 이런 효과를 입증할 증거가 있을까? 그렇다. 메릴랜드대학의 환경보건학자 돈 밀턴의 연구가 이에 대한 과학적 근거를 제시한다. 밀턴은 건강한 건물이 연간 질병으로 인한 결근일수를 1.6일 줄여준다는 사실을 연구 결과를 통해 입증해 보였다.[13]

이 연구에서 '건강한 건물'은 무엇을 의미하는가? 추측할 수 있듯이 여기서 건강한 건물은 환기율이 높은 건물을 말한다. 이 사실을 확인할 수 있는 한 가지 방법은 연간 250일 근무의 맥락에서 접근하는 것이다(50주×1주당 5일=250일). 만약 직원 한 명의 병가일수가 2일 줄어든다면 이것은 그 사람의 연간 근무일의 약 1퍼센트에 해당한다.

이제 '급여 효과: 건강'이 추가된 손익계산서를 살펴보자. 이 1퍼센트가 가상 회사 헬스앤웰스에 어떤 변화를 가져다주는지 확인할 수 있다. 보수적인 추정치임에도 불구하고 병가일수 감소로 인해 절감된 비용은 전체 전기·가스·수도요금과 맞먹는다. 절약한 금액이 수익에 영향을 미쳐 순이익은 2퍼센트 가까이 증가한다.

다음으로 집중력, 정보 사용, 전략 같은 측정 가능한 인지 기능 영역에서 업무 능력 향상으로 인해 작업 시간, 고객 배정, 판매 계약이 증가하면서 실제 수익이 늘었다고 가정해보자. 이런 가정은 모든 사업에 공통으로 적용되는 사항이다. 실내 공기질이 개선되면서 인지 기능뿐 아니라 생산성이 2~10퍼센트 향상되었다는 또 다른 연구 결과도 있다.[14] 사례로 돌아가, 이렇게 추가로 향상된 2퍼센트의 생산성이 손익계산서의 '생산성 향상' 부분에 반영되었다고 가정해보자. 건강한 건물의 한 단면인 환기를 개선함으로써 순이익이 9퍼센트 증가하는 엄청난 혜택을 얻게 된다.

표 4.3 결근일수 감소 시 헬스앤웰스의 추정 손익계산서

회사 기본 가정	
직원 수	40명
평균 급여	$75,000
수익에서 급여 비중	50%
(x)가정	**효과**
급여 효과: 건강*	**−1%***

※굵은 글씨로 된 부분이 추가됨

	기준치	(X) 건강한 건물 결정의 항목별 효과: 운영 비용 효과	(X) 건강한 건물 결정의 항목별 효과: 급여 효과: 건강	기준치 + 건강한 건물
수익	$6,000,000			$6,000,000
급여	$(3,000,000)		−1% $30,000	$(2,970,000)
임차료	$(300,000)			$(300,000)
전기·가스·수도요금	$(30,000)			$(30,000)
기타 비용	$(1,000,000)			$(1,000,000)
세전순이익	$1,670,000			$1,700,000
세금(30%)	$501,000			$510,000
세후순이익	$1,169,000			$1,190,000
변화				1.8%

한 단계 더 나아가보자. 에너지 절약 분야 비평가를 물리치려면 정확한 분석이 필요한데, 이런 이득을 얻기 위해 사용되는 에너지 증가량을 예상해야 할 것이다. 에너지 측면에서 환기율을 2배로 높일 때 비용은 얼마나 들까? 조의 건강한 건물 연구팀은 모든 기후와 일반적인 건물 유형을 다루기 위해 미 전역의 건물을 대상으로 1인당 약 20분당 큐빅피트에서 40분당 큐빅피트로 환기율을

표 4.4 생산성 향상 시 헬스앤웰스의 추정 손익계산서

회사 기본 가정	
직원 수	40명
평균 급여	$75,000
수익에서 급여 비중	50%
(x) 가정	**효과**
급여 효과: 건강	–1%
수익 효과: 생산성 향상	**2%**

	기준치	(X) 건강한 건물 결정의 항목별 효과 운영 비용 효과	급여 효과: 건강	생산성 향상: 건강	기준치 + 건강한 건물
수익	$6,000,000			2% $120,000	$6,120,000
급여총액	$(3,000,000)		–1% $30,000		$(2,970,000)
임차료	$(300,000)				$(300,000)
전기·가스·수도요금	$(30,000)				$(30,000)
기타 비용	$(1,000,000)				$(1,000,000)
세전순이익	$1,670,000				$1,820,000
세금	$501,000				$546,000
세후순이익	$1,169,000				$1,274,000
변화					9.0%

높일 때 드는 에너지 비용을 조사했다. 가장 덥거나 가장 추운 기후라는 최악의 시나리오에서는 1인당 연간 40달러가 들었다(건물에서 에너지 효율 기술을 사용할 경우 그 비용은 일반적으로 1인당 연간 1달러로 낮아진다).[15]

에너지 효율 조치를 취하지 않았고, 헬스앤웰스가 환기율을 1인당 40분당 큐빅피트로 높여 1인당 연간 40달러의 에너지 비용이

표 4.5 모든 비용과 이익 포함 시 헬스앤웰스의 추정 손익계산서

회사 기본 가정	
직원 수	40명
평균 급여	$75,000
수익에서 급여 비중	50%
(x) 가정	**효과**
운영 비용(에너지)	**1인당 연간 $40**
급여 효과: 건강	−1%
수익 효과: 생산성 향상	2%

	기준치	(X) 건강한 건물 결정의 항목별 효과 운영 비용 효과	급여 효과: 건강	생산성 향상: 건강	기준치 + 건강한 건물
수익	$6,000,000			2% $120,000	$6,120,000
급여	$(3,000,000)		−1% $30,000		$(2,970,000)
임차료	$(300,000)				$(300,000)
전기·가스·수도요금	$(30,000)	$(1,600)			$(31,600)
기타 비용	$(1,000,000)				$(1,000,000)
세전순이익	$1,670,000				$(1,818,400)
세금(30%)	$501,000				$545,520
세후순이익	$1,169,000				$1,272,880
변화					8.9%

발생했다고 가정해보자. 이로 인해 이 회사는 운영 비용으로 연간 1천600달러를 추가로 부담해야 한다. 그렇더라도 높은 환기율의 순기능은 건물을 임차하고 있는 기업에 여전히 긍정적으로 작용할 것이다.

마지막으로 이 방정식에 초과 이익 공유제를 적용해볼 수 있다.

표 4.6 여러 관계자에게 이익 분배 시 헬스앤웰스의 추정 손익계산서

회사 기본 가정	
직원 수	40명
평균 급여	$75,000
수익에서 급여 비중	50%
(x) 가정	**효과**
운영 비용(에너지)	1인당 연간 $40
급여 효과: 건강	−1%
수익 효과: 생산성 향상	2%
임차료 증가	**10%**

		(X) 건강한 건물 결정의 항목별 효과						
	기준치	임차료/운영 비용 효과		급여 효과: 건강		생산성 향상: 건강		기준치 + 건강한 건물
수익	$6,000,000					2%	$120,000	$6,120,000
급여총액	$(3,000,000)			−1%	$30,000			$(2,970,000)
임차료	$(300,000)	10%	$(30,000)					$(330,000)
전기·가스·수도요금	$(30,000)		$(1,600)					$(31,600)
기타 비용	$(1,000,000)							$(1,000,000)
세전순이익	$1,670,000							$(1,788,400)
세금(30%)	$501,000							$536,520
세후순이익	$1,169,000							$1,251,880
변화								7.1%

이 모델에서 얻는 경제적 이익을 일부 임대인과 공유한다고 가정해 보자. 임대인과 이익을 공유하면 초기 건축 비용, 임차 공간에서 발생하는 비용 배분, 건물 운영 비용 배분 등을 조율하는 데 도움이 될 수 있다.

이 사례에서 생산성 향상에서 얻는 수익 증가, 건강 개선으로 인

표 4.7 건강과 생산성 향상 시 헬스앤웰스의 추정 손익계산서

회사 기본 가정	
직원 수	40명
평균 급여	$75,000
수익에서 급여 비중	50%
(x) 가정	**효과**
운영 비용(에너지)	1인당 연간 $40
급여 효과: 건강	−1%
수익 효과: 생산성 향상	**3%**
임차료 증가	10%

		(x) 건강한 건물 결정의 항목별 효과			
	기준치	임차료/운영 비용 효과	급여 효과: 건강	생산성 향상: 건강	기준치 + 건강한 건물
수익	$6,000,000			3% $180,000	$6,180,000
급여	$(3,000,000)		−1% $30,000		$(2,970,000)
임차료	$(300,000)	10%, $(30,000)			$(330,000)
전기·가스·수도요금	$(30,000)	$(1,600)			$(31,600)
기타 비용	$(1,000,000)				$(1,000,000)
세전순이익	$1,670,000				$1,848,400
세금(30%)	$501,000				$554,520
세후순이익	$1,169,000				$1,293,880
변화					10.7%

한 비용 절감, 에너지 비용 추가를 내세워 임대인이 임차료 10퍼센트 인상을 요구할 수 있다. 그렇더라도 이 회사는 7만5천 달러 이상 순이익이 증가할 여지가 있다. 초창기 순이익이 110만 달러를 조금 넘었던 회사로서는 상당한 금액이다.

이 사례에서는 1장에서 언급한 '건강한 부동산 투자의 역설'을 해결하는 데 도움이 되는 일종의 윈윈 제휴로 임대인과의 이익 공유를 생각해볼 수 있다. 물론 어떤 회사는 보너스나 이익 분배 체계를 통해 추가 수익을 직원들과 나누길 원할 수 있다. (부동산에서 인센티브 분할 문제와 협상을 통한 가치 분배가 왜 그처럼 까다롭고 중요한 일인지에 대해서는 5장에서 자세히 살펴볼 것이다.)

이제 높은 환기율이 2~10퍼센트에 이르는 순이익 증가로 이어진다는 것을 입증하는 과학적 증거를 떠올려보자. 좀 더 낙관적으로 3퍼센트의 생산성 향상과 건강 증진을 예상한다면 어떨까? 이는 충격적인 결과다. 직원들의 인지 능력에 대한 의존도가 높은 이 회사의 순이익이 에너지 비용(대부분 환기)을 추가로 부담하고, 임차료를 더 지불한 후에도 116만9천 달러에서 129만3천880달러로 10퍼센트 이상 증가했기 때문이다(공간이 건강한 실내 공기를 위해 설계되고 운영되었기 때문에 임대인은 더 높은 비용을 지불하는 임차인을 유치하거나 부수적인 혜택에 대해 프리미엄 임대료를 청구할 수 있다).

이와 같은 광범위한 '가정' 방식의 분석은 부동산 업계에서 자주 사용된다. 임대인은 종종 카펫을 바꾸거나, 지붕을 교체하거나, 로비에 대리석을 깔거나, 공용 구역에 어린이집을 운영하거나, 차고에 전기차 충전소를 설치하는 등 다양한 개선 사항에 관해 결정을 내려야 한다. 이런 일회성 자금 투자는 대부분 임차료 인상으로 직결되지 않지만 창문, 마감, 소음 등 건물의 전반적인 매력에 기여하는 임대 요소의 경우 임차인은 임대료에 프리미엄이 붙을 것이라고 어느 정도 예상한다.

임대인과 투자자는 무엇을 넣고 무엇을 뺄지 결정할 때 이런 계산법을 따른다. 건강한 건물이 주는 혜택을 정량화하는 문제와 관련하여 우리가 제안한 사항들이 임대인과 임차인이 임대료를 논의할 때 중요한 부분으로 자리 잡아야 한다. 추정 재무제표의 수치는 직관적이고 논리적이지만 당신은 이렇게 생각할지도 모른다. "수익이 어떻게 그렇게 많이 늘어날 수 있을까?" 만약 환기뿐 아니라 건강과 복지에 대한 객관적 조치가 입증되고 이행될 수 있다면 어떨까? 우리는 이 책의 나머지 부분에서 상업용 부동산의 거칠고 험난한 세계에서도 이것이 가능하다는 사실을 증명해 보일 것이다.

5장

가치를 창조하고 포착하기

조직화는 과정이다. 조직은 그 과정의 결과물이다.

–엘리너 오스트롬

단지 환기 하나만 개선해도 엄청난 효과를 얻을 수 있는데 왜 사람들은 건강한 건물의 가치를 포착하려 들지 않을까? 우리는 그 답이 인센티브 분할과 연관이 있다고 생각한다. "만약 생산성 혜택이 임차인에게 돌아간다면 임대인이 왜 높은 에너지 비용을 감당하겠는가?"

이런 단절 현상은 상업용 사무실 건물, 학교·시청 같은 공공건물, 심지어 대학·병원·공동주택 같은 제도적인 환경에도 존재한다. 여기에는 극복해야 할 장애물이 있지만 우리는 그것을 쉽게 극복할 수 있고 또 꼭 극복해야 한다고 믿는다. 그런 장애물이 어떻게 작동하는지 이해하려면 한 걸음 물러나 건물 주변의 의사 결정 과정에 참여하는 모든 이해관계자를 살펴보는 것이 좋다. 동기는 복잡하지만 시장 반응이 부족한 이유는 정보, 관성, 현직자, 인센티브의 네 가지 요인으로 귀결된다.

정보 요소는 간단하다. 사람들은 건강한 실내 공기가 가져다주는 혜택이 얼마나 큰지 알지 못한다. 이것은 지금까지 우리가 다룬 내용이고, 또한 이 책 전반에 걸쳐 다룰 예정이므로 여기서는 생략하기로 한다. 정보 이외의 다른 장애물들을 살펴보자.

관성: 수조 달러의 복잡한 시장

부동산 업계와 건축계는 세상에서 가장 큰 사업 분야이자 투자 계층 중 하나다. 전 세계적으로 신축 건설 공사 규모는 연간 9조 달러에 달하며 이 수치는 계속 증가하고 있다. 참고로 이 수치는 미국 GDP의 절반 규모다.[1] 주택, 상업용 건물, 공항, 도로, 발전소 등은 수백조 달러의 자산에 해당한다. 집을 소유한 대다수 사람에게 그것은 가장 큰 자산이다.

그러나 이 산업은 매우 복잡하게 얽혀 있다. 거의 모든 건축 프로젝트에 건축 허가를 내주는 사람부터 굴착기, 엘리베이터 설치자, 페인트공, 모기지 브로커에 이르기까지 여러 업체가 참여하고 있다. 다른 산업의 결과물과 달리 건축계의 생산품은 쉽게 이동할 수 없다. 건물은 자동차나 전화보다 훨씬 배송하기가 어렵다.

게다가 건물은 아주 많은 비용이 드는 품목이다. 세인트루이스 연방준비은행에 따르면 미국 주택의 평균 매매 가격은 약 40만 달러다(중앙값은 약 19만 달러다).[2] 그러나 10억 달러 이상 비용이 소요되는 사무실 건물, 공항 혹은 발전소도 주변에서 쉽게 볼 수 있다. 구축된 환경에 있는 대부분의 건물은 고유하며, 비동질적 고객을 위한 맞춤 설계의 결과물이다. 일반 주택, 패스트푸드점, 창고와 달리 사무실 건물이나 주요 건설 프로젝트는 다른 건물과 찍어낸 듯 비슷한 경우가 많지 않다.

마지막으로 주택이나 건물은 매우 오래 남으며 휴대전화, 자동차, 컴퓨터와 같이 새로운 모델이 나왔다고 금방 사라지지 않는다. 미국에서 자가 소유 주택의 평균 연한은 37년이며 그중 절반은 1980년 이전에 지어졌다.[3] 건물의 이런 특징들은 자본 집약적이고, 세분화되어 있으며(즉 소규모 업체가 많으며) 위험 회피적인 산업을 뒷받침한다. 이것은 시장 참여자들 사이 관성에서 비롯되기 때문에 좀처럼 바꾸기 어려운 산업의 특성이다. 이런 현상을 해소하기 위해서는 부동산 시장과 건설 시장을 몇 가지 주요 변수에 따라 분류하여 각각에 적합한 조치를 파악해야 한다.

가장 먼저 지리를 고려해야 한다. 건축물이 선진국에 있는가, 신흥국에 있는가? 도시에 있는가, 시골에 있는가? 토지 소유권과 법률이 분명한 관할구역에 있는가, 그렇지 않은 지역인가? 밀집되고 지저분한 도시에 있는가, 탁 트이고 깨끗한 곳에 있는가? 이런 요소들은 모두 건강한 건물 투자에 관한 의사 결정에 영향을 준다.

둘째, 사용 유형을 고려해야 한다. 전 세계 건축물 대부분은 단독주택이다. 그 외 다섯 가지 일반적인 건축물 유형은 공동주택, 사무실, 소매점, 숙박시설, 산업시설(창고)이다. 많은 정부와 비영리단체도 사무실이나 주택을 소유하고 있다. 그들은 병원, 학교, 도서관, 법원, 실험실, 교도소 등도 소유할 수 있다. 도로, 다리, 파이프라인, 정수처리장, 발전소, 항구, 공항과 같이 대규모 인프라도 마찬가지다. 이런 모든 자산은 구조 체계, 외관, 실내 마감, 주차장, 환기와 에너지 효능과 관련한 서로 다른 특성을 지니고 있다.

소유자 유형과 건물 유형이 일부 혼합되어 있다는 사실을 발견한 사람도 있을 것이다. 산업 분류와 투자에 자주 사용되는 소유자 등급은 일반적으로 단독주택, 공동주택, 박물관 · 대학 · 학교 · 병원, 관공서다. 마지막 유형은 도로, 발전소, 운하, 다리 같은 비주거용 구축물이다. 다시 말하지만 단독주택 소유자의 관점은 펜타곤 소유자의 관점과 다르고 유료도로 운영자의 관점과도 다르다. 건강한 실내 공기의 중요성, 건강한 실내 공기를 인지하는 능력, 건강한 실내 공기를 생성하는 요소에 대한 비용 지불 능력 등 건강한 실내 공기를 만드는 요소는 매우 다양하다.

현직자: 동기 부여 이해하기

이 범주는 건축업자, 소유자, 투자자, 대출기관이 마케팅 계획을 세우는 데 도움을 준다. 그러나 혁신이 어떻게 일어나는지, 모범 사례가 어떻게 발전하는지, 공기질에 관한 결정에 무엇이 포함되는지를 이해하려면 건축계의 또 다른 특성인 부가가치 체계의 구조를 알아야 한다. 이것은 사업 전략과 전술에 세우는 데 도움이 될 수 있으며, 고착화된 시장 참여자를 자극하거나 변화 속도를 끌어올리는 조치가 필요한 곳을 알려줄 수 있다.

산업의 부가가치 체계는 공급망 혹은 가치 사슬이라고도 한다. 예를 들어 농업 제품은 다음과 같은 흐름으로 공급된다.

> 씨앗을 구매하기 → 파종하고 보살피고 수확하기 → 곡물 보관하기 → 곡물 출하하기 → 시리얼로 만들어 상자에 포장하기 → 포장한 시리얼을 가게로 보내기 → 가게에 제품 진열하기 → 가족이 구매하여 시리얼 먹기

이런 공급 흐름에서 제품은 왼쪽에서 오른쪽으로, 돈은 오른쪽에서 왼쪽으로 이동한다. 가족이 가게에 돈을 지불하면 가게는 제조업체에 지불하고 제조업체는 농부에게 지불하는 구조다. 식품 업계에서는 아침 시리얼 소비 수요가 대체로 일정하므로 이 체계가 거의 지속적으로 작동한다(곡물은 계절에 따라 자라나기 때문에 다른 쪽에서는 저장을 해두어야 한다).

그러나 공급망은 훨씬 더 복잡해질 수 있다. 예를 들어 농부가 어느 시점에는 땅을 사거나 빌려야 하고 비료, 농약, 농기구, 연료 등도 구입하여 사용할 것이다. 이 과정에서 빚을 질 수도 있다. 또한 이 모든 것은 계약을 통해 이루어지기 때문에 변호사, 보험 회사, 은행, 중개인에게 돈을 지불해야 한다. 이것은 단지 우리의 식탁에 콘플레이크가 올라오기 위한 과정에 불과할 뿐이다.

이제 새로운 주요 사무실 건물의 경우를 생각해보자. 일반적으로 땅을 모집하고 관리하며, 자금을 확보하고, 설계자나 건축가, 건

축업자나 종합건축업자를 고용하고, 완성된 공간을 임차인에게 빌려주는 개발자나 기획자가 주요 참여자를 대표한다. 예를 들어 샌프란시스코에 있는 세일즈포스타워의 대표 임차인은 세일즈포스지만, 개발자는 보스턴프로퍼티스와 하인즈이고 종합건축업자는 헤서웨이딘위디와 클라크건설, 임대 중개인은 CBRE, 구조용 강철 1만 톤을 가공한 곳은 헤릭코퍼레이션, 콘크리트 공급업체는 콘코였다.

물론 현실은 이보다 훨씬 더 복잡하다. 종합건축업자는 벽돌, 창문, 지붕, 배관, 난방, 환기, 에어컨은 물론 굴착과 기초 공사에서 강철과 콘크리트에 이르기까지 수많은 전문 건축업자를 고용할 것이다. 뿐만 아니라 카펫, 대리석, 원목으로 된 바닥과 나무, 벽돌, 유리, 페인트칠한 석고 보드로 된 벽 등의 마감 공정을 담당하는 업체도 고용할 것이다. 난방과 환기는 도관 조직, 배관, 배선, 절연 처리, 조종 장치, 공기 균형 같은 주요 하위 분야가 있다…. 종합건축업자는 펌프, 냉각 장치 같은 대형 설비와 환풍기, 지붕창, 스위치 같은 소형 설비의 공급도 맡는다. 펌프와 냉각 장치 제조업체는 이 부가가치 체계에서 저 아래 있는 것처럼 보일 수 있다. 그러나 캐리어, 트레인, 존슨콘트롤 같은 건축 관련 제품 제조업체는 판금, 실린더 블록, 점화 플러그, 볼트, 베어링 등 자체 가치 사슬에서 가장 높은 자리에 있는 대기업이다.

미국 상업 건축 모델에서 부가가치 체계의 또 다른 분야는 설계다. 세일즈포스타워 같은 10억 달러 규모의 사무실 건물은 펠리클라크펠리 아키텍트 같은 유명한 설계사무소, 켄들 히튼 같은 대표 건축사, 구조 설계 분야의 권위자 MKA Magnusson Klemencic Associates

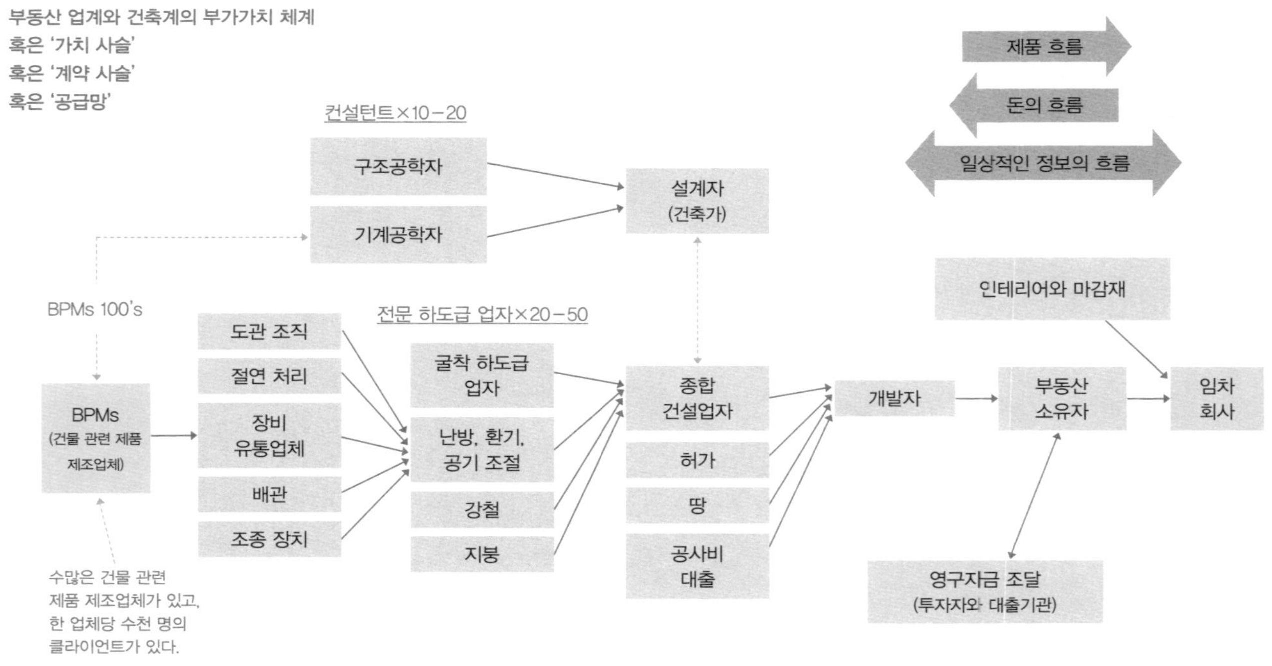

그림 5.1 일반적인 신축 사무실 건물을 위한 부동산 업계와 건축계의 부가가치 체계

같은 구조공학자, WSP 같은 기계공학자뿐만 아니라 조경, 외벽, 보안, 음향 시설, 조명, 음식 서비스, 엘리베이터 등 수많은 전문 컨설팅 회사를 고용한다.

설계와 시공팀은 지진 문제에서 일조권, 주차, 탈출구, 접근성에 이르기까지 수많은 특성을 다룬 건축 법규(그리고 ASHRAE 기준)를 따라야 한다. 실제로 이런 제품 흐름과 돈의 흐름 체계를 압도하는 것은 관리 감독, 규제, 감사 체제를 담당하는 핵심 간부다. '계약 사슬'에는 드러나지 않지만 자격을 갖추고 영향력 있는 수많은 전문가가 기존 산업 집단에서 일한다. 여기에는 건물 감독관, 도시 관리 계획으로 결정하는 용도지역 관련 법률zoning code 담당자, 상업 대출기관, 컨설팅 엔지니어, 보험 중개인, 변호사, 회계사, 보험계리인, 보험 회사 등 다양한 역할이 포함된다.

이 모든 참여자가 업계 전반을 조직하고 표준화하는 데 도움을 주며 미시적 수준에서 프로젝트가 원활하게 수행될 수 있도록 지원한다. 이런 방대한 2차 생태계가 존재함에 따라 업계의 관성이 더욱 견고해지며, 전문 지식과 기존 관계망 때문에 현직자에 대한 선호도가 매우 높아진다.

건축 산업 부가가치 체계의 다른 한쪽 끝에는 돈으로 설명되는 두 번째 사슬이 있다. 교외에 있는 소규모 사무실 건물은 한 명의 소유자 아래 한 군데의 임차 회사가 입주하고, 한 지역 은행에서 융자금을 빌리는 경우가 많다. 그러나 미국 대도시에 있는 10억 달러 규모의 건물에는 수십 명에서 수백 명의 임차인이 있다. 계약상의 소유권이 여러 명의 동업자나 기업으로 나누어져 있을 수도 있다. 융자금은 여러 단계로 나뉘어 여러 비은행 대출기관이 자금 흐름에 대해 서로 다른 권리를 갖고 있거나, 혹은 상업용 부동산 저당증권 같은 금융상품으로 만들어지기도 한다. 예를 들어 보스턴프로퍼티스는 뱅가드, 피델리티, JP모건체이스, 찰스, 퍼트넘인베스트먼트를 최대 주주로 꼽는다. 이들 같은 재무적 투자자는 신탁 고려 사항이 있으며 자신이 투자한 회사의 성과에 관심이 많은 반면 건물에서 일하는 사람들의 건강이나 생산성은 수익에 직접적인 영향을 주지 않는 이상 관심을 보이지 않는다.

결정적으로 한 프로젝트가 끝나면 이 모든 참여자의 합동 공연도 끝이 난다. 관계를 구축하고, 계약을 체결하고, 자료를 만들고, 노동을 수행하여 프로젝트가 완성되면 공연은 끝나고 모두 다음 공연을 찾아 떠난다. 10억 달러 규모의 건물 한 채를 공급하는 것은 표준화 능력 면에서 매년 4만 달러짜리 자동차 2만5천 대를 판매하는 것과 완전히 다르다.

부가가치 체계가 건강한 건물에 중요한 이유

이 참여자 무리의 구성은 돈과 위험이라는 두 가지 이유에서 중요하다. 가장 단순한 이유에서 만약 누군가(임대인)가 내게(임차인) 좋은 환경을 제공하는 데 더 많은 돈이 들 경우 내가 그 사람에게 그렇게 기대할 수 있는 이유는 무엇인가? 우리는 4장에서 건물을 사용하는 사람들에게 미치는 긍정적 영향으로 인해 생기는 이익을 임대인과 공유할 수 있다는 것을 보여주는 한 가지 답을 제시했다. 휴스턴에 있는 웰스파고플라자 같은 170만 제곱피트(약 15만8천 제곱미터) 규모의 건물에는 약 6천 명이 거주할 것이다. 깨어있는 시간 대부분을 이 건물에서 보내는 그들이 바로 이 아이디어의 실현 대상이다.

두 번째 측면은 위험이다. 엔지니어와 에어컨 설치자는 도시 건축법을 준수하길 원하고, 소송에 휘말리거나 결함이 있는 장비를 수리하기 위해 재방문하고 싶어 하지 않는다. 어떤 에어컨 장비는 초기 비용은 상대적으로 저렴하지만 일단 천장에 설치하고 배관에 연결하고 사용하기 시작한 후에는 수리 비용이 많이 들기도 한다. 어떤 일이 잘못될 때 더 많은 위험에 노출될 수 있다면 혁신적인 시스템보다는 진부하고 정확한 장비를 설치하는 것이 회사 입장에서는 훨씬 안전하다. 이런 이유로 업계는 이전과 같은 방식을 고수하게 된다. 관성의 힘은 강력하다.

그러나 건강한 건물에 반드시 검증되지 않은 신기술이 필요한 것은 아니다. 종종 정해진 규정을 초과하는 범위의 용량 증대가 필요할 때가 있는데 이는 일반적인 기술로 해결할 수 있다. 우리는 이 책에서 소개하는 실내 공기질이 건강과 생산성에 주는 혜택을 보여주는 증거가 궁극적으로 사용자가 이를 요구하도록 만들고 건강한 공기에 대한 수요를 가속하며, 이런 요구를 실행하기 위해 약간의 비용을 내고서라도 사람들이 지금 당장 혜택을 누릴 수 있길 바란다.

인센티브: 누가 얻고 누가 잃는가

인센티브 관점에서 가장 어려운 상황인 상업용 부동산을 살펴보자.

임대인은 가장 낮은 비용으로 건물을 짓거나 운영하려 하므로 상업용 부동산에서 인센티브를 지급하는 것은 어려운 일이다. 만약 임차인이 에너지 비용과 직원 의료비를 책임지고 있다면 임대인은 임대료나 돈으로 돌려받지 않는 이상 굳이 에너지 비용에 더 많은 돈을 지출할 이유가 없다. 이것이 바로 에너지 효율성 분야에서 자주 논의되는 전형적인 인센티브 분할 문제다.

"임대인은 왜 애초에 더 에너지 효율적인 건물을 짓지 않을까?" 그 답은 그들이 돈과 노력을 쏟은 만큼 혜택을 얻을 수 없기 때문이다. 뛰어난 임대인과 임차인 조합만이 '더 좋은' 건물에서 '더 좋은' 공간을 얻는 것에서 상호 이익을 실현한다. 이런 유형의 임차인은 '더 좋은' 공간의 중요성을 인지하고 기꺼이 그런 공간을 위한 비용을 지불할 용의가 있기 때문이다.

임차인 리앤풍과 임대인 엠파이어스테이트 빌딩은 이런 관계를 보여주는 대표적인 예다.[4] 임차인과 임대인은 서로 협력하여 더 나은 창문과 단열 등 기본적인 건물 개조 공사에 드는 자금을 조달했다. 여기에 덧붙여 임차인은 자체적으로 더 효율적인 조명 설비, 야간 자동스위치오프, 사무실 안으로 빛이 들게 하는 인테리어 디자인 등 에너지 절감을 위한 시설에 투자했다.

그러나 그것은 세계에서 가장 유명한 대규모 사무실 건물의 의식이 깨인 임대인과 뉴욕에서 장기 임대 계약을 맺고 있는 동종 업계 최고의 자본력을 갖춘 글로벌 기업의 이야기다. 지역 중심적이고 분열된 이 거대 산업의 나머지 부분에서는 엘리트 도시에 'A급' 투자를 하는 엘리트 임대인에서 재정이 열악해 에너지 세부 사항에는 신경 쓸 여력이 없는 소규모 회사가 차지하고 있는 소도시의

'C급' 건물에 이르기까지 격차가 크다. 이 책에서 다루는 대상은 이들이다. 바로 직원들의 건강에 가장 신경 써야 하는 회사들이다. 더 높은 생산성과 더 나은 건강은 유명 건물뿐 아니라 실제로 모든 건물에서 (일부 직원 보너스와 함께) 순이익으로 이어진다.

소유자가 직접 거주하는 일부 건물에서는 또 다른 유형의 인센티브 분할 문제가 발생할 수 있다. 거래 당사자가 서로 완전히 별개의 경제적 실체일 경우, 상업 세계의 합리적인 임대인과 임차인 사이 인센티브 분할은 사라진다. 그러나 병원이나 대학 같은 대규모 조직에서는 의사 결정과 인센티브가 다른 부서로 넘어가기도 한다.

몇 년 전에 보스턴에 있는 대규모 연구 대학(하버드대학은 아니다)이 에너지 효율성 투자를 고려한 적이 있었다. 건설 그룹이 자본 비용을 책임지고 프로젝트가 얼마나 경쟁적으로 설계, 입찰, 수행되었는지 측정했다. 그들은 수명주기 비용만 고려했을 뿐이다. 또 다른 사무실에서는 운영 인력이 유지관리, 보수, 청소뿐 아니라 조명과 냉난방, 실험 장비를 위한 예산을 보유하고 있었다. 그들은 건설 문제에는 아무런 영향력을 행사하지 않았지만 에너지 비용에 대해서는 책임이 있었다.

이 조직은 단순화를 위해 건물 상태나 건축 연도와 상관없이 모든 학부에 조명, 냉난방 비용을 제곱피트 단위로 청구했다(컴퓨터와 실험실 작업대 전기료는 별도로 청구했다). 교수진과 학부가 자신들의 공간을 직접 선택한 것은 아니므로 이 방식은 언뜻 공평해 보였다. 그러나 결과적으로 연구원, 학과장 혹은 보조금 신청자가 지원을 요청한 자금은 에너지 효율성을 위한 것이 아니었다. 무엇 때문에 그들이 어렵게 모은 자금을 모든 사용자에게 혜택이 돌아가는 자본적 지출에 할당하겠는가? 이것은 단순한 인센티브 분할이 아니라 역인센티브reverse incentive 문제로, 통제하는 공간의 에너지 효율성을 위해 자금을 투자하면 오히려 재정적으로 부정적인 영향을 받게 된다는 것을 의미했다.

하버드대학도 인센티브 불일치로 인해 이와 비슷한 상황을 겪었고 녹색회전기금Green Revolving Fund으로 문제를 일부 해결했다.[5] 녹색회전기금은 원래 총장실 기밀 자금으로 마련되었고, 학과에 직접 자금을 대출하여 경제적으로 타당성 있는 투자를 할 수 있도록 지원하는 개념이었다(보통 투자 회수 기간은 3~4년이다). 학과는 자본적 지출에 해당하는 건물 개조 작업에 자금을 지원할 수 있었다(기금에서 융자받은 돈으로 일반 공사 비용을 지불하고 수리 예산을 충당한다). 그 결과로 얻은 에너지 절감액을 대출금 원금과 이자를 갚는 데 사용했다. 대출금을 모두 상환하고 나면 다시 자금을 사용할 수 있었다.

실제로 이것은 대부분 회계의 문제였다. 한 부서에 빌려주는 '대출금'을 같은 재무제표상의 다른 부서에서 절약한 자금으로 상환하는 개념이었다. 그러나 이 기금의 존재는 문제를 부각시키고 감춰진 문제를 해결하며 에너지 효율성을 높이는 결과를 가져다주었다.

여기서 에너지 효율 관련 자금에 대한 접근 방법을 언급한 이유는 세 가지다. 첫째, 더 나은 실내 공기질이 생산성과 건강에 주는 혜택은 에너지 효율이 주는 재정적 이득보다 더 크다. 둘째, 인센티브 불일치 문제는 상업용 부동산 임대인과 기업 임차인뿐 아니라 대학(혹은 병원, 박물관)에서 자본 예산, 운영 예산, 부서 예산 사이에서도 발생할 수 있다. 셋째, 회전 기금은 건강, 복지, 생산성의 가시적 향상으로 이어지는 구축된 환경을 개선하는 데 유용한 또 다른 방법으로 활용할 수 있다.

여전히 비용이 걱정된다

지금까지 우리는 건강과 생산성의 경제적 가치를 조명하고 상업 세계에서 인센티브 분할과 대학, 병원, 박물관 세계에서 인센티브 불일치의 전략적 의미를 살펴봤다. 그런데 여기서 우리가 이야기하는 것은 어떤 종류의 비용인가?

비용에는 실제와 체감이라는 두 가지 요소가 있다. 간단한 해결책 중 하나인 환기율을 높이는 데 드는 실제 비용을 살펴보자. 4장에서 언급했듯이, 우리의 모델링에 따르면 미 전역에서 ASHRAE의 '허용 가능한' 기준에 따라 환기율을 2배로 높이는 비용은 1인당 연간 10~40달러다(에너지 효율 기술을 활용할 경우 1인당 1~12달러로 줄어든다).[6] 이것은 모든 기후와 가장 일반적인 상업용 건물 유형과 설비 체계에 해당하며 실제 체감 비용은 훨씬 더 크다.

건물 관리자를 대상으로 한 연구에서 환기율을 2배로 높이고 고급 공기 필터로 교환하는 데 드는 예상 비용을 조사한 결과, 응답자들은 1인당 연간 100달러 수준일 것으로 예상했다. 그들의 예상 비용은 실제 비용보다 2.5배에서 100배 더 많았다.[7] 그러나 그들의 예상 비용이 실제와 3~4배 차이가 난다고 해도 크게 문제 되지 않는다. 왜냐고? 표 4.2를 살펴보면 에너지 비용이 20퍼센트 늘거나 줄더라도 순이익에는 1퍼센트 미만의 영향을 주기 때문이다. 그러나 아직 정확한 정보는 없지만 체감 비용은 환기율을 개선하는 데 장벽으로 작용할 수 있다.

이번 장에서 언급한 장애물은 정보, 관성, 현직자, 인센티브의 네 가지 문제로 압축된다. 개괄하자면 다음과 같다.

- **정보가 정확하지 않거나 부족하다.** 비용 면에서 건강한 실내 공기를 제공하는 데는 사람들이 생각하는 것만큼 큰돈이 들지 않는다. 혜택 면에서 인지 기능, 생산성, 건강상의 이점은 주목할 만하고 객관적이며 정량화할 수 있다. 이 책의 첫 번째 목표는 정보를 공유하는 것이다.
- **관성은 강력한 힘을 발휘한다.** 언제나 그렇듯이 변화하는 것보다 늘 하던 대로 계속하는 편이 더 쉽다. 수천 명의 임차인, 임대인, 도급업자, 기술자, 매도인이 참여하는 길고 복잡한 부가가치 체계를 가진 부동산이나 건축 같은 대규모의 비동질적 업계에서는 사소한 혁신을 추구하기도 쉽지 않다. 측정 가능한 건강상의 혜택에 관한 인식이 커짐에 따라 규모가 크고 정교한 사용자 집단에서 시작해 나머지 집단으로 점차 변화가 확산될 것으로 예상된다. 이 책의 두 번째 목표는 관성을 극복하는 것이다.
- **현직자는 움직이기 어렵다.** ASHRAE, 미국친환경건물위원회, 미국건축가협회를 비롯한 여러 인증 단체 같은 영향력 있는 조직은 고유한 양식, 체계, 조직 구조, 수입원을 가지고 있다. 기존 체계가 광범위하게 수용된 상태에서 새로운 체계를 채택하고 공표하기란 매우 어렵다. 고착화한 도시 건축법이나 독점적 벌점 제도에 영향을 주는 기존 집단의 경우 최신 센서 기반 측정법이나 비용 편익을

조정하고 벤치마킹한 결과는 큰 혼란을 가져올 수 있다. 다른 혁신과 마찬가지로 진보적인 건물 임대인과 임차인은 기존 집단의 운명과 무관하게 더 나은 체계에 끌릴 것이다. 이 책의 세 번째 목표는 그 방법을 보여주는 것이다.

- **인센티브가 서로 어긋나 있다.** 설계와 시공 관련 결정은 대부분 공기를 직접 들이마시는 사람들이 내리는 것이 아니다. 그 공간에서 생활하지 않는 엔지니어, 거주자의 장기적인 생산성을 측정하지 않는 건설 예산 담당자, 임차인의 성과에서 혜택을 받지 않는 임대인, 서로 다른 목표를 가진 대규모 조직의 수많은 부서에서 결정한다. 플랜 A는 모든 당사자가 실내 공기와 건강의 연관성을 '이해하고' 공동으로 행동하는 것이다(이는 대학, 병원, 박물관과 같이 여러 부서에 수정 사항을 지시할 수 있는 고위층의 누군가가 있는 곳에서 훨씬 이루어지기 쉽다). 하지만 당사자들이 이것을 이해하지 못하면 어떻게 해야 할까? 우리의 최종 목표는 플랜 B를 마련하고 장점에 대한 개선을 추진하는 데 도움이 될 수 있는 인센티브, 이니셔티브, 혁신을 제안하는 것이다.

기본 사항을 숙지했으니 다음으로 무엇을 해야 할까? 공간과 에너지에 더 많은 비용을 투자하여 기업의 순이익을 개선한다는 주장은 최근까지 (부동산) 중개인들이 늘어놓는 입에 발린 소리처럼 들렸다. 실내 공기가 생산성과 건강에 주는 혜택을 정량화할 수 없었기 때문이다. 그러나 이제 그런 혜택을 객관적으로 정량화할 수 있다. 앞으로 우리는 단순히 더 나은 환기율에 관한 사례를 보여주는 단계를 넘어 건강한 건물을 갖는다는 것이 무엇을 의미하는지 설명할 것이다. 전사적인 측면에서 건강 증진에 주력하는 데 필요한 도구를 제공하고 이런 해결책과 혜택을 확산하는 방법에 대한 아이디어를 제안할 것이다.

2부

건강한 건물 전략

6장

건강한 건물의 아홉 가지 기본 토대

'안전제일'을 외치는 변화된 세상에서 지금 돌이켜보면… 이런 원시적인 방법이 얼마나 잘 작동하는지 보는 것은 놀랍고 즐거운 일이다.

–앨리스 해밀턴

다른 많은 분야와 마찬가지로 실내 환경질 세계에도 전문 분야 사이 높은 장벽과 이기주의가 존재한다. 자신을 '수질 연구자' 혹은 '공기질 연구자'라고 소개하는 과학자를 쉽게 볼 수 있으며 전문 분야 사이 소통이 원활하게 이루어지지 않는 경우가 허다하다. 건강한 건물 운동이 성공하기 위해서는 여러 전문 분야 사이 상호 작용을 통해 다양한 요소와 체계를 공동으로 살펴보는 새롭고도 전체론적 접근 방법이 필요하다. 이런 접근 방법은 생명과학에서 균유전체학, 단백질체학, 전사체학, 후성유전체학 같은 다양한 '~체학

omics'을 만들어내며 성공을 거두었다(때로는 단순히 이름을 붙이는 것만으로도 그 분야를 발전시키는 데 도움이 될 때가 있다).

이런 움직임을 어떻게 건물에 적용할 것인가? 우리는 이전에 건강, 복지, 생산성에 영향을 주는 건물 요소를 총체적으로 연구하는 학문으로 '건축체학Buildingsomics' 분야를 제안했다.[1] 그 요소가 무엇이고 각 요소를 뒷받침하는 과학적 증거에는 어떤 것이 있는가?

《건강한 건물의 아홉 가지 기본 토대》는 조가 하버드공중보건대학원 건강한 건물 프로그램의 여러 분야 전문가로 구성된 팀과 함께 건물의 건강을 결정하는 핵심 요소에 관한 40년간의 연구를 농축하여 작성한 짧은 보고서의 제목이다. '아홉 가지 기본 토대'에 관한 개념은 지난 몇 년간 부동산 전문가, 건물 소유자, 병원 관리자, 시설 책임자, 주택 소유자, 동료 교수 들과 많은 대화를 거쳐 탄생했다. 이 과정에서 두 가지가 부각되었다.

첫째, 이런 논의 도중에 조는 "건강한 건물의 개념이 너무 복잡해졌어. 건물을 더 건강하게 만들기 위해 우리가 해야 할 일은 몇 가지면 충분해"라는 말을 자주 했다. 이것은 물론 그런 일들을 알려달라는 현장 요청으로 이어졌다. 계속되는 논의에서 공중보건 단체가 우리의 연구를 실행 가능한 정보로 변환하는 데 실패하는 경우가 많다는 사실이 드러났다.

둘째, 조는 "당신의 연구는 매우 흥미롭습니다. 하지만 저는 월요일 회의에 과학 논문을 가져가 건물 소유자나 관리자가 생각을 바꾸도록 설득할 수 없어요. 짧은 요약본이 있으면 좋겠어요"라는 말을 자주 들었다. 그 결과 아홉 가지 기본 토대 프로젝트가 탄생했다.

우리는 이 책에서 그 보고서 내용을 다시 소개하지 않을 것이다.

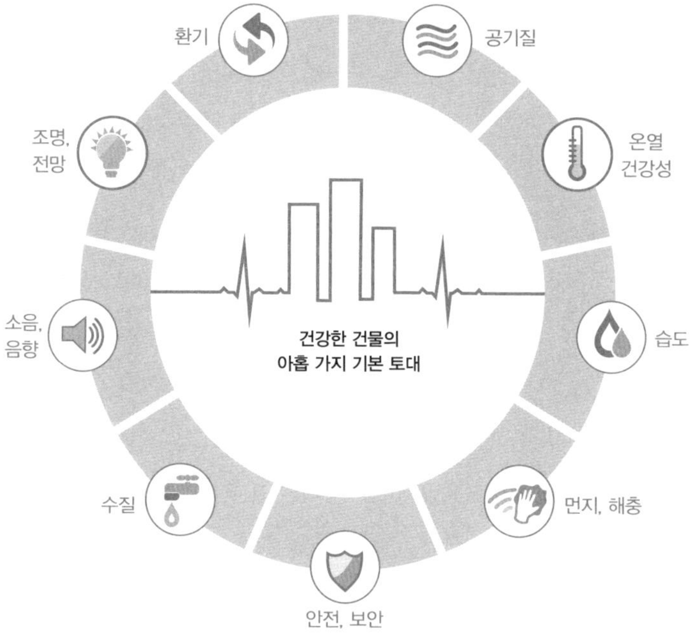

그림 6.1 건강한 건물의 아홉 가지 기본 토대

그보다 한 단계 더 나아가 보고서의 요점을 설명하고 아홉 가지 요소 각각에 대한 권고 사항을 제안할 것이다. 이번 장은 많은 개념을 담고 있으므로 한두 가지 주제만 골라 읽은 후 건너뛰고 필요한 부분이 있을 때 다시 돌아와 읽어도 좋다.

기본 토대 1: 환기

환기가 우리의 건강에 주는 영향은 4장에서 설명했기 때문에 여기서는 다시 언급하지 않겠다. 이제 우리는 ASHRAE에서 지정한 현재 환기 기준인 1인당 20분당 큐빅피트가 최소 기준이라는 사실을 알고 있다. 많은 연구 결과가 높은 환기율이 주는 혜택을 보여주지만 종합적으로 최적의 환기율을 제시하지는 못했다. 최적 환기율은 1인당 20분당 큐빅피트보다 높아야 하는데, 우리가 진행한 연구뿐 아니라 다른 사람들의 연구 결과도 1인당 40분당 큐빅피트 이상일 때 혜택을 얻을 수 있는 것으로 나타났다.[2] 8장에서 자세히 설명할 일부 건강한 건물 인증 기준은 환기율이 최소 환기율의 30퍼센트를 초과하는 건물에 '점수'를 준다. 오늘날 대부분의 건물은 (비용편익 분석에 대한 사고방식의 변화를 넘어) 적은 비용과 약간의 노력만으로도 환기율을 1인당 30분당 큐빅피트로 만들 수 있다.

공기가 들어오지 않으면 보호막도 사라진다

실외 공기가 얼마만큼 들어와야 하는지는 앞에서 다루었으므로 환기와 건강의 연관성을 보여주는 또 다른 중요한 측면인 언제 공기가 들어와야 하는지에 대한 이야기로 논의를 이어가 보겠다. 기계식 환기 장치가 설치된 사무실 건물에서는 일반적으로 공기 조절 장치가 직원들이 출근하기 전 오전 6~7시에 가동을 시작해 오후 5~6시에 꺼진다. 만약 당신도 그런 건물에서 일하는 수백만 명의 직원 중 한 명이라면 마지막 문장에 눈이 휘둥그레졌을 것이다.

"잠깐, 건물 환기 장치가 오후 5시에서 6시 사이에 꺼진다고? 그 시간에 나는 아직 건물 안에 있다고요!"

그게 다가 아니다. 많은 사람이 주말에도 출근하는데 일주일 내내 설비 체계를 가동하는 상업용 건물은 찾아보기 힘들다. 그 결과는 당신이 예상한 것도 있고 전혀 예상치 못한 것도 있을 것이다. 분명한 것은 오전 9시부터 오후 5시까지 일반적인 근무 시간 외에는 대부분의 사무실 건물에 실외 공기가 들어오지 않는다는 사실이다. 그 시간대에 악취가 나거나, 너무 덥거나 춥거나, 새건물증후군 문제로 불편 사항이 많이 접수된다는 사실 역시 그리 놀랍지 않다.

이런 일이 얼마나 자주 일어나고 어떻게 문제가 발생하는지 보여주기 위해 한 가지 사례를 소개하겠다. 조가 이 단락의 초고를 쓰는 동안 동료 한 명이 그에게 연락해 조언을 구했다. 그는 며칠 전부터 사무실에서 담배 냄새가 나기 시작했다고 말했다. 조는 담배 냄새를 맡은 시각을 포함하여 몇 가지 기본적인 사항을 물었다. 그는 오후 5시 무렵부터 냄새가 났다고 답했다(맹세코 이것은 우리가 지어낸 이야기가 아니다). 이 냄새의 범인인 누군가가 건물 밖에서 담배를 피우고 있었고, 이 건물은 5시 정각에 환기 장치를 껐다. 하지만 담배를 피우는 사람은 건물 안이 아니라 밖에 있었는데 왜 이런 일이 일어났을까?

설비 체계를 끄면 건물은 실외 대기 오염물질에 대한 두 가지 주요 방어 체계를 잃는다. 설비 체계가 작동을 멈추면 건물은 외부보다 기압이 높은 양압 상태를 유지하지 못하게 되어, 내부로 들어오는 공기와 내부에서 순환한 공기를 걸러내지 못하게 된다. 그 결과 실외 대기 오염물질이 건물의 균열과 틈새, 출입구, 창문 등 수많은 통로를 통해 건물 안으로 들어온다. 일단 실내로 들어오면 공기 중의 먼지가 건물 필터에 효과적으로 포착되지 않는다. 그 동료는 오후 5시에 방어 체계가 꺼지면서 건물로 들어온 담배 연기를 맡은 것이다.

양압 상태가 깨지면 주차장의 배기가스나 음식점의 연기가 건물 안으로 들어오는 것같이 더 나쁜 일도 벌어진다. 매우 흥미로운 프로젝트에서 조는 도시 고층 건물에 있는 사무실 책상에 두껍게 쌓인 먼지의 근원을 밝히는 과학 수사를 진행한 적이 있다. 한 직원이 사무실의 먼지가 건강을 위협한다고 고발하면서 조사가 시작되었다. 과학 수사 과정에서 건물 주변에 센서를 설치하여 실시간 공기질을 측정하고, 특수 기구를 사용하여 벽과 천장을 살펴 단서를 찾고, 지문 기술을 활용하여 사무실에 두껍게 쌓인 먼지를 다른 먼지들과 비교했다.

조사 결과 보통은 깨끗한 A급 사무실 공간에 먼지가 쌓인 것은 건물과 연결된 지하철역의 기차 때문이라는 사실이 밝혀졌다. 조는 몇 시간 후 기차가 역에 도착할 때마다 먼짓덩어리가 강철 기둥 주변의 제대로 봉인되지 않은 틈새로 새어 나와 전기 콘센트와 일종의 에어컨 시스템인 천장 플레넘을 통해 사무실 건물 안으로 들어오는 것을 발견했다. 이런 이유로 직원들이 하루 일과를 마치고 퇴근할 때는 사무실이 깨끗하지만 다음 날 아침 출근하면 책상이나 벽, 모든 물건의 표면에 먼지와 그을음이 쌓여 있었다.

그런데 지하철은 온종일 운행하는데 왜 퇴근 시간이 지나고 몇 시간 후에만 이런 현상이 발생하는 걸까? 그 답은 건물의 환기 장치가 6시 무렵 꺼지면 사무실 공간은 더 이상 지하철역보다 기압이 높은 양압 상태를 유지하지 못해 공기가 밖으로 나갈 수 없었고, 내부에서 순환된 공기도 여과되지 못했기 때문이다. 지하철이 밤새 지나가는데, 건물은 더 이상 지하철역에서 발생하는 먼지를 막을 수 있을 만큼 충분한 압력을 갖지 못했다.

이에 대한 해결책은 단기적으로는 환기 장치를 하루 24시간 일주일 내내 가동하여 건물을 양압 상태로 유지하면서 공기를 지속적으로 여과하는 것이었다. 또한 실시간 경보 장치가 달린 공기질 추적 관찰 체계를 설치하여 공기질이 항상 안전한 수준인지 확인했다. 장기적인 해결책은 지하철역의 공기가 건물 안으로 들어오지 못하도록 막는 만만찮은 작업이었다.

초미세먼지 공략하기

환기 장치의 또 다른 주요 요소는 공기 흐름의 여과 수준이다. 우리는 공기 중에 떠다니는 초미세먼지가 건강에 심각한 영향을 주며, 이런 먼지 입자가 건물 안으로 침투한다고 3장에서 설명했다. 기계식 환기 장치가 설치된 건물은 이런 먼지 입자를 어느 정도 통제할 수 있는데, 이는 중앙 출입구에서 외부 공기가 건물 전체로 분산되기 전에 여과할 수 있기 때문이다. 하지만 사소한 부분에 골치 아픈 문제가 도사리고 있다. 중앙 환기 장치가 있는 건물에서는 일반적으로 MERV 8 필터를 사용한다. 앞서 설명했듯이 MERV는 최소효율보고값을 의미하며, MERV 값이 클수록 먼지 입자를 거르는 성능이 뛰어나다.

이해를 돕기 위해 먼저 헤파HEPA, High Efficiency Particulate Air 필터를 살펴보자. 헤파 필터가 장착된 제품에는 포장에 '99.97퍼센트 효율성'이라고 적혀있다. 사실 헤파 필터는 대부분의 입자 크기에 거의 100퍼센트 효과적이다. 그런데 왜 99.97퍼센트 효율성이라고 적혀있는 걸까? 필터는 효과가 가장 적은 입자 크기를 기준으로 여과 비율이 정해지기 때문이다. 헤파 필터의 경우 0.3미크론 크기의 입자에 대해서는 효과가 가장 떨어진다. 정확히 말하면 99.97퍼센트 효과적이다.

이제 건물에서 가장 흔히 사용하는 MERV 8필터를 살펴보자. 이 필터는 초미세먼지의 50퍼센트만 거를 수 있다. 기계 장치를 훼손할 수 있는 크기가 큰 먼지 입자를 제거하기 위해 설계된 필터이기 때문이다. 그럼 어떻게 해야 할까? 만약 실외 대기 오염도가 높은 지역 혹은 주요 도시의 어느 건물에 있다면 MERV 13 이상의 필터로 교체하는 것이 좋다. MERV 13 이상의 필터는 '우수한 사무실 건물'에 권하는 필터 수준이며 초미세먼지를 90퍼센트 이상 거를 수 있다. 만약 초미세먼지 수치가 100마이크로그램 퍼 세제곱미터 혹은 건강에 위험한 수준인 1천 마이크로그램 퍼 세제곱미터까지 올라가는 상하이나 카이로, 혹은 샌프란시스코 같은 산불의 영향을 받는 지역에 산다면 반드시 MERV 13 이상의 필터를 사용해야 한다. 여과 수준이 높은 필터를 사용하면 에너지 위약금을 내야 하고 필터 가격도 더 비싸지만 건강에 주는 영향에 비하면 미미하다.

정기적으로 건물 점검하기

마지막으로 환기 장치가 잘 작동하는지 확인하고 싶다면 가장 좋은 방법은 환기 장치를 커미셔닝commissioning하는 것이다. 커미셔닝에 관한 우리의 권장 사항은 간단하지만 커미셔닝이 무엇인지 모른다면 빨리 알아두는 것이 좋다. 커미셔닝은 건물이 소유자나 설계자의 의도대로 설계, 시공, 유지, 관리되고 있는지 확인하는 절차를 말한다(새 건물의 경우 자신이 구입한 그 건물이 맞는지 확인하는 절차다).

커미셔닝에 관한 권장 사항은 존이 건축 프로젝트를 진행하는 동안, 조가 과학 수사를 수행하는 동안 그리고 건물에 대해 아는 거의 모든 사람이 수년간 관찰한 것에서 비롯되었다. 건물은 항상 설계한 대로 작동하지 않으며(사실 설계한 대로 절대 작동하지 않는다) 시간이 지날수록 변한다. 커미셔닝은 우리가 매년 건강 검진을 받으러 병원에 가는 것과 같다. 건물이 응급실에 도착하기 전에, 문제를 해결하는 데 10배나 많은 시간을 허비하기 전에 문제를 조기에 발견할 수 있도록 돕는다. 새로운 센서 기술의 탄생으로 지속적인 커미셔닝이 가능해짐에 따라 매 순간 건물 체계가 잘 작동하고 있는지 확인할 수 있다.

권장 사항

- 1인당 최소 30분당 큐빅피트까지 환기율을 높인다.
- 이산화탄소 농도를 실시간 점검하여 환기 상태를 확인한다.
- 건물을 사용하는 시간 내내 공기 조절 장치를 가동한다. 가급적 수요 기반 환기량 조절 장치를 사용하는 것이 좋다.
- 건물 위치에 적합한 필터를 선택한다(이에 대해서는 브렌트 스티븐스, 테리 브레나, 루 해리먼의 《외부에서 유입되는 초미세먼지를 줄이기 위한 환기 장치용 공기 필터 선택하기》라는 보고서를 참고하라).[3]

기본 토대 2: 공기질

지하실에 물이 차오르거나 화장실에 물웅덩이가 생기는 불행한 처지에 놓인다면 가장 먼저 무엇을 할 것인가? 지각이 있다면 물이 어디서 새어 나오는지 근원을 먼저 확인할 것이다. 다시 말해 먼저 수도꼭지를 잠근 후 물을 닦아내기 시작한다. 건물의 공기질 관리에도 같은 방법을 적용한다. 좋은 공기질을 유지하기 위한 첫 단계는 실내 오염원을 통제하는 것이다. 먼저 실내 공기 오염물질의 근원을 찾아 수도꼭지를 잠가야 한다. (3장에서 소개한 노출 관련 질병을 위한 개념 모델을 떠올려보자. 근원을 통제하면 오염물질에 노출될 가능성이 줄어들어 건강에 부정적인 영향을 줄 기회도 사라진다.)

휘발성 유기화합물 같은 화학물질의 경우 그런 물질이 들어가지 않은 페인트와 포름알데히드가 배출되지 않는 제품을 고르는 것이 좋다. 휘발성 유기화합물 함유량이 높은 향기 나는 스프레이와 세정제도 피해야 한다. 휘발성 유기화합물은 잠재적으로 유해할 뿐 아니라 지상 오존과 반응하여 포름알데히드와 먼지 입자를 생성할 수 있다. 먼지 입자와 관련하여 향이나 양초도 피하는 것이 좋다(당연한 이야기라 언급할 필요가 없길 바라지만 건물 안이나 주변에서는 금연해야 한다). 그러면 라돈이나 일부 휘발성 유기화합물과 같이 지상에서 침투하는 물질을 포함한 실외 오염물질의 침투만 통제하면 된다.

실내 공기 오염물질의 근원은 수백 가지가 있다. 이런 경우 잠가야 할 수도꼭지는 하나가 아니다. 심지어 한 가지 근원을 제거하더라도 그것이 예상하지 못한 새로운 근원으로 이어질 수 있다. 언젠가 조는 병원 진료실에서 과학 수사를 진행한 적이 있었는데, 그곳에서 일하는 사람들이 포름알데히드에 노출되었을 때 보이는 증상을 호소했다. 그러나 모든 목재 제품은 '포름알데히드 프리' 인증을 받았고, 건축업자는 '친환경 인증' 제품만 구입했다고 단호하게 말했다. 어떻게 된 걸까? 조사 결과 목재 제품에서는 실제로 포름알데히드가 배출되지 않는 것으로 나타났지만 포름알데히드를 대체하는 다른 알데히드를 배출했다.

따라서 휘발성 유기화합물을 비롯해 실내 오염물질의 근원을 차단하기 위해 할 수 있는 모든 조처를 하더라도 성공 여부를 판단하는 방법은 딱 한 가지밖에 없다. 정기적으로 공기질을 점검하는 것이다. 건물의 공기질은 내부 체계에서 외부 환경, 사람들이 공간에 가져오는 것, 그곳에서 하는 작업에 이르기까지 다양한 것들에 의해 자주 바뀔 수 있다. 전통적인 공기표본추출법과 함께 실시간 공기질을 지속적으로 점검하는 것이 좋다.

건물의 실내 공기질 지표는 수시로 점검해야 한다. 여기에는 이산화탄소, 온도, 상대 습도, 먼지 입자가 포함되며 집에 보일러 같은 연소 근원이 있다면 일산화탄소도 측정해야 한다. 매주 새로운 제품이 출시되며 공기질 측정기의 품질과 가용성이 확대되는 만큼 이 목록도 확대되어야 할 것이다. 이런 물질들을 측정하는 것은 집이나 사무실에 연기 탐지기가 설치된 것과 같다. 실시간 공기질 측정기는 무언가 잘못되었을 때 그 사실을 가장 먼저 알려주는 경보 장치다.

그러나 실시간 공기질을 점검한다고 모든 문제가 해결되는 것은 아니다. 실시간 공기질 점검뿐 아니라 전통적인 공기표본추출법을 활용하여 매년 표본을 더 세부적으로 보완해야 한다. 이것은 검증되고 표준화한 기술로, 현재 실시간 공기질 측정기가 안정적으로 측정할 수 없는 특정 요소를 측정할 수 있다. 예를 들어 공기 표본을 채취하여 실험실로 보내 칠십 가지 이상의 휘발성 유기화합물을 검사하거나, 물 표본을 보내 납이나 박테리아가 포함되어 있는지 확인할 수 있다(8장에서 누가 이 검사를 수행해야 하는지 논하고, 9장에서 무엇을 검사해야 하는지 설명할 것이다).

오염원을 통제할 수 없을 때

실내 오염원을 통제할 수 없는데 환경 점검 과정에서 특정 오염물질의 수치가 높다는 사실을 발견하면 어떻게 해야 할까? 그렇다면 이번 장의 서두에서 언급한 환기와 공기 필터 부분을 다시 살펴보는 것이 좋다. 사무실 건물과 같이 기계식 환기 장치가 설치된 경우 더 강화된 필터를 사용할 수 있다.

때에 따라 탄소 기반 필터와 같이 휘발성 유기화합물 부류의 기체 오염물질을 제거하는 필터를 추가하여 MERV 먼지 입자 필터를 강화하는 방법을 고려할 수 있다. 탄소 필터는 제대로 사용하려면 약간의 기술과 전문 지식이 필요하며 많은 비용이 들 수 있다. 일반적인 먼지 입자 필터는 더러워지면 공기 흐름을 가로막는 물리적인 쓰레기가 늘어나기 때문에 성능이 더 좋아지는 반면, 탄소 필터의 경우 포화 상태에 이르면 휘발성 유기화합물이 곧바로 통과한다. 이런 이유로 탄소 필터를 설치해놓으면 잘못된 안전의식을 갖게 될 수 있다. 탄소 필터는 특정 휘발성 유기화합물을 우선적으로 들러붙게 만들기도 한다. 탄소 필터를 사용하려면 기술이 필요하지만 제대로 활용하면 효과적일 수 있다.

주방의 경우 조리 중에 발생하는 입자 먼지를 포착하기 위해 가스레인지 위에 환기구가 있는지 확인해야 한다. 환기구는 반드시 외부로 연결되어 있어야 한다. 그렇지 않으면 오염물질이 건물 안에서 계속 재순환한다.

마지막으로 휴대용 공기 청정기는 실내 혹은 실외 공기 중에 떠다니는 먼지 입자를 효과적으로 통제할 수 있다. 이때 공간의 크기에 맞는 공기 청정기를 고르는 것이 중요하다. 새로 나온 휴대용 공기 청정기에는 기존 입자 필터와 함께 휘발성 유기화합물을 걸러내는 탄소 기반 필터가 장착되어 있으며 필터가 활성화되는 때를 조정하는 센서도 내장되어 있다.

권장 사항

- 휘발성 유기화합물이 아예 없거나 낮은 물질을 선택하고 향기 나는 세제나 양초를 사용하지 않음으로써 오염원을 제거한다.
- 실시간 공기질 측정기를 사용하면서 특정 휘발성 유기화합물과 다른 공기 오염물질에 대한 표본 분석을 실시한다(완성된 목록은 9장에서 확인할 수 있다).
- 오염원을 제거할 수 없거나 공기질 검사에서 특정 물질이 지나치게 높은 수치가 나왔다면 강화된 정화 기법을 사용하는 기계 장치(혹은 휴대용 공기 청정기)를 활용하여 공기를 정화한다.

기본 토대 3: 온열 건강성

어떤 건물 관리자에게 "사람들이 가장 불만스럽게 생각하는 것은 무엇인가요?"라고 물으면 분명 "직원들에게 너무 덥거나 너무 춥다는 연락을 많이 받아요"라고 답할 것이다. 건물에서 이 한 가지 문제만 해결해도(분명 힘들겠지만) 직원 만족도 면에서 앞서나갈 것이다.

전통적으로 실내 환경질 전문가와 ASHRAE는 이 문제를 '열적 쾌적성thermal comfort'이라고 부른다. 우리가 '열적 쾌적성'이라는 단어보다 '온열 건강성thermal health'이라는 단어를 선호하는 이유는 두 가지다. 첫째, '쾌적성'은 개인에게 책임을 돌리고 건물보다는 불만 유형과 관련된 문제라는 느낌을 준다. 둘째, 곧 알게 되겠지만 '쾌적성'은 이것이 단순히 '불편한' 문제가 아니라 건강과 관련된 문제라는 사실을 전달하지 못한다.

온열 건강성에 영향을 주는 요소는 여러 가지가 있지만 건물이 통제하는 것은 소수에 불과하다. 건물의 영역을 벗어나서는 개인의 활동 수준(대사율), 옷, 유전, 성별 등이 온열 건강성에 중요한 역할을 한다. 건물은 온열 건강성과 관련해 공기 온도, 상대 습도, 복사 온도, 공기 이동의 네 가지 요소를 통제한다.

온열 건강성과 인간의 능력

건물이 인간의 능력에 영향을 주는 방법을 이해하려면 조의 건강한 건물팀이 2018년에 발표한 논문에 수록된 뒤집힌 U자 곡선을 살펴봐야 한다.[4] 폭염 직전과 폭염 기간에 에어컨이 있는 기숙사와 없는 기숙사 학생들을 대상으로 스트룹 검사를 시행하여 간단한 인지 기능을 측정한 결과를 분석한 연구다. (스트룹 검사는 일반적으로 심리학에서 선택적 주의력을 평가하는 데 사용된다. 이 검사에서는 빨간색으로 표시된 '녹색'이라는 단어를 읽게 한다. 피검사자는 자신이 읽은 색깔이 아니라 본 색깔을 말해야 하는데 이때 발생하는 부조화 때문에 뇌가 잠시 멈춘다. 스트룹 검사는 피검사자의 반응 시간이나 '뇌가 잠시 멈춘' 시간, 답을 맞힌 질문의 수 등을 기록한다.)

그림 6.2를 간단히 설명하면 최적 온도가 화씨 2도 차이가 날 때마다 스트룹 검사에서 작업 처리량은 1퍼센트씩 감소했다. '처리량'이란 단어는 '능력', '생산성', '산출량', '생산량' 등과 같은 의미로 작업자의 성과에 영향을 준다는 메시지를 전한다.

온열 건강성과 인간의 능력 사이의 이런 관계는 현재 최소한 공중보건학계와 건축학계에서는 널리 알려져 있다. 로런스버클리국립연구소 연구원들은 온도가 이 좁은 최적의 범위에서 벗어날 경우 능력 발현의 정도, 즉 성과가 10퍼센트 감소한다는 사실을 발견했다.[5]

신기한 점은 조의 건강한 건물팀 연구와 로런스버클리국립연구소 연구원들의 연구가 거의 20년 간격을 두고 서로 다른 방법으로 수행되었음에도 놀라운 일관성을 보인다는 사실이다. 연구와 방법론의 세부 사항은 핵심 사항보다 덜 중요하다. 실제로 최상의 성과를 촉진하는 온도 조건의 범위는 매우 좁은데 ASHRAE가 '쾌적성'이라고 지정한 것보다 훨씬 더 좁다.

이런 연구 결과가 사업의 경제성에 주는 영향을 알아보기 위해 건물의 실내 온도가 최적 온도인 화씨 72(약 섭씨 22.2)도에서 약간 벗어나 화씨 76(약 섭씨 24.4)도까지 올라갔다고 가정해보자(조는 한 때 화씨 80(약 섭씨 26.7)도 이상 올라가는 사무실에서 일한 적이 있다). 온열 건강성의 한 가지 요소인 온도만 고려할 경우 하버드대학 연구 결과에 따르면 생산성이 2퍼센트 저하될 수 있다. 4장에서 살펴본 가상 컨설팅 회사 헬스앤웰스의 추정 손익계산서를 떠올려보면, 2퍼센트의 생산성 향상으로 추가 에너지 비용을 부담하고 프리미엄 임차료를 낸 후에도 순이익이 9퍼센트나 증가했다. 반대로 2퍼

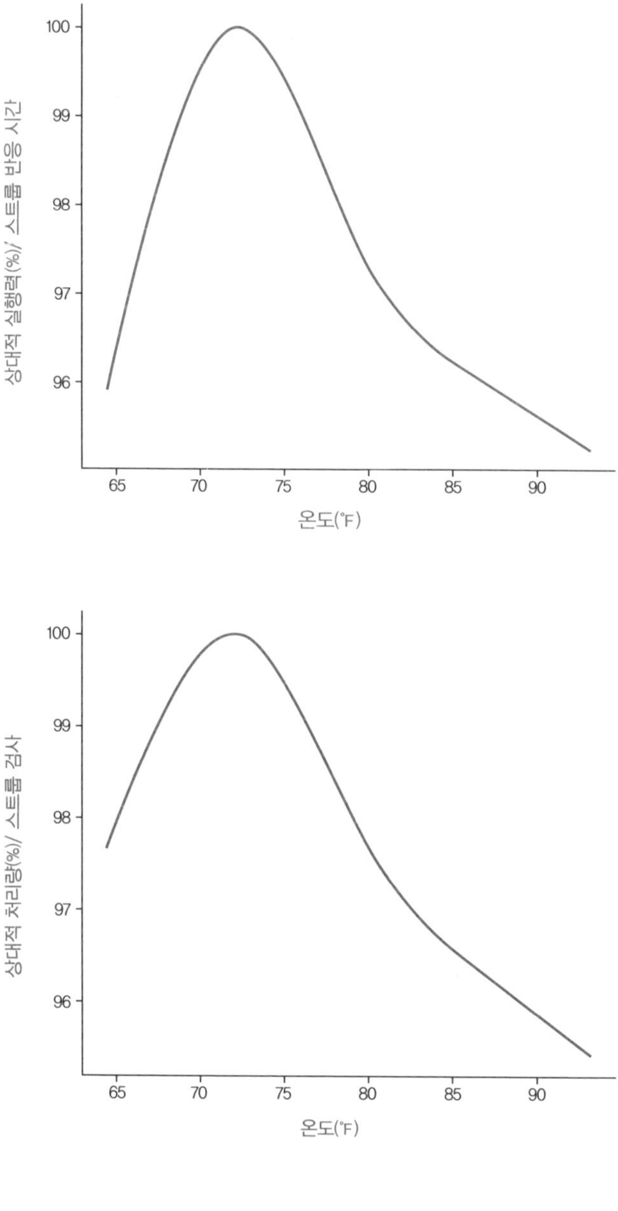

그림 6.2 온도가 반응 시간과 처리량에 주는 영향[6]

센트의 생산성 저하는 순이익이 9퍼센트 감소하는 것과 같았다. 단지 화씨 4(약 섭씨 2.2)도의 온도 차이에서 말이다.

이런 결과를 보면 지금까지 성가시게만 느껴졌던 "너무 더워요" 혹은 "너무 추워요"라는 불평을 재고하게 될 것이다. 그것은 불평하는 직원들에 대한 적신호가 아니라 그들의 생산성이 타격을 받고 있다는 암시다. 상사를 찾아가 스위치를 한 번 누르면 수익률을 10퍼센트 가까이 올릴 수 있다고 말하는 모습을 상상해보라.

온열 건강성에는 여러 요소가 복합적으로 작용하는데, 우리가 아직 다루지 않은 한 가지 요소는 습도와 무더운 여름날에 찾아오는 불쾌하고 끈적끈적한 느낌이다. 에어컨을 가동하는 건물에서는 이런 느낌이 상대적으로 덜하다(그러나 실내 습도가 곰팡이 성장을 촉진하는 수준에 도달하지 않도록 신경 써야 한다).

반대로 여름철 건물이 지나치게 시원하다는 통념이 있다. 환기구에서 차가운 공기가 나오는 것을 느낄 때 사람들은 "사무실이 너무 추워서 스웨터를 가져와야 할 것 같아"라고 말하곤 한다. 그러나 사람들이 대부분 인지하지 못하는 것은, 습한 기후에서는 이런 '지나치게 시원한' 상태를 유지해야 하며 실제로 온도가 지나치게 낮은 것은 전혀 아니라는 사실이다.

냉방 체계는 공기 중의 습기를 모두 제거하기 위해 외부 공기를 이슬점까지 냉각시켜야 하는데, 이것은 공기를 꽤 낮은 온도까지 떨어뜨려야 한다는 의미다. 목표 실내 온도가 화씨 72(약 섭씨 22.2)도에 상대 습도가 50퍼센트라고 가정해보자. 이 경우 이슬점은 화씨 52(약 섭씨 11.1)도다(습윤공기선도에서 가져온 것이다). 기계 장치의 냉각 코일은 외부 공기를 화씨 52도로 냉각하여 공기 중의 물을 응결시킨 다음 공기를 재가열하여 약 화씨 55(섭씨 12.8)도에서 배출시킨다. 태양열, 체온, 전자제품에서 나오는 열과 같이 실내에서 열을 발산하는 몇 가지 요인들을 고려하면 공기가 책상에 닿을 때는 화씨 72도로 맞춰진다. 공기를 재가열할 때마다 에너지가 사용되고 비용이 발생하므로 건물 관리자는 온도를 매우 차갑게 유지하여 공기가 재가열되지 않도록 하는 것이 일반적이다. 이런 이유로 여름철 사무실이나 가게의 환기구에서 얼음처럼 차가운 공기가 나오는 것이다.

물론 온도와 습도는 온열 건강성의 두 가지 요소일 뿐이며 손쉽게 통제하고 변경할 수 있다. 그러나 쾌적하다고 느끼는 정도는 사람마다, 수행하는 활동 유형에 따라, 심지어 시간과 계절에 따라 다르다. 요컨대 '누구에게나 다 맞는' 것은 없다. 이런 요소들의 상호작용을 탐구하기에 좋은 곳 중 하나는 UC버클리 건축환경센터CBE에서 만든 열적 쾌적성 도구*Thermal Comfort Tool* 웹사이트다. 이곳에 접속하면 어떤 조합이 당신에게 '허용 가능한' 온열 건강성 영역에 해당하고, 어떤 조합이 그렇지 않은지 확인할 수 있다.[7]

온열 건강성에는 종종 무시되기 때문에 특별한 주의를 기울여야 하는 한 가지 요소가 포함되어 있는데, 바로 성별에 따른 차이다. 2015년 국제 학술지 《네이처 기후변화*Nature Climate Change*》에 게재된 한 연구에서 현재의 열적 쾌적성 기준이 원래 1960년대 남성의 신진대사율과 의복 선택에 기초한다는 사실이 밝혀지면서 성별에 따른 차이 문제가 수면 위로 부상했다.[8] 연구자들은 실험을 통해 여성의 신진대사율이 남성의 신진대사율보다 최대 32퍼센트 낮다는 사실을 발견했다. 《뉴요커》는 2015년 그 연구를 바탕으로 「당신의 온도 조절 장치는 성차별주의자입니까?」라는 제목의 기사를 게재했다. 그리고 사무실에서 일하는 여성들은 마침내 그들이 수십 년간 직접 경험해온 것을 과학적인 연구로 확인할 수 있었다.[9]

이 연구는 논란을 불러일으켰다. ASHRAE는 이 연구가 설정한 열적 쾌적성 기준이 대규모 남성과 여성 표본을 기반으로 한다고 재빨리 반박했다. 진실은 무엇일까? ASHRAE의 반박 내용을 살펴보면 이 학회의 기준이 정말로 1966년 처음 발표된 이후 계속 경신된 것을 확인할 수 있다. 경신된 내용은 남성과 여성에 관한 연구에 기반하지만 사실 작은 글자로 1982년 처음 경신되었다고 적혀있다. 정확히 남성이 스리피스 정장을 입던 1960년대 남성 중심의 직장은 아니지만 그렇다고 그때와 크게 동떨어졌다고 할 수도 없다. ASHRAE는 열적 쾌적성 기준은 이제 남성과 여성을 동등하게 기준으로 삼으며 정기적으로 경신되고 있다고 밝혔다(가장 최근에는 2017년에 경신되었다).

이 논쟁에서 정말 문제가 되는 것은 의복의 선택이다. 여성들은 계절마다 실외 환경에 더 적합하게 옷을 입지만 실내 온도는 여전히 정장을 입는 남성에게 맞춰져 있다. 최신 과학 연구를 살펴보면 실제로 온도와 관련하여 성별 차이를 확인할 수 있다. 성별과 온도에 관한 연구의 절반 이상에서 동일한 열 환경에 있을 때 여성이 남성보다 더 많이 불만을 표출하는 것으로 나타났다. 이런 과학 연구를 무시하는 것은 이것이 경험에 근거한 사실이라고 말하는 수백 명의 사무직 여성들의 목소리를 무시하는 것과 같다. 이제 그들의 말을 경청해야 할 때다.

현재 ASHRAE의 열적 쾌적성 기준에는 의복 선택을 비롯하여 최상의 상태를 찾을 수 있도록 조절 가능한 여러 변수가 포함되어 있다. 과학과 수백만 명의 경험을 인정하고 또 다른 요소인 성별을 추가하는 것은 어떨까? 여기에는 사업적 요구도 포함되어 있다. 최근 한 연구는 성별과 열적 쾌적성에 관한 방대한 증거를 검토한 뒤 다음과 같은 결론을 내렸다: "여성은 남성보다 최적 온도 편차에 더 민감하며 특히 서늘한 환경에서 더 많은 불만을 표출한다."[10]

앞으로 실내 환경의 최적화는 개인의 고유한 선호도를 만족시키는 '개인 맞춤형 실내 건강' 영역을 창조하기 위해 온열 환경의 초개인화, 초지역화를 요구할 것이다. 이런 현상은 이미 시작되었다. 일부 건물에는 작업 공간마다 자체적으로 온도와 기류를 조절하고, 온도 조절에서 환기 기능을 분리한 체계가 구축되어 있다. 개인 맞춤형 실내 건강의 미래는 머지않았다.

실내 폭염

대부분의 건물은 양호한 온열 건강성을 유지하려면 에어컨을 사용해야 한다. 에어컨은 온실가스의 주범으로 인식되고 있지만 그렇다고 그것을 포기하라고 하는 것은 현실성이 떨어진다. 우선 그런 일은 절대 일어나지 않을 것이다. 더 중요한 것은 많은 지역에서 에어컨이 절대적으로 필요하다는 사실이다. 에어컨은 인도와 같이 극도로 더운 지역에서 유의미하지만, 놀랍게도 미국 북동부나 북유럽 같은 전통적으로 추운 지역에서도 매우 중요한 역할을 한다.

추운 지역의 건물들은 열을 흡수하고 보존하도록 설계되어 있다. 이것은 겨울에는 훌륭한 전략이지만 갈수록 온난화되는 지구에서 여름에는 끔찍한 전략이 될 수 있다. 이 지역 건물들은 벽돌이나 콘크리트와 같이 열 질량이 높은 재료로 지어졌다. 건물이 열기를 발산하지 못하고 특히 밤에도 온도가 떨어지지 않기 때문에 실외 기온이 오르면 실내 온도도 오르는 상태가 지속한다. 그 결과 실외 폭염이 사실상 끝난 후에도 실내 온도가 오르는 상태가 지속하는 실내 폭염이 발생한다. 이런 현상은 사람들에게 폭염 경고는 진정될 수 있지만 실내 폭염은 계속된다는 잘못된 안전의식을 심어줄 수 있다.

갈수록 지구가 따뜻해지고 전 세계적으로 생활 수준이 향상되면서 에어컨 사용량이 급증할 것이다. 한 연구에 따르면 이미 존재하는 16억 대 외에 2050년까지 40억 대의 에어컨이 새로 설치될 것으로 예상한다. 에어컨은 에너지를 소비한다. (10장에서 건물-에너지-건강-기후-회복력 관계에 관해 자세히 설명하겠지만 여기서도 그 문제에 대해 언급할 필요가 있다. 에어컨과 관련된 온실가스 배출을 제한하기 위해 지금 우리가 할 수 있는 일이 있기 때문이다.) 온실가스 배출을 제한하기 위한 해결책이 꼭 에어컨 사용을 줄이는 것일 필요는 없다. 현명한 해결책의 하나로 UC버클리 건축환경센터의 사례를 들 수 있다. 그들은 실내 온도가 화씨 8(약 섭씨 4.4)도 오르더라도 단순히 환풍기를 사용하여 공기 이동량을 증가시키는 것만으로도 덥고 습한 기후에서 열 환경에 대한 직원 만족도를 허용 가능한 수준으로 유지할 수 있다는 사실을 발견했다.[11]

우리가 할 수 있고 해야 하는 또 다른 일은 기술 발전과 관련이 있다. 조와 동료는 2019년 「에어컨을 쓰면서 더 건강한 지구를 원하세요?」라는 제목의 글에서 에어컨의 환경 발자국을 극적으로 줄이기 위해 지금 당장 할 수 있는 일이 있다고 주장했다. 바로 냉매를 제거하는 것이다. 에어컨은 온실가스 배출 잠재력 측면에서 이산화탄소보다 3천 배 더 강력한 냉매인 수소화불화탄소를 사용한다. 수소화불화탄소를 다른 물질로 교체하면 21세기 말까지 지구온난화의 정도를 약 섭씨 0.5도 낮출 수 있다(파리협정에서 정한 지구 평균 온도 상승폭인 섭씨 2도의 25퍼센트에 해당한다). 좋은 소식은 이미 대체 냉각제를 발견했고 조만간 출시될 예정이라는 것이다.[12]

권장 사항

- 단순히 쾌적한 범위를 넘어 최적의 성과를 창출하는 범위 내에서 온도와 상대 습도를 유지한다.
- 사전에 열 환경을 점검하고 문제가 발생하면 신속하게 대응한다.
- 직원들이 덥거나 춥다고 불평할 때마다 곧바로 대응한다.
- 로런스버클리국립연구소에서 제안한 '에너지 프리' 전략에 따라 일사열 취득(건물 외면에 닿는 태양의 복사에너지 가운데 창, 벽, 지붕을 통해 실내에 흡수되는 열량—옮긴이)을 줄인다.[13]
  - 단열 처리를 개선한다.
  - 외부 차광을 개선한다(예, 나무 덮개를 설치한다).
  - 창문 에너지 효율성을 개선한다(예, 기능성 유리를 사용한다).
  - 지붕에 냉각 코팅을 해 태양열 흡수를 줄인다.

기본 토대 4: 수질

3장에서 우리는 공중보건학자들이 노출 경로라고 부르는 공기, 피부를 통해 침투하는 화학물질, 무심코 삼키는 먼지를 이야기했다. 또한 음식이나 물과 같이 우리가 의도적으로 몸에 집어넣는 것들도 있다. 음식 문제는 영양학과 동료에게 맡겨야 하겠지만 수질은 건물의 핵심 요소이므로 우리의 영역에 해당한다.

하루에 8잔의 물을 마셔야 한다는 이야기는 많이 들었을 것이다. 충분한 수분을 유지하는 것은 전반적인 건강을 유지하는 비결 중 하나다. 물론 살아남기 위해서도 물이 필요하지만, 놀라운 것은 수분 유지가 기분, 성과, 심지어 생각을 정리하는 데 도움이 된다는 사실이다.

온열 건강성에 관한 단락에서 언급한 연구를 떠올려보자. 실내 폭염으로 고통받는 사람들은 인지 기능 검사에서 더 낮은 점수를 얻었다. 그 연구에서 우리가 말하지 않은 것은 열 스트레스가 주는 부정적인 영향 중 일부가 물을 더 많이 마시는 젊은이들의 경우 상쇄되었다는 사실이다. 다시 말해 물을 마시는 것은 실내 폭염의 위험으로부터 스스로를 보호하는 효과가 있었다.

단지 물이 건강에 좋다는 이야기를 들으려고 이 책을 집어 든 것은 아닐 테니, 이제 건물이 수질과 건강에 주는 영향에 대해 자세히 살펴보자. 건물의 전체 수질은 물의 혼탁도, 총용존고형물TDS, 총대장균군 같은 몇 가지 기본 지표를 측정하여 결정한다. 이 지표들은 물이 얼마나 '깨끗한지' 알려준다. 혼탁도는 물이 얼마나 투명한지를 나타내는 지표이며 부유 입자나 먼지의 양에 따라 결정된다. 총용존고형물은 미네랄, 소금, 유기물 등 실제 물을 제외한 물속에 녹아있는 모든 물질을 의미한다. 총대장균군은 물의 대변 오염도를 나타내는 지표다(대장균류는 모든 인간과 온혈 동물의 배설물에 존재한다. 대체로 무해하지만 대장균이 있다는 것은 물속에 다른 해로운 병원균이 존재할 수 있다는 의미다).

이런 기본 사항 외에도 건물의 수질이 식수 기준을 충족해야 하는데 이는 국가마다 다르다. 미국에서는 국가 1차 식수 규정에서 미생물, 소독제, 소독 부산물, 무기화합물, 유기화합물, 방사성 핵종의 6개 그룹의 오염물질에 대해 최대 오염 수준을 설정하고 있다.[14] 이런 보호 제도에도 불구하고 항상 '새로운' 문제가 발생하고 있으며, 위험 물질을 발견하더라도 규제가 적용될 때까지 상당한 시간이 소요된다. 현재는 식수에 포함된 수많은 '영속적 화학물질forever chemicals'(인체나 환경에서 분해되지 않는 화학물질—옮긴이)이 문제가 되고 있다. 최근에서야 이 물질과 관련해 '안전한' 수준을 규정하기 위한 논의가 시작되었다(영속적 화학물질에 대해서는 8장에서 자세히 살펴볼 것이다). 드라이클리닝 작업에서 발생하는 발암성 트리클로로에틸렌이나 군사 기지 근처에서 발견되는 과염소산염(로켓 연료에 사용되며 갑상샘에 문제를 일으킨다) 같은 산업 폐기물이 수역으로 흘러드는 지역에서는 더 많은 국지적인 문제가 발생한다.

이런 식수 기준은 건물, 가정, 학교로 공급되는 물이 기본적인 안전 기준을 충족하는지 확인하는 데 유용하다. 그런데 문제는 이런 기준이 건물 안으로 들어가기 직전까지만 수질의 안전을 보장한다는 것이다. 이후에는 모든 것이 백지상태로 돌아가고 수질에 관한 책임은 건물 소유자에게 넘어간다. 레지오넬라균과 납을 예로 들어 물이 건물 안으로 들어온 후 어떤 일이 발생할 수 있는지 알아보고, 수소 이온의 농도를 나타내는 지표인 pH 한 가지 요인을 통제하는 것이 레지오넬라균과 납의 두 가지 물질 모두에 어떻게 도움이 되는지 간략하게 살펴보겠다.

또 다른 레지오넬라균 사건

세간의 이목을 끈 발병 사건이 일어난 것을 고려한다면 당연하겠지만 많은 사람이 레지오넬라균을 생각할 때 냉각탑을 떠올린다. 특히 2015년 브롱크스에서 130명이 레지오넬라증 진단을 받았을 때 냉각탑이 연관되어 있었다. 옥상 냉각탑에서 레지오넬라균을 통제하는 것은 매우 중요한 일인데, 소독약을 사용하고 정기적으로 점검하면 간단히 처리할 수 있다. 따라서 여기서는 건물 안에 서식하는 레지오넬라균에 초점을 맞추려 한다.

레지오넬라균은 냉각탑이 발병의 원인인 경우가 많지만, 어떤 경우에는 실내 장식용 분수, 온수 욕조, 샤워기, 심지어 제빙기에서 발생하기도 한다. 건물은 물의 온도를 조절하고, 물이 고이는 것을 막고, 잔류 소독약을 적절한 수준으로 유지하고, pH를 조절하여 내부 급수 시설에 레지오넬라균과 다른 세균이 서식하는 것을 막을 수 있다. (ASHRAE에서 지정한 'ASHRAE 표준 188'에 따르면 사람이 거주하는 모든 상업용 건물, 기관, 공동주택, 산업 시설물은 레지오넬라균 위험 관리 계획을 마련해야 한다. 만약 당신의 건물도 여기에 속하지만 아직 위험 관리 계획이 없다면 당장 만들어야 한다).[15]

물의 온도와 물 고임 현상을 통제하는 이유는 간단하다. 세균은 오랫동안 고여 있는 미지근한 물에서 잘 자라기 때문이다. 시의 상수도사업본부는 처리 시설에서 물을 처리할 때 정수장에서 건물로 이동하는 동안 물속에서 세균이 서식하지 않도록 염소 같은 잔류 소독약을 첨가한다. 이는 바람직한 일이긴 하지만 그 소독약의 효과는 물의 pH에 달려있다는 점을 알아둘 필요가 있다. (약간 전문적인 내용이지만 계속 읽어나가길 바란다.) 그림 6.3이 소위 '염소 해리 곡선'이다. 염소는 물에 차아염소산HOCL과 차아염소산염 이온 OCL^-으로 존재한다. 각각의 상대적인 양은 pH에 따라 다르다. 낮은 pH(산성)에서는 거의 전적으로 HOCL이고 높은 pH(알칼리성 혹은 염기성)에서는 모두 OCL^-이다.

이것이 왜 중요할까? 둘 중 하나인 HOCL이 세균을 죽이는 데 훨씬 더 효과적이라는 사실이 밝혀졌다. 일반적으로 물이 pH7(중성)인 건물에는 효과가 좋다. 그림을 보면 pH가 정확히 7이면 염소의 80퍼센트가 살균성이 강한 HOCL로 존재한다. 그러나 물이 pH8 이상의 알칼리성으로 바뀌면 큰 문제가 발생한다. HOCL보다 느리

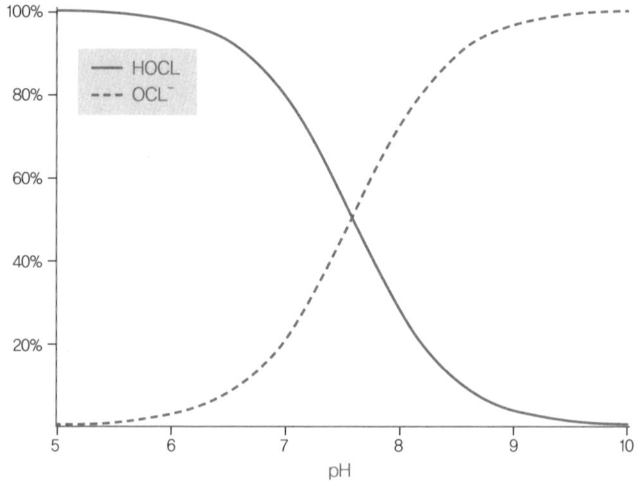

그림 6.3 pH에 따른 염소 해리 곡선

게 반응하고 80~100퍼센트 덜 효과적인 OCL^-로 균형이 이동하기 때문이다.

이것이 문제가 되는 이유는 때로 시설팀이 염소의 양만 측정하고 추적하기 때문이다('없음' 아니면 '전체'로 측정하는 것이다). 물을 검사하여 목표한 염소 수치가 나오면 몇몇 건물 관리자는 아무 문제가 없다고 생각한다. 하지만 염소 해리 곡선을 보면 알 수 있듯이, 염소 농도는 물의 pH를 알지 못하면 큰 의미가 없다(이것은 복잡한 과학이 아니다. 여름에 수영장에서 안전 요원으로 일한 적이 있는 대학생에게 물어봐도 알 것이다. 그들은 매일 수영장 물을 검사하고, 항상 염소와 pH를 모두 확인한다).

납 제거하기

이제 건물 내에서 발생할 수 있는 또 다른 수질 오염물질인 납을 살펴보자(납도 pH의 영향을 받는다). 우리는 납으로 장식된 항아리와 수로가 만성적인 납 집단 중독을 유발했던 로마 시대부터 말 그대로 수천 년간 납의 독성 효과를 알고 있었다. 1970년대와 80년대에 들어서는 어린이가 낮은 수준의 납에 노출되는 것이 IQ와 지능 발달에 영향을 준다는 사실이 밝혀졌다. 이 사건의 범인은 가정에서 사용하는 납 성분이 함유된 페인트와 가연가솔린이었다.

가장 최근에는 미시간주 플린트에서 일어난 비극으로 인해 납이 또다시 뉴스에 등장했다. 식수에서 높은 수치의 납이 검출되었는데 덮고 넘어간 사건이었다. 미국에서는 '납과 구리에 관한 법률Lead and Copper Rule'에 따라 식수는 반드시 납 검사를 해야 한다. 간단히 설명하면 이 법률에 따라 가정에서 물 표본을 채취한 후 90번째 백

분위수 농도를 계산하여 15피피비ppb, parts per billion의 한도를 초과하는지 비교한다. 플린트에서는 미시간주 환경보건부 공무원들이 데이터 세트에서 높은 수치의 표본 두 개를 배제해 90번째 백분위수 농도가 조치가 필요한 제한 수치를 넘지 않도록 만들었다. 만약 두 개의 표본을 분석에 포함했다면 규정보다 높은 수치의 납이 검출되어 곧바로 조치를 했을 것이다. 그러면 사람들의 지속적인 납 중독은 막을 수 있었다.

불행히도 플린트 사건은 빙산의 일각에 불과하다. 미국뿐 아니라 전 세계적으로 많은 지역이 수돗물 납 중독 위험에 노출되어 있다. 우리가 사는 보스턴에서도 2017년 기준으로 전체 학교의 3분의 2에서 높은 수치의 납이 검출되어 분수식 식수대를 폐쇄했다.[16] 지역 상수도사업본부에서 공급하는 물에서 나오지 않더라도 배관 설비 접합제에 사용된 납이 검출될 수 있다. 1986년에 법이 통과하고 1996년에 개정된 후 미국에서 납을 사용한 상수도 배관 자재를 사용하는 것은 불법이지만 학교와 주택을 포함한 많은 오래된 건물의 경우 여전히 배관에 납이 남아 있다.

여기서 pH가 작용하여 낮은 pH의 산성화된 물에 납이 침출될 수 있다. 이런 식으로 납 성분이 없는 물이 건물에 들어오더라도 수도꼭지에 도달할 때는 오염될 수 있다.[17] pH가 너무 낮으면 침출과 부식의 위험이 따르고, 너무 높으면 물에 남아 있는 염소의 살균 성질이 사라지게 된다. 온열 건강성과 마찬가지로 납 중독과 관련해서도 이상적인 수치가 있는데, 거기에 도달했는지 알 수 있는 유일한 방법은 지속적으로 수치를 측정하고 검열하는 것이다.

권장 사항

- 매년 건물에서 사용하는 수돗물의 수질 검사를 하고 식용수 기준에 부합하는지 확인한다.
- 수온, 염소나 클로라민 등의 잔류 소독약, pH를 정기적으로 점검한다.
- 냉각탑의 레지오넬라균 농도를 분기별로 측정하여 조치가 효과가 있는지 확인한다.
- 필요한 경우 건물이나 가정에서 물을 걸러 마신다.

기본 토대 5: 습기

건물 설계와 운영 과정에서 최우선 과제 중 하나는 습기 관리다. 건물에 관한 문제 중 물에 의한 피해보다 더 큰 문제는 없을 것이다. (이것은 전적으로 사실이 아닐 수 있다. 존이 지적한 바와 같이 화재와 붕괴가 더 큰 문제지만, 그런 피해는 드문 데 반해 물 피해는 잦다.) 물과 습기를 조절하는 작업은 옥상 배수 시설에서 외벽, 지하실 내부, 공기 조절기, 수도관 위치에 이르기까지 건물 설계와 시공의 모든 과정과 관련이 있다(전통적으로 세탁기와 건조기가 건물 지하실에 있는 데는 그럴 만한 이유가 있다).

심각한 물 피해를 복구하는 데는 매우 큰 비용이 들 수 있다. 벽, 바닥, 기타 훼손된 재료를 뜯어내고, 바로잡고, 교체하는 비용뿐 아니라 업무 중단에서 오는 손해도 상당하다. 조가 조사를 담당한 어느 병원의 경우 금요일에 배수관에서 누수가 발생했는데 직원들이 출근한 월요일 아침에서야 그 사실을 발견했다. 그 병원은 복구, 청소, 해체, 재건축을 위해 16일간 건물을 폐쇄해야 했는데 이로 인해 막대한 손실이 발생했다. 여기서 경제성을 고려하는 한 가지 방법은 단순한 수익률을 계산해보는 것이다. 대략 1년 영업일 기준 240일 중 건물이 폐쇄된 16일간 연매출의 약 7퍼센트를 잃었다. 연 매출 2천만 달러 규모의 이 병원은 청소와 보수 비용을 제외하고 매출 손실만 약 130만 달러에 달했다.

물과 관련된 사고뿐 아니라 날씨와 관련된 사고도 있는데 이에 대해서는 10장에서 살펴볼 것이다. 건물에서는 대개 날씨보다 물 문제를 훨씬 더 조심해야 한다. 물이 조금씩 새거나 얼어붙는 경우 피해를 눈으로 확인하기 어렵기 때문이다. 이런 미묘한 사고는 대부분 눈에 잘 띄지 않지만 변색된 천장 타일과 같이 물 피해의 숨길 수 없는 흔적이 있다. 그것은 당신이 들어가는 모든 건물에서 찾을 수 있는 흔적 중 하나다. "천장 타일에 얼룩이 있는가?" 이것은 현재 혹은 과거에 해결하지 않은 누수 문제의 전형적인 증거다. 천장 주변의 벽에 페인트가 축축해 보이는 곳을 찾거나, 퀴퀴한 냄새가 나는지 냄새를 맡아보는 것도 좋다(물 문제는 주택 거래에서 나오는 가장 일반적인 질문 중 하나다. 주택 검사를 하는 동안 조사관이 지하실에서 물 피해의 흔적을 찾고 그에 관해 물어볼 것이다).

곰팡이가 미치는 영향

우리가 해결하지 않은 누수나 습기 문제를 신경 쓰는 이유는 곰팡이가 생길 수 있기 때문이다. 곰팡이가 생기려면 수분, 온도, 영양분의 세 가지 조건이 충족되어야 하는데 건물에는 세 가지가 모두 있다. 충분한 물이 있고, 곰팡이가 좋아하는 온도가 유지되며, 벽면과 카펫 표면의 유기물이 영양분을 공급한다.

곰팡이는 두 가지 이유로 건강에 문제가 된다. 알레르기 반응을 일으킬 수 있고, 자극성 물질이 될 수 있다. 알레르기 유발 물질로서 곰팡이는 천식 유발제이자 촉진제인 것으로 밝혀졌다. 기침이나 쌕쌕거림 같은 호흡기 증상을 일으킬 수 있다. 자극성 물질로서 곰팡이는 우리의 눈, 코, 목의 점막에 영향을 줄 수 있고, 어떤 사람들은 곰팡이에 노출된 후 두통을 경험하기도 한다.

무엇보다도 곰팡이는 불쾌하다. 벽 모서리나 천장 타일에 곰팡이가 자라는 사무실에서 일하고 싶은 사람은 아무도 없다. 퀴퀴하거나 눅눅하거나 특유의 자극적인 곰팡내가 나는 공간에 있고 싶은 사람도 없다. 극단적인 경우 곰팡이가 주택 구조물로 사용된 목재 같은 기초 자재를 부식시켜 막대한 손상을 일으킬 수 있다.

권장 사항

- 예방하기: 지붕 방수판부터 기초 방수까지 건물의 뼈대를 제대로 설계하여 물이 새는 것을 방지한다. 정기적으로 실내 배관, 냉난방 장치, 공기 조절 장치를 점검하여 누수 혹은 고인 물의 흔적을 찾아본다.
- 감지하기: 내부 혹은 외부 원천에서 비롯된 물 피해의 흔적이 있는지 세심하게 살핀다. 자신의 후각에 의지한다. 배관 장치가 있는 영역의 누수를 감지하기 위해 바닥에 감지기를 설치하는 것도 좋다.
- 수리하기: 누수나 습기 문제는 최대한 빨리 해결해야 한다. 이런 문제는 시간이 지날수록 해결하는 데 더 큰 비용이 들기 때문이다.

- 청소하기: 만약 구멍이 많은 다공성 물질이 물에 젖었다면 빨리 건조해야 한다. 그런 다음 젖은 다공성 물질과 접촉한 비다공성 물질을 청소한다.

기본 토대 6: 먼지와 해충

당신이 지금 당장 관심을 가질 만한 이야기를 들려주겠다.

> 집먼지진드기는 사람과 동물의 피부 세포를 먹고 사는 미세한 해충으로 일반적으로 침구, 매트리스, 가구 덮개 등에 숨어있다. 집먼지진드기는 물어뜯거나 찌르지 않지만 그들의 배설물과 신체 일부는 인간의 건강에 심각한 영향을 줄 수 있는 해로운 알레르기 유발 항원을 생성한다. 진드기는 천식, 알레르기성 비염(꽃가루 알레르기) 같은 면역 반응, 콧물이나 눈물 같은 가벼운 증상에서 천식 발작 같은 심각한 반응에 이르는 다양한 알레르기 반응과 관련이 있다. 천식 아동의 경우 집먼지진드기 알레르기 유발 항원 민감도 비율이 48~63퍼센트에 이르며, 이런 항원에 자주 노출되면 병원에 입원해야 할 수 있다.[18]

공포 영화에 나올 법한 이야기다. 거의 모든 침대에서 발견되는 미세한 해충이 사람의 각질을 먹고 그 배설물이 알레르기 반응을 일으킨다니 끔찍하다. 집먼지진드기는 먼지에서 발견되는 것들 중 시작에 불과하다. 우리는 바퀴벌레, 쥐, 고양이, 개에서도 알레르기 유발 항원을 발견했다. 이런 알레르기 유발 물질 중 일부는 주로 침과 비듬(개, 고양이)에서 발생하고 일부는 소변(쥐), 일부는 타액이나 배설물, 신체 일부(바퀴벌레)에서 발생한다. 이런 알레르기 유발 물질은 눈과 피부 가려움증, 기침, 재채기를 유발할 수 있으며 숨이 가쁜 것이나 호흡 곤란의 원인이 될 수 있다.

당신의 사무실이나 집은 깨끗하다고 생각하거나, 이것이 당신에겐 영향을 주지 않는다고 생각하는가? 아니면 당신의 회사는 사람들이 개를 직장에 데리고 오는 실리콘밸리 회사가 아니므로 아무 문제가 없다고 생각할 수 있다. 만약 이런 생각을 하고 있다면 당신이 깨달음을 얻도록 도와줄 몇 가지 연구들이 있다.

공공장소 중 어디에 개의 알레르기 유발 항원이 있는지 살펴본 한 연구 결과 학교, 술집, 영화관과 같이 개를 쉽게 찾아볼 수 없는 장소에 있다는 사실이 밝혀졌다. 고양이는 어떨까? 고양이 알레르기 유발 항원은 매우 '끈적끈적'하므로 더 심각했다. 사무실, 학교, 비행기 등 고양이가 있을 가능성이 희박한 장소를 포함하여 말 그대로 거의 모든 곳에서 발견되었다. 사람들은 이런 알레르기 유발 항원을 옷에 묻혀서 여기저기 돌아다니며 그중 일부를 흩뿌린다. 공중보건학 용어로 인간의 옷은 병독을 매개하는 곤충과 같으며 먼지 입자와 화학물질에 노출되도록 만드는 매개체 역할을 한다.[19]

화학물질 저장고인 먼지

먼지 속에는 생물학적 알레르기 유발 물질만 있는 것이 아니다. 먼지는 납 성분이 함유된 페인트, 소비재, 건축 자재, 가구 등에서 나오는 납을 옮긴다. 그것은 우리가 밖에서 신발에 묻혀오는 모든 오염물질의 저장고이기도 하다. 공중보건의 관점에서 우리가 할 수 있는 가장 효과적인 일 중 하나는 현관에서 신발을 벗고 들어가고 사무실에 신발을 터는 발 매트를 두는 것이다.

이런 잠재적 알레르기 유발 물질과 화학적 위험 요소가 혼합된 먼지 때문에 다이슨 같은 회사는 자사를 엔지니어링 기업으로 마케팅하고 있지만 (우리가 보기에) 사실은 건강관리 기업인 것이다. 이들은 진공청소기와 공기 청정기 등 집 안의 먼지(공기)를 청소하는 데 도움이 되는 제품군을 만든다.

우리가 이 회사가 엔지니어링 기업이 아닌 건강관리 기업으로 마케팅해야 한다고 생각하는 이유는 따로 있다. 몇백 달러짜리 진공청소기를 아이들이 바닥에 흘린 시리얼을 청소하는 도구로 생각한다면 지나치게 비싸게 느껴질 수 있다. 그러나 진공청소기를 먼지 속 화학물질과 알레르기 유발 물질로부터 당신과 아이들을 보호하기 위한 도구로 생각한다면 진공청소기가 저렴하게 느껴질 것이다.

그렇다. 섹시한 진공청소기에 몇백 달러를 선뜻 쓰는 사람은 많지 않지만 당신의 집과 사무실을 건강하게 만드는 청소기에는 그 정도의 돈을 써야 한다. 조는 다이슨과 협력하여 그들이 스스로를 가장 먼저 건강관리 기업으로 여기고 다음으로 엔지니어링 기업이라고 생각하도록 만들었다.

먼지는 어떻게 우리 몸에 들어갈까

우리가 먼지 속의 알레르기 유발 물질이나 화학물질에 노출되는 이유는 그것이 공기를 통해, 피부를 통해, 혹은 부수적인 섭취를 통해 우리 몸속으로 들어오기 때문이다. 우리는 바닥의 먼지를 휘저어 공기 중에 떠오를 때 그것을 흡입할 수 있다(앞서 언급한 『피너츠』의 피그펜 효과를 떠올려보자). 먼지 일부가 피부에 닿아 그 안에 있는 화학물질이 우리 몸속으로 스며들 수도 있고 우리가 직접 먼지를 먹기도 한다. 물론 일부러 먹지는 않지만 결과적으로는 그렇다.

성인은 매일 약 45밀리그램mg의 집먼지를 흡입하는 것으로 밝혀졌으며 최대 100밀리그램을 흡입하는 경우도 있다.[20] 성인의 소금 하루 권장량이 2천 밀리그램이므로 질량 기준으로 소금 하루 권장량의 2~5퍼센트에 해당하는 먼지를 섭취하는 것이다. 소금은 음식이나 음료수를 통해 의도적으로 섭취하지만 집먼지는 도대체 어떻게 우리 몸으로 들어가는 걸까? 우리가 일상적인 활동을 하는 동안 손에 먼지가 묻기 시작한다. 그 손으로 입술을 만지거나 샌드위치 혹은 간식을 먹을 때 먼지가 입으로 들어간다. 다행히도 먼지에 대한 노출 대부분은 사무실 환경과 가정에서 통제할 수 있다.[21]

권장 사항

- 손을 자주 씻는다(건물과 관련된 권장 사항은 아니지만 공중보건의 기본이기 때문에 언젠가 한 번은 이야기해야 했다).
- 헤파 필터가 장착된 진공청소기로 바닥을 자주 청소한다(헤파 진공청소기인지 꼭 확인해야 한다. 그렇지 않으면 커다란 먼지덩어리를 빨아들여 수백만 개의 작은 입자로 조각낸 다음 집이나 사무실 여기저기에 흩뿌릴 수 있다).
- 헤파 진공청소기로 청소할 때는 바닥 이외의 다른 표면도 주기적으로 청소하여 먼지와 알레르기 유발 물질이 쌓이지 않도록 관리해야 한다. 다른 표면이 책상만 의미하는 것은 아니다. 벽, 액자, 몰

딩, 칸막이, 문을 포함한 모든 표면을 의미하며, 이런 표면에는 먼지가 얇게 쌓여 있다(사람들은 움직이면서 자욱한 먼지를 일으키고 다니는데 그 입자들이 바닥뿐 아니라 다른 곳에도 내려앉는다).

- 동물 알레르기 유발 물질의 근원을 통제하기 위해 통합적인 해충 관리 계획을 세워 실천하면 집이나 사무실에 유해한 살충제와 쥐약을 사용하지 않고서도 해충 감염을 효과적으로 차단할 수 있다.

기본 토대 7: 음향과 소음

소음을 둘러싼 노출과 건강 문제는 전통적으로 소음으로 인한 청력 상실에 초점을 맞추었다. 사실 직업 건강 기준은 청력 상실을 예방하고 평가하기 위해 특별히 고안되었다. 청력 상실과 보호 외에도 음향과 소음에 관해 더 많은 이야기가 있지만, 우리가 말하는 소음에 대한 근거가 되고 허용 가능한 상한선을 제공하는 데 도움이 되기 때문에 직업 건강 기준에서부터 논의를 시작하려 한다.

미국에서는 산업안전보건청이 소음 기준을 8시간 동안 90dBA로 규정하고 있다. 'dBA'는 A가중데시벨을 의미하며 데시벨dB은 소리의 강도를 측정하는 단위다. A가중은 사람의 귀에 들리는 소음에 가장 근접하게 설계된 측정 체계를 의미한다. 미국정부산업위생전문가협의회ACGIH, American Conference of Governmental Industrial Hygienists 같은 국제적으로 널리 알려진 다른 근로자 건강 관련 기관들은 이보다 보수적으로 85A가중데시벨까지 허용한다. 또한 130A가중데시벨이 상한선인데, 근로자는 1초라도 이 수준의 소리에 노출되어

서는 안 된다는 의미다.[22]

소음 기준과 노출 한계의 관점에서 살펴보면 도서관은 약 40A가중데시벨이고, 일반적인 대화는 보통 60A가중데시벨이며, 강풍낙엽청소기는 작업자의 귀에 95A가중데시벨 범위로 들린다. 이륙하는 비행기는 1마일 이상 떨어진 곳에서 90A가중데시벨를 초과할 수 있으며, 총소리는 140A가중데시벨 이상을 기록할 수 있다. 중요한 것은 A가중데시벨이 로그자로 측정된다는 사실이다. 2019년 《뉴요커》에 게재된 「소음 공해는 새로운 공중보건 위기인가?」라는 기사는 로그자의 효과는 100A가중데시벨 소음이 50A가중데시벨 소음보다 2배가 아니라 10만 배 강하다는 의미라고 지적했다.[23]

따라서 ACGIH 소음 기준이 적용되는 근로자의 경우 허용 가능한 노출 시간은 3A가중데시벨이 올라갈 때마다 절반으로 줄어든다. 일일 평균 소음도가 88A가중데시벨이면 근로자는 85A가중데시벨에서 8시간이 아니라 4시간 이상 노출되어서는 안 된다. 마찬가지로 소음 수준을 82A가중데시벨로 낮춘다면 허용 가능한 노출 시간은 16시간으로 늘어난다. 이를 '환율exchange rate' 혹은 '등에너지법칙equal-energy rule'이라 한다.

흥미롭게도 근로계약서의 작은 글씨들을 읽어보면 근로자의 소음 노출 허용 한계를 계산할 때 80A가중데시벨 이하 소음 노출은 일일 허용 한도에 포함되지 않는다는 사실을 알 수 있다. 허용 가능한 수치를 제한하는 목적은 청력 상실을 막는 것인데, 80A가중데시벨 이하 소음이 장기적인 청력 상실로 이어진다는 증거가 거의 없기 때문이다.

청력 상실 외에 소음이 주는 영향

비행기, 건설 현장 등 소음 수치가 80A가중데시벨 임곗값에 도달하는 많은 작업 환경이 있지만 사무실, 가정, 학교에서는 일정 시간 동안 이 정도 수치에 달하는 소음이 발생하는 경우가 드물다(최소한 흔하지 않아야 한다). 근로자 소음 노출 허용 한계는 우리에게 걱정할 필요 없다고 하지만, 규제의 초점이 소음으로 인한 청력 상실에 맞추어져 있기 때문에 안심할 수 없는 상황이다. 실제로는 소음과 음향은 80A가중데시벨 미만인 수준에서 중요한 의미를 갖는다.

학생들의 시험 성적에 관한 연구들은 소음이 우리의 성과에 어떤 영향을 줄 수 있는지 보여주는 매우 설득력 있는 증거를 제공한다. 예를 들어 프랑스의 초등학생 500명을 대상으로 한 연구에서 평균 소음 수준인 약 50A가중데시벨에서 소음 수준이 10A가중데시벨 올라갈 때마다 표준화된 시험 점수가 5.5점씩 내려가는 것으로 나타났다.[24]

그렇다면 소음이 시험 성적에 영향을 주는 원리는 무엇인가? 여기에는 논의할 만한 몇 가지 요소가 있다. 첫 번째는 교사가 말할 때 들리는 배경 소음이 있다. 현재 규정은 이 배경 소음이 35A가중데시벨 이하이어야 한다고 명시되어 있다.

두 번째는 교사가 말하는 소리인데, 배경 소음보다 15A가중데시벨 높아야 한다(신호 대비 잡음비가 +15A가중데시벨이 되어야 한다).

세 번째는 학생과 교사 사이의 거리다. 3피트(약 0.9미터) 떨어진 곳에서 측정할 때 65A가중데시벨로 말하는 교사의 목소리가 24피트(약 7.3미터) 떨어진 교실 뒤에서 측정하면 47A가중데시벨이 된다(역제곱법칙에 따라 거리가 2배로 멀어질 때마다 소음 수준은 6A가중데시벨 감소한다). 이 경우 교실 앞에 앉은 학생은 교사의 목소리가 배경 소음보다 15A가중데시벨 높기 때문에 잘 들리지만, 교실 뒤에 앉은 학생은 신호 대비 잡음비에 미치지 못해 잘 들리지 않는다.

네 번째는 반사율과 잔향의 문제다. 교사가 말하는 직접적인 목소리뿐만 아니라 실내 표면에 반사된 소리도 시간차를 두고 학생의 귀에 도달하는데 잔향 시간이 너무 길면 말소리가 잘 들리지 않을 수 있다. 콘서트홀 같은 장소에서는 약간의 잔향이 필요하지만 사무실이나 학교 같은 환경에서는 잔향을 최대한 낮추는 것이 좋다.

소음 노출과 관련된 가장 흥미로운 발견은 소음 관련 건강 문제가 청력 상실과 학습 장애를 뛰어넘는다는 연구 결과일 것이다. 부정적인 소음 노출은 수면 장애와 관련 있으며(전혀 놀랍지 않은 사실이다) 아드레날린과 노르아드레날린 수치 증가를 포함하여 혈압과 스트레스 반응에 영향을 줄 수 있다.

가장 놀라운 것은 소음과 심혈관 건강 사이 연관성을 보여주는 최근의 연구 결과다. 공항 주변 집들을 대상으로 한 연구에서 연구자들은 항공기 소음이 심한 지역에 사는 사람들의 경우 소음이 10데시벨 올라갈 때마다 심혈관 질환으로 병원에 입원하는 비율이 3.5퍼센트 증가한다는 사실을 발견했다.[25] 고도 노출 그룹은 소음으로 인한 청력 상실 진단에 적용되는 기준인 80A가중데시벨보다 한계 수치가 훨씬 낮았다.

권장 사항

다른 많은 것들과 마찬가지로 소음 문제도 여러 가지 요소가 복합적으로 작용한다. 즉 위치, 설비 체계 작동음, 창문과 벽 설계, 내부 자재의 음향 특성 등에 영향을 받는다. 이것은 건물의 종류와 사용 목적과도 연관이 있다. 학교 도서관은 급식실보다 조용해야 하듯이 회의실은 당연히 사무실 주방 공간보다 조용해야 한다. 이런 이유로 소음과 관련해 광범위한 권장 사항을 제안하는 것은 까다로운 작업이지만 모두에게 적용할 수 있는 몇 가지를 공유하려 한다.

- 건물의 다양한 공간에 '소음 구역'을 정하고 사용 용도와 사용자에 따라 허용 가능한 소음 수준을 다르게 적용한다.
- 벽, 문, 창문에 초점을 맞추어 이런 구역을 가로지르는 소음 전달과 외부로부터의 소음 침투를 최소화한다(소음 구역을 명확하게 구분하지 않으면 애초에 지정한 의미가 없다).
- 소리를 흡수하고 잔향을 최소화하는 건축 자재를 사용한다.
- 엔지니어링 솔루션을 통해 소음을 적절히 제어할 수 없을 경우 외부 소음 제거 혹은 차폐 소음 기술 적용을 고려한다.
- 직원들에게 고도의 집중이 필요한 작업을 위한 조용한 공간과 사적인 대화나 전화 통화를 위한 방음 시설을 갖춘 공간을 제공한다.

기본 토대 8: 조명과 전망

에어컨의 발명으로 우리가 일하는 장소가 영원히 바뀌었다면 전등의 발명으로 우리가 일하는 시간이 영원히 바뀌었다. 토머스 에디슨이 전구를 발명한 이후 지금까지 150년을 제외하면 빛과 인간의 관계는 지구가 남극과 북극을 연결하는 축을 중심으로 자전하면서 생긴 자연적인 낮과 밤의 주기에 따라 좌우되었다. 우리의 몸은 이런 천체의 일상적인 리듬에 맞추어 진화해왔다.

인간과 다른 많은 유기체에서 관찰되는 약 24시간 주기는 우리가 생체 리듬이라고 부르는 것이다. 이것은 대개 빛의 미세한 비시각적 효과의 통제를 받는데, 이 빛이 우리의 뇌와 몸이 낮과 밤 주기에 따라 활동하게 해준다. 모든 것이 생체 리듬과 일치할 때(즉 적절한 양만큼, 적절한 스펙트럼으로, 적절한 시간에 빛을 본다면) 우리는 수면의 질, 정신건강, 성과에 긍정적인 영향을 받고 그렇지 않으면 부정적인 영향을 받는다.

연구 결과에 따르면 생체 리듬이 완전히 무너진 교대 근무자는 경각심이 느슨하고 업무 수행 능력이 떨어지며 사고를 일으킬 가능성이 큰 것으로 나타났다.[26] 어쩌면 이것은 너무도 당연한 이야기라고 할 수 있다. 야간 교대 근무를 하면 피곤하고 집중력이 떨어져 실수가 잦아지고 발을 헛디디거나 넘어지게 된다. 이것이 그다지 놀랄 일이 아니라면 다음과 같은 결과는 그렇지 않을 수 있다. 교대 근무자는 만성 질환이나 암 발병률이 더 높은 것으로 밝혀졌다. 실제로 교대 근무는 유력한 발암 요인으로 간주되고 있다.[27]

빛의 스펙트럼

오늘날 우리 대부분은 빛과 생체 리듬에 대해 깊이 생각하지 않고 빛을 더 실용적인 쪽으로 생각한다. "나는 책을 읽고, 일을 하고, 저녁을 만들고, 걸어다닐 때 넘어지지 않기 위해 빛이 필요해." 모든 빛이 같은 방식으로 만들어진다는 '빛은 빛이다'라는 낡은 사고방식은 점점 바뀌고 있다. 놀랄 것도 없이 이 새로운 시대는 새로운 연구와 기술이 이끌어가고 있다.

연구 영역에서 우리는 모든 빛의 강도, 스펙트럼 혹은 색깔, 타이밍이 인간에게 영향을 준다는 사실을 알고 있다. 빛의 강도 혹은 조도는 모두에게 익숙한 개념이다. 이것은 단순히 우리의 작업 공간이나 집에서 사용되는 빛의 밝기를 나타낸다. 더 전문적으로 말하면 특정 표면에 닿는 조도의 양을 럭스 단위로 측정한 것이다.

빛의 스펙트럼이 인간에게 영향을 주는 방법은 우리에게 새로운 정보다. 빛의 스펙트럼은 빛의 색깔을 의미하며 일반적으로 제조업체에서 '온도'(켈빈 혹은 K)의 단일 측정값으로 나타낸다. 따뜻한 빛은 3천500켈빈 범위에 있고 차가운 백색광은 4천 켈빈 범위, 청색이 풍부한 빛은 6천500켈빈 범위에 있다.

이것이 우리에게 어떤 영향을 주는지 이해하려면 낮 동안 태양은 푸른빛이 돌고(6천500켈빈), 일출 직후와 일몰 직전에는 2천 켈빈 정도라는 사실을 고려해야 한다. (사진에 익숙한 사람들은 일출 직후나 일몰 직전이 '황금 시간'이라는 말을 들어봤을 것이다. 이것은 태양의 따뜻한 색감이 사진을 더 잘 나오게 하고 그림자가 덜 생기는 시간대를 의미한다.)

연구 결과는 당신이 생각하는 것과 비슷할 것이다. 통제된 환경에 있는 학생들을 대상으로 한 연구에 따르면, 청색이 풍부한 빛에 노출되었을 때 더 높은 수준의 각성도와 집중력을 경험하고, 더 빠른 인지 처리 속도를 보이며 시험에서 더 높은 성적을 받는 것으로 나타났다.[28] 사무직 근로자들도 기분과 집중력이 향상되는 등 비슷한 결과를 보였다.[29] 청색이 풍부한 빛이 자극제 역할(각성 효과)을 하고 생체 리듬을 깨우는 신호(생체 리듬 효과)로 작용하여 이런 효과를 가져온다. 이런 이유로 밤에 침대에서 푸른빛을 뿜어내는 휴대전화를 사용하지 말라고 하는 것이다. 우리의 몸이 긴장을 풀고 잠들려 하는 바로 그 순간에 휴대전화는 끊임없이 흥미로운 콘텐츠를 제공할 뿐만 아니라 빛 자체가 자극제 역할을 한다.

새로운 조명 기술은 이런 유형의 연구를 가능하게 하고 건물에 적용할 수 있는 해결책으로 시장에 등장하고 있다. 이제 우리는 전등 온도를 조절할 수 있다. 이것은 우리가 자연 세계를 모방하여 아침과 저녁에는 따뜻하고 저온의 빛을 발산하고 정오에는 청색이 풍부한 고온의 빛을 발산할 수 있다는 의미다. 이것은 우리가 건물을 설계하는 방식도 바꾸고 있다. 전통적으로 우리는 조도를 럭스 단위로 측정해 인간 눈의 명순응 반응을 포착했지만, 이제는 흑색광을 럭스 단위로 측정해 각성도와 생체 리듬 조절에 영향을 주는 모든 조명 요인을 포착할 수 있다.

전망과 바이오필릭 디자인

조명 기술의 발달은 빛에 관한 연구와 마찬가지로 수천 년에 걸쳐 형성된 우리의 생명 활동에 새겨진 역사적 기억이 지금 우리에게 영향을 주고 있다는 사실을 연구하는 분야인 바이오필릭 디자인biophilic design으로 이어진다.

하버드대학의 생물학자 에드워드 윌슨의 이론은 유전자에 새겨진 자연에 대한 본능적인 애정이 여전히 우리를 크게 지배하고 있다고 말한다.[30] 그의 책 『바이오필리아*Biophilia*』에서 윌슨은 인간이 진화해온 환경이 현재 우리가 살아가는 환경과 매우 다르다고 주장한다. 우리는 아프리카 대초원의 드넓은 광야에서 자연과 친밀한 관계를 맺고 나무 아래 쉼터에서 보호를 받으며 진화했다. 문제는 우리의 생물학적 규칙의 많은 부분이 야외에서 생활하던 때 새겨졌다는 것이다. 현대사회에서 우리는 스스로 자연 세계와 단절한 채 살아가지만 수천 년에 걸쳐 새겨진 우리의 유전자는 여전히 자연과의 관계를 갈구한다.

지나치게 자연과 담을 쌓고 지낸 덕분에 우리는 최근 예방 건강을 위해 자연을 일정량 '복용'하는 행위에 의지하기 시작했다. 일본에서는 산림욕을 하면서 원기를 회복하기 위해 일부러 숲을 찾아간다. 미국에서는 애팔래치아마운틴클럽AMC이 '아웃도어 Rx'라는 프로그램을 운영한다. 이 프로그램은 보스턴의 건강관리 커뮤니티와 협력하여 취약 지역에 사는 13세 미만 어린이에게 자연 '처방전'을 제공한다(존의 가족은 오랫동안 AMC를 후원해왔으며 존은 이 커뮤니티의 이사회에서 활동했다). 미국 국립공원관리청도 건강한 공원, 건강한 사람 프로그램의 하나로 '공원 Rx'라는 프로그램을 운영하고 있다. 이 프로그램은 사람들이 공원과 자연을 방문하여 자연 세계와 다시 접촉할 수 있는 처방전을 제공한다.

윌슨의 바이오필리아 가설은 곧 이 이론을 실내에 적용하기 위한 노력인 바이오필릭 디자인으로 이어졌다. 바이오필릭 디자인은 자연을 실내 생활에 도입하여 우리의 유전자 구조와 현대사회의 현실 사이 격차를 해소하려는 시도다. 하지만 불행히도 이 분야는 이론은 풍부하지만 아직까지 실체는 부족한 실정이다. 다른 학문 분야와 비교할 때 윌슨의 책이 출간된 1984년 이래 바이오필릭 디자인이 인간 활동에 주는 영향을 평가하기 위한 연구는 많지 않았다.

한정된 연구 중에서 전문가들 사이에서 가장 많이 논의되는 것은 병원 같은 층에 있는 환자를 대상으로 실시한 연구일 것이다. 환자의 절반은 창문 너머로 벽이 보이고 나머지 절반은 창밖으로 자연 경관이 보이는 병실에 머물렀다.[31] 의사, 간호사, 치료, 약 등 다른 모든 조건은 같았고 좋은 방과 나쁜 방의 배치는 무작위로 결정되었다. 실험 결과는 놀라웠다. 창밖으로 자연을 볼 수 있는 방에 배치된 환자는 약을 덜 복용하고 회복 속도도 더 빨랐다. 이것은 진정한 블록버스터급 연구였다.

그러나 이 연구가 1980년대 중반에 발표된 이후 더 이상 비슷한 연구가 진행되지 않았고 이를 재현하려는 시도도 없었다. 그 이유에 대해 우리는 마땅히 의구심을 가져야 한다. 다행히도 증강현실, 가상현실, 시선 추적, 웨어러블 센서 같은 새로운 도구 덕분에 이 영역을 더 깊이 파고들 수 있게 되었다. 조의 건강한 건물 팀은 바이오필릭 사무실 환경 구현BIO, Biophilic Interventions in Offices 프로그램의 하나로 일련의 연구를 통해 이것을 실천하고 있다. 전 박사과정 학생 지에 인이 이끄는 그의 팀 첫 번째 하버드대학 실험에서 바이오필릭 환경에 잠깐이라도 노출되는 것이 혈압과 심박동수를 낮추며 인체 생리학에 직접적인 영향을 주고, 단기 기억력 검사에서도 더 나은 성과를 거둔다는 사실을 발견했다.[32]

두 번째 실험에서 연구자들은 새로운 요소를 추가하여 가상의 바이오필릭 환경을 조성하고 창의성을 검사했다. 그 결과 자연이 있는 실내 공간에 머무는 사람들이 일의 능숙도, 융통성, 독창성이라는 세 가지 창의성 영역에서 더 뛰어난 성과를 보였다.[33]

세 번째 실험에서는 바이오필릭으로 디자인된 공간이 스트레스 해소를 돕는 속도를 시험해보았다. 여기서 연구자들은 실험 참가자들에게 수학 시험이라는 잘 알려진 스트레스 요인을 제공하여 불안 상태를 고조시킨 후 바이오필릭으로 디자인된 사무실과 그렇지 않은 사무실에 들어가도록 했다. 이 실험에서 연구자들은 자연에서 영감을 받은 실내 공간에 있는 것만으로 4분 이내 스트레스 반응이 감소한다는 놀라운 결과를 얻었다.[34]

바이오필릭 디자인에 관한 여러 연구는 자연을 실내로 가져와 자연 세계와의 관계를 재정립하는 것이 인간의 건강에 긍정적인 영향을 준다는 사실을 보여주었다. 놀랍게도 첫 번째 연구에서 가상 세계는 실제로 자연을 보았을 때와 같은 반응을 불러일으켰다(가상현실 롤러코스터를 타거나 공포 체험을 해본 적이 있다면 이 기술이 얼마나 강력한 생리적 반응을 일으킬 수 있는지 잘 알 것이다). 한 가지 분명히 밝혀두자면, 우리는 지금 당신에게 공원을 산책하는 대신 가상현실 고글을 쓰라는 것이 아니다. 그러나 병원에 있는 중증환자, 병약자, 도시인처럼 자연으로 나갈 수 없는 많은 사람을 떠올려보자. 가상의 경험으로라도 자연에서 잠시 휴식을 취하는 것이 실내에서 웅크리고 있는 사람들을 다시 생기있게 만들어준다면 그럴 만한 충분한 가치가 있을 것이다.

권장 사항

- 최저 조도 지침을 따르고 빛의 깜박거림을 통제한다.
- 햇빛을 자주 접촉한다.
- 빛 노출의 강도, 스펙트럼, 시간에 초점을 맞춘다.
- 바이오필릭 디자인 요소를 추가하여 실내에 자연을 가져온다.

기본 토대 9: 안전과 보안

에이브러햄 매슬로의 욕구 단계설을 보면 주거지를 찾는 것은 물, 식량과 함께 인간의 가장 기본적인 욕구 중 하나다. 안전한 주거지를 찾는 것은 생리적 최우선 과제로 우리의 DNA에 새겨져 있다. 인간을 포함하여 많은 동물은 '주촉성走觸性'이라고 불리는 고체형에 접촉하려는 특성이 있는 까닭에 열린 공간에서 포식자의 위협으로부터 스스로를 안전하게 지킬 수 있다. 두려움을 느낄 때 우리는 등 뒤의 벽에서 편안함과 상대적 안전감을 느끼는 경향이 있다. (파티나 무도회에서 수줍음이 많은 사람을 의미하는 '월플라워wallflower'나 항상 음식점의 코너 좌석에 앉아 삼면을 보호하는 것을 좋아하는 전형적인 마피아 두목을 떠올려도 좋다.) 우리의 주촉성 반응은 너무 강해서 항불안제 효과를 시험하는 데 활용되기도 한다.

'안전과 보안'이라는 토대는 다소 엉뚱한 것처럼 보일 수 있다. 건강한 건물을 생각할 때 사람들은 '공기질'이나 '수질' 같은 요소는 재빨리 떠올리지만 안전과 보안을 떠올리는 사람은 드물다. 실제로 우리는 사람들이 의아해하는 표정을 여러 번 목격했다. 공중보건학 학회에서 화면에 '기본 토대 9'라는 로고가 뜰 때마다 몇몇 사람이 손을 들어 "안전과 보안이 어째서 건강한 건물의 토대가 되는 건가요?"라고 물었다. 반대로 보안 전문가들과 대화를 나눌 때면 건강이 그들의 일과 어떤 연관이 있는지 궁금해했다.

이 주제가 별나게 느껴지는 이유는 공중보건학자들은 일반적으로 보안에 대해 생각하지 않고, 보안 업계 사람들은 자신들의 일이 건강관리 사업에 속한다는 사실을 전혀 모르기 때문이다. 이제부터 우리는 보안과 건강이 연결되어 있다는 사실을 알려주려 한다.

투쟁 도피 반응

안전과 보안은 우리의 건강에 큰 영향을 준다. 건물은 화재 발생이나 일산화탄소 유출 같은 명백한 위험 요인으로부터 우리를 보호하는 체계를 갖추고 있다. 이른바 건물의 화재안전성능설계라고 하는 이런 기능이 우리의 건강에 주는 영향은 비교적 쉽게 이해할 수 있다.

건물은 또한 입구에 배지를 찬 보안 요원이나 보안 카메라 같은 안전과 보안 기능을 갖추고 있다. 이런 요소들 역시 우리의 건강에 영향을 줄까? 돌발 사태가 발생할 때는 그렇다. 건물에 총을 가진 사람이 난입할 때와 같이 우리의 안전에 직접적인 위협이 생기는 경우 그들을 저지하거나 개입하는 데 이런 장치가 필요하다. 그러나 여기에는 또 다른 힘이 작용한다. 안전감과 편안함은 스트레스 수치와 정신건강에 영향을 주고 만성적인 건강 문제를 피하는 데 도움이 된다. 그런 작용이 어떻게 일어나는지 살펴보자.

> 안전감이 위협받을 때 신체적, 심리적 기능을 변화시키는 일련의 생물학적 '투쟁 도피 반응'이 일어날 수 있다. 안전에 대한 위협을 인지하면 심박동수와 혈압이 올라가고 아드레날린이나 코르티솔 같은 스트레스 유발 호르몬이 대량 분비된다. 사람마다 반응이 다르지만 심리적으로 스트레스를 받으면 5분 이내에 면역성 변화가 일어나면서 면역 기능에 부정적인 영향을 줄 수 있다. 만성적으로 상승한 스트레스 호르몬은 면역력을 억제하고 자기면역질환이나

다른 염증성 질환을 악화시킨다. 혈압이 올라가고 이것이 동맥 손상과 플라크 형성으로 이어져 결국 스트레스를 받는 개인은 고혈압과 심혈관 질환에 걸릴 위험이 더 커진다. 시간이 지날수록 이런 반응은 몸을 손상하고 질병에 걸리기 쉬운 체질로 만든다.[35]

대부분의 건강 이상 징후는 안전하지 않거나 스트레스가 많은 환경에 노출된 사람들의 스트레스 호르몬 상승에 관한 연구에서 찾을 수 있다. 그러나 그런 모든 경우에서 건물의 역할은 무엇인가? 이에 관한 연구는 아직 초기 단계지만 우리는 매우 도발적인 사실을 발견했다. 보안 요원, 거리의 보안 카메라, 튼튼한 잠금장치가 있으면 안전감이 높아져 스트레스가 건강에 주는 영향을 차단할 수 있다.

기업통합보안위험관리

모두가 주목할 만한 중요한 변화가 일어나고 있다. 무엇보다도 보안이 단지 문 앞에 배지를 달고 서 있는 보안 요원을 의미한다는 개념에서 벗어나고 있다. 줄리엣 카이엠 하버드대학 케네디스쿨 교수는 보안 개념과 관련해 물리적 장벽에 대한 강조를 뛰어넘는 중요한 진보를 목격했다.

그는 "보안 강화는 여러 면에서 손쉬운 일이다"라고 털어놓았다. "오늘날 사회적 과제이자 구축된 환경의 사명은 어떻게 보안 흐름을 활성화하느냐에 관한 것이다. 이것은 위험을 최소화하면서도 우리 사회의 핵심 동력인 사람, 제품, 네트워크의 이동을 어떻게 촉진하느냐 하는 것이다. 건물 안팎으로 이동할 수 있도록 기술을 통합하는 것이 21세기 보안이 나아갈 길이 되어야 할 것이다. 벽은 단순히 의지가 되어줘서 매력적으로 느껴질 수 있지만 현실은 그렇지 않거나 움직임을 완화하는 데 도움이 되지 않는다."[36]

이와 같은 맥락에서 기업통합보안위험관리ESRM, Enterprise Security Risk Management라는 새로운 분야는 보안에 대해 전체론적 접근 방법을 취한다.[37] 여기서 ESRM을 언급하는 이유는 기업의 보안 기능에 대한 이런 관점의 변화에서 건물이 중심 역할을 하기 때문이다. ESRM은 전통적으로 '보안'과 관련된 것으로 생각하지 않았던 다양한 위험을 관리할 수 있는 보안 체계를 제공하는데 우리는 이것이 건물에 필요한 보안 방식이라고 생각한다.

병원은 안전과 보안 문제에 있어서 앞서가는 건물 중 하나인데, 바로 성능 평가를 위한 체계가 있기 때문이다. 병원은 의료 시설 인증 기관인 합동위원회The Joint Commission의 심사를 받는다. 연례 감사를 통해 막대한 벌금이 부과되거나 운영 정지를 당할 수 있기에 병원은 억제법抑制法 혹은 단계적 축소 절차 적용 같은 환자의 안전과 관련한 여러 사항을 포함하여 위원회의 요구 조건을 충족하기 위해 많은 시간과 노력을 쏟는다.

의료 시설에서 일하거나 소유하거나 관리하는 사람이 아니라면 이 부분을 읽지 않고 건너뛰려 할지도 모른다. 그러나 모든 사람에게 적용되는 교훈이 한 가지 있다. 합동위원회는 모든 시설이 직장 폭력 경감 대책을 포함하여 보안위험관리 계획을 서면으로 작성할 것을 요구한다. 그 내용은 다음과 같다. 위협과 취약성 식별하기, 키카드 등 출입 통제 관리하기, 감시 시스템과 보안 카메라 운영하기, 화재안전성능 인증하기, 해킹으로 방화문과 방화벽이 뚫리지 않도록 하기, 액티브 슈터active shooter(제한된 공간이나 인구 밀집 지역에서

표 6.1 기업통합보안위험관리에서 건물의 역할

ESRM 중점 분야	건물과의 관계
사이버 보안	스마트 건물과 사물인터넷
업무 연속성	보안 흐름, 건물 혹은 지역 정전, 자연재해 도중 혹은 이후 건물 복구력
물리적 보안	보안 요원, 자동 잠금장치, 보안 카메라, 감시 시스템, 출입 카드
돌발 사건	화재안전성능설계, 저격수 대비 훈련과 계획, 폭파 위협과 테러 공격에 대한 대응
상황 인식	건물에 누가, 언제, 어디에 있는지 파악하기, 정보 맥락 추적 관찰하기(소셜미디어, 경찰 채널, 공식 보도 등), 수상한 행동 신고하기

살인을 목적으로 총기를 사용하는 개별 범행자를 뜻하는 말—옮긴이) 협상 시나리오 마련하기, 사이버와 IT 보안 관리하기 등등.

이 모든 것이 보안의 역할과 '보안 흐름'이 변화하고 있다는 카이엠의 비전과 맞아떨어진다. 병원은 하루 24시간 일주일 내내 운영되어야 하므로 보안은 단순히 벽과 보안 요원을 뛰어넘어 흐름을 유지하는 동시에 보안을 유지해야 한다. 합동위원회와 마찬가지로 ESRM은 안전과 보안을 기업의 핵심 기능으로 간주하는 전체론적 위험 관리 접근 방법이다. 우리가 '안전과 보안'을 건강한 건물의 아홉 가지 기본 토대 중 하나로 여기는 이유가 바로 여기 있다. 당신이 어떤 건물에 있든 이것이 좋은 방안이라고 생각하길 바란다.

권장 사항

- 모든 화재안전성능 기준을 준수한다(화재 진압 체계, 화재 연기 탐지

기, 일산화탄소 감지기, 비상등)

- 보안 흐름에 주력한다.
- 건물의 안전과 보안 요소에 초점을 맞춘 ESRM 계획을 세운다(방화문과 배관 관통부, 보안등, 시설 보안, 보안 카메라와 감시 시스템, 사이버와 IT 보안, 비상대책, 건물 주변에서 일어나는 사건 감시 등).
- 안전과 보안을 핵심 관리 기능에 통합한다.

경제적 혜택 추정하기

놀랍게도 건강한 건물 전략으로 얻을 수 있는 경제적 혜택을 정량화하려는 노력은 거의 없었다. 가장 널리 인용되는 분석 중 하나는 로런스버클리국립연구소의 빌 피스크와 동료들이 진행한 연구다. 그들은 2011년 건강한 건물 전략 중 환기, 온열 건강성, 곰팡이와 습기 관리의 세 가지만 실행해도 미국 경제에 200억 달러의 혜택이 돌아올 것으로 예측했다.[38]

만약 이것이 거시경제 수치라 당신의 회사, 건물, 투자 등에는 영향을 주지 않는다고 생각한다면 다시 생각해보길 바란다. 이것은 건설 활동 증가, 장비 판매 호조, 컨설턴트 고용 등 경제적 부수 효과를 포함하여 200억 달러를 얻을 수 있다는 일반적인 경제 분석이 아니다. 이 분석은 건물에서 일하는 직원 생산성 향상으로 200억 달러를 얻을 수 있다는 것을 보여준다. 그렇다. 200억 달러의 잠재적 이익이 벤치에서 회사의 순이익으로 이동하기를 기다리고 있다.

이 혜택은 건강한 건물의 아홉 가지 기본 토대 중 세 가지를 실행한 경우라는 사실을 기억해야 한다. 게다가 직원 성과에서 발생한 이익이다. 더 나은 건물을 채용 도구로 활용하여 최고의 인재를 유치할 수 있을 때 그리고 그 도구가 인재가 회사를 떠나지 않도록 붙드는 역할을 할 때 추가적인 이득을 얻을 수 있다. 결근이나 기타 새건물증후군 문제가 줄어드는 일은 말할 것도 없다.

지금까지 우리는 건물이 당신과 직원들의 건강에 영향을 주는 여러 가지 방법에 대한 구체적인 증거를 제시했다. 이산화탄소 측정에서 최적의 환기 성능 검증, 물속 세균과 pH 측정, MERV 13등급 이상 필터나 휴대용 공기 청정기를 사용하여 공기질을 향상하는 것에 이르기까지 아홉 가지 기본 토대 각각에 대한 권장 사항도 소개했다. 7장에서는 멋진 새 건물에 들어있는 제품이 건물 안 사람들의 건강에 어떤 영향을 주는지 알아보겠다.

7장

지구를 대상으로 한 화학 실험

> 우리가 이런 화학물질과 친밀하게 지내야 한다면, 그들을 먹고 마시고 뼛속까지 흡수시킬 것이라면 그 성질과 힘에 대해 알아야 한다.
>
> –레이철 카슨

현재 미국인과 전 세계 산업 국가 대다수 사람의 혈액, 모유, 소변에서 이백 가지 이상의 공업용 화학물질이 검출되고 있다.[1] 이런 화학물질 대부분은 우리가 건물에서 사용하는 제품에서 나온다. 우리는 이 분야 전문가가 아니기에 잘 모르지만 하버드대학 동료이자 환경과학자인 엘시 선더랜드는 이것을 '글로벌 화학 실험'이라고 부른다.

근본적인 문제는 이 이백 가지 공업용 화학물질은 시작일 뿐이라는 사실이다. 미국의 경우 상업 분야에서 8만 가지 이상의 화학물질이 사용되고 있다. 이 중 우리의 건강과 안전에 어떤 영향을 주는지 철저히 조사하는 화학물질은 얼마나 될까? 약 삼백 가지다. 이 숫자에 충격받은 사람이 많을 것이다. 하지만 더 충격적인 사실이 있다. 1976년 최초의 '독극물' 관련법이 제정된 이후 지금까지 미국 환경보호국이 금지한 화학물질은 몇 가지나 될까? 아홉 가지다. 당신이 제대로 읽은 것이 맞다. 8만 가지가 넘는 화학물질 중 환경보호국이 금지한 것은 아홉 가지에 불과하다.

더 심각한 것은 그중 다섯 가지는 1976년 법이 제정되기 전부터 이미 금지된 물질이라는 사실이다.[2] 따라서 환경보호국은 40여 년간 총 네 가지의 새로운 독성 화학물질을 금지한 것이다. 이것은 석면 같은 물질조차 아직 금지되지 않았을 정도로 매우 비효율적인 접근 방법이다. 게다가 여태 검토도 하지 않은 독성학적 특성을 가진 걱정스러운 물질이 더 많다.

이런 화학물질은 대부분 카펫, 가구, 건축 자재 등 일상적인 제품에 사용된다. 많은 경우 이런 물질은 원래 제품에서 빠져나올 수 있으며, 환경적 지속성이나 편재성 때문에 가정, 학교, 병원, 지구 전체, 심지어 북극에서도 발견된다. 우리 몸속도 예외는 아니다.

이번 장에서는 건물에 있는 물건들이 우리의 건강에 주는 영향을 집중적으로 살펴볼 것이다. '더 건강한 물질', '물질 건강성', '관심 있는 화학물질' 등으로 불리는 건강한 건물의 다음 개척지인 이런 움직임은 산업계에서 환경 운동가, 비영리 인증 제도에 이르기까지 주요 관계자들이 모두 참여하면서 이제 막 관심을 끌기 시작했다.

보디빌딩과 스테로이드

아널드 슈워제네거가 인기를 누리던 1970년대 보디빌딩의 전성기에는 근육증강제인 아나볼릭 스테로이드가 일반적으로 사용되었다. 심지어 궁극의 미스터 유니버스이자 외적으로 볼 때 완벽함 그 자체인 아널드조차도 스테로이드를 복용했다는 사실을 인정했다. 물론 그가 물 한 컵을 올려놓고 균형을 잡을 수 있을 정도로 떡 벌어진 가슴을 만들기 위해 엄청난 노력을 했다는 것은 의심할 여지 없는 사실이다.

스테로이드가 인체에 미칠 수 있는 파괴적 영향은 겉으로 드러나지 않았다. 가장 널리 거론된 부작용은 고환 축소 현상이었다. 최소한 군데의 스테로이드 남용 반대 광고 캠페인에서 엄청난 어깨, 팔, 가슴 근육을 자랑하는 보디빌더가 세상에서 가장 작은 국부 보호대를 입은 모습을 보여주며 젊은 남성들을 겁주기 위해 이 사실을 거론한 적이 있었다.

스테로이드뿐 아니라 이번 장에서 접하게 될 화학물질들은 우리의 자연적인 호르몬 균형을 파괴할 수 있다. 과다 분비된 테스토스테론은 내생 호르몬을 파괴하고 남성의 고환과 정자 생성뿐 아니라 어떤 경우에는 가슴 성장에도 영향을 줄 수 있다. 나중에 과학적 증거로 무장한 아널드는 추가로 스테로이드가 '신체를 강화'하는 것이 아니라 '신체를 파괴'한다고 말했다.[3] 그는 겉으로는 멋져 보였지만 스테로이드가 우리가 볼 수 없는 신체 일부를 파괴하고 있었다.

보디빌딩은 건물에서 이른바 '골조와 외부core and shell'라고 부르는 것과 비슷하다. 골조와 외부는 설계와 시공팀이 '핏아웃fit-out' 전에 작업하는 것으로 콘크리트와 강철, 창문과 외벽 등 건물의 뼈대와 외피를 만드는 공정이다. 핏아웃은 미래 거주자의 기호에 따라 건물에 들어가는 모든 것을 말한다. 가끔 골조와 외부가 겉으로는 정말 멋져 보여도 속은 심하게 오염되어 있을 때도 있다.

건축 자재로 인해 고환이 줄어든다?

보디빌딩과 스테로이드의 관계를 건물에 적용해보자. 스테로이드가 생식계에 영향을 주듯이 건물에서 우리가 노출되는 화학물질 중 일부도 생식계에 영향을 준다. 남성 독자를 위해 다른 방식으로 설명해 보겠다. 당신이 앉은 의자에 묻은 화학물질이 성기에 큰 피해를 줄 수 있다.

여성 독자의 생식기관에 대해서도 곧 설명할 테니 걱정은 접어두시라. 우리는 남성에게 영향을 주는 일이 일어날 때만 조치하는 것에 진저리가 난 여성 친구가 들려준 다음과 같은 유용한 충고에 따라 남성에 초점을 맞추어 이 부분을 시작했다. "남성과 그것에 관해 쓰면 금방 사람들의 관심을 끌 거야."

건축 자재에 사용되는 화학물질 중에는 과학자들이 내분비 교란 물질이라 부르는 것도 있다. 내분비계는 호르몬계이므로 '내분비 교란 물질'이라는 말은 '호르몬을 방해하는 물질'을 의미한다. 어떤가? 스테로이드와 비슷해 보이지 않는가? 이런 물질 중 일부는 고환암을 유발하고 정자 수에 영향을 준다. 불임의 원인이 될 때도 있다.

이것은 남성을 위한 이야기다. 물론 현실은 이런 화학물질은 대부분 남녀를 가리지 않고 동등하게 영향을 주는 기회균등 범죄자라는 것이다. 여성의 경우 티록신T4 같은 갑상샘 호르몬과 티록신을 온몸에 실어나르는 수송 단백질 트렌스티레틴TTR 생성을 비롯해 갑상샘 계통 호르몬의 자연적인 균형을 파괴하고 교란시킬 수 있다. 이런 화학물질의 공격은 여성의 생식 기능으로 확대된다. 건물에서 흔히 발견되는 일부 화학물질은 임신에 악영향을 줄 수 있다. 예를 들어 임신하는 데 1년 이상 걸릴 확률이 2배로 증가했다. 이 연구에 참여한 여성들은 또한 불규칙한 생리 주기를 가진 경우가 많았다.[4]

이제 우리가 어떻게 이런 상황에 직면했는지, 건물 내부 문제를 해결하기 위해 무엇을 할 수 있는지 살펴보자.

우려되는 화학물질

'우려되는 화학물질'과 관련된 미국의 문제는 모두 1976년에 좋은 취지로 제정된 독성물질관리법TSCA('토스카'라고 읽는다)에서 시작되었다.[5] 1970년대는 DDT 같은 살충제의 오남용과 그것이 환경, 조류와 기타 야생동물 그리고 인간의 건강에 주는 영향을 중점적으로 다룬 레이철 카슨의 책 『침묵의 봄』이 출간된 후 환경 오염을 둘러싼 문제가 높은 관심을 받았다.[6] 이런 흐름은 닉슨 대통령이 서명한 일련의 환경 규제로 이어졌고 환경보호국, 산업안전보건청, TSCA가 제정되었다.

TSCA는 새로운 화학물질과 기존 화학물질을 규제하기 위한 목적으로 고안되었다. 당장 큰 문제는 1976년에 사용된 독성 유산 화학물질이 모두 새로운 법의 적용 대상에서 벗어난다는 것이었다. 이후 환경보호국은 이런 화학물질 중 '인간의 건강이나 환경에 심각한 위협'을 가하는 물질을 분류하는 작업에 돌입했다. 새로 출시될 화학물질에 대해서도 마찬가지였다. 꽤 간단해 보이지 않는가?

의도는 좋았지만 환경보호국은 TSCA 집행에서 힘을 잃었다. 현재 상용화된 화학물질 수(8만 가지)와 건강과 안전을 위해 연구된 화학물질 수(삼백 가지), 1976년 이후 금지된 화학물질 수(네 가지)를 보자. 알려지지 않은 화학물질은 차치하고 알려진 화학물질 8만 가지 중 7만9천700가지가 장기 섭취, 흡입, 직접 접촉 시 인체에 유해할 것으로 보인다. 사실 과학계는 1976년부터 인체에 유해하지만 즉각적인 법 규제 대상에 포함되지 않는 화학물질을 수백 가지는 아니더라도 수십 가지를 밝혀냈다.

그러나 TSCA에는 이보다 더 교묘한 면이 있었다. 그것은 한 가지 유해한 화학물질을 비슷한 다른 물질로 계속 대체하는 현상으로 과학자들은 이를 '유감스러운 대체물'이라고 불렀다.

유감스러운 대체물

비스페놀A BPA를 예로 들어 유감스러운 대체물이 어떻게 사용되는지 살펴보자. 누구나 한 번쯤 시중에서 'BPA 프리'라고 적힌 유아용품이나 물병을 본 적이 있을 것이다. BPA 독성에 관한 이야기가 나오자마자 소비자들이 BPA를 반대하는 캠페인을 벌이면서 이런 제품들이 출시되기 시작했다.

BPA는 플라스틱에 널리 사용되는 화학물질로 정상적인 호르몬 체계를 교란한다. 더 구체적으로 설명하면 BPA는 우리 몸에서 갑상샘과 에스트로겐 수용체 그리고 다른 수용체들과 결합한다. '호르몬 교란'이나 '호르몬 결합' 같은 말이 일반 대중에게 크게 와 닿지 않을 수 있다는 사실을 잘 알기 때문에('내분비 저해 화합물'이라는 단어를 이해하는 독자는 더 적을 것이다) 이를 좀 더 구체화해보려 한다.

최근 발표된 화학물질의 독성 효과에 관한 보고서에 따르면 BPA는 여성 생식계 이상, 불임률 증가, 유선염 유발, 뇌 신경 세포 시냅스의 기능 변화, 혈당과 인슐린 수치 변화 등의 대사 변화를 유발할 수 있다.[7] 더 많은 증상이 있지만 대략 어떤 일이 일어나는지 파악할 수 있을 것이다. 호르몬은 우리 몸의 신호 전달 체계이며 그 체계에 교란이 생기면 뇌와 생식계에서 신진대사와 면역 체계에 이르기까지 인간의 주요 생물학적 체계에 영향을 미칠 수 있다. 이 모든 효과가 낮은 수치의 BPA에 노출되었을 때 발견되었다는 사실에 주목해야 한다(우리는 이것을 '저선량 효과'라고 부른다).

대다수 사람들이 BPA를 접하는 경로가 소비재와 관련되어 있기 때문에 거기에 초점을 맞추어 이야기를 계속하겠다. 그러나 이런 현상은 소비재뿐 아니라 많은 건축 자재에서도 나타난다. BPA는 폴리카보네이트와 에폭시 수지에 포함되어 있는데 이것은 건물 외관, 지붕, 페인트, 이음새, 바닥재, 섬유 유리 접합제 등에서 발견될 수 있다는 의미다.

소비자의 우려는 많은 제품의 불매 운동으로 이어졌고 'BPA 프리' 라벨이 붙은 유아용품, 장난감, 물병이 쏟아져 나왔다. 공중보건의 승리라고 할 수 있을까? 그렇게 단정하긴 힘들다. 많은 경우 BPA는 비슷한 독성을 가진 화학물질 사촌인 비스페놀S BPS로 대체되었다. BPS는 BPA와 유사하게 호르몬에 작용한다. BPA와 마찬가지로 BPS 또한 에스트로겐이나 안드로겐과 결합한다. 그리고 이제 좋지 않은 인식을 얻은 BPS는 비스페놀F BPF로 대체되고 있으며, 전혀 놀랍지 않게 BPF 역시 우리 몸에 'BPA와 유사한 작용과 효과를 일으키는 것'으로 밝혀졌다.[8] 이런 사실이 왜 놀랍지 않을까? 이런 물질들이 모두 화학적 사촌 관계이기 때문이다(과학 논문에서는 '구조적 유사체'라는 용어를 사용한다).

BPA가 없는 제품만 출시한다고 해도 어떤 경우에는 단순히 유감스러운 대체물을 만드는 경우가 많은 것으로 드러났다. 이런 현상을 '화학물질 두더지 잡기 게임'에 비유하기도 한다. 두더지 한 마리가 튀어나와 망치로 머리를 재빠르게 내리치면 비슷하지만 다른 두더지가 그 옆에서 튀어나와 계속 새로운 두더지를 잡아야 한다. 조는 2016년 《워싱턴포스트》에 게재된 칼럼에서 이에 관해 썼는데, 화학물질 두더지 잡기 게임은 BPA뿐 아니라 DDT 같은 살충제, 매니큐어의 가소제, 전자담배에 사용하는 독성 향료 물질 등에도 해당된다고 밝혔다.[9] 곧 살펴볼 건축 자재와 관련된 몇 가지 주목할 만한 사례도 있다.

이것이 바로 화학물질 관련 규제 체계의 현주소다. 악의적인 화학물질이 발견되자마자 화학적 사촌 물질로 신속하게 대체될 수 있으며 대체된 물질이 안전하다는 증거는 필요하지 않다. 그리고 대체 물질이 이미 시중에 나온 후에야 과학자들이 유해성을 입증하는 패턴이 매번 반복된다. 한 가지 화학물질을 걸러내도 비슷한 다른 물질이 계속 나타난다. 'BPA → BPS → BPF → ?' 같은 상황이 발생하는 이유가 여기 있다. 간단히 말해 업계가 스스로를 감시하는 접근 방법은 전혀 효과가 없다. 소비자는 글로벌 화학 실험에서 기니피그 취급을 받고 있다.

조는 하버드대학 연구팀과 함께 자신에게 연말 선물로 침묵의봄 연구소의 소변 검사를 선물했는데 이를 통해 자신의 몸에 있는 화

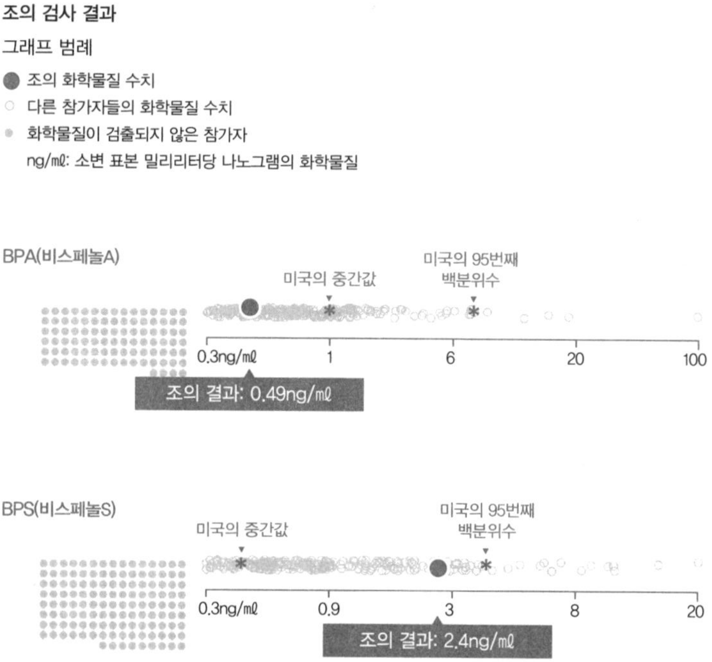

자료: 침묵의봄연구소

그림 7.1 조의 소변에서 검출된 BPA와 BPS 수치를 미국 데이터의 대푯값과 비교한 결과

학물질을 파악할 수 있었다.[10](이런 괴짜 같으니!) 알고 보니 그는 유감스러운 대체물의 완벽한 예였다. 미국 전국 평균과 비교하여 조는 아기의 빨대컵과 마찬가지로 'BPA 프리'였지만 그의 몸속에는 BPS가 가득했다.

《뉴욕타임스》 칼럼니스트 닉 크리스토프도 1년 후 같은 검사를 받았다. 결과는 어땠을까? 조와 마찬가지로 크리스토프도 BPA는 거의 검출되지 않았다. 조와 달리 크리스토프는 BPS도 거의 검출되지 않았다. 그러나 그 역시 마지막 단계를 통과하지 못했다. 그는 '고급 단계의' 유감스러운 대체물의 훌륭한 예였다. 그의 몸에는 BPA의 다음 대체물인 BPF가 가득했다.[11]

만약 BPA가 없는 플라스틱으로 돌아가기 위해 잠시 유리병으로 갈아탔다면 그 결정을 재고하길 바란다. 그리고 나쁜 소식이 있는데 바로 BPA 사례 같은 이야기는 수없이 많다는 것이다. 그 일은 지금 당신의 건물에서도 일어나고 있다.

영속적 화학물질 두더지 잡기

건물로 돌아가 물과 얼룩방지제로 사용하는 고도로 불소 처리된 화학물질에 대해 생각해보자. BPA와 마찬가지로 이런 물질도 소비재에 흔히 사용된다. 옷, 아웃도어 장비, 치실, 화장품, 테플론 가공 냄비 등 수많은 제품에 이런 물질이 포함되어 있다. 그뿐 아니라 의자, 소파, 커튼, 카펫, 페인트 등 건물에서 볼 수 있는 많은 제품에도 이런 물질이 사용된다.

이런 화학물질의 배후에 있는 화학적 성질을 살펴보는 것이 중요하다. 소비자가 왜 이런 물질을 선호하는지, 왜 이런 물질에 문제가 많은지 설명하는 데 도움이 되기 때문이다. 이런 얼룩 방지용 화학물질은 모든 유기화학에서 가장 강력한 결합 중 하나인 탄소-불소 결합이라는 특징을 갖는다. 제조업체들이 이들을 결합하여 탄소-불소 뼈대를 만들 때 그것의 유용한 산업적 특성이 나타난다. 반복되는 탄소-불소 결합의 연결고리는 기름, 물, 기계 윤활유(그리스) 등에 저항할 수 있다. 탄소-불소의 초강력 결합은 이런 물질이 기본 재료에 침투하는 것을 막아주는 역할을 한다. 이런 이유로 우리는 지난 60여 년간 가구, 캠핑용 텐트, 옷 등을 이런 화학물질로 코팅해왔다. 이것은 테플론 가공한 냄비와 프라이팬, 방수 비옷과 텐트의 배후에 있는 화학적 성질이자 화재 진압용 소화 약제인 수성막포의 구성 성분이다.

여기에는 여러 가지 문제가 있다. 첫째, 화학물질은 항상 제품에 남아있지 않고 공기, 음식, 물 등으로 들어간다. 테플론 가공한 프라이팬을 어느 정도 사용하면 왜 테플론 가공 기능이 사라지는지 생각해본 적이 있는가? 혹은 왜 얼룩방지제를 몇 달에 한 번씩 덧바르라고 하는 걸까? 그런 화학물질이 모두 어디로 사라졌다고 생각하는가? 답은 극지방에서 바다 한가운데, 건물 내부, 우리 몸속에 이르기까지 지구 전체에 퍼져있다는 것이다. 미국인의 98퍼센트는 혈액 속에 이런 화학물질 중 최소 한 가지 이상이 들어있다.[12]

둘째, 탄소-불소의 초강력 결합에는 어두운 면도 있다. 너무 강력하게 결합되어 이런 화학물질이 절대로 환경에서 완전히 분해되지 않는다는 것이다. 여기서 말하는 '절대로'는 천년을 의미한다.

《워싱턴포스트》에 게재된 칼럼에서 조가 '영속적 화학물질Forever Chemicals'이라는 표현을 사용한 이유가 여기 있다.[13] '영속적 화학물질'이라는 표현은 탄소carbon-불소fluorine 결합을 구성하는 탄소와 불소의 머리글자를 따서 만든 것이지만 가장 중요한 특징인 극도의 환경적 지속성을 강조하는 개념이다(이런 화학물질의 학명은 '과불화화합물PFAS, Per-and Polyfluoroalkyl Substances'이지만 일반 대중은 접하기 힘든 용어다). 의심 많은 사람이라면 당연히 "이런 화학물질도 건강에 문제가 되나요?"라고 물을 것이다. 답은 명백하게 "그렇다"이다. 사실 이런 화학물질이 이번 장을 시작하면서 고환암과 관련된 화학물질을 다룰 때 언급한 바로 그 물질이다.

과불화옥탄산PFOA, Perfluorooctanoic Acid, 즉 C8 같은 일부 영속적 화학물질은 신장암과 관련이 있다.[14] 일반 대중은 심각한 환경오염 문제가 표면화된 후에야 이 사실을 알게 된다. 영속적 화학물질을 사용하여 많은 제품을 제조하는 듀폰은 웨스트버지니아주 파커즈버그에 있는 워싱턴워크스 공장에서 나오는 화학물질을 수년간 오하이오강에 방류했다. 오하이오강을 식수원으로 사용하는 하류의 수많은 사람은 자신도 모르는 사이 오염된 물을 마시고 있었다. 소송 결과 폐기물의 충격적인 규모가 밝혀졌고, 법원은 이 폐기물의 잠재적 영향을 파악하기 위해 C8 과학위원회를 구성하여 물과 환경 전반에 걸쳐 이런 화학물질을 조사했다(공장에서는 영속적 화학물질을 공기 중에도 내뿜고 있었다).

C8 과학위원회는 이런 화학물질이 인간의 건강에 미치는 영향과 관련하여 '가능성 있는 연결고리'가 있는지 판단하는 책임을 맡았다.[15] 수차례에 걸친 철저하고 명확한 연구 조사를 통해 위원회는

C8의 유출과 암 사이의 연관성을 입증했다. 이후 듀폰을 상대로 집단 소송이 제기되었고 고소인들은 보상금으로 6억7천100만 달러를 받았다(조는 고소인들의 전문가 증인으로 이 소송에 참여했다). 이 이야기는 이후 〈다크 워터스〉라는 제목으로 영화화되었다.

또 다른 연구 결과에 따르면 일부 영속적 화학물질은 지금까지 관찰된 환경 독성물질 중 가장 극적인 면역 억제 반응을 일으키고[16] 체중 조절을 방해하는 것으로 나타났다.[17] 미국에서는 이런 물질이 비만의 확산에 기여한다는 의미에서 '오비소겐'besogen(지방 세포의 생산과 저장 용량을 늘려 비만을 일으키는 화학물질—옮긴이)이라고 부를 정도다. 만약 당신이 테플론 가공한 프라이팬을 쓰지 않거나 이런 물질로 코팅된 천으로 만든 사무실 의자에 앉지 않는다고 해도 여전히 위험에서 벗어날 수 없다. 엘시 선더랜드와 하버드공중보건대학원, 하버드응용과학대학이 공동 진행한 연구에 따르면 수천만 명의 미국인이 마시는, 환경보호국이 지정한 '안전' 수준 이상의 식수에서도 이 화학물질이 검출되었다.[18]

BPA → BPS → BPF의 사례처럼 우리의 관심을 집중시킨 원래의 영속적 화학물질 C8은 이제 C6, C10으로 대체되었다(C는 탄소의 숫자다. C8은 탄소-불소 결합이 8개, C6는 6개, C10은 10개 있다는 의미다). C8은 2000년대 중반부터 큰 소송에 휘말리면서 악명을 떨치기 시작했고 이에 관한 내용을 담은 책도 출간되었다.[19] 이런 위험물질에 대한 대중의 인식이 높아지면서 C8은 자취를 감췄지만 그렇다고 문제가 해결된 것은 아니었다. C6 변종 물질 중 하나인 '젠엑스GenX'가 새롭게 주목받기 시작했다. 이 물질은 듀폰(현재는 케무어스)이 노스캐롤라이나주 페이엣빌에 있는 케이프피어강에 방류한 사실이 알려지면서 악명을 떨쳤다. 케이프피어강은 노스캐롤라이나주 윌밍턴 지역 사람들의 식수원이다.[20]

과학계는 최근에야 젠엑스를 조사하기 시작했으며 이 물질이 인간의 건강에 미치는 영향에 관한 연구는 아직 이루어지지 않았다. 그러나 우리는 동물 독성학 연구를 통해 이 물질이 간암, 췌장암, 고환암을 유발한다는 사실을 발견했다.

젠엑스가 이야기의 끝이 아니다. 영속적 화학물질의 유감스러운 대체물에 관한 이야기가 BPA → BPS → BPF처럼 단순했으면 좋겠다. 영속적 화학물질은 신화 속 히드라처럼 머리 하나를 자르면 그 자리에 새로 머리 두 개가 생겨난다. 물론 우리는 C8의 위험성을 알리고 시중에서 사용을 금지했다. 그러나 이런 영속적 화학물질은 C6이나 C10과 같이 한두 가지 대체물이 아니라 5천 개가 넘는 변종이 나타나고 있다. 매우 위험하고 힘겨운 화학물질 두더지 잡기 게임이다.

연소를 억제하는 화학물질 난연제

지금까지 우리가 들려준 이야기가 말도 안 된다고 생각한다면 이 이야기를 읽어보길 바란다.

이 이야기는 1970년대 중반 어린이 잠옷에 난연제, 즉 연소를 억제하는 화학물질을 사용하면서 시작된다(아이들이 자발적으로 연소된 걸까?). 잠옷에 사용된 난연제 중 하나는 우리가 줄여서 '트리스tris'라고 부르는 브롬화 난연제였다(할로겐이 위치하는 주기율표의 맨

오른쪽을 떠올려보자. 앞서 할로겐 중 하나인 불소에 관해 이야기했으며 이제 브롬, 염소, 요오드를 살펴보려 한다).

트리스라는 화학물질은 암과 돌연변이를 유발한다고 알려졌지만(DNA를 손상시킨다) 트리스가 잠옷에서 '배출되어' 아이들의 몸에 흡수된다는 연구 결과가 나온 후에야 대중은 관심을 갖기 시작했다.[21] 이 실험에서 연구자들은 아침에 아이들의 소변을 검사하여 트리스로 처리한 잠옷을 입은 아이와 그렇지 않은 아이를 비교했다. 검사 결과, 트리스가 밤새 아이들의 몸에 흡수된 것으로 나타났고 결과적으로 트리스는 금지 물질로 지정되었다. (지금쯤이면 이것이 이야기의 끝이 아니라는 사실을 알 것이다. 시간순으로 이야기를 풀어나갈 것이니 계속 집중해주길 바란다.)

1970년대 또 다른 브롬화 난연제가 사용되었는데 이번에는 건물이었다. 폴리브롬화비페닐PBB은 텔레비전의 플라스틱과 소파나 의자의 발포 고무에 사용되는 난연제다. PBB는 10여 년간 건물과 소비재에 사용되다 갑자기 사용이 중단되었다. 이유가 무엇일까? 제조 공장에서 벌어진 한 사람의 실수가 미시간 지역 전체를 오염시키고 오늘날까지 독성 유산으로 남게 되었기 때문이었다.

1970년대 PBB를 판매하는 화학 회사 미시간케미컬컴퍼니는 동물 사료 보충제도 팔고 있었다. 미리 인쇄해놓은 봉투가 부족해 포장지 공장에서 급히 작업하다가 실수로 라벨을 잘못 붙이는 바람에 PBB가 담긴 봉투가 소 사료 보충제로 배송되었다.[22] 그다음에 어떤 일이 일어났을지 예상할 수 있겠는가? 농부와 목장 주인 들은 동물들이 식욕부진 증상을 보인다고 호소했다(왜인지 알 수 있을 것이다).

그사이에 상황은 더 나빠졌다. PBB는 지방 친화성 화학물질로 말 그대로 '지방을 사랑한다'. 소들이 PBB를 먹으면서 지방 조직에 화학물질이 저장되었다. 이것은 봉투에 라벨을 잘못 붙였다는 사실을 발견하기 몇 달 전에 일어난 일이었고, 이미 먹이사슬에 있는 수백만 마리 동물의 지방 조직에 PBB가 흡수된 후였다. 먹이사슬의 최상위에 있는 인간은 PBB의 마지막 저장소였다.

이 사건을 해결하는 과정에서 PBB는 사용 금지되었고 수백만 마리의 동물을 살처분해야 했다. 그러나 이미 늦었다. 그때까지 미시간 지역에서 고기를 소비한 사람이라면 누구나 동물들과 마찬가지로 지방 조직에 PBB가 저장되었다. 하지만 인간을 솎아서 죽일 수는 없는 일이므로 결국 미시간 사람들은 인간 독성 실험의 원치 않는 참가자들이 되어야 했다.

PBB의 환경적 지속성과 우리 몸에 저장되는 성질은 이것이 단기간에 해결될 문제가 아니라는 것을 의미한다. 실제로 그 영향은 오늘날까지도 지속되고 있다. 2000년대 미시간 지역에서 검사를 받은 사람들 중 60퍼센트는 여전히 미국 인구의 95퍼센트보다 높은 수치의 PBB를 가지고 있었다. 에모리대학 공중보건대학에서 진행한 연구 결과에 따르면 혈중 PBB 수치가 높은 여성은 생리 주기가 짧고 생리 기간이 길었으며, 에스트로겐 수치가 낮고 유방암에 걸릴 확률이 높았다.[23]

여기서 끝나지 않았다. PBB를 사용 금지한 후 태어난 아이 중에서도 미시간 지역에서 태어난 아이들은 혈액에서 PBB가 검출되었다. 엄마가 자궁과 모유를 통해 아이들에게 PBB를 전해준 것이다. 혈중 PBB 수치가 높은 엄마에게서 태어난 남자아이들은 생식기와 비뇨기 관련 문제가 더 많은 것으로 보고되었다. 혈중 PBB 수치가 높은 엄마에게서 태어난 여자아이들은 또래보다 1년 일찍 생리를 시작했다. 이 소녀들은 가임기가 되었을 때 유산할 확률도 높았다.

제조 공장에서 벌어진 한 사람의 실수에서 시작된 PBB 사건은 무려 3대에게 영향을 주었다. 이것은 충격적인 결과지만 전혀 예상치 못한 일은 아니었다. 1978년으로 거슬러 올라가, 하버드대학에서 진행한 한 연구는 "이런 화학물질은 태반 장벽을 뚫고 태아에 쉽게 침투하고 모유에 흘러들어 신생아에게 전염될 수 있다. 흥미롭게도 저용량의 PBB는 낮은 급성 독성에도 불구하고 광범위하게 독성학적, 약리학적, 생화학적 효과를 발휘한다"라고 보고했다. 연구자들은 "PBB는 기형을 유발하고 면역을 억제하며 발암 요인이다"라고 결론을 내렸다.[24]

PBB가 동물에게 독성이 있다는 것과, 1978년에 발표된 연구에 근거하여 PBB가 태반에 침투해 기형을 유발하며(배아나 태아의 정상적인 발달을 변형시킬 수 있다) 발암성이 있다는 사실을 알고, 미시간 사태로 미국 국민의 분노를 확인한 후 업계는 어떤 반응을 보였을까? 분자 중간에 산소를 추가하여 PBB처럼 소파나 의자, 매트리스, 텔레비전과 컴퓨터를 감싸는 플라스틱 등에 사용되는 '새로운' 브롬화 난연제를 만들어냈다.

시장과 규제 기관의 관점에서 이것은 새로운 이름의 새로운 화학물질이었다. 이제 PBB가 아니라 폴리브롬화 디페닐에테르PBDE, Polybrominated Diphenyl Ethers였다. 이 물질의 화학 구조를 살펴보면 이런 접근 방법이 얼마나 무모하고 근시안적인지 알 수 있다. 유기화학을 전공하지 않아도 PBB의 '안전한 대체물'이 원래의 PBB와 매우 흡사하다는 것을 한눈에 알아볼 수 있다.

PBB와 PBDE에는 두 개의 고리가 있다(유기화학에서는 이것을 '페닐기'라고 부른다). 브롬의 수와 고리의 위치에 따라 최대 이백아홉 가지 변종을 만들 수 있다(이것을 '동질체congener'라고 부른다). 유일한 차이점은 PBDE의 경우 두 개의 고리 사이에 산소가 하나 있다는 것 뿐이다(이것을 '에테르'라고 부른다). 이것은 '폴리브롬화 디페닐에테르'라는 이름을 해체하여 분석한 것이다.

PBDE는 1980년대 초반부터 2000년대 중반까지 사용되었는데, 이때만 해도 공중보건학자들과 대중의 관심 밖에 있었다. 2000년대 초반 스웨덴에서 한 연구가 발표되고 나서 PBDE에 대한 우려가 표면화되기 시작했다. 이 연구에서 과학자들은 1970년대 표본부터 보관해온 한 바이오뱅크에서 모유 표본을 조사해 모유에서 이 '새로운' 화학물질의 수치가 기하급수적으로 증가한 사실을 발견했다[25](이에 대해 연구자들은 새로운 물질이라고 생각했지만 업계는 분명 사실을 알고 있었다). 보스턴대학의 톰 웹스터 교수가 "과학적 먹잇감에 달려드는 광란 상태"라고 표현할 정도로 이 현상은 과학자들의 높은 관심을 불러일으켰다.[26] 과학적 과정은 일련의 질문을 하고 답하는 비슷한 패턴을 따랐다.

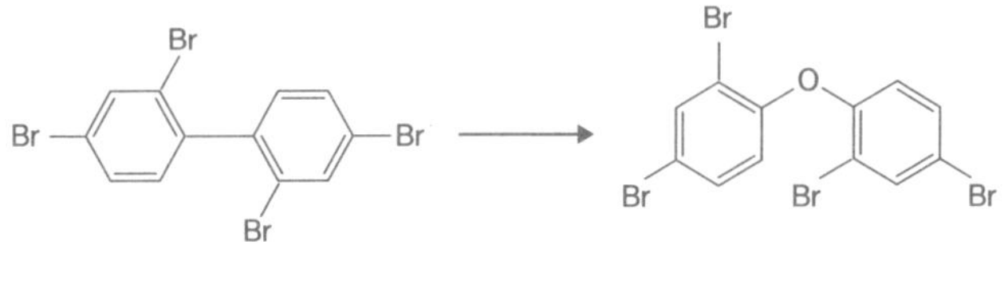

그림 7.2 PBB와 PBDE의 화학 구조

질문 이런 화학물질은 우리의 환경에서 어디에 있는가?

답 모든 가정, 사무실, 학교의 공기와 먼지 속, 북극곰과 독수리, 바다거북이를 포함한 우리가 살펴본 모든 곳에 존재한다.[27]

질문 인간에게서도 발견될 수 있는가?

답 그렇다. 거의 모든 사람의 혈액에서 발견되었다.[28]

질문 동물 연구에서도 독성이 있다고 밝혀졌는가?

답 그렇다. PBDE는 갑상샘 호르몬에 교란을 일으키고 신경 발달 생식계에 영향을 미친다.[29]

질문 이런 물질의 사용 금지할 정도인가?

답 아니다. 동물 연구 결과가 인간의 건강에 미치는 영향을 입증하지 못한다는 주장이 나왔다.

질문 후속 연구에서 인체 건강에 미치는 영향이 발견되었는가?

답 그렇다. 놀랍게도 인간 연구에서 동물 독성 연구에서 발견한 것과 동일한 결과를 얻었다. 갑상샘, 신경 발달, 생식계에 미치는 영향을 발견했다.[30] 조가 참여한 한 연구에서는 체내 PBDE 수치가 높은 여성이 갑상샘 질환이 생길 확률이 높은 것으로 나타났다. 폐경 후 여성보다 3배 높은 위험률을 보였다.[31]

질문 이런 화학물질의 작용 원리는 무엇인가?

답 PBDE는 우리의 내성 갑상샘 호르몬 T4와 매우 비슷하다.

이제 우리가 아직 언급하지 않은 마지막 할로겐인 요오드를 다룰 차례다. PBB, PBDE와 마찬가지로 T4는 한쪽 끝에 페닐 고리가 걸려있다. 그러나 고리 주변에 브롬 대신 요오드가 있다. 예리한 눈을 가진 사람이라면 그림 7.3의 T4와 그림 7.2의 PBB와 PBDE를 비교해 T4의 왼쪽이 PBB, PBDE와 비슷하다는 사실을 눈치챘을 것이다. 그러나 T4에는 고리에 -OH가 걸려 있지만 PBDE는 그렇지 않다는 사실을 눈치채고 두 물질의 차이가 이것이라고 생각할 수 있다.

-OH는 히드록시기hydroxyl group라고 불린다. (PBB나 다른 많은 화학물질과 마찬가지로) PBDE가 우리 몸에 들어가면 신진대사 체계는 두 요오드 사이에 있는 -OH처럼 두 브롬 사이에 히드록시기를 추가하여 이들을 좀 더 수용성으로 만들려 한다. 그렇게 되면 이런 '수산화'된 PBDE는 T4와 훨씬 더 비슷해진다. 다시 말해 PBDE는 원래 T4와 비슷한 모양인데 우리 몸에 들어가면 T4와 더 비슷한 물질로 변형되는 것이다. 우리 몸이 이것을 인식할까?

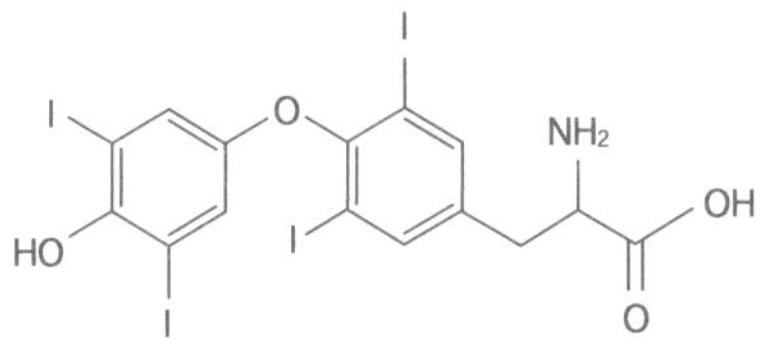

그림 7.3 PBB, PBDE와 비슷한 고리와 할로겐 구조를 가진 갑상샘 호르몬 T4의 화학 구조

과학은 우리 몸이 이런 화학물질로 인해 얼마나 큰 혼란을 겪는지 보여준다. 이런 수산화된 PBDE는 -OH가 없는 PBDE보다 최대 1천600배 높은 갑상샘 수송 단백질에 결합하는 능력을 갖고 있다.[32] 또한 -OH가 없는 PBDE보다 최대 220배 높은 효능으로 에스트로겐을 조절하는 주요 효소를 억제한다.[33] 이것은 다소 전문적인 내용이지만, 작용 원리를 살펴보면 PBDE가 수산화된 PBDE를 내생 호르몬으로 착각하게 만들어 어떻게 우리 몸의 호르몬 수용체를 속이고 있는지 알 수 있다. 이런 측면에서 PBDE가 갑상샘 호르몬을 교란시키고 갑상샘 질환과 관련이 있다는 연구 결과가 완벽히 설명된다.

PBDE는 1980년대 초반에 도입되었지만 노출과 독성에 관한 연구는 1990년대 후반에야 본격적으로 시작되었다. PBDE에 관한 주요 연구가 쌓이기까지 10년 이상 걸렸다. 결국 30년간 사용하고 전세계적으로 오염이 광범위하게 확산되었으며, 그중 20개가 공중보건학자의 관심에서 완전히 벗어난 후에야 PBDE는 사용 금지되었다.

만약 여기서 이야기가 마무리되었다고 생각한다면 당신이 이제까지 집중하지 않았다는 의미다. PBDE 사용을 금지하자 새로운 유감스러운 대체물들이 등장했는데 그중 하나가 바로 트리스였다(앞서 어린이 잠옷 사건에서 나온 트리스를 기억하는가?). 어떻게 이런 일이 가능할까? 우리는 분명 트리스가 잠옷 사건 이후 1970년대에 사용 금지되었다고 말했다. 알고 보니 브롬화 트리스는 1970년대에 금지당했지만 화학적 사촌이자 1970년대 어린이 잠옷에도 사용된 염소화 트리스는 기술적으로 금지되지 않은 것으로 판명되었다. 그저 조용히 시장에서 자취를 감췄다가 30년 후 PBDE의 '안전한' 대체물로 다시 모습을 드러냈다.

PBDE와 마찬가지로 우리는 듀크대학의 헤더 스테이플턴 같은 진취적인 과학자들이 데이터에 나타나기 시작한 '새롭고' 흥미로운 화학물질을 연구하기 시작했을 때 비로소 이 사실을 발견했다. 이번에는 바이오뱅크의 모유가 아니라 유아용품에서 트리스가 검출되었다.[34] 거의 모든 유아용품에서 높은 수치의 트리스가 검출되었다. 염소화 트리스는 유아용 카시트, 아기 의자, 기저귀 교환대, 수유 쿠션, 매트리스 등에 사용되고 있었다. 참고로 트리스는 발암물질이다.[35]

역시 이야기는 아직 끝나지 않았다. 트리스는 또다시 악명을 떨쳤다. 그러자 업계는 할로겐(브롬과 염소)으로 관심을 돌리면서 교묘하게 다른 화학물질 난연제로 옮겨갔다. '유감스러운 대체물'의 다음 타자는 할로겐이 없는 유기인산염OP 난연제였다. 이런 OP 난연제가 "더 안전하다"라는 생각은 곧 잘못된 것으로 드러났다. 조의 동료인 하버드대학 공중보건대학원 러스 하우저 교수가 주도한 연구에서 OP 난연제가 수정과 배아 착상, 시험관시술 성공 가능성을 낮추는 등 심각한 불임 문제와 관련이 있는 것으로 나타났다.[36] 그게 다가 아니다. 만약 운 좋게 임신에 성공했다고 해도 체내 OP 난연제 수치가 높은 임산부는 정상적으로 출산할 확률이 낮았다(이 책을 쓰는 지금, 이 순간에도 OP 난연제는 여전히 건물에 널리 사용되고 있다).

우리에게 이런 난연제가 과연 필요할까? 난연제에 대한 대규모 글로벌 화학 실험은 1980년대 주택 화재 증가의 주요 원인으로 담배가 꼽히자 대중의 관심을 불이 붙는 제품으로 돌리기 위한 거대 산업의 엄청난 로비 활동 때문에 시작되었다. 《시카고트리뷴》은 2012년 「불장난하다」라는 제목의 6회에 걸쳐 연재된 기획 기사를 통해 담배 회사 로비스트들이 저지른 일을 폭로했다.[37] 그들은 자기 소화 물질인 담배에 이익이 되도록 모든 것에 난연성 화학물질을 넣어 쏟아지는 규제를 제한했다.

수상 경력에 빛나는 이 시리즈는 로비스트들이 불에 타는 아이들의 이야기를 조작하고, 무엇보다도 신뢰할 만한 방법으로 의심을 불러일으킨 부도덕한 의사의 증언과 잘못된 과학을 어떻게 이용하고 홍보했는지 보여준다. 이로 인해 소파, 의자, 소파, 텔레비전, 리모컨, 석고판, 컴퓨터, 베개 등에 난연성 화학물질이 전 세계적으로 널리 사용되었다.[38] 거대 담배 회사가 주는 또 다른 선물이다. (기업이 과학적 논쟁에 의구심을 불러일으키기 위해 사용하는 이런 전술을 설명하는 훌륭한 책들이 있다. 더 많은 사례가 궁금하다면 데이비드 마이클스의 『청부 과학*Doubt Is Their Product*』과 하버드대학 동료인 나오미 오레스케스와 에릭 콘웨이의 『의혹을 팝니다*Merchants of Doubt*』라는 책을 읽어보길 바란다.)[39]

BPA, 영속적 화학물질, 난연제는 우리가 생활하고 일하는 공간과 사용하는 제품에 들어있는 수많은 유해 화학물질 중 세 가지에 불과할 뿐이다. 프탈레이트phthalates는 건물 여기저기서 발견되는 또 다른 화학물질 그룹인데, 주로 폴리염화비닐PVC의 플라스틱 가소제로 사용된다. 건물에서는 바닥재, 밀폐제, 접착제, 가구, 샤워 커튼 등에 포함되어 있다.

인간의 건강 관점에서 우리는 왜 프탈레이트를 신경 써야 할까?

이 물질은 우리 몸의 자연적인 호르몬을 교란하고 성적 발달을 변화시키는 것으로 밝혀졌기 때문이다. 더 정확히 설명하자면 프탈레이트는 부고환(정자를 운반하는 고환의 관) 결여, 잠복 고환, 요도 기형, 항문 성기 감소, 고환 장애 등과 관련이 있다.[40] 한 연구에서는 프탈레이트와 조기 유방 발달 사이의 관계가 밝혀졌다.[41] 아이들을 대상으로 진행한 또 다른 연구에 따르면 먼지에 포함된 부틸벤질프탈레이트butyl benzyl phthalate 농도가 높으면 비염과 습진이 발생할 수 있으며, 또 다른 프탈레이트인 다이에틸헥실프탈레이트DEPH는 어린이 천식과 관련이 있다.[42]

우울한 이야기지만 끝까지 함께해주길 바란다. 이번 장의 마지막에서는 이 악순환을 끊을 수 있는 해결책을 제시할 것이다. 그전에 먼저 이런 화학물질의 경제적 영향을 살펴보도록 하자.

우려되는 화학물질이 경제에 미치는 영향

지금까지 우리는 공중보건학의 관점에서 이런 화학물질이 왜 중요한지 설명했다. 우리가 이야기하는 독성 화학물질은 의자, 소파, 카펫, 카펫 뒤판, 단단한 바닥재, 벽판, 천장 타일, 합성 목재 재료, 단열벽, 전자제품, 그라우트(욕실, 부엌 등의 타일 사이에 바르는 회반죽—옮긴이) 등 건물 곳곳에서 찾아볼 수 있다. 이런 화학물질을 경제적 관점에서 보면 어떨까? 간단하다.

위험의 규모를 파악하기 위해 이 이야기를 생각해보자. 듀폰을 상대로 6억7천100만 달러 규모의 엄청난 소송이 제기되고 1년

후[43] 3M은 8억5천900만 달러에 합의에 이르렀다. 3M 사건에서 문제가 된 것은 네 군데의 제조 현장에 스코치가드(소파, 의류 등에 사용되는 천의 방수, 내유, 더러움 방지용 탄화플루오르 스프레이—옮긴이)나 테플론 같은 영속적 화학물질을 수년간 투기한 일이었다.[44] 영속적 화학물질 한 종류에 관한 법적 합의금만 자그마치 15억 달러에 달했다.

우리는 독성 유산 오염물질과 그것이 건축계에 미치는 영향을 살펴봐야 한다. 1976년 이전에 지어진 건물을 가진 사람이라면 누구나 독성 유산 오염물질인 석면과 폴리염소화비페닐PCB에 익숙할 것이다. PCB는 변압기를 비롯해 가벼운 밸러스트(배나 열기구에 무게를 주고 중심을 잡기 위해 바닥에 놓는 무거운 물건—옮긴이), 코킹제, 외부 도장용 페인트 등에 사용되는 화학물질이다(석면은 건물 단열재에 사용되는 광물로, 호흡 곤란과 폐 조직 손상으로 대표되는 만성 폐질환인 석면증과 중피종을 유발하는 것으로 알려졌다). 1970년대에 금지된 이런 화학물질은 오랫동안 잔존하며 낡은 건물에서 여전히 문제가 되고 있다.

건물 소유자들은 의심할 여지 없이 모든 리노베이션 프로젝트에서 석면과 PCB를 처리하는 데 드는 비용을 잘 알고 있다. 일부 추정에 따르면 오래된 건물의 코킹(재료의 이음매, 균열 따위의 틈을 메우는 일이나 물질—옮긴이)에서 PCB를 안전하게 제거하고 폐기하는 데 1제곱피트당 9~18달러가 드는 것으로 나타났다. 외부 도장용 페인트의 경우 이 수치가 1제곱피트당 24달러까지 올라가고 유해 폐기물의 운반과 처리 비용으로 1제곱피트당 6달러가 추가된다.[45] 석면도 동일하며 리노베이션 작업 도중에 발견되면 1제곱피트당 5~15달러의 추가 비용이 발생한다(건물 유형과 재료 입수의 어려움에 따라 1제곱피트당 최대 150달러까지 비용이 올라갈 수 있다). 업무 지장과 브랜드 이미지 훼손은 말할 것도 없고, 몇 주간 건설 장비를 착용한 작업자들이 건물 주변을 돌아다니는 것은 일반적으로 사업에 그다지 좋을 것이 없다.[46]

다시 말해 독성 유산 오염물질로 인한 추가 비용으로 수백만 달러가 든다고 해도 과언이 아니다. 게다가 PCB가 현재 건물에 널리 사용되고 있는 화학물질과 몇 가지 공통된 특성을 가지고 있다는 사실이 발견되었다. 브롬 대신 염소가 있다는 것을 제외하면 PCB는 사실상 PBB와 같은 물질이다. 즉 PCB는 PBDE나 다른 브롬화 난연제들과 매우 유사한 화학 구조를 가지고 있다. 이것은 갑상샘 호르몬 T4와도 같다는 의미다(PCB와 PBDE의 결합 효과를 조사한 여러 연구에서 체내 갑상선 호르몬에 시너지 효과를 일으키는 것으로 밝혀졌다.[47] 우리의 규제 체계에서는 두 물질이 서로 다르지만 우리 몸은 비슷한 물질로 받아들인다).

영속적 화학물질은 또 다른 할로겐 원소인 불소를 모두 가지고 있다. 이런 모든 화학물질은 소멸하지 않고 생물에 축적되는 독성물질로 건물 곳곳에서 발견된다. 앞으로 이런 독성물질과 관련된 불법 행위와 분쟁 등의 합의와 더불어 새로운 화학물질의 교정이 요구될 것으로 추정된다.

교정이나 처리 비용과 관련하여 직장에서 경제적 논쟁에서 승리하는 데 어려움을 겪고 있다면 이런 질문을 던져보자. 젊은 남성이나 여성의 임신 가능성을 방해하는 화학물질로 가득 찬 작업 환경을 유지하는 데 드는 비용은 얼마인가? '고환암'이나 '출산율 감소'

등을 언급하고 어떤 반응이 나오는지 살펴보자. 우리는 아무리 고집 센 건축가도 그 자리에서 행동을 멈추는 것을 목격했다. 그러나 이런 정보를 아는 사람은 거의 없고, 불임 문제를 벽의 단열 처리나 사무실 의자에 들어간 난연제와 연관 짓는 의사도 거의 없다.

새로운 독성물질관리법

TSCA가 마련한 규제의 틀은 첫째로 상용되고 있는 8만 가지 화학물질을 처리하는 데 실패하고 매년 도입되는 2천 가지 새로운 화학물질을 제대로 관리하지 못했다. 둘째로 석면처럼 나쁘다고 알려진 물질을 포착하고 금지하는 데 실패했다. 셋째로 유감스러운 대체물의 여러 문제점에도 불구하고 대체물이 '안전'하다는 잘못된 확신을 심어주었다. 넷째로 향후 독성 유산 오염물질이 될 것이 분명한 물질을 미리 막지 못함으로써 건물 소유자에게 수백만 달러의 미래 부채를 안겼다.

TSCA의 총체적 실패는 2016년에 법안을 옹호한 로텐버그 상원의원의 이름을 딴 '프랭크 R. 로텐버그 21세기 화학물질안전법'이라는 새로운 TSCA을 제정하는 계기가 되었다. 안타깝게도 이 새로운 법은 시작부터 좋지 않았다. 버락 오바마 정부 때 공포된 이 법으로 인해 환경보호국은 현재 사용되고 있는 8만 가지 화학물질을 모두 검토해야 했다. 그러나 매년 2천 가지 새로운 화학물질이 시장에 쏟아져 나오면서 일이 밀리기 시작했고 급기야 해결을 위한 대책을 마련해야 했다. 환경보호국은 트리클로로에틸렌, 퍼클로로에틸렌, 염화메틸렌 등을 포함하여 우선 검토할 물질 열 가지를 지정했다. 계산해보면 이런 속도로 평가를 기다리는 수만 개의 화학물질을 처리하려면 수백 년은 족히 걸릴 것이다.

새로운 로텐버그 법은 최소한 이 문제를 다루기 시작했기 때문에 기존의 TSCA에 비하면 큰 발전을 이룬 셈이었다. 하지만 몇 년이 지난 지금도 여전히 같은 열 가지 화학물질을 연구하고 있다. 석면도 여전히 그 목록에 포함되어 있으며, 믿을 수 없지만 여전히 금지물질로 지정되지 않았다. 새로운 법의 지지자들은 이런 더딘 진행을 이 작업에 우선순위를 두지 않는 미국 정부의 책임으로 돌렸다. 그러나 이런 일이 제대로 된 적이 있던가? 여기에는 처음부터 명백한 결함이 있었다.

투명성 부족 = 인식 부족 = 행동 부족

독성 유산 화학물질과 관련해 건물 소유자, 개발자, 임차인, 소비자가 해야 할 일은 무엇인가? 좋은 의도로 'BPA 프리' 제품을 구입하기로 결정했다는 것은 실제로는 'BPA 프리*(*그러나 BPS는 포함되어 있음)'라고 적혀있는 제품을 구입해왔다는 뜻이다. 동네 슈퍼마켓에 가서 '땅콩 프리'라고 적힌 그라놀라 바를 골랐는데, 땅콩 대신 또 다른 견과류 알레르겐인 아몬드가 들어있다는 사실을 밝히지 않았다고 상상해보자. 이와 똑같은 일이 BPA 프리 제품에서도 일어났다. 제품에 잠재적으로 유해한 특정 화학물질이 들어있지 않다고 했지만 유해할 수 있는 또 다른 물질이 들어있는지 여부는 알려주지 않았다.

이것은 절대 용납할 수 없는 일이다. 우리는 식품 포장지에서 '땅콩 없음'이라는 문구를 접하지만 영양성분표를 보고 땅콩이 들어있다는 것을 확인할 수 있으며, 우리가 주의해야 할 또 다른 재료가 들어있는지도 알 수 있다. 건물과 건물에 들어가는 제품에서는 정반대다. 건물 소유자에게 건축 자재나 건물 안에 들어있는 제품에 포함된 화학물질에 관해 물어보면 우리를 멍하니 쳐다볼 것이다(식품 제조업체가 제품 안에 무엇이 들어있는지 모른다는 것을 상상할 수 있는가?).

더 심각한 문제는 좀 전에 그 건물 소유자가 공급업체에 제품에 들어간 화학물질에 관해 물어보면 그들 역시 잘 모른다는 사실이다. 예를 들어 조가 주요 항공기 제조업체와 몇 차례 회의를 가졌다고 가정해보자(건물과 관련된 사례는 아니지만 문제의 요지를 이해할 수 있을 것이다). 당시 그는 앞서 언급한 PBDE의 단계적 폐지 조치로 인한 사용 제한에 대응하여 항공기에서 독성 난연성 화학물질인 데카브로모디페닐에테르Decabromodiphenyl ether(줄여서 '데카'라고 부른다)를 제거하기 위해 노력하고 있었다. 그 과정에서 조는 충격적인 경험을 했다. 그들은 항공기의 어느 부분에 이 화학물질이 사용되었는지 찾아내는 데만 18개월이 걸렸다. 항공기 제조업체뿐 아니라 내부 제품 공급업체도 확실히 말하지 못했다.

건물도 마찬가지다. 근본적인 문제는 투명성, 추적, 성분표 결여 중 하나다. 투명성은 식품의 영양성분표에 나타난다. 영양성분표에는 우리 몸에 들어가는 것이 무엇인지 모두 공개되어 있다. 앞으로 건물 관리의 가장 첫 단계는 무조건 투명성이어야 한다. 우리는 건물에 어떤 것이 사용되는지 분명히 알아야 한다. 이것은 너무 당연한 일이며, 어떤 면에서는 이렇게 글로 써야 한다는 현실이 안타깝다.

이를 위해서는 실질적인 투명성이 확보되어야 한다. 생활용품의 경우를 보면 투명성이 아슬아슬한 경계선에 있다는 것을 알 수 있다. 많은 제품이 성분표를 가지고 있지만 모든 정보가 투명하게 공개되어 있지 않다. 샤워할 때 샴푸 통을 한 번 살펴보자. 성분표를 보면 나열된 성분 중 하나가 '향기'임을 발견하게 될 것이다. 그것은 얼핏 성분을 공개한 것처럼 보이지만, 이번 장까지 읽은 독자라면 "흠. 향기라니, 뭘 의미하는 거지?"라고 자문하게 될 것이다. 많은 경우 '향기'는 프탈레이트를 나타내는 암호다. (프탈레이트는 PVC용 가소제로 사용될 뿐만 아니라 소비재에서 겔화제로 작용해 제품에서 향기가 오랫동안 지속하게 하는 역할을 한다.)

투명성의 측면에서 몇 가지 긍정적인 움직임이 일어나고 있다. 미래생활연구소Living Future Institute 같은 단체가 재료 공급업체가 제품에 포함된 성분을 공개하도록 유도하기 위해 '성분표 공개하기 프로젝트'를 시작했다. 대다수 사람들이 투명성이 필요하다는 데 동의할 것이다. 그러나 고객에게 "이 제품에는 2,2,4,4,-테트라브로모디페닐에테르Tetrabromodiphenyl ether가 포함되어 있습니다"라고 말하는 것만으로는 부족하다. 이 문장을 이해할 수 있는 사람은 많지 않기 때문이다. 우리에게 정말 필요한 것은 잠재적으로 인간의 건강에 악영향을 미칠 수 있는 모든 성분을 추정하는 것이다.

HPD 컬래버레이티브Health Product Declaration Collaborative 같은 단체가 제품의 성분뿐 아니라 건강에 미치는 잠재적 위험도 함께 나열하는 친환경제품인증HPD을 개발하여 이 분야의 발전을 돕고 있다. 여기서 중요한 것은 HPD 컬래버레이티브는 건축가, 설계자, 소유자, 제조업체를 포함하여 250명 이상의 회원으로 이루어진 비영리 개방형 표준을 도입한 단체라는 사실이다. HPD는 8장에서 다루는 건강한 건물 인증 제도와 조화를 이룬다. 이런 단체의 핵심 목표는 건물과 건설 시장의 투명성을 강화하는 것이다. 물론 궁극적인 목표는 친환경 화학 같은 분야에서 한 단계 발전된 해결책을 찾는 것이다.

이 모든 것과 관련하여 한 가지 주의할 점이 있다. 캘리포니아주가 '법령 65Proposition 65'에서 한 일을 반복해서는 안 된다는 것이다.[48] (법령 65는 모든 것에 '잠재적인 발암물질이 포함되어 있다'는 경고 문구를 붙여야 한다고 규제한 법안이다.) 법령 65는 제품 성분의 공개를 요구하는 선의의 법률의 역효과를 보여주는 훌륭하지만 슬픈 예다. 캘리포니아의 건물은 이 법에 따라 다음과 같은 경고 문구를 게시해야 한다.

> 이 건물에는 암이나 생식 기능 손상을 유발하는 화학물질이나 자재가 포함되어 있을 수 있습니다.
> - 미국 캘리포니아주 '법령 65' 보건 안전 규정; 6.6장 25249.6절

법령 65에서 규정한 경고 문구가 붙은 기념품 커피 컵 A와 경고 문구가 없는 컵 B가 있다면 소비자는 B를 선택할 확률이 높다. 하지만 건물의 경우에는 이것이 무의미하다. 경고 문구가 우리에게 알려주는 것은 이 건물 어딘가에 발암물질일 수 있는 화학물질이 있다는 사실이다. 이 정보 때문에 소비자가 선택을 바꿀 가능성은

그리 크지 않다. 이 같은 광범위한 경고 문구 때문에 회사를 옮길 사람도 거의 없다. 이 경고 문구가 붙은 병원 의사에게 진찰받기를 거부할 환자 역시 많지 않다. 건물 입구에서 이 문구를 보고 콘퍼런스장을 떠날 고객은 과연 얼마나 될까?

수요 측면의 구매력 활용하기

소비재와 건축 자재에 포함된 걱정스러운 화학물질로부터 우리를 보호할 수 없는 '유죄가 입증될 때까지 무죄'라는 규제 접근 방법, 오랫동안 유감스러운 대체물을 산출한 50년간의 공급 측면의 접근 방법, 건물에는 무의미한 '법령 65' 유형의 법이 아닌 새로운 접근 방법이 필요하다. 우리는 보다 건강한 건축 자재로의 전환을 가속화하기 위해 방정식의 수요 측면, 즉 구매자에 초점을 맞춘 시장 기반 솔루션 개발을 선도하는 기업들과 협력해왔다.

하버드대학에서 우리는 우리 과학자들이 만든 과학을 무시할 수 없다는 단순한 아이디에서 시작했다. BPA, 영속적 화학물질, 다른 여러 가지 우려할 만한 화학물질에 관한 훌륭한 연구가 하버드대학을 비롯해 전 세계 여러 대학에서 이루어지고 있다. 그래서 우리는 "이런 화학물질이 들어간 제품을 구입하지 않으려면 어떻게 해야 할까?"라고 자문했다. 답은 불가능하다는 것이었다.

이런 이유로 우리는 이 연구를 실행에 옮겨보기로 했다. 하버드지속가능성연구소Harvard Office for Sustainability 수장 헤더 헨릭슨과 함께 하버드건강한건축자재협회Harvard Healthier Building Materials Academy

를 설립했다. 이 협회는 연구를 실행에 옮기기 위해 최신 과학적 증거를 활용하여 하버드대학을 비롯해 많은 곳에서 자재를 구입할 때 정보를 제공하는 것을 목표로 한다.

우리는 하버드대학 구매협회에 과학을 적극적으로 교육했다. 헨릭슨과 그의 팀 그리고 구매자, 프로젝트 관리자, 제품 선정자, 디자이너, 임원, 시설 관리자 집단의 지칠 줄 모르는 작업 덕분에 우리는 제품 성능, 프로젝트 일정이나 비용 등에 영향을 받지 않고 전반적으로 독성이 낮은 제품을 실제로 구입하는 것이 가능함을 보여줄 수 있었다. 이 책을 쓰고 있는 지금, 이 순간에도 캠퍼스에서는 수십 개의 프로젝트가 진행되고 있다. 우선 난연제, 얼룩방지제, 영속적 화학물질, 항균제 같은 몇 가지 우려되는 화학물질이 없는 제품 사용을 지정하는 새로운 친환경 건물 표준을 시험하고 있다.

우리가 하는 다른 모든 일과 마찬가지로 우리의 목표는 단순히 하버드대학의 환경을 개선하는 단계에서 그치지 않고 하버드대학을 넘어선 곳까지 해결책을 장려하는 것이다. 이런 이유로 우리는 2018년 구글과 파트너십을 맺었으며 비슷한 사명과 비전을 가진 다른 선도 기업들과도 협력하기 시작했다. 구글 경영진이 재료를 모르는 음식을 사지 않는다면 내부에 뭐가 들어있는지 모르는 건물용 제품을 살 이유도 없다. 놀랍게도 구글은 전 세계 데이터를 체계화하는 데 주력하는 회사이지만 우리와 마찬가지로 경영진은 회사 건물에 들어간 제품 데이터에 관해서는 크게 신경 쓰지 않았다. 그러나 이제 변화하고 있다.

그 과정에서 우리는 같은 문제에 직면한 여러 조직, 건축가, 건설 회사를 발견했다. 우리 중 많은 사람이 유사한 미션과 비전을 갖고 있다는 것을 깨달았지만 공급자들에게 접근하는 방식에 있어서는 그렇지 않았다. 우리는 사실 약간 다른 방식으로 비슷한 것을 요구했기 때문에 시장의 혼란에 일정 부분 기여하고 있었다. 하지만 이 부분은 진화하고 있다.

시장은 이런 화학물질과 개발 솔루션의 잠재적 위험에 발 빠르게 대처하고 있다. 예를 들어 세계적인 건축 설계 회사 퍼킨스앤윌은 '투명성'이라는 웹페이지를 개설하여 독성 우려나 독성 화학물질이 포함될 가능성이 있는 건축 제품에 관한 현실적인 정보를 제공한다.[49] 관련 산업과 과학이 역동적으로 발전하고 있다는 점을 인식하고, '예상 목록'과 함께 사용할 수 있는 '감시 목록'도 마련되어 있으므로 향후 유감스러운 대체물을 피할 수 있다.

종합하면 우리가 권장하는 접근 방법은 간단하다. 우선 투명성부터 시작한다. 우리 모두가 건물에 사용되는 것을 원치 않는 몇 가지 독성 화학물질을 선별한 뒤 건물에 사용되는 가장 큰 제품군을 몇 가지 가려낸다. 그리고 불확실성이 존재한다는 사실을 인정한다. 이용할 수 있는 최고의 과학을 기반으로 결정을 내리고 유감스러운 대체물과 독성 유산 오염물질을 경계하고 예방 원칙을 따른다. 마지막으로 건강을 최우선순위로 둔다.

사전 예방 원칙을 따른다.

- '건강 우선'이라는 마음가짐으로 지나치다 싶을 정도로 주의한다(혹은 지나치다 싶을 정도로 건강에 신경 쓴다).
- '약한 독성'은 '무독성'을 의미하지 않으며 '더 안전한' 것이 실제로 '안전한' 것은 아니다.
- 역사를 무시하지 않는다(고의로 반복한다면 '유감스러운'이라고 말할 수 없다.)

행동하는 것은 전적으로 당신에게 달려있다.

- 법 규정이 효과적이지 못하다는 것이 입증되었다. 업계는 스스로를 규제하지 못하고 있다.
- '유죄가 입증될 때까지 무죄' 원칙이 사법제도에서는 바람직할 수 있지만 화학물질 관련 정책에서는 파멸을 초래한다.
- 미래의 독성 유산 오염물질과 그와 연관된 엄청난 비용의 발생을 미리 방지한다(다음 PCB는 무엇인가?).

유해물질로 알려진 몇 가지 부류부터 시작한다.

- 난연제나 얼룩방지제 같은 일부 유해물질은 동급으로 처리한다(5천 가지가 넘는 변종이 있는 경우 한 번에 하나씩 처리하는 것은 불가능하기 때문이다).
- 잔류성 유기 오염물질이 문제가 되고 있다. 오늘의 실내 위험 요

소는 내일의 실외 위험 요소다.

기존 과학을 활용한다.

- 당신이 구매하고 건물에 넣을 제품에 어떤 화학물질이 들어있는지 정보를 요구한다.
- 규제 기관이 따라가지 못한다고 해서 과학을 무시하지 않는다(미국 환경보호국은 아직도 공식적으로 석면을 규제하지 않는다는 사실을 기억해야 한다). 규제는 선도적인 과학을 수년 혹은 수십 년 단위로 추적한다.
- 날조된 의심을 바탕으로 결정을 연기하지 않는다(우리는 일부 화학물질을 사용하면 안 된다는 사실을 충분히 잘 알면서도 추가 연구와 증거를 요구하며 결정을 연기한다).

건물에서 가장 큰 제품군을 기반으로 우선순위를 정한다.

- 부피나 질량을 기준으로 볼 때 가장 큰 제품군이 무엇인지 파악한다(건물에서 전체적인 '독성의 양'을 고려한다).
- 구입한 제품의 대체품을 찾아본다(가장 큰 제품군의 경우 대부분 우려되는 화학물질이 들어있지 않으면서 성능과 비용이 같은 제품도 시중에 많다).

역동적인 접근 방법을 취한다.

- 가능하다면 이런 접근 방법을 취한다(일부 제품의 대체품은 아직 없

을 수 있다).

- 규정을 위반하지 않는다(예를 들어 난연제가 꼭 필요한 경우도 있다).
- 다음에 생각해야 할 것이 무엇인지를 기록한 감시 목록을 작성한다(나노 물질, 누가?).

8장

건강한 건물 인증 제도

교육은 점수, 졸업장, 일자리, 돈 같은 결과물이 아니라 끝이 없는 과정이다.

– 벨 코프먼

대학을 졸업할 때 졸업장을 손에 쥐기 전까지는 실감이 나지 않는다. 당신은 많은 노력을 쏟아부었고 이제 모든 사람이 당신이 거둔 성취를 알 수 있도록 책상 뒤에 걸어놓을 무언가를 원한다. 졸업장은 최소한 한때 당신이 공부한 어떤 분야에서 어느 정도의 전문성을 '인정'받았다는 증명서다. 예를 들어 의사, 회계사, 변호사를 선택할 때 이런 증명서가 도움이 된다. 고객은 유기화학, 감가상각, 특허법 등에 관한 지식을 개별적으로 시험하는 것이 아니라 그들이 가진 자격증을 보고 신뢰한다.

건물에 관해서도 마찬가지다. 오늘날 건물 소유자, 개발자, 투자자, 임대인은 모두에게 자신의 건물이 특별하다는 사실을 알리고 싶어 한다. 그들은 건물에 관한 '졸업장'을 원하고 이것이 가져다주는 가치를 인정받길 바란다.

건물을 사고파는 사람들에게 이것은 일종의 자부심인데 대부분은 그저 사업적인 결정에 그친다. 제3자 인정은 경쟁사 건물의 간판을 보지 못한 세입자를 유치하거나 프리미엄 임대료를 청구하는 데 도움이 된다. 임차인은 우리 모두가 일상적인 결정에 적용하는 것과 동일한 논리와 거래 셈법에 의존한다. 두 명의 의사 중에서 다른 모든 조건은 같고 한 명은 공인 의과대학 졸업장을 받았고 다른 한 명은 그렇지 않다면 누구를 선택하겠는가? 생각할 필요도 없다. 건물도 마찬가지다. 어떤 건물 소유자와 임차인은 수도 시설 성능, 건축 폐기물 처리, 목재 조달처 등을 꼼꼼히 살펴볼 것이다. 그러나 대부분은 검열을 통과했다고 증명하는 외부 인증에 의존한다.

이러한 친환경 건물에 관한 인증서는 많은 진보적인 임차인, 임대인, 투자자 사이에서 '있으면 좋은 것'에서 '꼭 필요한 기준'으로 진화하고 있다. 우리는 앞으로 건강한 건물에 관한 몇 가지 개념의 구현, 인증, 소통이 수준 높은 기업들의 매우 중요한 차별화 요소가 될 것으로 믿는다.

결정적으로 건강한 건물에 관한 결정은 점진적이고 무난한 설계나 설비 옵션을 선택하는 수준을 훨씬 뛰어넘는다. 결함이 있는 체계는 사람들을 실제로 병들게 할 수 있다. 따라서 건강한 건물은 더 정밀하게 조사되어야 하며, 표준과 측정의 정의뿐만 아니라 누가 이를 인증하는지 그리고 그들이 체계와 결과를 얼마나 제대로 평가하는지에 대한 인식이 필요하다.

이번 장에서는 건물 인증과 인증 제도의 변천사와 현재 상황을 살펴보려 한다. 건강한 건물 인증 제도가 새롭게 등장하면서 관련 기술과 제도가 빠르게 발전하고 있는데, 이와 관련해 역사적으로 인증 관행에 영향을 준 요소에 대해서도 약간 언급하려 한다. 미래에는 광범위한 센서, 분석, 실시간 보고 등의 기능이 필요할 것이다. 새로운 인증 제도는 진화할 것이므로 앞으로 나아가는 방향에 대한 우리의 생각도 공유하려 한다.

우리는 이번 장을 마칠 무렵 당신이 다음 사항을 확신하게 되리라 기대한다.

- 친환경 건물 운동과 친환경 건물 인증은 급성장하는 건강한 건물 운동에 중요한 통찰을 제공하지만 '건강한' 것으로 인증하는 것은 '친환경'으로 인증하는 것과 매우 다르다.
- 최초의 건강한 건물 인증 제도는 건물을 '사람 중심'으로 평가하는 접근 방법을 장려하는 좋은 출발점이지만 각각 장단점이 있다.
- 건강한 건물을 위한 자본적 지출과 인증 비용은 언뜻 보기에는 엄두도 못 낼 정도로 비싸게 보이지만 인간의 성과와 건강을 고려한다면 결코 그렇지 않다.
- 누가 인증하는가는 무엇을 인증받는가만큼 중요하다.
- 전문 기술과 활용 가능한 방법이 빠르게 발전할 것이며 체계와 기준 역시 유동적일 것이다.

친환경 건물 운동에서 얻은 교훈

1990년대 초반 선구적인 건축가, 설계자, 장비 제조업체, 기준 제정 기관이 모여 건축 자재를 신중하게 사용하고, 환경에 민감하며 에너지를 절약하는 친환경 건물을 짓는 일을 주제로 첫 대화를 나누었다. 친환경 건물의 개념은 그 자체로 중요하다. 그러나 그것은 또한 진정 필수적인 혁신이라 할 수 있는 일부 설계 표준과 서로의 건물을 벤치마킹하는 경쟁 방법을 개척했다. 이로 인해 다른 사람들도 신속하게 친환경 건물을 인지하고 인증해야 할 필요성을 느꼈다. 건물에 대한 일종의 '졸업장'이 차례로 제정되었다.

친환경 건물 공간의 주요 참여자 중 하나는 미국그린빌딩협의회 USGBC로, 설립자이자 초대 CEO인 릭 페드리지의 지휘 아래 가장 영향력 있는 친환경 건물 인증 제도인 리드 LEED, Leadership in Energy and Environmental Design을 제정했다.[1] 얼마 지나지 않아 건물 입구의 벽에 걸리는 친환경 건물 인증 명판이 탄생했다. 그리고 새로운 졸업생을 위해 졸업식을 거행하듯이 이제 새로운 건물을 위한 명판식이 등장했다.

리드의 개념은 강력한 영향력을 발휘했다. 초기 친환경 건물 관계자들은 실제로 설계와 건축 분야에서 공식적인 지위가 없었고 건축 법규, 장비 표준, 검사 등에 직접적인 영향을 미치지 않았으며, 경제적인 영향력도 없었다. 그들은 어떻게 스스로 그렇게 열정적으로 관심을 기울이는 것들을 공동체에 폭넓게 알릴 수 있었을까? 당시 업계는 신중했고 대부분 '친환경'에 큰 관심을 쏟지 않았다.

USGBC는 명확하고, 이해하기 쉽고, 설득력 있고, 보편적으로 적용 가능한 인증 제도를 구상하고, 확립하고, 성문화하고, 끊임없이 홍보함으로써 결국 지역과 국가 건축 법규에 영향력을 행사했다. 그뿐 아니라 ASHRAE 같은 기관에서 발표한 표준, 많은 도시와 지역에서 진행되는 구역 설정과 허가 절차, 대규모 정부 기관 임차인을 위한 임대 기준, 중요한 금융기관의 투자와 인수심사 결정에도 관여했다.

리드와 USGBC가 부상한 이후 전 세계적으로 100개 이상의 친환경 건물 위원회가 출현했고, 수십 개의 친환경 건물 인증 제도가 개발되었으며, 특정 기준을 거의 모두 충족하는 건물에 부착할 명판이 등장했다. 이것은 이 운동을 시작한 리더들의 비전과 성과를 보여주는 놀라운 증거다. 모든 친환경 건물 인증 규정은 많은 공통 요소를 지니고 있다. 리드가 선두 주자이고 여전히 대부분의 지역에서 지배적인 표준이므로 여기서는 리드에 대해 이야기하면서 친환경 건물 인증 제도가 무엇을 추구하고 어떻게 운영되는지 알려주려 한다. 세부 사항은 다를 수 있지만 우리가 언급하는 내용은 대부분 다른 친환경 건물 인증 제도에도 적용된다. 곧 알게 되겠지만 그것은 건강한 건물 운동과 중요한 유사점도 있고 몇 가지 주목할 만한 차이점도 있다.

모든 친환경 건물 인증 제도는 점수 체계를 바탕으로 한다. 건물 팀은 그들이 추구하는 다양한 전략에 따라 '점수'를 받는다. 예를 들어 리드는 물 효율성, 에너지 효율성, 설계, 현장의 지속 가능성 등의 항목에 대해 얻은 점수를 바탕으로 건물을 평가한다. 취득한 전체 점수에 따라 건물은 리드 실버, 리드 골드, 리드 플래티넘의 세 등급으로 분류된다.

인증 제도의 가장 큰 장점 중 하나는 소비자와 투자자에게 공통된 기준을 제시한다는 것이다. 리드는 친환경 건물 점수를 식품의 영양성분표 정보에 비유하는데 매우 적절한 비유라고 생각한다. 영양성분표를 통해 식품을 비교하고 내용물을 알 수 있는 것처럼 좋은 건물 인증 제도를 통해 건물을 비교할 수 있다. 뉴욕에 있는 리드 플래티넘 건물은 두바이에 있는 리드 플래티넘 건물과 크게 다르지 않아야 한다(이것은 100퍼센트 사실은 아니다. 모든 건물이 충족해야 하는 전제 조건, 지역 변수와 환경 문제 그리고 다양한 인증 경로를 허용하는 선택적 부분이 있기 때문이다.)

광범위한 지역에 걸쳐 건물을 비교할 수 있게 되면서 극적인 경제적 결과를 얻게 되었다. 한 가지 주된 이유는 이런 건물의 '고객' 상당수가 기관투자자이며 일반적으로 직접 투자, 제한된 파트너십, 부동산투자신탁 같은 관리 펀드를 통해 포트폴리오의 5~10퍼센트를 부동산에 할당하기 때문이다. 지난 몇 년간 많은 투자자가 친환경 건물을 선호했다. '글로벌 부동산 지속 가능성 벤치마크GRESB'에 따르면 7조 달러 이상의 글로벌 부동산 투자 자금이 친환경 건물 성과를 추적하는 독립체에 의해 관리되고 있다.[2]

친환경 건물 인증 제도에 대한 비판 중 하나는 주로 특정 시점의 건물 성능과 설계를 대표한다는 것이다. 2007년에 얻은 리드 플래티넘 인증 명판이 실제로 10년 이상 지난 지금 그 건물의 성능을 증명할 수 있을까? 그럴 가능성은 희박하다(우리 중 누군가가 대학 졸업장을 받았을 때 알고 있었던 것들에 대해 오늘 다시 시험을 치른다면 이와 비슷한 일이 일어날 것이다).

다행히 교육에서 '평생 학습'을 향한 움직임이 있듯이 건물에도

그림 8.1 리드에서 만든 건물 '영양성분표' 사례 자료: USGBC

정적 측정에서 건물 성능을 지속적으로 측정하고 인증하는 동적 평가로 나아가는 움직임이 일어나고 있다. USGBC 회장 마헤시 라마누잠의 지휘 아래 리드는 보다 역동적인 등급 체계로 변화하고 있다(건물 성능 측정과 추적에 대한 자세한 내용은 9장을 참고하기 바란다).

리드는 시장에 엄청난 영향을 미쳤다. 2019년 기준으로 전 세계적으로 80억 제곱피트(약 7억4천322제곱미터) 이상의 공간이 리드 인증을 받았다.[3] 이런 성공의 원동력 중 하나는 에너지 절약을 통한 약속된 재무적 투자 수익이다. 리드 인증 건물은 인증을 받지 않은 다른 건물들과 비교할 때 에너지 사용량을 약 20~40퍼센트 절약한다.[4] 이것은 기업의 최종 운영 비용 절감으로 이어진다. 4장에서 소개한 추정 재무제표에서 설명했듯이 절약한 금액을 쉽게 추산하고 측정하며 검증할 수 있다. 에너지 절약은 모든 사람이 이해할 수 있는 운영 예산의 한 항목이다. 일부 건물 소유자와 사용자는 엔지니어링 투자, 특히 에너지 효율성에 대한 비용편익분석을 수행할 수 있는 내부 역량을 가지고 있다. 그중 일부는 리드 인증 건물에 대해 상대적으로 단순하고 재무 분석이 부족하다는 점을 지적한다. 그러나 대체로 업계가 친환경 방향으로 나아가는 데 인증 제도가 큰 역할을 했다는 평가다.

오늘날 뉴욕이나 샌프란시스코 같은 몇몇 도시에서는 친환경 건물이 일반적이다. 만약 새로운 상업용 건물이 리드 인증을 받지 않았다면 위험 신호가 나타날 수 있다. 이런 현상은 "경쟁자가 하면 나도 해야 해"라는 시장의 힘에서 비롯된다. 일부는 새로운 기대치가 생겼기 때문이기도 하다. 이제 임차인과 투자자는 리드 명판부터 찾는다. 부분적으로는 지방자치단체의 힘도 작용한다. 뉴욕은 2019년 기후활성화법Climate Mobilization Act의 하나로 건물의 탄소 배출량을 2030년까지 40퍼센트, 2050년까지 80퍼센트를 줄여야 한다고 발표했다.

리드는 그 자체로 건축 법규나 미국국립표준협회ANSI 승인 국가 표준은 아니다. 이것은 실현된 성능의 척도가 아니며 상세한 비용 편익분석도 제공하지 않는다. 그럼에도 USGBC와 리드는 설계자가 더 창의적으로 설계하고, 건축업자가 더 잘 짓고, 제조업체가 더 혁신하고, 개발자가 더 지속 가능한 건물을 개발하도록 이끌었다.

이제 대중과 시장이 모두 리드 인증에 익숙해지고 병든 건물이 인간과 경제에 미치는 영향에 대한 인식이 확대되는 상황에서 다음 단계는 무엇이 될까?

건강한 건물 인증

건강한 건물 운동의 부상과 함께 건강한 건물 인증 제도가 친환경 건물 인증 제도를 대체하거나 경쟁 혹은 보완하기 위해 그에 상응하는 노력을 해왔다는 것은 그리 놀라운 일이 아니다. 당신이 누구와 대화하고, 그들이 새로운 인증을 어떻게 보느냐에 따라 차이가 있을 뿐이다. 몇몇 인증 제도는 이 차이를 메우는 데 앞장서고 있다. 이들 초기 도전자를 간단히 살펴볼 텐데, 우리는 그들을 지지하거나 비판하기보다는 시장에서 어떤 역할을 하고 있고, 또 어떤 역할을 해야 하는지에 대한 의견을 피력하려 한다.

대체로 우리는 현재의 시장 인식 측면에서 모든 것이 빠르게 변화하고 있다고 생각하며, 일부 주요 참여자들은 이런 인증을 '있으면 좋은 것'에서 '꼭 있어야 하는 것'으로 인식을 바꾸고 있다. 일부 참여자들은 '인증 피로'를 언급하기도 한다. 건물과 그 안에서 생활하는 사람들에게 가장 좋은 일을 하고 싶지만, 인증 절차를 거치거나 인증 비용을 지불하고 싶지는 않다는 것이다. 우리는 새로운 기술과 향상된 '스마트 빌딩' 기능 그리고 인증 여부와 관계없이 건강한 건물로의 전환을 통해 얻을 수 있는 실질적인 혜택이 있을 것으로 확신한다.

타당한 과학 연구, 불완전하게 퍼뜨리기

건강한 건물 운동은 수십 년 전부터 존재해왔으며 처음에는 '실내 공기'라는 주제를 중심으로 모인 과학자들에 의해 주도되었다. 실내 공기질에 관한 초기 연구는 국제실내공기질및기후학회International Society of Indoor Air Quality and Climate 같은 과학 단체와 학술지 《실내공기*Indoor Air*》(조가 편집장을 맡고 있다)의 탄생으로 이어졌다. 대부분의 과학자는 사업가가 아니고 커뮤니케이션에 능숙하지 못하며, 심지어 부동산 업계의 의사 결정자와 접촉할 수 있는 사람의 숫자는 더 적다. 그 결과 건강한 실내 공기에 대한 설득력 있는 증거의 상당 부분은 빛을 보지 못하고 학술지와 콘퍼런스에 수록되는 데 그쳤다. 그리고 이들 과학자는 궁극적으로 자신이 영향을 미치려 했던 시장, 즉 건물을 설계하고 운영하고 유지 관리하고 인증하는 사람들을 설득하는 데 실패했다.

조는 2016년 부동산원탁회의Real Estate Roundtable에서 이 문제의 심각성을 깨닫고는 다음과 같이 말했다. "건강한 건물을 갖는다는 것이 어떤 의미인지 지나치게 복잡하게 생각해요. 우리가 통제해야 하는 것은 극소수에 불과하며 누구나 그것이 무엇인지 알고 있어요." 그러자 회의실에 있던 모든 사람이 관심을 보이며 '실내 공기'에 관한 기본적인 사항을 질문하기 시작했다. 이 과정에서 풍부한 과학적 증거가 실무자들 사이에서 아직 활용되지 않고 있다는 사실이 밝혀졌다.

회의 결과 세 가지가 매우 명확해졌다. 첫째, 연구자와 실무자 사이에 격차가 있다. 둘째, 시장은 건강한 건물에 관한 지식과 서비스를 원한다. 셋째, 누군가는 그 수요를 채울 것이다.

그렇게 건강한 건물 인증 제도가 탄생했다.

웰 건물 인증

웰 건물 인증The WELL Building Standard은 금융계에서 일한 경험이 있는 폴과 피트 시알라 형제가 만들었다. 그들은 미국 경제에서 가장 큰 분야인 부동산과 건강관리를 결합하면 엄청난 잠재력이 발휘될 수 있다는 사실을 깨달았다. 시알라 형제는 공중보건에 대해 정식 교육을 받지 못했지만 금융계에서 쌓은 경험으로 이를 만회했다. 그들은 시장이 열리는 것을 보고 건강과 웰빙 전문 기업 델로스Delos를 창업하고 웰 인증을 만든 기관인 국제웰빌딩협회IWBI, International WELL Building Institute를 설립했다.

시알라 형제와 그들의 팀은 마케팅 측면에서 금방 놀라운 결과를 얻을 수 있었다. 그들은 기존의 친환경 건물 인증 제도와 정면 대결하기보다는 USGBC와 협력하여 매년 1만 명에서 2만 명이 참가하는 세계 최대 친환경 건물 콘퍼런스인 그린빌드Greenbuild를 후원하기 시작했다. 이렇게 그들의 인증 제도인 웰과 리드의 관계를 만들어나갔다.

웰은 2014년 처음 공개되었으며 그로부터 몇 달 지나지 않아 전 세계 부동산 시장에서 화제가 되었다. 우리는 전 세계 어디로 출장을 가든 웰 건물 인증 제도에 관해 묻는 사람을 만날 수 있었다. 건강한 건물 운동의 부상과 IWBI의 커뮤니케이션과 마케팅 능력 덕분이었다.

웰의 화려한 시작은 건강한 건물의 다양한 요소를 알리는 데 도움이 되었다. 친환경 건물 세계의 사람들은 갑자기 실내 공기질의 기준인 조명, 소음, 환기 같은 새로운 것에 정량화할 수 있는 목표를 설정하여 친환경 건물의 실내 공기질 표준의 이면을 봐야 한다는 사실을 인식하기 시작했다. 요컨대 웰은 친환경 건물 인증 세계의 사람들을 건강에 우선순위를 두고 생각하도록 만들었다.

모든 측정법과 장려 제도와 마찬가지로 웰도 인증 체계에 허점이 있었다. 이것은 의심 많은 사람이 종종 '자전거 고정대 점수'를 지적했던 리드의 경험을 그대로 보여주는 것 같았다. 자전거 고정대는 어떤 건물에는 의미 있는 추가 기능이 있지만, 거대한 주차장으로 둘러싸인 교외 사무실 단지나 자전거를 탈 수 없는 도로망 근처에 있는 건물이라면 그저 최소 요건을 채우기 위한 것에 지나지 않는다. 이런 이유로 건물은 자전거 타기처럼 에너지를 절약하는 행동을 장려함으로써 리드 점수를 얻지만 사실은 실제 에너지를 절약하기 위한 조치에 집중하는 것이 더 나을 수 있다.

웰의 경우 이런 허점은 적은 비용으로 점수를 얻기 위해 눈에 띄는 공간에 무언가를 설치하는 등의 행동으로 나타나기도 했다. 이것은 영양과 운동 분야에서 점수를 얻기 위해 웰 플래티넘 인증 건물 로비에 러닝머신과 너트 한 접시를 두는 회사가 나타날 것이라고 조롱하는 끝없는 불평으로 이어졌다.

그러나 웰은 계속 진화했다. 2017년 IWBI는 친환경 건물 운동의 수석 건축가인 릭 페드리지를 CEO로 채용했다. 페드리지는 지금은 웰 회장을 맡고 있는 USGBC 친환경학교센터 전 책임자인 레이철 거터를 포함하여 여러 핵심 인물을 영입했다. 이로 인해 기존의 친환경 건물 운동과 웰의 유대관계가 한층 강화되었고, 웰 2.0버전을 출시하기 위해 노련한 팀을 꾸릴 수 있었다(몇 년 동안 이들 임원 중 몇몇은 조가 소속된 하버드대학 건강한 건물 프로그램의 자문 위원회에서 활동했고, 조는 USGBC의 친환경학교센터 자문 위원회에서 활동했다. 그들이 웰로 옮긴 이후에는 공식적으로 함께 일한 적이 없다).

2018년에 출시된 웰 2.0버전은 초기 버전의 성공을 가로막았던 여러 문제를 해결했다. 우선 인증 비용을 10배 정도 낮췄고, 많은 특성이 덜 혼란스럽고 간결해졌다. 개발도상국에서도 웰을 도입할 수 있도록 가격 책정과 할인 전략을 도입했고, 대기업이 건물을 한 채씩 인증받을 필요가 없도록 포트폴리오 옵션을 지원했다. IWBI는 몇몇 최고의 과학자들로 이루어진 자문 위원회를 설립하고 공중보건과 관련 분야에서 석사학위를 받은 여러 과학자를 고용했다. 모든 것이 견고해 보였다.

웰 2.0버전은 여러 가지 면에서 공중보건의 승리라고 볼 수 있었다. 여기에는 우리가 6장에서 언급한 건강한 건물의 아홉 가지 기본 토대의 많은 부분이 속하지만 웰은 이것을 공기, 물, 조명, 움직임, 열적 쾌적성, 소음, 자재, 마음, 지역 사회, 영양분의 열 가지 항목으로 분류했다. 친환경 건물 인증 세계의 경영진, 비즈니스 리더와 투자자가 건강한 건물 세계에 등장한 것은 프로필에 건강한 건물을 올리고 싶어 하는 사람들에게 좋은 신호였다. 이 친환경 건물과 비즈니스 리더들은 건강한 건물을 대중에게 알리는 데 필요한 기술을 가지고 있었다. 모든 훌륭한 리더가 그렇듯이 그들은 전문 지식이 부족한 분야의 전문가를 영입하고, 과학을 활용하여 연구를 실천에 옮기는 과정에서 발생하는 격차를 해소할 수 있었다.

핏웰 건물 인증

주목받고 있는 또 다른 인증 제도인 핏웰Fitwel은 건강과 건물에 주력하는 미국 연방 정부의 주요 기관인 미국질병통제예방센터와 모든 정부 기관 건물을 관리하는 연방 총무청GSA의 합동 작업으로 탄생했다. 그들은 결국 핏웰 프로그램을 분리하는 데 성공했고 지금은 비영리단체 액티브디자인센터Center for Active Design에서 관리하고 있다. 핏웰은 갈수록 영향력이 커지고 있다. 상업용 부동산 분야 선도 기업 티시먼스파이어는 2017년 전 세계에 있는 자사 건물이 핏웰 인증을 취득하도록 하겠다고 발표했다.[5] 부동산 투자 신탁 회사 보스턴프로퍼티스는 2019년 1천100만 제곱피트(약 103만1천 제곱미터)의 A급 사무실 공간에서부터 인증을 취득하기 시작했다.

웰과 마찬가지로 핏웰은 더 건강한 실내 환경을 조성하는 것을 목표로 하지만 두 제도는 중요한 면에서 차이를 보인다. 가장 큰 특징은 핏웰은 자기 관리 체크리스트라는 점이다. 기본적으로 건물 대표자는 신규 혹은 기존 건물을 조사하고 핏웰의 건강 증진 항목 목록을 충족하는 것을 찾는다. 이런 항목 중 일부는 모든 건물에 자동제세동기가 있는지, 석면이 제대로 관리되고 있는지 등과 같이 지극히 당연한 것이다. 그러나 논란의 여지가 있는 것("실내 공기질 정책을 채택하고 시행한다", "활용 가능한 충분한 작업 공간을 제공한다"), 법으로 정해진 것("적절한 층에 미국 장애인법에서 규정하는 급수 시설이 최소 한 군데 이상 설치되어 있다"), 심지어 건강과 관련 없는 것도 있다("1층에 공공적으로 접근할 수 있는 용도의 공간을 제공한다").

웰과 핏웰의 가장 중요한 차이점, 즉 시장에서 가장 눈에 띄는 것은 핏웰은 건물당 관리 비용이 수천 달러에 불과한 반면, 웰은 대규모 프로젝트의 경우 최대 수십만 달러까지 올라갈 수 있다는 것이다. 이 점은 시장에서 매력적인 요소로 작용하며, 티시먼스파이어가 전 세계 400채 이상의 부동산 자산과 2천 명이 넘는 임차인이 차지하고 있는 1억6천700만 제곱피트(약 1천551만4천800 제곱미터)의 공간에 핏웰 인증을 취득하려는 이유일 것이다.

그러나 여전히 중요한 질문이 남아있다. 핏웰은 몇천 달러의 저렴한 비용으로 '건강한 건물'임을 알리는 명판을 달 수 있으므로 건물 소유자에게 매력적인 대안이 될 수 있다. 하지만 자기 관리 체크리스트로 정말 핏웰 건물이 더 건강한 건물이라는 것을 인증할 수 있을까? 이것은 여전히 답하기 어려운 질문으로 남아있다. 핏웰 인증 제도에서 몇몇 항목의 점수는 매우 주관적이며 관련된 모든 사람이 저마다 다르게 해석할 수 있다. 예를 들어 건물이 실내 공기질 관리 방안에 대해 핏웰 인증을 받았다면 세부 사항을 잘 확인해야 한다. 그 방안이 "각층의 이산화탄소 농도를 측정한다" 같은 기본적인 사항을 적은 한 페이지짜리 '계획'일 수도 있고, 건강한 건물의 아홉 가지 기본 토대를 모두 관리하는 철저한 계획일 수도 있기 때문이다.[6]

시장의 경우 두 건물이 모두 핏웰 인증을 취득했다고 하더라도 사람들이 어떻게 두 건물을 비교할 수 있겠는가? 이에 대한 반론은 당연히 핏웰은 시작점이 좋다는 것이다. 건물 소유자가 건강에 신경 쓰고 있다는 신호, 그것이 중요한 시작점이다.

리셋 건물 인증

좋은 소식이 있다. 사람들이 진정으로 건강한 건물을 원하는 방향으로 이동하고 있으며, 문제의 자산이 객관적으로 건강하다는 것을 확인하는 방법을 포함해 여러 해결책을 찾고 있다는 점은 부인할 수 없다. 이것은 건물 설계자와 소유자가 자신의 결정을 뒷받침할 수 있는 더 폭넓은 정보를 찾게 될 것임을 시사한다.

이 글을 쓰는 지금, 이 순간에도 다른 많은 참여자가 인증 제도 시장에 뛰어들고 있다. 중국에서 처음 개발된 건물 인증 표준인 리셋RESET은 비용과 엄격성 측면에서 핏웰과 웰의 중간에 있다(웰에 더 가깝다).[7] 리셋이 흥미로운 이유는 기술과 성능의 관점에서 건강한 건물을 평가하는 방식을 취하기 때문이다. 이 제도는 체크리스트나 특정한 방향을 설정하기보다는 결과에 집중한다. 건물이 실내 공기질과 관련하여 성능 기준을 충족하는 경우 이런 결과를 얻기 위해 어떤 방법을 택했는지는 크게 신경 쓰지 않는다. 리셋 인증은 이산화탄소, 먼지 입자, 온도, 습도 같은 실내 공기질 지표를 지속적으로 측정할 수 있는 새로운 기술을 신뢰한다. 리셋의 단점은 현재 건강한 건물의 아홉 가지 기본 토대나 실시간 감시로 측정할 수 없는 공기질 요소를 다루지 않는다는 것이다(이에 대해서는 9장에서 자세히 다룰 것이다). 그런데도 리셋은 더 많은 건강한 건물의 아홉 가지 기본 토대를 실시간 안정적으로 측정할 수 있는 스마트한 건물의 미래로 확고히 자리 잡았다. 우리는 조만간 건물의 실시간 성능 검증에 집중하는 또 다른 건강한 빌딩 인증 제도가 등장하리라 예상한다.

최초의 친환경 건물 표준 전수자인 리드(수년 동안 주로 에너지, 폐기물, 물에 중점을 두었다)도 건강한 건물 영역으로 범위를 넓히며, 지금까지 2단계 고려 사항으로 여겼던 건강과 인간의 능력에 대해 이야기하는 데 훨씬 더 많은 시간을 할애하고 있다. 리드의 최신 버전을 보면 약 15퍼센트의 점수를 실내 환경질에 부과하고 있다. 언뜻 15퍼센트가 높은 비율로 보이지 않을 수 있지만 이 범주의 세부 항목을 살펴보면 리드가 음향, 조명, 담배 연기 관리뿐 아니라 제품에서 나오는 휘발성 유기화합물을 제한하고, 초미세먼지와 포름알데히드 등을 검사하여 실내 공기질을 확인하는 등 다른 인증 제도와 동일한 요소를 많이 고려한다는 사실을 알 수 있다.

리드, 웰, 핏웰의 세 가지 제도 모두 장단점이 있다. 우리는 이 분야에서 누가 우위를 차지할지보다는(사실 세 가지 모두와 또 다른 제도가 등장할 공간과 필요성이 있다고 생각한다) 어떻게 이런 건강한 건물 운동의 규모를 키울 것인지에 더 관심이 많다. 이것은 사람들이 이런 제도를 선뜻 채택하지 못하는 가장 중요한 장애물인 비용 문제로 이어진다.

건강한 건물 인증 비용

건강한 건물 인증 취득 비용에 대해 자세히 알아보자. 웰 2.0버전을 취득하려면 여러 단계에서 비용이 발생한다. 여기에는 등록, 인증, 현장 성능 검증 비용 등이 포함되는데, 인증 기준에 부합하려면 상당한 자본 비용(자본적 지출capital expenditure이라고 부른다)이 들어갈

표 8.1 면적이 다른 두 건물의 웰 인증 취득 비용

	사례 1 10만 ft^2 건물		사례 2 100만 ft^2 건물	
	ft^2당 비용	총비용	ft^2당 비용	총비용
사전 승인(선택)	$0.02/$ft^2$	$2,000	$0.02/$ft^2$	$20,000
등록비	$0.028/$ft^2$*	$2,800	$0.0042/$ft^2$*	$4,200
인증	$0.175/$ft^2$	$17,500	$0.145/$ft^2$	$145,000
현장 성능 점검**	$0.08~0.48/$ft^2$	$8,000 ~48,000	$0.08~0.48/$ft^2$	$80,000 ~480,000
예상 공정 소계	$0.30~0.70/$ft^2$	$30,300 ~70,300	$0.2~0.65/$ft^2$	$249,200 ~649,000
인증 취득을 위한 예상 추가 자본 비용	$1~4/$ft^2$	$100,000 ~400,000	$1~4/$ft^2$	$1,000,000 ~4,000,000
합계		$130,300~470,300		$1,249,200~4,649,200

* 등록비는 균일 비용으로 5만 ft^2에서 24만9천999ft^2 사이 건물은 2천800달러고, 50만 ft^2에서 100만 ft^2 사이 건물은 4천200달러다. 우리는 각각 10만 ft^2와 100만 ft^2 규모의 가상 건물로 1ft^2당 등록비를 표준화했다.

** 현장 성능 검증은 인증을 취득하기 위해 꼭 필요한 절차이지만 제3자가 집행해야 한다. 이 비용은 웰 인증 비용에 포함되어 있지 않다. 우리는 어반랜드연구소의 보고서에서 인증 취득 비용과 현장 성능 검증 비용을 합한 비용이 1ft^2당 $0.18~0.58라고 보고한 부분을 참고했다. 다음으로 우리가 직접 컨설턴트와 추적 관리 장치, 외부 실험실을 활용해 검사한 결과를 참고하여 예상했다.

*** 1ft^2=0.093m^2

수 있다. 대략적인 금액을 알아보기 위해 우리는 2019년 웰 홈페이지에 올라와 있는 가격 구조에 각각 10만 제곱피트와 100만 제곱피트 규모의 두 건물을 적용해보았다. 그 결과 우리는 이 인증을 취득하는 데 드는 비용이 각각 수만 달러에서 수십만 달러에 이를 것이라는 결론에 이르렀다(웰과 다른 인증 제도의 요금제와 가격 구조는 수시로 바뀔 수 있으며 각 건물의 독특한 특징에 따라 달라질 수 있다).[8]

우리는 웰 인증 비용에 포함되지 않는 추가 자본 비용과 필수 현장 성능 검증에 들어가는 비용을 추정하기 위해 몇 가지 다른 자료를 참고했다. 추가 자본 비용의 경우 초창기에 웰 인증을 취득한 건물 소유자의 사례를 조사한 어반랜드연구소Urban Land Institute의 보고서에 의존했다.[9] 이 연구소는 여러 명의 건물 소유자와 웰 프로젝트 개발자의 인터뷰를 진행했는데, 그들은 이 인증을 취득하기 위해 건물 개조에 드는 '숨겨진' 비용을 공개했다. 어반랜드연구소의 보고서에 따르면 여기에는 1제곱피트당 1~4달러 상당의 비용이 들었다. 그들은 또한 웰 인증을 취득한 CBRE 로스앤젤레스 본사 건물을 사례로 인용했는데, 추가 자본 비용이 총비용에서 5퍼센트를 초과하는 것으로 나타났다(토론토에 있는 또 다른 웰 인증 건물은 같은 목적의 자본 비용이 총비용에서 15퍼센트를 초과했다고 보고했다).

인증 비용, 지나치게 비싸다?

건강한 건물 인증을 취득하려 해도 비용이 너무 비싸게 느껴질 수 있다. 건물을 '건강하게' 개선하는 여러 작업과 마찬가지로 비용은 많은 사람이 선뜻 건물 인증을 받지 못하는 장벽으로 작용한다. 우리는 이것이 근시안적인 장벽이라 생각한다. 부동산 리더들과의 인터뷰에서 비용은 그들의 가장 큰 관심사 중 하나였다. 그러나 세금과 부가 혜택 등을 포함한 모든 비용을 고려하면 건강 보험이 연간 급여 지출의 25퍼센트까지 차지할 수 있다. 우리가 영양, 운동, 비타민에 쓰는 돈을 생각해보자. 어떤 사람들은 매일 '건강한' 음식을 섭취하기 위해 추가로 더 큰 비용을 들이기도 한다.

개인적으로 힘들게 번 돈을 자신을 더 건강하게 해줄 수많은 것들에 기꺼이 투자하면서, 왜 건물에 관해서는 그처럼 건강을 위해 투자하길 두려워하는 걸까? 답은 불확실한 혜택에 비해 알려진 비용이 너무 크다고 느끼기 때문이다(인센티브 분할 문제도 있지만 이 문제는 잠시 후 다시 설명할 것이다). 이런 지출은 운영, 수익, 성과, 평판 면에서 이득이 없다고 여기고 불필요한 비용으로 분류된다. 우리는 이런 일반적인 평가를 이 책을 통해 바꾸고 싶다. 건강한 건물이 되려면 무조건 인증을 받아야 한다는 것은 아니다. 그러나 건강한 건물 인증 비용이 감히 엄두도 못 낼 만큼 큰지 알아보기 위해 4장에서 언급한 추정 재무제표에 인증 비용을 적용해보자.

이제 우리는 과학 실험의 실증적 측정 영역에서 벗어나 미래 지향적인 부동산 금융 전망의 영역으로 이동하고 있다. 가장 일상적인 인프라와 부동산 프로젝트를 제외한 모든 프로젝트는 가설을 체계화하고 미래 결과를 이해하기 위해 재무 계획을 수립한다. 부동한 개발자는 매우 불확실한 상황에서 수많은 결정을 내려야 한다. 일반적으로 그들은 기본적인 '진행 여부' 결정과 직접 추적 가능한 수익이나 비용과 관련 없는 건물의 개별 요소에 대한 수백 가지 결정을 내리기 위해 장기적으로 예상 가능한 결과의 범위를 조사한다. 예를 들어 창문, 카펫, 주방 카운터와 수납장, 수영장 혹은 체육관, 주차장, 환기 장치에는 비용을 얼마나 들여야 할까? 많은 개발자에게 이것은 제품의 모든 측면을 고려한 종합적인 매력과 시장이 지불하는 가격에 대한 경험과 직관이 필요한 기술이다.

대표적인 예로 건축 비용이 1제곱피트당 150~200달러가 드는 새 아파트 건물을 들 수 있다. 준공과 내부 정리를 마친 후 침실이 2개인 주택의 경우 임차료는 월 1천500~2천500달러이고 이자 비용은 연간 4~6퍼센트다. 프로젝트를 처음 시작할 시점에는 이 모든 것을 알 수 없으며 대부분 여러 해가 지나야 파악할 수 있다. 일이 어떻게 진행되는지 대략적인 수치로 설명하면 이렇다.

침실이 2개인 주택의 경우 면적이 1천 제곱피트이고 건축 비용은 1제곱피트당 150달러라면 건축하는 데 15만 달러의 비용이 든다. 월 임대료가 2천 달러라면 1년이면 2만4천 달러이므로 2만4천 달러를 전체 건축 비용 15만 달러로 나누면 수익률은 6.67퍼센트가 된다. 만약 개발자가 수익률보다 낮은 이자율 5퍼센트에 자금을 빌릴 수 있다면 이 프로젝트는 일단 긍정적으로 검토할 수 있다. 연간 현금흐름이 창출되고 개발자는 돈을 벌게 된다.

그러나 건축 비용이 1제곱피트당 200달러가 드는 경우 건축하는 데 20만 달러가 필요하다. 만약 건물이 기대만큼 원활하게 돌아가지 않아, 공사가 시작되고 3년 후 건물이 완공되어 매달 1천500달러의 임대료를 받을 수 있다면 연간 1만8천 달러 혹은 3.6퍼센트의 수익률을 얻을 수 있다. 완공 시 이자율과 영구자금조달(기업의 영업활동을 하는 데 필요한 자금을 장기성 자금에 의해 조달하는 것—옮긴이)

이 6퍼센트로 오르면 기획자는 손해를 보게 된다. 현금흐름으로 이자 비용을 충당할 수 없으므로 개발자는 이 아파트 건축 프로젝트를 시작해서는 안 된다.

부동산 업계 사람들은 프로젝트를 분석할 때 두 가지 측면에 중점을 둔다. 첫째로 "우리의 가정이 오늘날 시장에 나와 있는 비교 대상에 얼마나 근접할 수 있는가?"를 고민한다. 다른 회사의 정보에 접근할 수 있다면 현재 임대료와 과거 건축 비용을 대략적으로 예측할 수 있다. 그런 다음 "이 숫자가 정말 비슷한 다른 건물의 숫자와 비교할 만한가?", "건설하는 동안 시장에 어떤 변화가 일어날까?"를 고민해야 한다. 둘째로 민감도 평가를 한다(은행의 경우 앞으로 발생할 수 있는 외부 충격에 얼마나 견딜 수 있는가를 평가하는 재무건전성 평가가 필요하다). 개발자에게 일반적인 민감도 평가는 "다른 모든 요소가 동일할 때 여전히 긍정적인 현금흐름을 실현하면 입실률이 얼마나 낮아질 수 있는가?"가 될 것이고, 은행의 경우 "여전히 주택담보대출비율을 준수하려면 시장 수익률이 얼마나 높아질 수 있는가?"가 될 것이다.

개발자와 은행 모두 성공적인 거래의 경계를 찾기 위해 노력한다. 이런 불확실성은 경험주의자들을 불안하게 한다. 왜냐하면 의사결정 시점에 데이터가 실제로 존재하지 않기 때문이다. 그러나 댐 건설업자에서 지역 주택 기획자, 대도시 사무실 건물 개발자에 이르기까지 프로젝트 개발자에게 이것은 제2의 천성이다. 다음 단락에서 예제를 활용하여 이런 의사 결정이 타당성을 갖는 데 필요한 경계에 대해 살펴볼 것이다. 우리는 이 수치에 대한 이론적 근거를 설명할 것이다. 만약 기본 가정이나 시장 기대치가 여기서 활용한 사례와 다를 경우 자신만의 결론을 도출하고 영향을 고려해보길 바란다.

부동산에서 비용편익분석이 이루어지는 방식에 대한 이해를 바탕으로 이제 이번 절을 시작하면서 제기한 질문으로 돌아가 보자. 장기적으로 볼 때 건강한 건물 인증 비용은 감히 엄두도 못 낼 만큼 지나치게 큰가? 이 문제를 논의하기 위해 직원 1인당 250제곱피트(약 22.23제곱미터)의 사무실 공간이 필요하다고 가정해보자(이 수치에는 로비, 회의실, 화장실 같은 공용 공간에 대한 할당도 포함되어 있다). 우리는 이 건물의 건축 비용을 기본 공사와 임차인 핏아웃 작업을 더해 1제곱피트당 400달러로 가정한다. 이것은 야구장이 있는 교외 사무실 건물의 경우 적당한 가격이지만 뉴욕이나 샌프란시스코에서는 낮은 가격이다. 만약 인증받을 수 있는 건강한 건물을 짓는 데 들어간 자재와 노동력을 포함하여 자본 비용이 3퍼센트 추가된다면, 1제곱피트당 12달러 혹은 1인당 250제곱피트 공간에 대해 1인당 3천 달러의 추가 비용이 발생한다.

이제 헬스앤웰스의 재무 모델로 돌아가 건강한 건물을 짓고 인증을 받을 때 필요할 것으로 예상되는 새로운 자본적 지출을 고려해보자. 자본적 지출 측면에서 좀 전에 우리가 추정한 1인당 3천 달러의 비용은 많은 것 같지만 이것은 일회성 비용이다. 일반적인 사무실 임대에서 기간을 10년으로 하고 비용을 100퍼센트 임차인 회사가 부담한다고 가정하면 연간 1인당 300달러가 든다. 헬스앤웰스의 직원 40명을 고려하면 회사는 연간 총 1만2천 달러의 비용을 지불해야 한다. 부가 혜택 측면에서 앞서 4장에서 환기 개선이 어떻게 건강과 관련해 3퍼센트 생산성 향상과 1퍼센트 급여 효과로 이어질 수 있는지 보여주었다.

조명, 소음, 입자 먼지의 알레르기 유발 항원, 수질 등 건강한 건물 인증에 포함되는 건강한 건물의 아홉 가지 기본 토대가 가져다주는 모든 혜택의 추정치를 적용해보자. 이런 혜택은 3장에서 언급한 환기와 공기 정화를 통한 혜택에 추가된다. 어림잡아 이들이 회사의 수익과 급여 성과를 각각 0.5퍼센트씩 향상한다고 가정해보자. 이것은 6장에서 최적 온도에서 작업량이 늘어나고 조명 상태가 분위기와 집중도에 미치는 영향, 형편없는 보수관리로 건물을 폐쇄해야 할 때 발생하는 손실액 등 실제 사례를 통해 입증된 과학에 기초하여 추정한 수치다. 이 모든 가정과 이 책에서 줄곧 사용해온 수치를 적용할 경우 이 회사의 예상 수익(세후순이익)은 116만9천 달러에서 130만5천313달러로 약 12퍼센트가 증가할 것으로 예상된다.

이것은 과연 타당한 이야기일까? 아니면 환상에 불과할까? 우리는 이 정도 재무적 영향을 현실적으로 고려해야 한다고 생각한다. 의사 결정의 관점에서 보면 상당한 재무적 개선 효과가 있을 뿐 아니라 건물 안 사람들이 더 건강하고 행복하고 창의적으로 일하게 되었다. 이 모델에는 건강한 건물 인증 비용뿐 아니라 소유자가 인증 취득을 고려할 때 종종 일시 중단되는 자본적 지출이 포함되어 있다는 사실을 기억해야 한다.

대략적인 분석이지만 전체 프로젝트의 맥락에서 건강한 건물 인증을 취득하는 데 드는 비용이 그리 많지 않다는 사실을 알 수 있다. 1제곱피트당 400달러의 건축 비용 맥락에서 1제곱피트당 12달러도 안 되는 숫자를 보면 재빠르게 받아들일 수 있다. 분할 상각하면 10년에 걸쳐 1제곱피트당 12달러이고, 직원 기준으로 생각하면

표 8.2 건강한 건물의 아홉 가지 기본 토대가 가져다준 전체 생산성과 건강 증진을 반영한 헬스앤웰스의 추정 손익계산서

회사 기본 가정	
직원 수	40명
평균 급여	$75,000
수익에서 급여 비중	50%
건물 기본 전제 사항	
건물 면적(ft^2)	10,000
1인당 공간(ft^2, 공용 공간 모두 포함)	250
제곱피트당 건축 비용(기본 건물과 임차인)	400
임대 기간(연)	10
(x)가정	**효과**
운영 비용(에너지)	1인당 연간 $40
급여 효과: 건강	−1%
급여 효과: 다른 모든 전략	**−0.5%**
생산성 향상: 환기 개선	3%
생산성 향상: 다른 모든 전략	**0.5%**
임차료 증가	**15%**
건강한 건물 인증: 10년 분할	**$12,000**
건강한 건물 인증: 연간 비용	**$1,667**

	기준치	(X) 건강한 건물 결정의 항목별 효과 임차료/운영 비용 효과	급여 효과: 건강	생산성 향상: 건강	건강한 건물 인증	기준치+ 건강한 건물 인증
수익	$6,000,000			3.5% $210,000		$6,210,000
급여	$(3,000,000)		−1.5% $45,000			$(2,955,000)
임차료	$(300,000)	15% $(45,000)				$(345,000)
전기·가스·수도요금	$(30,000)	$(1,600)				$(31,600)
건강한 건물 인증 (자본적 지출 분할)					$(12,000)	$(12,000)
건강한 건물 인증 (연간 비용)					$(1,667)	$(1,667)
기타 비용	$(1,000,000)					$(1,000,000)
세전순이익	$1,670,000					$1,864,733
세금(30%)	$501,000					$559,420
세후순이익	$1,169,000					$1,305,313
변화						11.7%

연간 1인당 300달러다. 매주 괜찮은 커피 한 잔을 마실 수 있는 금액이다.

인센티브 분할?

소유자가 직접 사용하는 건물을 제외하고 비용과 편익은 같은 회사에서 발생하거나 돌아가지 않는다는 단순한 이유로 어쩌면 이것이 순진한 분석이라고 생각할 수 있다. 건물 소유자와 개발자는 추가 자본 비용과 건물 인증 비용을 지불하는 반면 임차인은 직원 생산성과 건강 측면에서 혜택을 얻는다. 한 마디로 비용, 편익, 인센티브가 일치하지 않는다.

이런 생각을 하고 있다면 추정 재무제표를 다시 보길 바란다. 임차료는 현재 15퍼센트로 책정되어 있으며, 회사는 여전히 기준치보다 나은 재무 상태임을 알 수 있다. 임대인은 이 모든 혜택에 들어간 비용을 임대료 프리미엄으로 확보하지 못할 수 있지만 숫자는 공유할 수 있는 많은 가치를 창출할 수 있음을 보여준다. 이 경우 임차인이 더 나은 협상가일 수 있으며 한계 가치를 더 많이 보유하거나 혹은 직원과 공유할 수 있다. 우리는 임대 계약에 이런 용어들을 포함시키기 위해서가 아니라 창출된 가치의 규모를 강조하기 위해 15퍼센트 임대료 프리미엄을 선택했다. 누구에게나 이익이 돌아갈 수 있다. 임대인은 높은 임대료를 받고 임차인은 생산성을 높이며 직원은 더 건강해진다.

가설을 넘어 실제 건물에서 건강한 건물 인증에 관한 의사 결정에 재무적인 부분이 미치는 영향을 살펴보자. 우리는 최근 하버드 경영대학원과 하버드공중보건대학원에서 공동으로 뉴욕시 파크애비뉴 425번지에 대한 사례 연구를 진행했다.[10]

프로젝트 개발자인 엘앤엘홀딩 회장이자 CEO 데이비드 레빈슨은 파크애비뉴 425번지가 "50년 만에 뉴욕 파크애비뉴에 들어서는 최초의 새 사무실 건물"이라고 소개했다.[11] 레빈슨은 1950년대에 지어진 건물을 교체하는 새로운 건물 설계자로 포스터앤드파트너스의 노먼 포스터를 선택했다. 레빈슨과 새로운 공간에 대한 원대한 비전을 공유한 후 포스터는 다음과 같이 말했다. "우리의 목표는 유명한 모더니스트 이웃을 존중하면서 지금 당장뿐만 아니라 세월이 흘러도 여전히 특별한 건물을 짓는 것입니다. 그 안에서 일할 사람들과 도시를 위한 이 타워는 사무실 설계의 새로운 기준이 되어 세계적으로 유명한 장소에 걸맞게 계속해서 이정표가 될 것입니다."[12]

레빈슨은 오래전부터 시대를 앞서가는 혁신적인 설계를 추구해 왔다. 그는 수십 년간의 업계 경험과 수많은 정교한 조사에서 얻은 직감을 바탕으로 결정을 내린다고 이야기했다.[13] 그렇다면 파크애비뉴 425번지에 대한 그의 직감은 무엇일까? 맨해튼에서 처음으로 웰 인증을 취득한 상업용 사무실 건물이 될 타워의 차별화 요소는 건강이었다.

아마도 우리의 대화에서 가장 흥미로운 내용은 이것이지 않을까 싶다. 레빈슨은 단지 임차인이 올해 혹은 내년에 원하는 것이 무엇인지를 생각하지 않는다. 그는 지금부터 5년, 10년, 20년 후 임차인에 대해 고민한다. 레빈슨의 주요 관심사는 지금 그가 건강한 건물과 관련된 조치를 하지 않으면 그의 건물은 몇 년 안에 구식이 되어 곧 생겨날 '가장 멋진' 최신 건물에 추월당할 것이라는 점이다. 어떤 면에서 이것은 위기관리에 관한 결정이다. 그는 건물의 미래에 대비하고 있다.

사례 연구에서 우리는 건물이 지어지기 전 설계 단계의 결정들을 살펴보았다(뉴욕에서 웰 인증을 취득하려는 첫 상업용 건물이고, 임대인의 인식이 영글지 않은 초창기 일이므로 글을 쓰는 시점에는 거주자의 건강과 실내 공기질에 대해 이 정도의 관심을 보이는 완성된 임대 사례가 없었다). 설계 단계에서의 재무적 예측은 그저 예측에 불과할 뿐이다. 우리는 환기, 정화, 웰 인증 진행 여부에 관한 결정을 포함하여 레빈슨과 그의 팀이 내린 많은 결정을 자세히 들여다보았다. 그러나 여기서는 그중 건강한 건물 인증이 가져다주는 경제적 효과만 다룰 것이다.

뉴욕 파크애비뉴 425번지 건물은 47층에 걸쳐 약 67만5천 제곱피트(약 6만2천710제곱미터)의 임대 가능 면적을 가지고 있다. 트리플 넷 리스triple net lease(임차인이 재산세, 화재보험료, 수리유지비를 부담하는 임대 계약 방식이다. 건물 전체 임차료는 사실상 1제곱피트당 200달러가 넘는다) 조건으로 평균 임차료는 연간 1제곱피트당 150달러 수준이다. 연간 1제곱피트당 150달러가 건물의 평균이지만 예상할 수 있듯이 맨 꼭대기 층 임차료가 저층보다 높으므로 모델에 배수를 적용했다. 맨해튼 미드타운 중심부에 있는 이 건물을 짓는 데 드는 비용은 토지 매입비를 제외하고 1제곱피트당 약 750달러다.

우리는 새로운 부동산 개발이 가져올 경제적 성과를 평가하기 위한 표준 비율인 개발 비용 대비 순영업이익을 추정하기 위해 이 모든 것을 합했다. 그런 다음 엘앤엘홀딩 팀이 추정한 웰 인증을 취득하기 위해 3퍼센트의 건축 비용 프리미엄과 일반적인 영향을 보여주기 위해 2퍼센트의 임대료 배수를 추가하여 분석을 반복했다.

기준치 전망에서 개발 비용은 약 12억 달러이고, 연간 순영업이익은 약 7천200만 달러로 매년 원래 프로젝트 비용 대비 약 6퍼센트의 수익률을 기록한다(뉴욕에서 새로운 사무실 건물을 개발할 때 예상 가능한 범위의 수치다). 건물 프로젝트의 수익을 평가할 때는 은행대출, 프로젝트의 공동 지분, 대환대출 혹은 매매 가치 추정 등 다양한 요소가 포함된다. 여기서는 자세히 다루지 않지만 하버드경영대학원에서 존이 가르치는 부동산 과정의 기초가 되는 내용이다.

이 모델에서 레빈슨과 엘앤엘홀딩은 연간 150만 달러의 순영업이익(운영으로 인한 현금흐름이다)을 추가로 얻고 수익률은 25베이시스포인트bp 증가했다. 달성 가능한 임대료가 이런 추세로 증가한다면 초기 비용의 증가는 분명 투자할 만한 가치가 있다. 시장, 투자, 비용 전략 접근 방법은 개발자와 건축가의 관점에서 고려해야 할 세 가지 질문을 포함한다. 첫째, 건강한 건물 전략이 건물 전체가 임대될 가능성을 높이는가? 둘째, 임대인은 인증 가능한 건강한 건물로 더 높은 임대료를 얻을 수 있는가? 셋째, 이런 특성을 가진 건물 임대료가 다른 덜 건강한 건물보다 더 빨리 오르는 것이 시장 트렌드인가?

레빈슨은 임차인을 모으고 연간 1제곱미터당 150달러의 순 임대료를 유지하려면 건강한 건물이라는 차별화 요소가 필요하다고 생각했다. 건강한 건물 인증을 위해 추가된 건축 비용이 건물이 완전히 임대된 경우와 그렇지 않은 경우의 수익 차이와 같다면 어떨까? 재정적 영향은 극명하다. 만약 파크애비뉴 425번지의 임대율이 95퍼센트로 떨어지면 약 300만 달러의 수익이 발생하며 수익률은 6퍼센트 이하로 떨어진다. 건강한 건물 투자가 경기 침체기에 공실 위험으로부터 건물을 보호해줄 수 있다.

두 번째와 세 번째 질문의 경우 레빈슨과 엘앤엘홀딩이 이 건물에서 더 많은 임대료를 받을 수 있는 기회와 관련이 있다. 레빈슨이 임차인 직원의 건강에 미치는 긍정적인 영향을 바탕으로 2퍼센트가 아닌 5퍼센트의 임대료를 더 받을 수 있다면 어떨까? 연간 300만 달러의 추가 수익이 발생하는데 이것은 무시할 수 없는 금액이다. 이 책의 서두에서 우리는 임차인이 직원들에게 더 생산적이고 효율적으로 일할 수 있는 기회를 제공하는 공간을 마련하기 위해 비용을 더 투자할 의사가 있다면 더 나은 사업 결정을 내릴 수 있다고 말했다. 여기서는 레빈슨이 임대료 프리미엄을 받을 수 있는 인센티브 구조가 마련되어 있으며 현명한 임차인은 그것을 기꺼이 지불할 것이다.

레빈슨은 이 세 가지 전략적 측면의 중요성을 알고 있었다. 사실 이것은 엘앤엘홀딩이 10억짜리 베팅을 하는 가장 큰 이유일 것이다. 그의 말에 따르면 "시장이 좋아지면 나는 프리미엄을 받고 시장이 침체하면 나는 임차인을 얻는다."[14]

당신의 계산이 틀렸다면?

급성장하는 건강한 건물 운동과 관련해 한 가지 걱정거리가 있다. 만약 리드 전문가가 친환경 건물 인증에 필요한 물이나 에너지 분석을 망치더라도 그로 인해 죽는 사람은 아무도 없다. 하지만 만약 웰 전문가가 분석을 망친다면 그는 건물에 있는 모든 사람의 건강을 잠재적으로 위태롭게 할 가능성이 있다. 사업의 방정식에 '건강'이라는 단어를 넣으면 긍정적인 관심을 얻는 동시에 막중한 책임감도 따른다. 이제부터 소개하는 이야기는 열과 성의를 다해 건강한 건물의 중요성을 대변하는 것과 관련한 잠재적 교훈과 법적 위험성을 강조하는 까닭에 살펴볼 만한 가치가 있다.

엘리자베스 홈스는 테라노스의 자수성가한 억만장자 창업자이자 CEO이며, 그의 회사는 혈액 검사를 위한 정맥 채취 방식을 간단한 침통각 검사로 대체하겠다고 약속했다. 만약 그런 일이 가능하다면 정말 혁명적이었을 테지만 그들의 말은 사실이 아니었다. 결국 그 모든 것이 사기였다는 사실이 《월스트리트저널》 기자 존 캐리루의 책 『배드 블러드Bad Blood』를 통해 세상에 폭로되었다.[15]

캐리루가 자세히 설명했듯이 테라노스는 혈액 검사에 결함이 있는 사실을 알고도 약국 체인 월그린에서 서비스를 시작했고 환자들에게 잘못된 검사 결과를 알려주었다. 현재 테라노스를 상대로 소송 중인 한 여성은 갑상샘 질환이라는 오진을 받아 불필요한 약물을 복용했다. 심장 수술을 받은 한 환자도 테라노스의 오진 때문에 약을 바꾼 후 불필요한 수술을 받았다고 주장했다. 이 두 사례만 있는 것이 아니다. 테라노스 연구실에서 진행한 100만 건 이상의 검사를 무효 처리하거나 수정해야 했다.

건물과 관련이 있는 부분은 바로 이것이다. 홈스는 단지 실리콘밸리의 다른 회사들이 하던 대로 일을 진행했을 뿐이다. 초기에 불완전한 제품을 출시하고 반복적인 수정 과정을 거쳐 궁극적으로 완성품을 내놓는 것이다. 문제는 소프트웨어 기업은 불완전한 첫 제품을 출시해도 주기적인 수정 작업을 거쳐 이를 보완할 수 있지만, 테라노스는 사람의 생명을 담보로 하는 회사였다는 사실이다. 그들은 소프트웨어를 파는 것이 아니라 건강을 파는 회사다. 이 회사가 실수하면 사람의 생명이 위태롭게 된다. 이 책을 쓰는 지금, 홈스는 사기 혐의로 고소당했다. 그의 실수는 사고가 아니었기 때문이다. 기소장에 기록되어 있듯이 그것은 고의적인 위법 행위였다.

건강한 건물 인증 제도에서도 이 같은 부분에 유의해야 한다. 건강한 건물에서 일어나는 실수나 건전한 과학에 기반하지 않은 건강한 건물에 대한 약속은 궁극적으로 사람의 생명과 건강에 악영향을 미친다. 이런 이유로 현재 건강한 건물 인증 제도와 관련된 가장 큰 고민은 표준이 무엇인지뿐 아니라 누가 인증을 하는지라고 할 수 있다. 그리고 그들이 실수를 저지른다면 어떤 결과가 따라올지도 고민해야 한다.

건물을 설계해야 할 때는 건축가를 고용한다. 건축 허가가 필요하면 전문 엔지니어를 고용하여 계획을 승인받는다. 계약을 체결할 때는 변호사를 써서 계약서를 검토한다. 이 모든 전문 직업에는 엄격한 자격 요건이 필요하다. 건물의 건강 상태를 인증할 때도 당연히 실내 공중보건에 관한 전문 지식을 갖춘 전문가를 고용해야 한다.

공인 전문가를 활용하여 건물을 평가하고 인증하는 리드의 주도에 따라 현재 건강한 건물 인증 제도도 공인 전문가를 활용하고 있다. 공인 전문가는 인증 제도의 성공에 매우 중요한 역할을 한다. 그들은 다양한 인증 제도를 어떻게 다뤄야 할지에 대한 조언과 전략적 지원을 제공하고 건축가나 설계팀과 협력하여 건물이 리드 실버, 골드, 플래티넘 등의 조건을 충족할 수 있도록 돕는다.

웰에는 웰 공인 전문가, 리셋에는 리셋 공인 전문가가 있으며 핏웰에는 핏웰 앰베서더라고 부르는 전문가가 있다. 공인 전문가를 활용하여 공통 표준을 교육하고 인증하는 이런 접근 방법은 건축계에서 일하는 수많은 사람을 참여시키고, 그들에게 인증 제도와 관련된 소유권과 기회를 제공함으로써 업계와 세상을 바꾸는 데 중요한 역할을 할 것이다. 리드, 웰, 핏웰 등의 브랜드 홍보 대사 역할을 하는 공인 전문가는 이미 수십만 명에 이른다.

그러나 이런 공인 전문가만큼 필수적인 것이 건물의 환경 데이터를 측정하고 관찰하며 해석하는 방법에 관한 전문 지식을 가진 또 다른 유형의 전문가다. 웰은 승인받은 웰 성능 검사 기관의 '웰 성능 검사 관리자'에게 웰 건물 성능 검사를 위탁함으로써 이런 방향으로 나아가기 시작했다. 검사 관리자가 되는 데 필요한 요건은 공인 전문가와 달리 웰에서 주최하는 이틀간의 교육을 받는 것 뿐이다.

물론 이런 방식도 좋지만 여기서 우리는 건강한 건물 운동이 산업위생사 CIH 단체와 협력할 것을 강력히 추천한다. 탄생한 지 40년이 된 CIH 자격증은 미국산업보건협회에서 주관한다. '산업 위생'이라는 용어가 여전히 널리 사용되고 있지만 조는 그것이 탐탁지 않다. 산업위생사가 되고 싶은 사람이 어디 있겠는가? 꼭 석유 굴착 장치에서 일하는 치위생사 같은 느낌이다. 따라서 우리는 산업위생산 대신 CIH라는 약칭을 사용하는 것을 선호하며 '실내건강전문가 Certified Indoor Health'라는 의미로 이해하고 싶다. 이것이 실제로 CIH가 하는 일이기 때문이다.

왜 CIH인가? 이들은 근로자의 위험을 예측하고 평가하고 관리하고 통제하는 전문가다. 4년간 과학 분야 학업 과정을 마치고(보통 2년간 석사학위도 받는다) 강의실 교육 후 경험 많은 전문가에게 멘토링을 받으며 5년간 경력을 쌓아야 한다. 산업 위생은 식품 가공 공장, 정유 공장, 병원 등에 국한될 필요가 없다. 이런 기술은 상업용 사무실 공간을 포함하여 모든 공간에 중요하다.

그들에게 요구되는 기술의 유형과 인증 시험의 난이도를 살펴보면 CIH가 건물에서 일어나는 일들을 제대로 이해하는 데 꼭 필요한 전문가라는 사실을 알게 될 것이다. 인증 시험을 위한 필수 교육 과정과 필수 경력, 예제 문제를 보면 그들이 건강한 건물의 과학에 대한 전문성을 갖추고 있다는 사실을 알 수 있다.

만약 건물에서 무언가 잘못된 점을 발견하면 이들은 그 문제가 무엇인지 알아보고 해결책을 제시할 수 있는 능력을 갖추고 있다. 당신은 어떤지 모르겠지만 우리는 CIH가 건물이 얼마나 건강한지 판단했다는 사실을 알고 나면 건강한 건물에 있는 것을 훨씬 기분 좋게 느껴질 것이다.

자연스럽게 건강한 건물이 대세로 자리 잡으면서 CIH 비용과 가용성과 관련한 사업 과제들이 등장하고 있다. 우리는 장기적으로 가장 영향력 있는 인증 규칙과 표준에 철저하고 객관적인 수준의 CIH 지식이 포함될 뿐 아니라 향후 널리 전파될 것이라고 믿는다.

훌륭한 인증 제도의 조건

건강한 건물 인증 제도의 등장은 전반적으로 긍정적인 신호다. 이것은 실내 환경의 중요성에 대한 인식이 커지고 있다는 증거이며 시장이 해결책을 원한다는 것을 보여준다. 초기 제품은 항상 미세한 조정이 필요하듯이 이번 장에서 우리는 몇 가지 조정 사항을 이야기했다. 수요가 많으므로 시장이 제대로 정착할 때까지 계속해서 수정 과정을 거친다면 완성도가 높은 인증 제도가 탄생할 것이다.

우리가 옳다고 생각하는 건강한 건물 인증 규정은 다음과 같다.

- 탄탄한 증거를 갖추고 동료 심사를 받는 연구 자료에 기초한다.
- 융통성 있고 진화하는 연구와 새로운 기술을 받아들인다.
- 표준화하고 일관적으로 정의할 수 있고 입증할 수 있다.
- 비용 효율이 높다(사람들의 건강과 성과를 포함한 비용편익분석).
- 특정 시점으로 제한하지 않는다.
- 위험 요소를 예상하고 평가하고 관리하고 통제하는 방법을 훈련받은 전문가가 현장 검증을 통해 관리하고 확인한다.
- 사람들이 시간을 보내는 곳을 대표하는 공간에서 실내 환경질의 실시간 지표 같은 건강성능지표(9장 참고)를 추적 관찰하는 성능 인증이 따라온다.
- 최종 사용자(설계자, 건축가, 소유자, 투자자, 임차인 등)와 건물 보건 전문가(엔지니어, 공중보건학자, 의료 전문가 등)가 세심한 조정을 한다.
- 상업적 가치를 제공함으로써 시장과 투자자에게 인정받는다.
- 투자자, 소유자, 임차인 등 이해관계자에게 가치를 공유하고 동기를 부여한다.

우리는 건강한 건물 인증 제도 중 어떤 제도가 가장 뛰어난 모델이 될지 아직 알 수 없다. 그런 면에서 이번 장의 내용은 매우 빠른 속도로 유행에 뒤처지게 될 수 있지만 좋은 신호라고 볼 수 있다. 우리는 제도가 어떻게 진화하는지 지켜보고 새로운 인증 제도가 리드나 다른 친환경 건물 인증 제도 같은 영향력을 갖게 되길 기대한다.

산업위생사 인증 시험

필수 교육: 생물, 화학, 공학, 물리학 학사 학위

필수 경력: 5년 이상의 경력과 전문가 추천서

시험 항목

- 공기 표본 채취와 계측
- 분석화학
- 기초과학
- 생물재해
- 생물통계학과 전염병학
- 커뮤니티 노출
- 공학적 제어 수단과 환기
- 건강 위험 요소 분석과 유해 정보 전달
- 산업 환경 위생 프로그램 관리
- 소음
- 비공학 제어 수단
- 방사선·비전리 방사선
- 열응력
- 독성학
- 작업 환경과 산업 공정

예제 문제

- 공기 표본 채취: 특정한 표본 채취 방법의 정량 한계는 표본당 9.3㎍이다. 산업위생사가 라돈의 TVL보다 작은 목표 농도로 개인 노출 연구 관찰을 진행하려 한다. 문제가 되는 물질의 TLV는 0.1ppm이고 물질의 그램 분자량은 30.031g/mol이다. 흡착 튜브에서 샘플 수집의 경우 규정된 유동률은 0.050LPM이다. 농도가 TLV의 10퍼센트 이상이라 가정할 때 규정된 유동률의 표본을 정량화할 수 있는 표본 결과를 수집하려면 몇 분이 걸리는가?
- 분석화학: 공기 표본 채취 절차는 ±16%, 분석 절차는 ±9%로 정확하다. 전체 분석의 정확도는 얼마인가? 16.7%, 17.6%, 14.8%, 18.4%
- 기초과학: 혼합물은 50mL의 벤젠(m.w.=78; v.p.=75mmHG; sp. gr.=0.879), 25mL의 사염화탄소(m.w.=154; v.p.=91mmHG; sp. gr. =1.595), 25mL의 트리클로로에틸렌(m.w.=131.5; v.p.= 58mmHG; sp. Gr.=1.45g)을 담고 있다. 라울의 법칙을 따른다고 가정할 때 위의 혼합물의 증기가 760mmHG에서 포화되는 공기의 벤젠 농도는 무엇일까?
- 생물재해: 다음 중 홀씨 채집기와 현미경 관찰로 검출하기에 부적합한 균류는 무엇인가? 알터나리아 종속, 스타키보트리스 카르타룸, 아스페르길루스 푸미가투스, 담자포자
- 생물통계학과 전염병학: 산업위생사는 동일하게 노출된 직원들로부터 수집한 다음과 같은 노출 데이터를 갖고 있다. 이 물질의

작업장 노출 한도는 100ppm이다. 산업위생사는 평균 노출을 노출 한도의 10% 미만으로 지키려 한다. 이 집단의 평균 노출의 95% 허용 농도 상한치는 무엇인가?

- 위험 평가: 산업안전보건청이 지정한 직장에서 허용 가능한 암 발병 위험 수치는 무엇인가? 10^{-3}, 10^{-4}, 10^{-5}, 10^{-6}
- 방사선: 인간의 신체는 다음 중 어느 주파수 내에서 비이온화 방사선을 가장 잘 흡수하는가? 3KHz~30MHz, 30~300MHz, 3~6 GHz, > 6GHz
- 열응력: R=복사열의 양(BTU/hour)이고 t_w=주변 물체의 복사 온도(F)라고 할 때, 공식 $R=15(t_w-95)$을 활용하여 101°F의 복사 온도의 주변 물체에서 나오는 복사열의 양을 계산하라.
- 독성학: 일산화탄소 독성의 주된 원리는 무엇인가?
- 환기: 속도압이 물 1.1in이고 관의 둘레가 56.25in일 때 공기 흐름을 cfm으로 계산하라.

자료: 예제 문제는 미국산업보건협회(http://www.abih.org/become-certified/prepare-exam/sample-exam-questions)와 보언 EHS CIH 시험(https://www.bowenehs.com/exam-prep/cih-exam-prep/.)에서 제공한 자료를 편집한 것이다.

9장

핵심성과지표를 넘어 건강성과지표로

직원은 회사의 가장 큰 자산이자 경쟁 우위다.

-앤 멀케이

우리는 6장, 7장, 8장에서 건강한 건물이 무엇인지 그 의미를 정의했다. 이제 건물이 건강에 주는 영향을 측정하는 방법을 사례와 함께 살펴볼 것이다. 경영학의 대가 피터 드러커가 말했듯이 "측정할 수 없다면 개선할 수 없다." 지금까지 건물의 성능을 효과적으로 측정한 사람은 아무도 없다. 그러나 당신은 측정할 수 있고 또 측정해야 한다. 이번 장에서는 그 방법을 보여주고자 한다. 두 부분으로 나누어 먼저 잘못된 방법을 보여주고 이어서 올바른 방법을 소개하겠다.

《하버드비즈니스리뷰》에 게재된 「'사람 비즈니스'의 놀라운 경제학」이라는 글에서 펠릭스 바버와 레이너 스트랙은 직원의 성과가 회사의 이익을 좌우한다고 주장했다.[1] 우리도 이 주장에 동의한다. 개인의 노동, 지혜, 창의성, 분석력을 요구하는 직무에서 직원의 성과가 회사의 성과에 영향을 준다는 사실이 명확히 입증된 것은 아니지만 이들의 핵심 통찰력은 이 문장에 담겨 있다. "비즈니스 성과 측정과 관리 관행은 사람 중심 비즈니스의 특정한 경제성을 반영하지 못한다." 요컨대 단절이 있다는 것이다. 사람들은 개인의 성과가 회사의 성과를 좌우한다는 것을 알고 있지만 그것을 측정하는 데 어려움을 겪고 있다.

사실 사람들은 그것을 측정하는 데 단순히 어려움을 겪는 정도가 아니라 종종 잘못 측정한다. 실리콘밸리의 선도적 투자자 존 도어는 그의 책 『OKR: 전설적인 벤처투자자가 구글에 전해준 성공 방식*Measure What Matters*』에서 이와 관련해 통찰을 준다.[2] 도어는 실리콘밸리의 벤처캐피털 클라이너퍼킨스의 회장이자 아마존, 구글, 우버 등의 초기 투자자다. 'OKR Objectives and Key Results'이라고 부르는 목표와 핵심 결과에 관한 그의 연구는 드러커의 아이디어를 스타트업과 혁신의 세계로 확산하며 희망에서 실행으로 가는 길을 안내한다. 도어는 기업이 그다지 중요하지 않은 핵심성과지표KPI를 측정하는 것에서 벗어날 수 있도록 돕는다. 그가 개입한 사례 중 가장 널리 알려지고 또 중요한 것은 구글 공동창업자 래리 페이지, 세르게이 브린과 대화를 나눈 일이다. 구글이 여전히 캘리포니아주 멘로파크의 차고에서 벗어나지 못하던 시절, 그는 두 사람을 만나 성공을 측정하고 추적하기 위해 특별히 설계된 OKR 기법을 사용하도록 권했다.

우리는 바버, 스트랙의 통찰력과 도어의 엄격함을 결합하여 기업의 성과 '측정 대상'에 건물의 건강 성능을 포함하도록 사고 범위를 확장하고 올바른 항목을 측정하기 위한 도구를 개발하고자 한다. 이 책의 핵심 주제는 직원의 성과가 회사의 이익을 좌우할 뿐만 아니라, 건물 혹은 실내 환경이 개인의 성과를 최적화하는 데 중요한 역할을 하며 이런 건물 성능이 지금까지 잘못 측정되어왔다는 것이다. 많은 사람이 자기 보고 방식의 직원 설문조사를 지나치게 신뢰하는데 앞으로 확인하겠지만(그리고 어떤 역학자가 말하듯이) 이것은 극도로 부정확한 경향이 있다.

사람 비즈니스의 잘못된 측정법

건물과 관련된 생산성과 성과를 측정할 때 가장 일반적으로 사용하는 방법 중 하나는 '거주 후 설문조사Post Occupancy Survey'다('거주 후 평가Post Occupancy Evaluation'라고도 알려져 있다. 우리는 그냥 '설문조사'라고 할 텐데 그 이유는 곧 확인할 수 있다). 사람들이 건강한 건물의 가치를 인정하기 시작하면서 건물 위생과 직원 생산성에 관한 여러 종류의 주장이 제기되고 있다. 이런 주장 중 일부는 설문조사를 기반으로 하기에 철저한 검토가 필요하다.

거주 후 설문조사에 관한 다섯 가지 실제 사례를 살펴보면서 업무 공간이 생산성과 건강에 미치는 영향을 설명하는 데 이 자료가 어떻게 활용되는지 생각해보자. 여기서 우리가 말하려고 하는 것은 설문조사 자료를 절대 사용해서는 안 된다는 것이 아니라 사용할 경우 매우 신중하게 접근해야 한다는 것이다. 각각의 치명적인 문제마다 그것을 피할 수 있는 해결책도 함께 소개할 것이다. 조의 형 브라이언이 항상 이야기하듯이 해결책을 제시하지 않고 문제만 지적한다면 그것은 단지 불평에 불과하기 때문이다.

이제부터 소개하는 내용은 기회균등 비평이 될 것이다. 다음은 기업들이 직접 설계하거나 이전한 새로운 업무 공간에 대해 거주 후 설문조사를 통해 제기된 다섯 가지 주장이다. 특히 주목할 만한 사례를 꼽았지만 실제로 모두가 이런 일을 하고 있다.

- A사는 직원의 91.6퍼센트가 실내 공기질이 향상되어 더 건강해졌다고 느끼고, 56퍼센트는 시각적으로 더 편안하다고 느끼고, 42퍼센트는 소음이 개선된 것을 느꼈다고 보고했다.
- B사는 새로운 사무실 덕분에 직원 80퍼센트의 생산성이 높아졌다고 보고했다.
- C사는 직원의 95퍼센트가 새로운 공간에 만족한다고 보고했다.
- D사는 성능이 뛰어난 건물 덕분에 에너지와 물이 절감되고, 운영비용이 적게 들고, 쓰레기 배출량이 줄어들고, 일반 건물보다 거주자의 만족도가 높다고 보고했다.
- E사는 친환경 인증 건물에서 거주자의 새건물증후군 증상이 30퍼센트 감소했다고 보고했다.

건전한 회의론자라면 비전문가도 이 중 많은 부분이 헛소리라는 사실을 알 수 있을 것이다. 이런 이유로 우리는 이런 설문조사를 '거주 후 설문조사'라고 부르며 POS라는 약자를 사용하는 것을 좋아한다(이에 대해서는 상상력을 발휘해보라). 이것을 좀 더 교양 있게 설명하기 위해 우리는 '선택 편향'과 '의존적 측정 오류'라는 두 가지 역학 개념을 사용하여 POS가 문제가 되는 이유를 비판할 것이다. 지나치게 전문적인 내용처럼 들린다면 안심해도 좋다. 전염병학 교과서에 나올 법한 단어나 구절을 읽을 때마다 '상식'이라는 표현으로 바꾸면 된다.

치명적인 결함 1: 선택 편향

가장 기본적인 선택 편향은 설문조사에 참여한 사람들이 질문을 받을 수 있고 또 받아야 하는 모집단을 대표하지 않을 때 일어난다. A~E사가 내놓은 대담한 결론을 볼 때 우리는 즉시 표본 크기, 대표성, 후속 조치 결여와 관련해 몇 가지를 자문해볼 필요가 있다.

- 표본 크기: 회사 전체를 대상으로 한 설문조사인가, 아니면 일부만 참여한 설문조사인가?
- 대표성: 회사에서 한 분야의 직원이나 그룹만 조사했는가?
- 후속 조치 결여: 설문조사에서 빠진 사람이 있는가?

우리는 A사의 조사 결과를 뒷받침할 구체적인 사항을 알지 못하며 그 결과가 잘못되었다고 말하려는 것은 아니다. 그러나 여기에 몇 가지 가상의 숫자를 넣어 선택 편향의 세 가지 측면이 "직원의 91.6퍼센트가 실내 공기질이 향상되어 더 건강하다고 느낀다"라는 조사 결과에 대한 우리의 해석에 미치는 잠재적인 영향을 알아보려 한다.

첫째, 표본 크기다.

91.6퍼센트라는 수치를 얻을 수 있는 몇 가지 방법이 있다. A사의 직원이 600명이라고 가정해보자. 회사는 600명의 직원 모두에게 설문지를 보냈고 그중 500명이 조사에 임했다. 상당히 좋은 표본 크기와 응답률(83퍼센트)이다. 이런 경우라면 458명의 직원이 실내 공기질 덕분에 기분이 좋아졌다고 답했다고 볼 수 있다(458/500=91.6퍼센트).

그러나 직원이 600명인 같은 회사에서 83명만 조사에 참여했다면 어떨까? 이는 76명의 직원만이 건물에 대해 긍정적으로 응답했는데 공기질에 만족하는 사람의 비율은 동일하게 나왔다는 것을 의미한다(76/83=91.6퍼센트). 둘 중 어떤 경우든 회사는 91.6퍼센트의 직원이 공기질에 만족한다고 보고할 수 있지만 이것이 암시하는 바는 크게 다르다. 91.6퍼센트의 직원이 실내 공기질에 대해 긍정적인 반응을 보였다는 주장은 조사 표본 크기가 회사의 15퍼센트 미만을 대표한다면 다른 의미로 해석될 수 있다.

둘째, 대표성이다.

직원이 600명인 회사에서 500명이 설문조사에 참여했으므로 표본의 크기에는 문제가 없다고 가정해보자. 그러나 설문에 참여한 500명이 모두 일반적인 사무실 구조에서 평면도 외부에 있는 사무실(창문이 있는 사무실)을 쓰는 임원이나 지식 근로자이고 설문에 참여하지 않은 100명은 안쪽에 있는 칸막이 책상에서 일하는 관리 직원이라면 어떨까? 극단적으로 가정해 칸막이 책상을 쓰는 100명의 직원 모두 공기질을 마음에 들어 하지 않는다면, 100명을 모두 설문에 포함시킬 경우 공기질을 마음에 들어 하는 사람의 '실제' 비율은 76.3퍼센트까지 내려갈 수 있다(458/600=76.3퍼센트). 이는 보고된 91.6퍼센트와 큰 차이가 있다.

이제 회사가 600명 전원에게 설문지를 보내 의도적인 선택 편향을 없앴다고 가정해보자. 그러나 설문에 응하기로 한 사람들이 설문에 응하지 않기로 한 사람들과 다르다면 어떨까? 설문에 응하기로 한 사람들을 우리는 '자체 선택자'라고 부르는데 그들은 기꺼이 손을 들고 참여를 요청하는 사람들이다. 응답자와 비응답자의 차이를 이해하는 것은 매우 중요하다. 왜냐하면 우리는 전염병학 논문을 통해 자체 선택자가 다른 사람들과 매우 다른 특성을 갖는다는 사실을 알기 때문이다. (이것은 옐프 효과를 떠올려보면 쉽게 이해된다. 미국 지역 정보 서비스 업체 중 하나인 옐프에 글을 올리는 사람들은 일반적으로 극도로 만족하거나 극도로 불만족하며 웹사이트에 리뷰를 올릴 시간이 있는 경우에 해당한다.)

A사의 경우 자체 선택자가 누구인지 알아야 한다. 그들은 모두 마케팅 부서, 임원, 공기질을 담당하는 건물 관리자인가? 그렇다면 그들은 A사가 새 건물에 수백만 달러를 투자했으며 제품을 광고할 때 회사가 설문조사의 결과를 활용할 것이라는 사실을 가장 정확하게 알고 있는 사람들이다. 회사는 전 직원을 대표하는 설문조사를 실시하기 위해 최선을 다했지만 칸막이 책상에서 일하는 직원들은 모두 답변을 거부했다면, 결국 개인 사무실에 있는 사람들만을 대상으로 표본 조사한 것이나 마찬가지다.

모든 방면에서 선택 편향을 이해하고 평가하는 것은 매우 중요하기 때문에 동료 심사를 받는 거의 모든 전염병학 연구 논문에서는 표본 크기를 보여주고 응답자와 비응답자의 잠재적 차이점을 나란히 정리한 표가 가장 먼저 나온다. 이런 과정을 통해 전염병학자들은 조사에 참여한 사람들에 의한 선택 편향이 없다는 사실을 보여준다. 우리가 가정한 상황에서 믿을 수 있는 결과를 도출하려면 설문조사에 참여한 500명과 참여하지 않은 100명이 나이, 성별, 직책, 연봉, 교육, 사무실 유형과 위치 등에서 큰 차이가 없다는 사실을 보여주는 표를 제시해야 한다.

이런 문제는 표본 크기가 이보다 더 작더라도 무작위 선택 과정을 통해 피할 수 있다.

셋째, 후속 조치 결여다.

A사가 작은 표본 크기와 대표성 문제를 해결하더라도 또 다른 선택 편향 문제가 발생할 수 있다. 그날 사무실에 있던 직원들만을 대상으로 조사한 경우다. 전염병학 용어로 이것은 소위 후속 조치 결여로 발생할 수 있는 선택 편향의 한 유형이다(부수적으로 '건강한 직원 효과'가 발생한다). 이런 유형의 편향이 발생하는 이유는 평균적으로 사무실에 있는 사람들과 그렇지 않은 사람들 사이에 차이가 있기 때문이다. 사무실에서 자리를 비운 사람들은 아프거나, 일을 할 수 없는 상황이거나, 다른 회사로 옮겨 더 이상 연락이 닿지 않는 경우일 수 있다. 그들은 "후속 조치를 잃었다."

A사가 총 600명 중 500명의 직원을 대상으로 자체 선택 편향 없이 대표적이고 무작위적인 설문조사를 실시했다고 가정해보자. 그날 사무실에 있던 500명의 직원이 진정한 표본이라 할 수 있을까? 다시 말해 그들은 잠재적으로 '위험에 처한' 전체 직원을 대표하는가? 고객 미팅, 콘퍼런스, 휴가 등을 이유로 사무실을 비운 직원들 외에도 그날 누군가 아파서 출근하지 못했다면 어떻게 해야 할까?

이 경우 그 직원은 설문조사에 포함되지 못할 것이다. 만약 그 직원이 아픈 이유가 건물 때문이라면 어떨까? 그렇게 되면 회사는 '건강한 직원'만을 대상으로 설문조사를 진행한 것이다. 회사의 몇몇 사람들이 새로운 업무 공간을 너무 싫어해서 설문조사가 진행될 때 회사를 그만두고 더 이상 그곳에서 일하지 않았다면 어떨까? 이런 모든 직원은 후속 조치 결여에 해당하며 설문조사에 포함되지 않을 것이다. (이를 단순히 '건강한 직원 효과'라고 부르는 대신 '행복한 직원 효과'라고 부르고 싶다. 회사를 실제로 좋아하는 사람들만 회사에 남아있고 불만족스러운 사람들은 다른 곳으로 옮겼을 것이기 때문이다.)

단순히 건강하고 만족한 직원뿐만 아니라 '위험에 처한' 직원도 모두 포함하여 설문조사를 진행하면 이런 문제를 피할 수 있다. 이것은 우리가 치명적인 결함 1을 살펴보기 위해 만든 가상의 상황이기 때문에 실제로 "직원의 91.6퍼센트가 실내 공기질이 향상되어 더 건강하다고 느꼈다"라는 주장을 뒷받침하는 A사의 표본에 대한 자세한 내막은 알 수 없다. 바로 거기에 문제가 있다.

치명적인 결함 2: 의존적 측정 오류

선택 편향에 대한 기본적인 사항을 살펴봤으니 이제 POS의 또 다른 문제인 설계 특성과 결과 사이의 인과관계를 찾는 데 집중해보자. 이런 결론은 POS가 의존적 측정 오류를 일으킬 가능성이 있어 잘못된 것일 수 있다.[3]

이것이 어떻게 문제가 될 수 있는지 보여주기 위해 먼저 가상의 상황을 살펴본 뒤 실제 사례를 소개하겠다. 행복에 젖어 있는 당신에게 지금 있는 공간을 어떻게 생각하는지 물었다고 가정해보자.

당신은 "좋아요. 공기질도 조명도 마음에 들어요"라고 답할 것이다. 그런 다음 지금 기분이 어떤지 물어본다. "좋아요"라고 답할 것이다. 두통은? "없어요." 피로는? "없어요."

이제 당신의 동료에게 가서 오늘 기분이 어떤지 물어본다. "최악이에요." 두통은? "매일 시달려요." 피로는? "완전히 지쳤어요." 그런 다음 지금 있는 공간과 건물을 어떻게 생각하는지 물어본다. "너무 싫어요." 공기질은? "끔찍해요." 어떤 상황인지 충분히 짐작할 수 있을 것이다.

POS는 사실 누군가가 참을성이 강한 사람인지 아니면 불만이 많은 사람인지를 검사하는 것이다. 참을성이 강한 사람은 모든 질문에 긍정적으로 비슷하게 대답할 것이고, 불만이 많은 사람은 늘 그렇듯이 모든 것에 부정적으로 대답할 것이다. 이것을 의존적 측정 오류라고 하는데, 이런 오류가 위험한 이유는 따로 있다. 연구자, 설문조사 분석가, 기업은 설문조사가 끝나면 일반적으로 참을성이 강한 사람, 불만이 많은 사람, 같은 설문조사를 받은 중간층 사람의 답변을 모두 취합하여 그림 9.1과 같은 멋진 그래프를 작성한다.

어떤가? '노출'과 '결과' 사이에 매우 강력하나 오해의 소지가 있는 관계가 있음을 확인할 수 있다. 불만이 많은 사람은 왼쪽 아래에 자리 잡고 참을성이 강한 사람은 오른쪽 위에 모여 있다. 이것은 일반적으로 '통계적으로 유의미한' 결과와 같이 그럴듯하게 보이지만 의미 없는 문구로 뒷받침되어 연구가 탄탄하다는 인정을 받은 듯한 느낌을 준다. 그러나 설문조사에서 양쪽 끝에 모여 있는 두 집단을 제외하고 중간(그래프의 가운데 있는 동그라미)에 있는 사람들에게 초점을 맞추면 두 변수 사이에 어떤 관계도 나타나지 않는다.

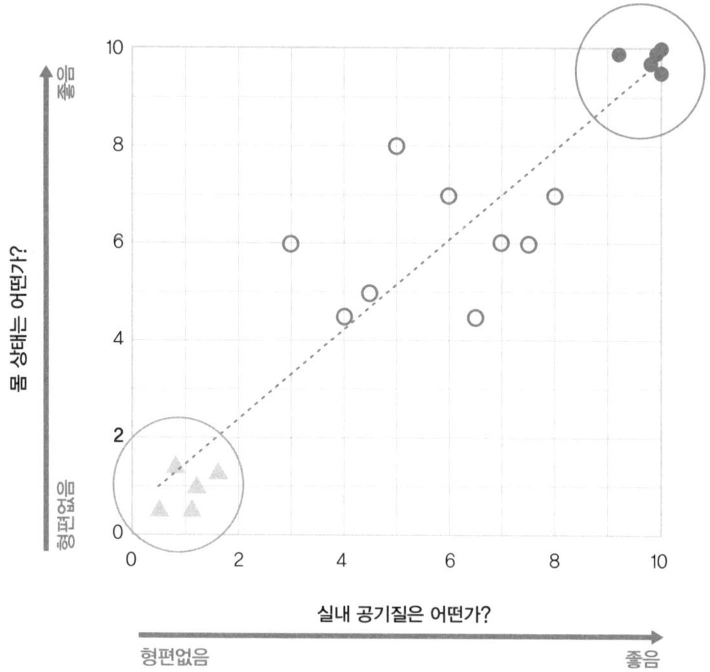

그림 9.1 참을성이 강한 사람과 불만이 많은 사람의 의존적 측정 오류

이것을 의존적 측정 오류라고 부른다. 노출과 결과의 측정은 서로 의존적 관계에 있다. 반면 노출과 결과에 대한 평가는 그렇지 않다. 즉 두 가지가 독립적으로 평가되지 않는다. 쟁점은 무엇일까? 두 가지 요인 사이의 관계를 보여주기 위한 분석이 이어졌는데, 다른 회사들과 마찬가지로 이 회사에도 참을성이 강한 사람과 불만이 많은 사람이 있다는 사실이 드러났다. 이것이 함축하는 의미는 무엇일까? 회사는 이런 허위 '발견'을 보고하고 경영진은 이런 결과를 기반으로 회사와 건물에 관한 결정을 내릴 수 있다. 이런 문제는 '사무실 공기질을 측정한다' 같은 노출의 객관적 측정, 인지 기능 검사 같은 결과의 객관적 측정 혹은 두 가지 모두의 객관적 측정을 통해 피할 수 있다.

사람 비즈니스의 올바른 측정법

앞서 살펴본 것처럼 거주 후 설문조사의 근본 결함은 주관적인 인간의 지각에 의존한다는 것이다. 이런 특성으로 인해 거주 후 설문조사를 실시할 경우 선택 편향과 의존적 측정 오류가 발생하기 쉽다. 해결책은 여러 지표를 활용해 성과를 독립적이고 객관적으로 측정하고 추적하는 것이다. 기업은 수십 년간 이 일을 매우 정확하게 해왔으므로 이제 우리는 이 측정 기법을 건물에 적용하면 된다.

기업은 KPI를 매초, 매일, 매주, 매달 추적한다. 그들은 수익과 자기자본이익률ROE, 법인세·이자·감가상각비 차감 전 영업이익EBITDA, 순이익률, 영업현금흐름 등을 확인한다. 그러나 건물에서 비용의 90퍼센트를 차지하는 내부 인력을 자본화하려 할 때 전통적인 KPI를 활용하는 것이 과연 올바른 방법일까? 간단히 답하자면 '아니요'이다. 바버와 스트랙이 보여주었듯이 전통적인 KPI를 사용하면 '사람 비즈니스'를 제대로 측정할 수 없다.

우리에게 도어가 말한 '중요한 것을 측정하기'는 건강 성과를 측정하는 것을 의미한다. 그 이유는 간단하다. 사람이 사업 비용과 생산성 대부분을 차지하고 그들의 건강이 기업의 성과를 결정짓는 핵심 요인이라면 가장 중요한 KPI는 직원의 건강이다. 따라서 조와 그의 동료들이 최근 한 칼럼에서 주장했듯이 기업은 직원의 건강과 행복을 측정하는 방법을 고민해야 한다. 이것은 거주 후 설문조사를 활용하는 것을 넘어 건강성과지표HPI, Health Performance Indicator를 측정하는 것을 의미한다.[4]

HPI의 개념은 건강과 성과를 위해 건물을 최적화하는 데 활용할 수 있는 요소를 추적하는 것이다. 이 책에서 우리는 HPI 개념을 건물에 적용하는 방법에 초점을 맞추지만 모든 기업으로 확장할 수 있다. (직원의 건강과 회사의 이익에 영향을 주지만 건물과 관련이 없는 다른 요인을 생각할 수 있다. 예를 들어 기업 문화, 출산·육아 휴직, 자율성, 연봉, 목적의식, 건물과 직접적인 연관이 없는 건강 증진 활동 등이 있다. 독이 되거나 적대적인 기업 문화는 수면 부족, 스트레스, 장시간 근무 등으로 건강에 부정적인 영향을 줄 수 있다.)

여기서는 건물에 초점을 맞추고 모든 기업이 고려해야 한다고 생각하는 새로운 HPI 프레임워크를 제시하려 한다. 정말 많은 시간, 노력, 비용을 투자하여 후보자를 선별하고 스스로 동기 부여하고 고도로 숙련된 최고의 인재를 찾아낸 후에는 투자 성과를 극대화할 수 있는 최적의 업무 환경을 조성하고 싶지 않은가?

HPI 프레임워크

HPI 프레임워크를 만들면서 우리는 비즈니스 세계에서 매우 친숙하고 구현하기 쉬운 용어와 개념을 사용하기 위해 KPI의 언어를 가져왔다. KPI와 마찬가지로 HPI도 선행 지표(효과 전)와 후행 지표(효과 후)가 있다. 일부는 건강의 직접적인 지표, 즉 사람을 측정하고 일부는 간접적인 지표, 즉 건물을 측정한다. 이런 개념을 시각화하는 가장 좋은 방법은 HPI를 사분면으로 나누는 것이다.

HPI에 대해 설명한 원래의 논문에서 조와 그의 동료들은 이 프레임워크에 몇 가지 사례를 추가했다. 이 책에서 우리는 지난 2년간 다양한 업계(상업용 부동산, 기술, 제약 등)와 다양한 직무(인적 자원 관리, 고위 임원, 설비 관리 등)에 걸쳐 경영진과 나눈 대화와 프레젠테이션, 워크숍 등을 토대로 이 프레임워크에 새로운 HPI 개념을 추가했다(HPI, 특히 프레임워크 위쪽에 있는 직접적인 지표는 회사마다 다를 수밖에 없지만 건물과 관련된 아래쪽 지표는 모든 기업에 보편적으로 적용된다).

왼쪽 위의 제2사분면부터 시작하여 시계 반대 방향으로 살펴보자.

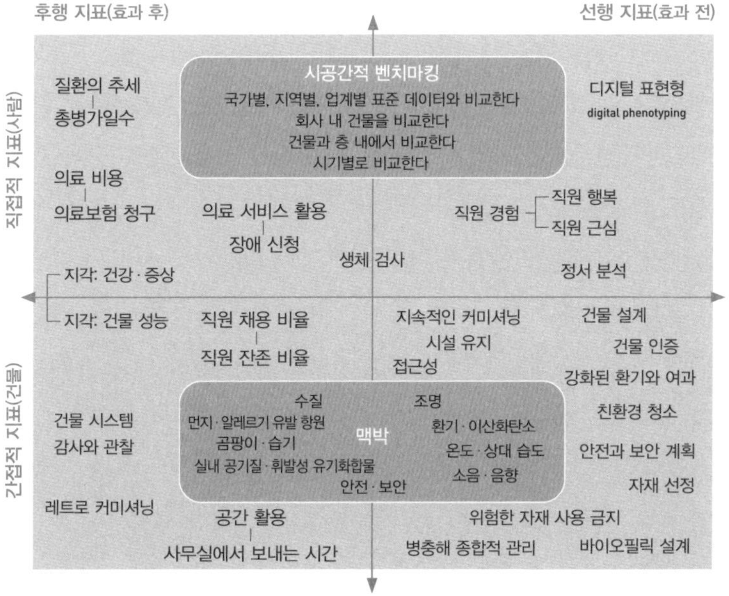

그림 9.2 건물의 건강성과지표

직접, 후행 HPI: 사후에 직원 건강 측정하기

연말에 기업은 건물로 인한 건강 성능이 성과에 어떤 영향을 미쳤는지 파악하기 위해 몇 가지 지표를 추적할 수 있다. 여기에는 전체 직원의 병가일수, 건강관리 서비스 활용, 천식 발작이나 유행성 독감 증가와 같은 특정 질병의 추세 등에 대한 전체적인 동향을 추적하는 작업이 포함된다. 이런 동향이 잠재적인 건물 관련 문제를 나타내는지 아닌지를 결정하는 핵심 요소는 위쪽 중앙의 상자에 적힌 내용이다. 상자에 적힌 내용을 표준적인 시공간 데이터와 비교 분석하고 벤치마킹해야 한다(이것을 시공간 벤치마킹이라 한다). 이것이 대체 무슨 이야기일까? 간단히 말하면 기업은 조직 내부와 외부 모두에서 시간과 공간별로 차이점을 찾아 지표를 추적해야 한다.

이런 종류의 HPI 분석이 실행 가능한 정보로 이어지는 방법에 관한 사례를 살펴보려면 조의 건강한 건물팀 소속 연구원 호세 기예르모 세데뇨 로랑이 이끈 최근 조사를 참고하는 것이 좋다.[5] 그는 서로 다른 건물에 사는 대학생들의 건강 기록 정보를 분석하고 캠퍼스 건물별로 결과를 분류함으로써 지난 5년간 캠퍼스의 한 상급생 건물에 사는 학생들의 매년 알레르기 발생률이 현저히 낮다는 사실을 발견했다. 건강 기록 정보는 이 건물에 무언가 다른 점이 있다는 것을 보여주는 단서였다. 그 차이가 무엇일까? 연구자들은 제2사분면의 HPI를 분석하는 과정에서 이 건물에 흥미로운 것이 존재할 수 있다는 사실을 발견했다. 그리고 건강 기록 정보에서 발견한 것을 토대로 후속 조사를 진행했다. 그 결과 이 건물은 공기 필터를 활용하여 환기율을 높인 기계식 환기 장치를 갖추고 있다는 사실이 밝혀졌다. (놀랍지 않은가?)

한 가지 KPI가 회사에 대한 모든 정보를 알려주지 않는 것처럼 HPI도 마찬가지다. 그러나 이 그룹에 속한 HPI를 모두 종합하면 대부분의 기업이 이미 보유한 데이터를 활용하여 건물이 건강에 미치는 직접적인 영향에 대한 강력한 지표를 확보할 수 있다.

이와 관련하여 질병 추세로 암 다발 지역을 발견한 사례를 살펴보자. 미국 주요 도시 변두리의 새롭게 단장한 공간에서 300명의 직원이 일하는 한 서비스 회사는 직원들의 질병 추세를 정식으로 추적 관찰하는 절차를 마련했다. 이 회사의 건물은 원래 오래된 공업 단지였는데, 새로 개조하여 아름답고 높은 천장과 커다란 창문 그리고 특이한 2층 사무실과 중앙 홀이 내려다보이는 회의 공간이 있는 일부 구역은 오픈 플로어 플랜으로 설계된 사무실 공간으로 바뀌었다. 1년간 질병 추세를 추적 조사한 후(직접, 후행 HPI) 이 회사는 특이한 점을 발견했다. 같은 층에서 일하는 2명의 장기 근속 직원이 얼굴 한쪽의 안면 근육이 틀어지는 안면신경마비 진단을 받았다. 안면신경마비의 발병 원인은 알려지지 않았지만 바이러스 감염을 포함한 몇 가지 가설이 있었다. 휘발성 유기화합물에 노출되는 것처럼 환경 요인이 위험 요소로 작용한다는 증거도 몇 가지 있었다.

회사는 잠재적인 문제를 더 깊이 파고들기 위해 정식 조사에 착수했으며 그 과정에서 같은 기간 동안 또 다른 2명의 직원도 안면신경마비 증상을 겪은 사실을 발견했다. 그들은 의사와 전염병학자를 고용했고, 우리는 HPI 프레임워크의 위쪽 중앙 상자에 언급되어 있듯이 건물 내, 건물별, 심지어 미 전역의 질병 발병률 데이터를 활용하여 일반 대중과의 발병률을 비교했다(이것이 바로 시공간적 벤치마킹이다). 전염병학자는 직원들의 안면신경마비 발병률이 우연의 결과로 예상할 수 있는 범위를 넘어선 규모라고 확신했다.

이런 결과를 바탕으로 회사는 산업위생사를 고용해 환경 조사에 착수했으며 건물 지하수에서 휘발성 유기화합물이 발견되었다. 수 년 전 이 회사 근처의 건물에서 용제를 땅에 버렸는데, 그것이 지하수를 통해 이 건물 지하로 흘러들었다. 실내 공간을 추적 조사한 결과 건물 지하수에 있는 휘발성 유기화합물이 건물 내부로 스며들고 있다는 사실이 확인되었다(이것을 증기 침투라고 하는데 드문 일은 아니다). 해결책은 무엇일까? 건물이 양압 상태를 유지하도록 기계 설비를 약간 바꾸었으며(음압 공간은 진공청소기 같은 역할을 하며 휘발성 유기화합물을 건물로 빨아들인다), 건물 바닥에 증기 침입 교정 장치를 설치했다.

간접, 후행 HPI: 사후 직원 건강 성과를 위한 대용물

HPI 프레임워크의 왼쪽 아래 제3사분면으로 이동하면 건강을 간접적으로 측정하는 영역으로 들어간다('맥박'이라고 적힌 상자는 잠시 신경 쓰지 않아도 좋다. 몹시 중요한 내용이기 때문에 HPI 사분면을 모두 설명한 후 자세히 알아볼 것이다). 제3사분면에서는 기업이 연말 혹은 월말에 확인하는 몇 가지 지표를 볼 수 있다. 건물이나 공기질에 대한 직원 인식 혹은 건물에 나타나는 비정상적인 상황(평소와 다른 냄새가 나거나 갑자기 시스템이 고장 날 때 등)에 대한 사후 관찰 내용을 확인하며 건강 성과를 간접적으로 측정하는 것이다.

공간 활용과 사무실에서 보내는 시간이라는 연관된 두 가지 HPI를 살펴보고 이것이 재택근무를 하는 회사에서는 어떻게 나타날지 생각해보자. 최근 부동산 비용을 절감하기 위해 재택근무로 전환하는 기업이 늘고 있지만, 여전히 많은 기업이 사무실에서 더 잦은 직접적인 대면 상호 작용을 통한 협업을 추진하고 있다. 대표적인 예로 2009년 공격적인 재택근무 방식을 채택했다가 10년도 되지 않아 원래 방식으로 전환한 IBM을 들 수 있다.

이것이 HPI와 어떤 관련이 있을까? 만약 당신의 목표가 IBM, 혹은 구글, 애플, 에트나, 야후처럼 직원들이 사무실에서 일하길 바라는 다른 회사와 같다면 직원들이 돌아와야 하는 건물을 그들이 행복을 느낄 수 있는 공간으로 바꾸어야 한다. 그렇지 않으면 그들을 잃을 수 있다. 개선된 건물이 직원들이 한데 모여 협업하는 데 얼마나 효과적인지 어떻게 알 수 있을까? 사람들이 실제로 건물에서 보내는 시간 같은 HPI를 추적하고 측정하여 이것이 다른 건물과 어떻게 다른지, 건강한 건물 개조 전후에 어떤 차이를 보이는지 확인하면 된다.

만약 사무실이 마음에 들거나 그곳에서 일할 때 생산성이 더 높다고 느낀다면 사무실에서 보내는 시간이 늘어날 수 있다(만약 "그래, 사람들이 이런 식으로 추적당하는 것을 좋아하겠네"라고 냉소적으로 생각한다면, 공공연하게 드러나지 않을 뿐 이런 일은 이미 일어나고 있다고 볼 수 있다. 컴퓨터에 로그인할 때마다, 메일을 보낼 때마다 회사는 당신이 어디에 있는지 알고 있다. 당신이 회사에 있다는 사실을 아는 것을 넘어 당신이 회사 내 어디에 있는지도 알고 있다. 건물 안을 돌아다닐 때 주머니 속의 휴대전화에서 내보내는 끊임없는 와이파이 신호를 통해 당신은 매분 추적당하고 있는 셈이다). 이런 데이터를 활용하여 직원들이 어느 공간을 좋아하고 어느 공간을 사용하지 않는지 파악하면 다음에는 어느 공간을 우선적으로 개선해야 할지 알 수 있다.

역시 이와 관련된 사례를 살펴보자. 2008년 말 미국소비자제품안전위원회는 주택 소유자와 건축업자 들로부터 플로리다주에서 이상한 일이 벌어지고 있다는 제보를 받았다. 새로 지은 집에 설치한 에어컨과 다른 가전제품들이 불과 몇 개월 만에 작동을 멈췄다는 것이다. 새 제품으로 교체해도 마찬가지였다. 일련의 조사를 통해 그들은 어두운색의 물질이 고장 난 에어컨의 냉각 코일을 덮고 있다는 사실을 발견했다. 다른 금속물질 표면이나 심지어 장신구에도 비슷한 어두운색의 무언가가 묻어 있었다. 게다가 가전제품이 고장 나는 것뿐 아니라 집 안에서 달걀 썩은 냄새도 진동했다.

소비자제품안전위원회에는 4년간 미 전역의 43개 주에서 약 4천 건의 신고가 접수되었는데 플로리다주가 절대 다수를 차지했다. 초기에 일어난 일들은 결함 있는 석고 보드를 범인으로 지목했다(문제가 되는 건축 자재들은 모두 중국 업체에서 구입한 것으로 드러났다. 문제의 제품과 그로 인한 주택 문제를 흔히 '중국산 석고 보드' 사건이라고 불렀다). 소비자제품안전위원회는 문제의 근원을 밝히고 해결책을 찾기 위해 엄청난 비용을 들여 대규모 조사에 착수했다. 조는 잭 매카시를 비롯한 환경보건공학 컨설턴트들과 함께 공기 표본 채취 기법과 주택에 '부식분류표'를 배치하는 방법을 사용하여 51채의 주택을 조사했다. 연구자들은 새 건물에 사용된 석고 보드가 집 안에 황화수소를 내뿜고 있다는 결론에 이르렀다.[6] 황화수소는 구리와 은을 부식시키는 성질이 강하므로 구리와 은으로 된 물질 표면에 어두운색의 코팅이 생겼던 것이다(엄밀히 말하면 황화구리와 황화은이다). 또한 황화수소는 달걀 썩은 냄새가 나고 냄새 감지 임곗값이 매우 낮은 것으로 알려져 있다(1조 분의 1).

로런스버클리국립연구소에서 추가로 작은 방에서 결함 있는 석고 보드에서 나오는 화학물질 배출률을 시험한 결과 가정에서 발견된 황화수소와 다른 황화합물이 석고 보드에서 배출되는 것이 확인되었다.[7] 온도와 습도가 올라가면 화학물질 배출률이 올라간다는 사실도 발견했다.[8] 원인이 밝혀지고 난 후 가장 큰 문제는 집집마다 이 석고 보드가 어디에 사용되었는지 알아내는 것이었다(문제가 있는 중국산 석고 보드이든 문제가 없는 석고 보드이든 페인트칠하면 모두 같아 보인다). 연구자들은 벽을 투시하는 방법을 연구했고 실시간 지문 검식법을 활용하여 중국산 석고 보드의 생산자를 식별했다(휴대용 형광 엑스선과 푸리에 변환 적외선 분광 분석법을 활용했다). 미 보건복지부에서 진행한 후속 조사 결과, 문제의 석고 보드를 사용한 집에 사는 사람들은 황화수소로 인해 기존 호흡기 질병이 더 악화하거나 눈과 코의 염증, 비강 병변 증상이 나타나는 등 건강에 좋지 않은 영향을 받을 수 있다고 결론을 내렸다.[9]

중국산 석고 보드 사례의 교훈은 사무실, 집, 학교에 잠재적인 문제가 있음을 알려주는 첫 번째 징후는 건물 성능에 눈에 띄는 변화가 생긴다는 것이다(예를 들면 장치 고장, 벽의 부식이나 손상 등). 이 사례에서는 고약한 냄새가 나는 화학물질 그리고 가전제품과 기계장치 고장이라는 독특한 증상으로 인해 과학 수사의 도움을 받을 수 있었다. 만약 냄새가 없는 화학물질로 인해 문제가 발생했다면 가전제품 고장의 원인을 밝히기까지 더 오랜 시간이 걸렸을 테고, 그동안 사람들은 공기 중의 화학물질을 들이마실 수밖에 없었을 것이다.

간접, 선행 HPI: 유행에 앞서

오른쪽 아래 제4사분면은 건물과 관련된 HPI를 이야기할 때 가장 중요한 영역으로 회사, 건물 소유자나 관리자가 직원의 생산성과 건강, 즉 사업에 가장 큰 영향을 미칠 수 있는 부분이다. 이런 지표는 선행 지표이기 때문에 문제가 생기길 기다리거나 부정적인 영향이 생긴 후에 해결하기보다는 바로 실행한다면 회사는 건물에서 혜택을 얻고 있다는 것을 확신할 수 있다.

건강한 건물 수명주기에서 가장 중요한 첫 단계인 건물 설계부터 시작해보자. 건강한 건물의 아홉 가지 기본 토대 중 대다수는 설계 단계에서 건물의 DNA에 포함될 수 있다. 높은 환기율을 원한다면 그렇게 설계하면 된다. 더 건강한 건축 자재를 원한다면 그런 자재를 사용하면 된다. 고효율 필터를 원한다면 그런 필터를 구입하면 된다. 요컨대 건강한 건물과 그에 따른 경제적 혜택을 원한다면 처음부터 그렇게 설계하는 것이 가장 좋은 방법이다.

건강한 건물을 설계한 후에는 지속적으로 커미셔닝, 즉 성능 검사를 실시하여 투자한 자금만큼 혜택을 얻고 있는지 확인해야 한다. 건물을 설계하고 건축한 다음 커미셔닝을 하지 않는 것은 비행기를 구입하고 시험 비행을 하지 않은 채 곧바로 현장에 투입하는 것과 같다. 시험 비행을 하지 않은 비행기에 아무도 타고 싶어 하지 않는 것처럼 커미셔닝을 제대로 받지 않은 새 건물을 처음 사용하고 싶어 하는 사람 역시 없을 것이다. 커미셔닝은 건물의 '시험 비행'이나 마찬가지다. (커미셔닝을 받지 않는다고 해서 건물이 사용자를 곧바로 죽이는 것은 아니다. 따라서 이것은 완벽한 비유는 아니지만 우리가 '즉시'라는 단어를 쓴 것에 주목해야 한다.)

이런 불완전한 비유를 이어가자면 사람들은 처음 한 번의 시험 비행을 마친 후 단 한 번도 시험 비행하지 않는 비행기도 타고 싶지 않을 것이다. 이런 이유로 우리는 한 번의 커미셔닝이 아니라 정기적으로 커미셔닝을 받길 권한다. 비행기가 왜 가장 안전한 교통수단인지 아는가? 항공 업계의 중심에 건강과 안전이 자리하기 때문이다. 비행기는 200~300번의 비행마다 'A 체크'를 받는다. 건물도 비슷한 점검을 받는 것이 옳다.

지금쯤이면 건물이 건강에 주는 긍정적인 영향에 자극을 받아 당신의 생각이 커미셔닝을 해야 한다는 쪽으로 바뀌었길 바란다. 그러나 여전히 생각이 바뀌지 않았다면 커미셔닝을 하면 에너지 절약 효과가 뛰어나다는 사실을 상기하기 바란다. 로런스버클리국립연구소는 커미셔닝이 13~16퍼센트의 에너지를 절약하게 해준다고 밝혔다.[10]

제4사분면의 추가 HPI는 건물이 건물 인증 전제 조건, 안전과 보안 계획, 친환경 청소 절차 준수, 통합 병충해 관리 기법 활용 등과 같은 사전에 정해진 조건을 충족하는지 확인하는 데 중점을 둔다. 이런 요소들을 추적하고 관리함으로써 회사는 건물 성능과 관련하여 거의 모든 것을 완벽하게 통제할 수 있다. 그 결과 건강이 건물의 DNA에 내재된다.

건축 자재의 선정으로 건물에서 독성을 줄인 실제 사례를 살펴보자. 20만 명 이상 직원을 보유한 미국 의료 기업 카이저퍼머넌트는 환자와 직원의 건강에 많은 관심을 쏟는다. 36개가 넘는 병원과 600개가 넘는 진료소를 가진 그들은 건물에 무엇이 들어가는지에도 많은 주의를 기울인다. 이 회사는 2006년에 건축 자재에 항균물질을 사용하는 것이 옳은 일인지 알아보기 위해 증거를 수집하기 시작했다(다시 말해 그들은 더 건강한 건축 자재의 선정에 관심이 있었다). 개념적으로 건축 자재에 그런 화학물질을 사용하는 것은 타당해 보인다. 병원의 벽과 바닥이 항균성을 갖기를 원하는 것은 언뜻 옳은 일처럼 비칠 수 있다.

그러나 의료 시설의 마감재, 직물, 사람이 접촉하는 모든 물건의 표면에 항균물질을 넣는 것은 과학적으로 옳지 않은 일로 판명되었다. 많은 연구에 따르면 손을 씻을 때 항균 비누를 사용하는 것과 일반 비누를 사용하는 것은 별 차이가 없었으며, 이런 화학물질을 물건 표면과 마감재에 사용하여 환자가 더 건강해졌다는 증거도 없었다. 오히려 항균물질을 과다 사용할 경우 항생제에 대한 내성이 생기는 원치 않은 효과가 나타날 수 있으며, 이런 화학물질 중 다수, 특히 트라이클로산은 실제로 인체에 해로운 것으로 드러났다(7장에서 언급한 몇 가지 화학물질과 마찬가지로 트라이클로산은 2개의 페닐 고리가 있는 할로겐 화학물질로 갑상샘 호르몬 기능뿐만 아니라 생식 활동을 방해한다).[11]

카이저퍼머넌트는 이 사건에 어떻게 대처했을까? 그들은 먼저 건물에 항균물질을 사용하지 말 것을 권했다. 다음으로 인체에 유독하다고 알려진 트라이클로산 사용을 전면 금지했다. 마지막으로 가장 최근에는 다른 건물과 병원 내부 제품 표면에 널리 사용하는 다른 화학물질들도 모두 사용 금지했다.[12] 그 결과 불필요한 항균물질에서 나오는 독성 제품이 줄어들면서 건물이 더 건강해졌다. 미국에서 가장 큰 의료 기업 중 하나인 카이저퍼머넌트가 항균물질을 사용하는 것이 불필요하고 해롭기까지 하다고 생각하는데, 당신은 왜 사무실 건물과 집에 이런 물질을 사용하려 하는가?

직접, 선행 HPI: 실시간으로 직원 건강과 성과 측정하기

제4사분면은 건물이 직원의 건강과 성과에 어떤 영향을 주고 있는지 확인하기 위해 모든 기업이 에너지를 쏟고 집중해야 하는 영역이다. 반면 오른쪽 위 제1사분면은 모든 사람이 주의를 집중해야 하는 영역이다. 이상적인 세상에서 우리는 모두 직원의 건강과 성과에 대한 명확한 선행 지표를 원하지 않을까? 직원들에게 주기적으로 인지 기능 검사를 받게 하고 개인 건강을 추적하기 위해 실시간 생체 정보를 측정하게 한다면 충분히 가능한 일이다. 한 가지 비밀을 알려주자면 연구자들이 당신을 대신하여 이미 그 일을 진행하고 있다. 연구자들은 모든 사람의 인지 기능과 생체 정보를 모아 실내 환경 요소가 인간의 생리 기능에 미치는 영향을 검토했다. 이런 이유로 우리는 제4사분면의 모든 요소를 측정하고 추적하는 일이 중요하다는 사실을 알고 있다.

그렇긴 하지만 제1사분면에도 탐색할 가치가 있는 몇 가지 사항이 있다. 가장 중요한 것은 '직원 경험'으로, 이것은 "직원들이 행복한지 그렇지 않은지, 그들의 이야기에 귀를 기울여라"라고 요약할 수 있다. 건물 관리자에게 사람들이 매일 사무실 온도와 관련해 얼마나 많은 불평을 하는지 물어보면 일부 직원들이 항상 이런저런 이유로 만족하지 못한다는 사실에 깜짝 놀랄 것이다. 하지만 이런 불평을 무시하는 것은 6장에서 살펴봤듯이 경제적으로 큰 실수라고 할 수 있다. 더 나은 접근 방법은 시설 관리자에게 마치 의료 사업에 종사하는 것처럼 생각하고 이런 불만 사항들을 회사의 성공에 꼭 필요한 요소로 처리할 수 있는 권한을 부여하는 것이다.

최근 '모바일 헬스' 혹은 'm헬스'라고 부르는 개인별 맞춤 건강관리의 세계로 이동하면서 우리는 스마트폰과 웨어러블 기술을 활용하여 실시간으로 직원의 건강 성능을 추적하고 감시하고 지원할 수 있게 되었다. 연구자들은 하버드대학 동료 유카-페카 오넬라Jukka-Pekka Onnela가 '디지털 표현형digital phenotyping'이라고 부르는 방법을 활용하여 이제 스마트폰 센서를 통해 매 순간 얻는 데이터를 바탕으로 개인의 행동, 사회적 상호 작용, 언어 패턴, 신체 활동 등을 파악할 수 있다.[13] 그러나 직원들에게 디지털 표현형 기술을 적용해 사회적 상호 작용을 분석하겠다고 이야기하긴 힘들다. 그렇게 이야기하는 순간 긍정적인 감정이 급격히 줄어들 것이다. 그렇더라도 새로운 인공지능 지원 분석적 접근 방법, 스마트 빌딩 센서와 기술이 건축계에서 채택되기 시작하고 있으므로 제1사분면을 주시해야 한다. 우리는 디지털 표현형과 감정을 대규모로 분석할 날이 그리 멀지 않았다고 생각한다.

이와 관련해 직원의 부재를 실시간으로 추적하여 조기에 문제를 발견한 회사의 사례를 살펴보자. 거대 다국적 기업의 최고 엔지니어가 회사 건물에서 일어난 일을 들려주었다. 문제의 층에는 약 30명의 직원이 있었는데, 모두 수십만 달러 이상의 연봉을 받는 사람들이었다. 그 공간에서 일하는 여러 직원이 두통, 피로, 집중력 저하 같은 새건물증후군 증상을 호소했다. 관리자들은 처음에 그들이 불평하기를 좋아하는 유형이라고 여기고 그들의 이야기를 대수롭지 않게 넘겼다. 그러다 문제가 악화하여 같은 층에서 점점 더 많은 직원이 같은 증상을 호소하며 병가를 내고 그 건물에서 일하기를 거부했다.

경영진은 갈수록 결근이 늘어난다는 사실을 깨닫고 건물의 잠재적 문제가 무엇인지 밝혀내기 위해 최고 엔지니어를 소환했다. 엔지니어는 기계 장치를 점검한 후 건물의 실외 공기 댐퍼용 모터가 고장 나서 닫힌 상태로 멈춰있다는 것을 발견했다. 다시 말해 실외 공기가 건물 안으로 들어오지 못하고 있었다. 이후 곧바로 공기 댐퍼 모터를 개선했고 직원들은 더 이상 부정적인 증상을 호소하지 않았다. 문제가 말끔히 해결되었다.

이 사건의 부정적인 면은 이미 피해가 발생했다는 것이다. 모두 합해서 연봉이 300만 달러가 넘는 30여 명의 직원이 한 달 동안 업무에 집중하지 못하고 무력해졌으며 일부는 출근을 거부했다. 긍정적인 면은 문제가 장기화하기 전 혹은 누군가 심각한 병에 걸리기 전에 문제를 발견했다는 것이다.

직원의 경험을 실시간으로 확인하는 것뿐 아니라 공기질도 실시간으로 감시했다면 이 문제를 더 일찍 발견할 수 있었을 것이다.

건물의 맥 살피기

지금까지 우리는 아래쪽 두 사분면 사이에 있는 큰 상자에 대해 언급하지 않았다. 그 이유는 가장 중요한 부분이므로 마지막까지 남겨두고 싶었기 때문이다. 인간의 몸처럼 건물도 매분 변하므로 건물의 맥박을 지속적으로 확인하는 체제를 구축하는 것이 절대적으로 중요하다. 건물과 직원의 맥박을 (간접적으로) 살피고 싶다면 건물 환경을 추적 관찰해야 한다. 건물이 제대로 가동되고 있는지 확인하기 위해 가장 먼저 해야 할 일이다. 추적 관찰 프로그램이 구축되어 있지 않다면 문제의 원인을 파악하지 못해 직원의 잠재력을 제대로 활용할 수 없다.

오늘날 우리가 일반적으로 건물의 '맥박'을 어떻게 살피는지 생각해보자. 대개 건물이 처음 지어졌을 때 한 번 승인 도장을 받는다. 대표적인 예가 조가 일하는 하버드공중보건대학원의 랜드마크센터 건물의 벽에 붙어있는 리드 명판이다. 이 명판은 건물이 처음 지어졌을 때의 성능을 매우 잘 증명해주지만 검증을 받은 지 16년이 지난 지금도 이 건물이 잘 가동되고 있다고 증명할 수 있을까? 당연히 그렇지 않다. 그런데도 이 건물에 들어가는 모든 사람에게 공간의 인증을 나타내는 그 명판은 여전히 벽에 걸려있다.

당신의 자동차, 노트북, 집에 있는 보일러도 몇 년간 혹은 몇십 년간 새것처럼 계속 작동할 것으로 생각하는가? 당연히 그렇지 않을 것이다. 건물에 관해서도 같은 의구심을 가져야 한다. 상업용 건물 혹은 정부 기관 건물은 매우 복잡한 기계와 같아서 항상 잘 드러나지 않는 부분까지 신경 써야 한다. 건물은 물이 새는 라디에이터나 바람 빠진 타이어처럼 한눈에 문제를 발견할 수 없다.

다행히도 핵심 시장이 변하고 있다. 센서와 사물인터넷 기술이 발달한 덕분에 건물의 맥박을 어느 때보다 잘 유지할 수 있다. 우리는 지속적으로 추적 관찰할 수 있는 실내 환경과 실시간으로 반응할 수 있는 건물 등 정적인 상태에서 동적인 상태로 빠르게 전환하고 있다. 여기에는 엄청난 가능성이 내재되어 있으므로 실수가 없도록 사전에 대비해야 한다. 우리는 난생처음으로 건물 비용의

90퍼센트를 차지하는 사람들이 어떻게 최고의 성과를 낼 수 있는지 결정하는 데 도움이 되는 모든 요소, 즉 간접 HPI를 추적 관찰하고 영향을 미칠 수 있기 때문이다.

환경 성과를 추적하는 것이 왜 그렇게 중요한지 알아보고 "건물은 고정불변하다"라는 주장을 반박하는 두 가지 사례를 살펴보자.

보이지 않는 위험

사무실 건물 근로자에 관한 글로벌 연구의 하나로 (연봉이 높은) 지식 근로자 그룹을 대상으로 새로 개조한 사무실 공간의 환경 성능을 추적 관찰한 최근 사례를 살펴보자. 사람들의 이야기에 따르면, 이 사무실 건물은 깨끗하고 안락하고 깔끔하게 설계되어 있으며 최고 수준의 시설팀이 관리하고 있다. 무언가 잘못되었다는 느낌을 주는 요소가 전혀 없다. 요컨대 이곳은 당신이 일하고 싶은 곳이거나 자녀가 일하길 바라는 곳이다. 우리는 이 공간을 추적 관찰하기 시작했다.

초미세먼지 데이터부터 살펴보자. 가장 먼저 눈에 띄는 점은 근무 시간과 휴무 시간의 초미세먼지 농도 차이다. 오전 8시에서 오후 7시 사이 실내 초미세먼지 농도는 이른 아침, 저녁, 밤보다 훨씬 낮다. 두 번째로 눈에 띄는 점은 실내 초미세먼지 농도가 자주 상당히 높은 수준으로 올라간다는 것이다(참고로 미국의 국가대기질기준에 규정된 실외 공기의 적정 수준은 12마이크로 퍼 세제곱미터다).

이 공간을 실시간 추적 관찰한 결과 이상한 점이 발견되었다. 새로 개조한 사무실의 실내 초미세먼지 농도가 12마이크로 퍼 세제곱미터 이상을 기록하는 경우가 매우 잦았고 24시간 동안 농도 변화

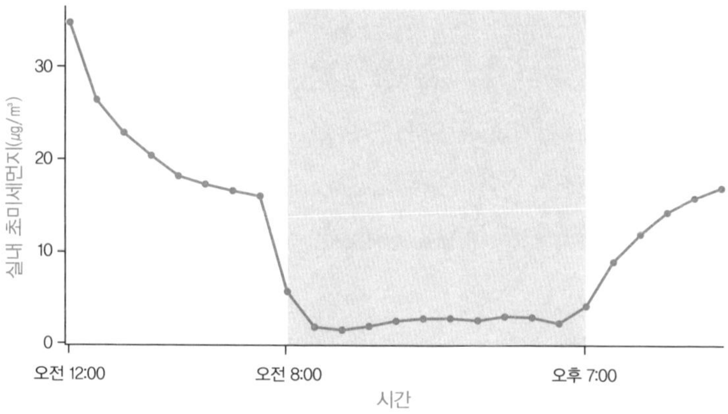

그림 9.3 새로 개조한 사무실의 실내 초미세먼지 농도

폭이 컸다. 이런 초미세먼지는 맨눈으로 확인할 수 없기 때문에 우리가 이 문제를 발견할 수 있는 유일한 방법은 추적 관찰뿐이었다. 대체 이 건물에서 무슨 일이 일어나고 있는 걸까?

문제의 건물은 중국 청두에 있는 것으로, 우리가 표본을 채취한 날 청두의 실외 초미세먼지 농도는 약 40마이크로 퍼 세제곱미터였다. 그렇다면 낮 동안 이 건물의 실내 초미세먼지 농도가 낮은 이유는 무엇일까? 조사 결과 이 건물에 사용된 필터가 초미세먼지 포집 효율이 매우 높은 MERV 14라는 사실을 알 수 있었다(6장에서 MERV 8 필터는 약 50퍼센트, MERV 14는 약 90퍼센트의 초미세먼지를 포착한다고 언급한 대목을 떠올려보자). MERV 14로 교체하는 데 드는 추가 비용은 20달러 정도다. 더 촘촘한 필터 사이로 공기를 내보내기 위해 팬이 더 열심히 돌아가면서 발생하는 '에너지 페널티' 비용은 연간 단 몇 달러 수준이다. 유명 기업이 소유한 건물에서 매일 국가대기질기준을 뛰어넘는 초미세먼지를 들이마시는 10여 명의 직원 건강에 미칠 잠재적인 영향이 발생시킬 비용과 비교해볼 필요가 있다.

이제 이 그래프의 다른 흥미로운 부분을 살펴보자. 이 건물의 실내 초미세먼지 농도는 하루 동안 왜 그처럼 큰 차이를 보이는 걸까? 이 책을 여기까지 읽었다면 휴무 시간에 오염 농도가 왜 높아지는지 이유를 짐작할 수 있을 것이다. 건물의 기계식 환기 장치는 정확히 오전 8시에 작동해서 오후 7시에 꺼진다. 실시간 센서로 건물의 맥박을 측정하면 보이지 않는 것을 볼 수 있다. 건물 체계가 낮 동안 이 회사 직원들의 건강을 얼마나 보호하고 있는지 알 수 있다. 체계가 꺼진 후 직원들이 늦은 시각까지 일할 때는 실내 공기의 질이 실외 공기의 질과 비슷해진다. 건물의 맥박을 측정하고 비용 효율이 높은 필터를 설치함으로써 간단히 피할 수 있는 위험의 좋은 사례다.

미국이나 유럽에서 이 책을 읽는 독자라면 "여기는 실외 대기 오염은 그렇게 심각하지 않아"라고 생각하거나 혹은 자신에게는 해당하지 않는 사례라고 생각할 수 있다. 만약 그렇다면 다시 한번 생각해볼 필요가 있다. 미국이나 유럽의 공기 오염 농도가 다른 지역에 비해 더 낮은 것은 사실이지만 캘리포니아에서 초미세먼지로 인한 조기 사망 사례는 매년 3천 건에 달한다. 유럽에서도 매년 실외 대기 오염으로 인한 조기 사망이 50만 건에 이른다. 건물이 당신을 보호하고 있는가? 이것을 확인할 수 있는 유일한 방법은 건물의 맥박을 살피는 것이다.

일일 변동

건물은 매일 시시각각 변화한다. 예를 들어 로스앤젤레스의 한 건물에서 나온 실제 데이터를 4장에서 언급한 고전적인 습윤공기선도 위에 올려보자. 습도 측정은 이 책의 범위를 벗어나므로 따로 설명하지 않을 것이다. 다만 공기 중의 수증기 함유량은 온도, 습도, 수분 사이의 근본적인 관계를 정의하기 때문에 온열 건강성의 이상적인 위치를 파악할 수 있도록 해준다는 점은 알아둘 필요가 있다. 이 그래프에서 우리는 ASHRAE 기준 55.1과 습윤공기선도에 따라 80퍼센트의 사람들이 쾌적하다고 느끼는 이상적인 위치를 확인할 수 있다.

우리가 이것을 소개하는 이유가 바로 여기 있다. 오른쪽의 그림은 한 상업용 사무실 건물의 실제 데이터이며 회색 점은 직원들의 자리 위치를 나타낸다. 위의 그래프에서는 모든 사람이 이상적인 위치 안에 있지만 아래 그래프에서는 어떤 변화로 인해 거의 모든 직원이 이상적인 위치 밖에 있다. 온도가 쾌적한 지점보다 내려갔다. 이것은 직원들이 자주 춥다고 불평하는 사무실 건물에서 일어날 수 있는 일이다.

두 그래프가 하루 간격으로 수집한 데이터를 나타낸 것이라는 점을 생각해보자. 그렇다. 이처럼 성능이 뛰어난 A급 사무실 건물에서도 매일 건물 관리 방식에 뚜렷한 변화가 없는 상황에서 온도와 습도에 큰 차이가 있었다. 이 수치는 생산성이 감소한 날을 보여준다. 둘째 날 이상적인 위치에서 벗어난 회색 점은 모두 문밖으로 빠져나가는 총매출과 순이익을 나타낸다.

이 그래프를 보여주는 또 다른 목적이 있다. 건물에서 이런 일이

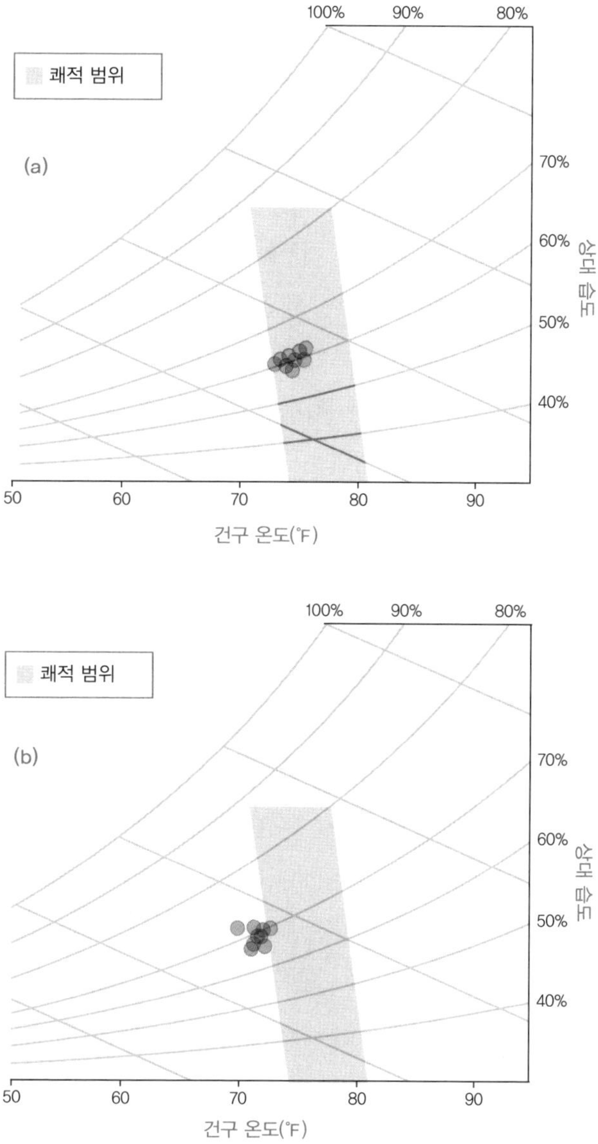

그림 9.4 연일 쾌적한 온도 범위를 벗어나는 직장인을 보여주는 습윤공기선도

발생하는 것을 '볼 수 있는' 유일한 방법은 이런 요소들을 실시간으로 추적 관찰하는 것이다. 적극적으로 추적 관찰하다 보면 사람들이 종종 생산성을 떨어뜨리는 환경에서 일한다는 사실을 확인할 수 있다. 많은 경우 사람들은 이 사실을 인지하지 못한다. 그리고 이에 관해 의견을 내는 사람들이 있더라도 무시당하기 일쑤다.

건물의 맥박을 지속적으로 확인하고 적극적으로 대응하지 않는다면 저 회색 점들 중 몇 명이 시설 관리팀에 연락하거나 혹은 관리자에게 메일을 보낸 후에야 이 문제를 알게 될 것이다. 운이 좋다면 말이다. 이런 불만 사항이 접수될 때까지 3~4일이 걸린다면 어떨까? 6장에서 살펴본 것처럼 3~4일 동안 직원들의 업무 처리량이 줄어들 수밖에 없다.

헬스앤웰스의 사례로 돌아가 이 문제의 경제적 영향을 살펴보자. 직원이 40명인 가상의 회사 헬스앤웰스의 평균 연봉이 7만5천 달러라고 했다. 이 회사 직원이 연간 250일 근무한다고 가정하면 회사는 급여로 하루에 1만2천 달러를 지출한다. 6장에서 우리는 일반적인 '쾌적한' 범위를 벗어나 온도가 화씨 2도 변할 때마다 생산성이 1퍼센트 감소한다는 사실을 보여주는 연구 결과를 소개했다. 이번 장에 나오는 수치는 평균적으로 화씨 4(약 섭씨 2.2)도의 온도 변화를 나타내며 이는 2퍼센트의 생산성 감소에 해당한다.

종합하면 미세한 온도 변화로 인해 회사의 생산성이 하루에 약 240달러 정도 떨어질 수 있다(1만2천 달러의 2퍼센트). 240달러라면 큰돈이 아니라고 생각하는 사람도 있을 것이다. 심지어 240달러에 3일 혹은 4일을 곱해도 그리 큰 액수가 아닐 수 있다. 하지만 이런 온도 문제가 3~4일이 아니라 한 달 동안 지속한다면 어떨까? 이제

240달러에 20일의 근무일을 곱하면 한 달에 4천800달러의 비용이 발생한다. 만약 온도 문제가 1년 내내 해결되지 않는다면 손실액은 5만7천600달러로 늘어난다. 더 심각한 것은 직원 40명의 가상 회사가 아니라 직원이 400명 혹은 4천 명인 진짜 회사라면 어떨까? 실내 온도의 미세한 변화가 회사 이익에 수백만 달러의 타격을 줄 수 있다.

이제 실시간 추적 관찰 장치를 설치했다고 상상해보자. 실시간 추적 장치가 미세한 온도 변화를 즉각 포착하여 직원들이 불평하기 전에 문제를 해결할 것이다. 그렇게 되면 하루치 생산성 손실량을 지킬 수 있다.

앞으로 남은 것들

이번 장에서 소개한 여섯 가지 실제 사례에서 건물에 문제가 있다는 초기 징후를 발견한 경우는 하나도 없었다. 이들은 모두 겉보기에 작업하기에 최적의 환경처럼 보이는 이상적으로 설계된 아름다운 사무실 공간을 가진 성공한 회사였다. HPI를 추적하지 않았다면 직원에게 영향을 미치는 중요한 건물 관련 문제를 발견하지 못했을 것이다.

다음은 무엇일까? 2부 목표는 당신이 건강한 건물 전략을 정의하고 실행할 수 있도록 돕는 것이었다. 6장에서 우리는 건강한 건물의 아홉 가지 기본 토대를 소개하고, 지금 당장 건물에 적용할 수 있고 수익에 영향을 줄 수 있는 일들에 대한 몇 가지 실용적 지침을 제공했다. 이 모든 것은 탄탄한 과학적 데이터와 증거에 기반한다. 7장에서는 건물에 들어가는 제품이 건강에 미치는 영향을 알아보았다. 8장에서는 현재 활용되고 있는 건강한 건물 인증 제도를 소개했고, 이번 장에서는 건물의 건강 성능을 측정하고 추적 관리하는 방법을 살펴보았다.

그렇다면 우리의 공간이 건강과 부를 위해 최적화되어 있는지 지속적으로 확인하는 방법은 무엇일까? 마지막으로 우리는 에너지, 대기 오염, 기후변화, 공중보건의 맥락에서 건강한 건물을 고민해보고(10장), 건강한 건물 운동의 미래를 살펴볼 것이다(11장). 새로운 기술이 성과에 미치는 영향, 건물이 사회와 환경에 미치는 영향 그리고 이 모든 것이 당신과 당신의 사업에 미치는 영향 같은 중요한 주제를 탐구할 것이다.

10장

네 개의 벽을 넘어서

건축가는 공간이나 이웃에게 난폭하게 굴어선 안 된다.

–이오 밍 페이

지금까지 우리는 주로 건물 내부를 살펴봤다. 건물의 성능에 영향을 미치는 물리적 구성과 기계 장치를 탐구하고, 건강한 건물이 어떻게 소유자, 임차인, 그 안에서 일하는 사람들 모두에게 긍정적인 투자가 되는지 보여주었다. 더 정확히 말하면 우리는 개인의 성과 향상과 기업의 성과 향상이라는 두 가지 주요 목표에 초점을 맞추었다. 그러나 이에 못지않게 중요한 목표가 한 가지 더 있다. 건강한 건물 운동의 또 다른 주요 이해관계자인 일반 대중에게 봉사하는 것이다.

블랙록 회장 래리 핑크가 글로벌 기업 CEO들에게 보낸 유명한 편지와 기타 책임 자본responsible capital 시장 동향은 현재 ESG 정책과 광범위한 사업 목적에 관한 논의를 확대할 것을 요구하고 있다. 이것은 건축계에 종사하는 사람들에게 지금 당장 답변해야 하는 도전적인 질문을 던진다. 만약 임대인이 이 질문에 대해 제대로 답변할 수 있다면 우리는 새로운 투자 기회, 즉 "선을 행함으로써 더 번성한다"라는 것에 초점을 맞춘 투자와 투자자에게 새로운 기회의 문을 열어줄 수 있다.

이번 장에서는 건물 한두 채와 소수의 대형 임차인을 넘어 더 넓은 세상으로 분석 도구를 확장할 것이다. 건강한 건물 방정식, 건물이 온실가스에 미치는 영향, 포트폴리오 혹은 도시 규모에서 건강 혜택 산정, 금융 회복력 기회 등 에너지 효율에 관해 살펴볼 것이다.

건물, 에너지, 건강, 기후, 회복력의 결합

우리는 이 책을 시작하면서 세상, 건물 그리고 우리 모두를 바꿔놓을 대변화를 이야기했다. 이런 대변화 중 가장 중요한 것은 인구 증가, 급속한 도시화, 자원 고갈, 기후변화의 네 가지 주요 요인일 것이다. 이 네 가지는 우리의 자연환경을 바꾸고 사람과 고정자산에 대한 도전과 기회를 동시에 창출하고 있다.

기후변화에 관한 이야기는 다섯 가지로 구성된다.

- 건물: 건물은 전 세계 에너지의 40퍼센트를 소비한다.[1]

- 에너지: 전 세계 에너지의 80퍼센트는 화석 연료에서 생산된다.[2]
- 건강: 화석 연료를 태우면 인간의 건강에 즉각적인 부담을 주는 공기 오염물질이 배출된다.
- 기후: 화석 연료를 태우면 온실가스가 배출되는데, 이것은 기후변화와 인간 건강, 생태계, 재산에 영향을 미치는 일련의 변화로 이어진다.
- 회복력: 건물은 대기 오염과 기후변화의 영향을 받고 오염, 홍수, 가뭄, 산불 등의 결과로 부동산 가치와 의사 결정에 영향을 준다.

건물은 분명 대기 오염과 기후 문제를 일으키는 원인이지만 건강한 건물 전략은 건물이 그 해결책 일부가 될 수 있다는 것을 보여준다. 에너지 효율 접근 방법을 통해 건강한 건물은 일부 대기 오염물질 배출을 경감시키고 건강 '공동 혜택'이라 부르는 것을 제공할 수 있다. 이런 작용이 일어나는 원리와 ESG 측면에서 정량화하는 방법을 이해하려면 대기 오염과 건강의 이면에 숨겨진 과학 속으로 뛰어들어야 한다.

불타는 화석 연료가 건강에 미치는 영향

1970년대에 시작되어 1980년대에 마무리된 하버드대학의 유명한 6대 도시 연구는 말 그대로 그리고 상징적으로 대기 오염을 공론화하는 계기가 되었다.[3] 이 연구는 초미세먼지 농도가 미 전역의 6개 도시에 거주하는 성인 1만 명과 어린이 1만 명의 건강 상태를 조사했다. 그 결과 미국 산업의 중심지인 오하이오주 스튜벤빌은 대기 오염 수준이 가장 심각했고, 미국의 주요 도시에서 100마일(약 161킬로미터) 떨어진 위스콘신주 포티지는 공기가 가장 좋았으며, 나머지 4개의 도시는 중간 수준을 유지하고 있었다. 이 연구는 더 높은 수준의 초미세먼지에 노출되면 조기 사망 위험이 커진다는 사실을 처음으로 보여주었다. 이런 충격적인 연구 결과는 미국의 국가대기질 기준과 전 세계 대기 오염 기준의 토대가 되었다.

하버드대학의 6대 도시 연구 결과는 이후 수많은 연구를 통해 반복적으로 증명되었다. 가장 최근에는 초미세먼지와 조기 사망 사이의 강력한 연관성을 다시 한번 확인한 '600대 도시' 연구가 진행되었는데 이번에는 여러 국가에서 이런 사실을 확인할 수 있었다.[4] 연구 결과는 시간과 지역과 관계없이 동일했다. 더 중요한 것은 2018년에 발표된 연구에서 현재 설정된 가장 엄격한 대기 오염 기준보다 더 낮은 농도의 실외 대기 오염에 노출되어도 여전히 건강에 위험하다는 사실이 밝혀졌다는 점이다.[5] 또한 조기 사망 위험과 함께 초미세먼지는 입원율,[6] 천식 발작,[7] 학교 결석,[8] 치매로 인한 입원, 알츠하이머병, 파킨슨병[9] 증가와도 관련이 있다는 사실이 드러났다. 심지어 임신 말기에 높은 농도의 초미세먼지에 노출될 경우 아기의 자폐증 위험이 증가한다는 연구 결과도 있었다.[10]

불타는 화석 연료가 기후에 미치는 영향

에너지를 얻기 위해 화석 연료를 태우면 건강에 즉각 영향을 미치는 대기 오염물질이 배출될 뿐 아니라 기후변화를 일으키는 이산화탄소도 배출된다. 우리는 이미 기후변화의 영향을 목격하고 있다. 미국에서는 최근 푸에르토리코와 휴스턴에서 경험한 것처럼 허리케인의 발생 빈도와 심각성이 크게 증가했다. 캘리포니아와 미 북서부 지역에서는 전례 없는 화재가 일어났고 마이애미, 노퍽, 오클랜드에서는 해상 홍수가 발생했다.

기후변화의 위험에는 직접적으로 혹은 명백하게 드러나지 않지만 과학 연구를 기반으로 일어나고 있거나 혹은 일어날 것으로 예상되는 것들도 있다. 수인성 전염병이 증가하고, 해수면이 상승하며, 생태계가 파괴되고 있다. 기후변화가 임업, 어업, 농업에 미치는 영향은 식량 안보와 직결된다. 전 세계적으로 에너지의 주된 소비원인 건물은 건축과 운영 과정에서 기후와 건강에 영향을 미치고 있다. 건물은 어떻게 대기 오염과 기후 문제의 해결책 일부가 될 수 있을까?

에너지 효율이 높은 건물의 건강 공동 혜택

에너지 효율이 높은 건물이 에너지 그리드 수요를 줄이면 전력 소비량이 감소하여 연료를 운송하고 태우는 일이 줄기 때문에 자연스럽게 대기 오염물질 배출이 감소한다. 이런 오염물질의 배출 감소는 에너지 효율이 높은 건물이 가져다주는 건강 공동 혜택('복합적 혜택'이라고도 한다)이라고 할 수 있다. 이론적인 이야기에서 그치지 않고 이런 건강 공동 혜택은 정량화할 수 있다.

에너지 효율 개선의 공동 혜택 분석은 발전 관련 정책 결정을 평가하는 과정에서 사용된다. 주목할 만한 점은 오바마 행정부의 청정발전계획Clean Power Plan에 대한 공동 혜택을 평가하는 과정에서 이런 유형의 분석 체계가 활용되었다는 것이다(연구 결과에 따르면 이 계획이 수립될 때 290억 달러 상당의 건강 공동 혜택이 창출될 것으로 예상되었다)[11] 조와 그의 팀은 '구축된 환경의 공동 혜택CoBE, Co-benefits of the Built Environment'이라고 부르는 도구와 함께 이 방법론을 건물에 적용했다.[12] 그 결과 에너지 효율이 높은 건물은 비용 절약, 오염물질 배출 방지, 건강 증진의 세 가지 혜택을 가져다주는 것으로 나타났다.

결과물 1: 비용 절약

공동 혜택 분석의 첫 번째 결과물은 에너지 절감을 통한 비용 절약이다. 이런 경제적 비용편익분석은 그리 어렵지 않고 수십 년간 수행되어왔으며, 친환경 건물 운동과 건물 에너지 효율 개선 활동의 핵심 동인이었다. 건물은 에너지 사용량을 측정하고 추적 관리할 수 있으며, 에너지 비용을 비교적 쉽게 알 수 있으므로 간단히 분석할 수 있다.

예를 들어 미 에너지부 산하 에너지 정보국은 미 전역의 지역별 에너지 사용량과 생산량 분포, 각 공급원의 비용을 보고한다(물론 회사마다 과거 혹은 예상 에너지 사용량과 비용에 대한 자체 자료를 가지고 있다). 건물 관리자와 회사는 대부분 이미 이런 유형의 에너지 비용 분석을 수행하고 있다. 예를 들어 당신의 회사는 공기 침투를 최소화하기 위해 초단열 처리를 하거나, 에너지 재생 환기 장치를 설치하거나, 더 효율적인 조명이나 다이내믹 글래스를 사용하는 등 에너지 절약을 위한 친환경 건물 전략을 시행하기로 했을 수 있다. 엔지니어는 이런 조정 작업을 통해 절약할 수 있는 에너지양과 투자 회수 기간을 계산하거나, 원가와 예상 절감액을 이용해 투자 수익을 추정할 수 있다.

결과물 2: 오염물질 배출 방지

공동 혜택 분석의 두 번째 결과물은 연료 소비가 줄어 대기 오염물질 배출이 감소한다는 것이다. 일반적으로 에너지 절약은 '배출하지 않은 이산화탄소량'과 같은 지표로 해석할 수 있다. 그러나 배출하지 않은 이산화탄소량은 기후변화에 맞서 싸우는 데 중요한 척도이긴 하지만, 소수의 지속 가능성과 기후 전문가를 제외하고는 이것을 해석할 수 있는 사람이 거의 없다. 배출하지 않은 3만600킬로톤kt의 이산화탄소가 우리에게 혹은 지구에 어떤 의미인지 해석할 수 있는 사람이 과연 몇 명이나 될까?

그런데도 지속 가능성 운동은 지난 20년간 기업들이 이 수치를 보고해야 한다고 주장해왔다. 이에 따라 기업들은 이 수치를 성실하게 산출하여 연례 보고서의 지속 가능성 항목에 기록하고 있지만 보통 이 단계에서 분석이 멈춘다. 배출하지 않은 탄소 관련 조치는 온실가스와 기후변화 문제를 고심하고 있지만 이것을 일반 대중의 이해관계에 직접적으로 결부시키는 단계로 나아가지 못하고 있다.

결과물 3: 건강 증진

공동 혜택 분석의 세 번째 결과물은 "이것이 건강에 어떤 의미가 있는가?"라는 질문으로 연결된다는 점에서 핵심이라 할 수 있다. 결과물 1(비용 절감)과 결과물 2(배출되지 않은 탄소)에서 멈추는 일반적인 분석을 넘어, 결과물 3은 이산화탄소 배출 방지 조치와 공중보건 연구를 결합하여 대기 오염 감소로 인한 건강상의 혜택을 추정할 수 있다. 그 결과 몇 사람의 생명을 구했는지, 결근일수 혹은 결석일수가 얼마나 줄었는지, 몇 번의 천식 발작을 막았는지 등 실제 사람들이 인지하고 감지할 수 있는 결과물을 의미하는 정량화 가능한 객관적 지표가 생성된다.

공중보건 분야에서는 어떻게 이런 수치를 계산할까? 개념상으로는 명쾌하고 이해하기 쉽지만 실제 계산은 매우 어려울 수 있다. 의사 결정권자가 기준치와 비교하여 전년 대비 에너지 사용량을 30퍼센트 줄이는 투자와 조처를 취한 국가의 건물 포트폴리오를 떠올려보자. 과학자들은 앞서 언급한 미국 에너지 정보국 같은 정부 기관에서 공개하는 데이터를 활용하여 해당 지역의 석탄, 원자력, 천연가스 발전소의 연료 배합을 파악한다. 필수적으로 보고해야 하는 자료와 기타 과학 연구 결과 덕분에 생성되고 전달되는 에너지 단위당 다양한 유형의 발전소 각각이 얼마나 많은 대기 오염물질을 배출하는지 알 수 있다.

다음으로 과학자들은 이런 정보 근원에서 파악한 대기 오염물질 배출률을 대기 모델에 적용하여 사람들이 발전소 근처에서 들이마시는 대기 오염물질의 농도를 산출한다. 날씨 패턴, 화학물질과 미세먼지가 공기 중에 머무는 시간에 대한 지식을 바탕으로 여러 주州(그리고 국가)에 미치는 영향까지 추정할 수 있다.

마지막으로 하버드대학의 6대 도시 연구와 이후 이루어진 수많은 연구 덕분에 '노출-반응' 기능을 통해 특정 대기 오염물질 농도가 증가할 때마다 건강에 미치는 위험도를 측정할 수 있다. 예를 들어 최근 초미세먼지가 건강에 미치는 영향을 연구한 실험에서 초미세먼지가 10마이크로 퍼 세제곱미터 증가할 때마다 사망률은 7.3퍼센트 높아진다는 결과를 얻었다.[13] 이것이 바로 노출-반응 기능이다.

건물의 에너지 사용량과 절약량, 다양한 발전소에서 나오는 오염물질 배출률, 대기 모델링, 인구 통계, 역학적 노출-반응 기능 등을 모두 종합하면 생명을 구한 사람의 수와 건물 에너지 절약으로 감소한 결근일수 같은 경제적 지표를 추정할 수 있다. 건물의 네 벽 밖에서 축적되는 모든 건강 공동 혜택은 다시 금전적 절약으로 전환되면서 경제적 논쟁이 마무리된다.

친환경 건물 운동의 건강 공동 혜택

건물의 건강 공동 혜택이 실생활에서 어떻게 주어지는지 보여주기 위해 우리가 진행한 세계적 친환경 건물 운동의 건강 공동 혜택에 관한 연구를 간단히 설명하려 한다. 우리는 공동 혜택 분석을 활용하여 6개국에서 친환경 건물의 글로벌 에너지 절약량을 산출했다. 미국에서는 20년간 계속된 친환경 건물 운동으로 인한 엔지니어링 개선과 건물 관리 방식의 변화로 67억 달러의 에너지를 절약했다(결과물 1). 그런 다음 이렇게 절약된 에너지에서 배출하지 않은 오염물질의 양을 측정했다(결과물 2).

우리는 이 결과물이 대부분의 사람에게 큰 의미가 없다는 점을 강조하기 위해 중요하지만 지루하고 해석할 수 없는 숫자를 보여주려 한다. 이 건물들은 3만600킬로톤의 이산화탄소, 1.62킬로톤의 메탄, 0.32킬로톤의 이산화질소, 36.6킬로톤의 이산화황, 28.2킬로톤의 질소 산화물, 0.39킬로톤의 초미세먼지가 배출되지 않도록 막았다. 앞서 언급한 것처럼 소수의 지속 가능성 전문가를 제외한 대부분의 사람은 이것을 해석할 수 없다.

이제 우리가 흥미롭다고 이야기한 결과물 3을 알아보려 한다. 미국에서는 일반 건물과 비교하여 친환경 건물 방식을 채택하여 다음과 같은 일들을 예방했다.

- 호흡기 증상 5만4천 건
- 회사 결근 2만1천 일
- 학교 결석 1만6천 일
- 천식 악화 1만1천 건
- 조기 사망 최대 405건
- 입원 256건

경제적 가치로 환산하면 이런 건물의 건강 공동 혜택은 40억 달러에 이르고 에너지 절약으로 얻은 67억 달러와 합하면 총 107억 달러의 혜택을 얻은 것이 된다. 비용과 가치를 고려하면 미국에서 1달러의 에너지를 절약할 때마다 (건물 소유자와 입주자에게 직접적으로 적용되지 않기 때문에) 이전에는 설명되지 않았던 건강과 기후 공동 혜택이 0.59달러에 달한다. 주요 화석 연료 공급원이 석탄인 인도, 중국 같은 국가에서는 그 효과가 훨씬 크다. 그런 국가에서는 1달러의 에너지를 절약할 때마다 건강과 기후의 공동 혜택이 10달러에 달한다. 실로 놀라운 수치다.[14]

이것이 의미하는 바를 잠시 생각해보자. 지난 20년간 계속된 친환경 건물 운동은 에너지 절약에 기반을 두었고, 그것과 거의 동등한 사회적 혜택이 있으며 개발도상국에서는 10배에 가까운 혜택을 얻을 수 있는 것으로 밝혀졌다. 이런 추가적인 건강 공동 혜택은 우리의 논문이 발표되기 전까지 정량화되지 않았다. 그러나 이제 처음으로 에너지 효율이 높은 건물 소유자는 그들이 내린 에너지 관련 결정이 가져다주는 사회적 혜택을 정량화할 수 있다. 그들은 마침내 ESG의 사회적 부분을 정량화하는 방법을 찾게 되었다.

개별 건물과 포트폴리오로 확장되는 공동 혜택

친환경 건물 운동의 유효성에 관한 이 연구는 공동 혜택 분석이 어떻게 건강한 건물에 관한 새롭고 중요한 지표, 즉 광범위한 지역에 걸친 사회적 성과를 산출할 수 있는지 보여주었다. 중요한 것은 이런 접근 방법이 개별 건물과 포트폴리오에도 적용될 수 있다는 점이다.

우리는 이런 접근 방법이 더 지역적이고 국지적 규모에서 어떻게 적용되는지 확인할 수 있도록 두 가지 사례를 준비했다. 하버드대학 건강한 건물 연구팀의 전 동료이자 현재 유리 제조 회사 뷰View에서 건강 전략 책임자를 맡고 있는 피어스 맥노튼은 구축된 환경의 공동 혜택 분석을 하버드대학 건물 포트폴리오(구글이 소유하고 있는 것과 비슷한 크기다)에 적용했다. 우리는 이 분석 방법을 플로리다에 있는 캐리어의 새로운 인텔리전트빌딩센터에도 적용했다.

먼저 하버드대학의 데이터를 살펴보자. 하버드대학은 2006년 10년간의 공격적인 에너지 절약 계획에 돌입했다. 그러나 다른 조직과 마찬가지로 하버드대학도 에너지 절약(결과물 1)과 온실가스 배출량 30퍼센트 감소(결과물 2)에 성공했지만 이것이 건강에 미치는 영향은 보고하지 않았다(결과물 3). 이 문제를 해결하기 위해 우리는 하버드대학이 절약한 에너지 수치를 가지고 구축된 환경의 공동 혜택 분석을 실시했다. 그 결과 이런 모든 에너지 절약으로 하버드대학이 아직 공식적으로 수집하거나 정량화하지 못한 건강과 기후의 공동 혜택을 통해 1천230만 달러의 절감 효과를 얻었다는 사실을 발견했다. 이것은 공격적인 에너지 절약 노력이 주변 지역 사회에서 생활하고 일하는 사람들의 건강에 미치는 영향을 충분히 고려하지 못하고 있다는 의미다. 분명 이야기해볼 만한 가치가 있는 주제다.

이 분석은 대학에만 적합한 것이 아니다. 우리는 단지 쉽게 접근할 수 있다는 이유로 하버드대학의 데이터를 먼저 적용해본 것이다. 더 중요한 것은 이런 종류의 접근 방법을 의료 서비스, 상업용 부동산, 정부 합동청사, 도시 등과 같은 모든 포트폴리오에 적용할 수 있다는 점이다.

이제 개별 건물에서 이런 유형의 공동 혜택 분석을 수행하는 방법을 살펴보자. 2018년에 준공한 캐리어의 새로운 글로벌 본사는 예상대로 회사의 모든 첨단 건물 구성 요소 기술을 선보일 수 있도록 설계되었다. 에어컨과 건물 기술 분야 세계적 리더 중 하나인 캐리어의 본사에는 당연히 고효율 냉각기와 에어컨, 건물 자동화 시스템과 접근 통제 시스템 등이 설치되어 있다. 또한 캐리어의 첨단 제품을 사용하면 다른 회사 제품과 비교하여 에너지 효율성을 높일 수 있다는 점이 강조될 수 있도록 만들어졌다. 이 건물은 기존 경쟁사에 비해 연간 약 17만2천 달러의 에너지 비용을 절약할 수 있도록 설계되었기 때문에 좋은 성과를 거두고 있는 것으로 밝혀졌다. 다시 말하지만 이런 비용 절감은 곧바로 순이익으로 이어진다.

구축된 환경의 공동 혜택 분석에 따르면 모든 에너지 절약으로 건강과 기후 공동 혜택 면에서 8만3천 달러를 얻을 수 있으므로 연간 25만5천 달러의 혜택을 얻게 된다. 전체적인 상황은 다음과 같다. 캐리어는 자체적으로 에너지 절약을 잘 실천하고 있는 동시에 새로운 건물을 세우며 그들이 속한 지역 사회를 위해 좋은 일을 하고 있다. 그것은 좋은 기업이자 좋은 지역 사회 파트너가 되고 싶다는 강력한 메시지다.

'친환경 건물'과 '건강한 건물'은 서로 모순되는가

4장에서 우리는 소위 에너지와 건강의 균형에 관해 이야기했다. 운영 비용을 절감하는 것과 환기와 건강을 개선하기 위해 더 많은 비용을 투자하는 것 사이에서 적정 지점을 찾아야 한다는 주장을 펼쳤다. 높은 환기율이 직원과 기업 모두에게 미치는 긍정적 영향이 건물에 들어오는 신선한 공기량을 늘리는 데 필요한 추가 비용을 충분히 정당화할 수 있다고 강조했다.

그러나 이것이 우리가 이번 장에서 언급한 내용과 충돌한다고 생각하지 않는가? 지금까지 우리는 이 책에서 환기율을 높이면 에너지 비용이 발생한다고 주장했는데, 이번 장에서는 건물의 에너지 사용량 감소로 얻을 수 있는 혜택을 이야기하고 있다. 이 두 가지 입장은 서로 충돌할 수밖에 없는가?

답은 "아니요"이다. 그 두 가지 입장이 충돌해야 하는 것은 아니다. 건강한 건물은 표준 설계보다 환기율이 높고 에너지 사용량이 적을 수 있다. 우리는 프레젠테이션 도중에 이런 질문을 자주 받는다. 이제 더 건강한 실내 공기와 더 높은 환기율을 갖는 것은 에너지 효율성과 양립할 수 없다는 소문의 진상을 밝혀보려 한다.

우리가 가장 먼저 해야 할 일은 건물의 개별 요소에 관한 생각을 멈추고 이 '문제'를 전체론적 관점에서 접근하는 것이다. 다시 말해 에너지와 환기를 동시에 고려해야 한다. 우리는 앞서 조와 그의 팀이 환기율을 2배로 높이는 데 드는 최고 비용이 연간 1인당 40달러라고 추정한 경제 분석을 언급했다.[15] 만약 환기 개선을 에너지 절약을 위한 전체론적 전략과 결합한다면 어떨까?

환기 개선과 에너지 절약을 동시에 생각하면 몇 가지 기회가 생긴다. 같은 논문에서 조와 그의 팀은 건물이 환기율을 2배로 늘리는 동시에 에너지를 절약하는 한 가지 방법인 에너지회수환기장치 ERV(새로 유입되는 공기를 따뜻하거나 차갑게 하려고 배기 공기의 온도와 습도를 일부 포착하는 열 교환기의 하나다)를 채택하면 어떤 일이 벌어질지 예측했다. 건물에 이런 에너지 절약 장치를 설치하면 높은 환기 비용이 연간 1인당 40달러에서 몇 달러 수준으로 내려간다. 기본적으로 ERV를 설치하면 환기율을 높이는 데 드는 에너지 소비량을 줄일 수 있다. 만약 명시된 최소 환기율 이상으로 실외 공기를 30퍼센트 증가시키려 한다면 더 놀라운 결과를 얻을 수 있다. 이런 경우 ERV를 설치하면 에너지 절감으로 엄청난 비용을 절약할 수 있으므로 환기율이 30퍼센트 증가한 후에도 전체적으로 비용 절감 효과가 나타난다. 다시 말해 에너지 효율 기술을 활용하면 환기와 관련해 더 나은 선택을 할 수 있다. 전반적인 에너지 사용량을 줄이면서 환기율을 높일 수 있는 한 가지 방법이다.

이런 접근 방법은 새로운 건물을 짓지 않고 ERV 같은 장치를 설치하기 위해 기존 시스템을 개조할 수 없는 경우에도 적용할 수 있다. 9장에서 소개한 로런스버클리국립연구소의 분석에 따르면, 기존 건물 체계를 적절하게 커미셔닝을 하면 최대 16퍼센트의 에너지를 절약할 수 있다.[16]

만약 커미셔닝 작업과 환기율을 개선하기 위한 노력이 결합하면 어떻게 될까? 표 4.5의 모델을 살펴보면 회사 전체에 어떤 영향을 미치는지 알 수 있다. 예를 들어 연간 3만 달러의 에너지 비용이 발생한다면 회사에서 커미셔닝 작업을 통해 16퍼센트를 절약할 수 있으므로 비용은 약 2만5천 달러로 내려간다. 그런 다음 환기율을 2배로 늘리고 가장 높은 수준인 연간 1인당 40달러의 비용을 투자한다면 직원 40명의 이 회사는 1천600달러의 추가 비용을 지불해야 한다. 따라서 에너지 효율성과 환기율을 모두 높이는 건강한 건물 접근 방법을 취하면 에너지 비용은 연간 2만6천600달러가 들고 여전히 3천400달러를 절약할 수 있다.

환기율을 높이면 순이익이 약 9퍼센트 증가한다는 점도 잊어서는 안 된다. 이 회사는 높은 환기율, 에너지 절약, 건강과 기후 공동 혜택을 모두 누릴 수 있다. 이처럼 전체론적인 관점에서 문제를 해결해야 한다.

건물이 향하는 방향을 살펴보면 에너지와 건강의 균형에 관한 오해를 풀 더 많은 방법을 알 수 있다. 우리가 더 신선한 공기를 언제, 어디로 보내야 하는지 파악한다면(빈 회의실에 신선한 외부 공기를 잔뜩 보내는 것이 아니라 사람들이 있을 때만 사무실에 공기를 보낸다) 에너지 비용을 조절하면서 높은 환기율을 유지할 수 있다. 또한 머리 위 배관보다 거주자가 호흡하는 영역에 더 가깝게 공기를 제공하는 바닥 환기 방식을 사용하고, 실내 이산화탄소 농도를 실시간 측정하여 더 많은 공기를 공급해야 하는 정확한 시기를 시스템에 알려주는 수요를 제어하는 환기 장치 같은 혁신 기기를 이용할 수 있다. 여기서 우리가 제안하는 해결책은 건물의 환기 방법을 더 똑똑하게 개선하는 것이다(이를 환기 효과라고 한다). 근본적으로 기술을 활용하여 낭비를 줄이는 접근 방법이다.

도피, 회복력, 노출, 불확실성, 기회

건물이 대기 오염과 온실가스 배출 문제(그리고 해결책)의 일부가 되는 방법을 알아보았으니 이제 건물이 이런 요인들에 의해 부정적인 영향을 받을 수 있는 부분을 살펴보자. 우리는 이미 오염물질과 기후변화가 부동산에 실질적인 영향을 미치는 광경을 목격하고 있다. 세계 곳곳에서 심각한 대기 오염이 건강에 치명적인 위협이 될 수 있으므로 사람들에게 가급적 외부에서 시간을 보내지 말라고 경고한다.

대표적인 예로 2018년 중국에서 일어난 사건을 들 수 있다. 당시 위험한 대기 오염물질로 두텁게 뒤덮인 중국 79개 도시에는 "실내에 머무르라"라는 공중보건 경고가 발령되었다.[17] 베이징과 산시성山西省, 산시성陝西省, 허난성, 장쑤성 등 여러 성을 포함하여 광범위한 지역이 그 영향을 받았다. 이것은 추상적인 이야기가 아니다. 치명적인 질병을 유발하고 인지 기능을 손상하는 대기 오염물질이 지금 우리의 건강에 영향을 미치고 있다.

여기서 잠시 "실내에 머무르라"라는 경고가 진짜 의미하는 바가 무엇인지 생각해보자. 건물이 실외 대기 오염물질에서 벗어날 수 있는 도피처란 의미인데 많은 경우 이것은 사실이다. 6장에서 소개한 다양한 단계의 필터를 떠올려보자. 실내로 들어오는 조밀한 실외 대기 오염물질의 양은 적절한 단계의 필터와 건물 기계 장치의 작동으로 크게 줄일 수 있다. 이런 경우 건물은 실외 대기 오염의 변화 수준에 적응하고 효과적으로 대응할 수 있다. 다시 말해 이런 건물은 회복력이 있다.

이런 상황에서는 실내에 머무르라는 충고가 적절하다. 그러나 미국, 유럽, 중국뿐 아니라 인도와 브라질 같은 개발도상국의 많은 건물은 회복력이 없다. 대부분의 경우 건물에 적절한 필터 시스템이 장착되어 있지 않기 때문에 실내에 머물면 노출을 줄일 수는 있지만 건물이 원래 할 수 있는 만큼 그들을 보호해주지는 못한다. 실내에 머무르는 것은 실외에 머무르는 것보다 상대적으로 낫긴 하지만 절대적인 의미에서 항상 좋은 것은 아니며, 건물이 실제보다 더 안전하다는 잘못된 인식을 심어줄 수 있다.

노출과 불확실성

건물이 대기 오염의 직접적이고 즉각적인 영향으로부터 우리를 보호할 방법을 고민하는 것뿐 아니라 기후변화의 위협에 대처하는 회복력도 고려해야 한다. 2018년 기후변화에 관한 정부 간 협의체 보고서는 현재 우리의 에너지 사용 동향을 바탕으로 끔찍한 결과를 예측했다.[18]

투자의 세계도 이를 주목하고 있다. 지리적 변수를 통합하여 투자를 평가하는 회사인 지오파이는 2018년 미국의 133개 부동산투자신탁REIT 포트폴리오를 대상으로 건물의 기후 위험을 조사했다. 여기에는 3만6천 채가 넘는 건물과 수십억 제곱피트의 부동산이 포함되어 있었다.[19] 그들은 과거 미국연방재난관리청의 침수 위험 데이터와 예상 침수 위험 데이터를 종합하여 각 REIT의 포트폴리오가 얼마나 높은 위험에 처해 있는지 평가해 흥미로운 사실을 발견했다. 지오파이의 평가에 따르면 높은 침수 위험에 노출되지 않은 REIT는 133개 중 단 2개에 불과했다. 일부 REIT의 경우 포트폴리오에 있는 자산의 약 10퍼센트가 고위험으로 평가되었다.

이런 유형의 지리, 기후, 금융의 조합이 당신이나 우리에겐 새로울 수 있다. 그러나 우리보다 훨씬 많은 데이터로 무장한 현명하고 박식한 투자자는 지금도 부동산에 베팅하고 있을 것인데 조만간 침수 위험뿐 아니라 건강 위험도 그들의 관심사에 포함될 것이다.

존은 주로 부동산과 인프라의 금융 회복력에 관해 연구한다. 지오파이가 실시한 REIT 위험의 거시적 분석 유형도 개인 단위 의사 결정에 영향을 미치고 있다. 이 개념을 이해하기 위해 존이 하버드경영대학원에서 소개한 사례 중 하나에서 가져온 사업자 메리와 은행 지점장 낸시의 이야기를 살펴보자. 메리와 낸시는 가공의 인물이지만 그들이 겪는 딜레마는 현실에서 자주 찾아볼 수 있다.

메리는 버지니아주 노퍽, 플로리다주 마이애미비치, 텍사스주 브라운스빌의 자가보험을 든 건물에서 작은 가게를 운영한다. 지방은행 지점장인 낸시는 모기지를 대차대조표에 자산으로 설정했다. 메리는 자신의 건물이 60만 달러의 가치가 있다고 생각했다. 그의 모기지는 건물을 파괴할 수 있는 홍수 발생 가능성이 1퍼센트라는 가정하에 작성되었다(특정 연도에 100분의 1 확률로 일어난다는 100년 홍수).

게다가 메리의 마을에서 새로 그린 기준홍수위BFE 지도에 따르면 그의 가게는 이전에 믿었던 것보다 홍수로 인한 파괴 위험이 훨씬 더 큰 것으로 나타났다. 이에 따라 홍수 발생 위험 가능성은 5퍼센트로 재설정되었고(20분의 1 확률의 홍수 위험) 은행도 이 정보를 입수했다. 이제 메리는 파괴 위험을 포함한 기대가치와 순현재가치를 기준으로 모기지의 주택담보대출비율 조항을 위반하게 되었다. 이런 수준의 위험 노출에서는 홍수 보험에 가입할 수도 없었다.

메리는 건물을 팔아야 할까? 건물을 개조하기 위해 더 투자해야 할까? 아니면 현 상황을 고수하며 은행이 어떤 행동도 취하지 않고 날씨로 인해 피해도 입지 않기를 바라야 할까? 지금까지 그는 일상에서 어떤 변화도 느끼지 못했다.

냰시는 메리의 가게가 있는 건물의 저당권을 보유하고 있다. 메리는 현재 주택담보대출비율 계약을 위반하고 대출 승인 조건의 일부인 기준홍수위 부칙도 위반한 상태다. 낸시는 그 건물을 압류해야 할까? 아니면 메리의 계약 증서가 만기에 이르면 낸시는 재융자를 해주어야 할까? 만약 융자해준다면 어떤 조건으로 해야 할까? 혹은 낸시의 은행은 메리의 건물이 복원력을 갖도록 보수 공사를 하는 데 필요한 5만 달러를 빌려주는 금융상품을 제안해야 할까? 이 작업을 거치고 나면 메리의 건물은 다시 파괴 가능성을 1퍼센트 수준으로 되돌릴 수 있고 대부분의 재해에도 견딜 수 있게 된다.

존은 최근 《하버드비즈니스리뷰》에 게재된 「기후변화는 우리가 건설하는 방법과 장소를 완전히 바꿔놓을 것이다」[20]라는 제목의 글에서 해수면 상승, 강 범람, 화재, 가뭄 등 기후 관련 위험에 직면한 부동산과 지방자치단체를 위한 다섯 가지 행동 방침을 제안했다. 보강, 철수, 회복, 제한, 재건이 그것이다(물론 여섯 번째는 '아무것도 하지 않기'다). 낸시와 메리의 상황에서는 건물을 보강하는 데 드는 자금을 빌리는 것이 타당하다. 많은 부동산 소유자와 도시의 경우 개발 장소를 제한하거나 일부 지역에서 철수하는 것이 신중한 조치일 수 있다.

이 단순한 사례는 오늘날 미국의 해안 저지대 도시에서 주택 소유자, 부동산 소유자, 기업, 은행, 보험 회사가 직면한 문제들을 보여준다. 만약 우리가 지금처럼 탄소를 배출한다면 해수면이 상승하고 폭풍은 더욱 거세질 것이 분명하다. 그리고 더 많은 메리와 낸시가 나타날 것이다. 메리와 낸시는 어떤 것을 바탕으로 결정을 내려야 할까? 압박에 직면했을 때 더 회복력 있는 건물에 투자할 수 있도록 도와주는 산업이 나타날까? 그런 산업이 나타난다면 규모가 매우 클 것으로 예상된다.

건강한 건물과 클린 에너지의 미래

이번 장에서는 건물이 에너지 소비를 통해 대기 오염과 기후변화에 어떻게 기여하는지 그리고 심각한 잠재적 건강 위험과 재정 위험에 비추어 적응과 회복력 전략을 어떻게 고려해야 하는지를 집중적으로 다루었지만 더 큰 문제를 망각해선 안 된다. 만약 에너지를 생성하는 데 사용되는 연료가 깨끗해지면 실제 에너지 소비로 인한 문제도 줄어들고 기후변화의 후속 효과도 크게 감소할 것이다.

어떻게 하면 클린 에너지의 미래로 갈 수 있을까? 클린 에너지의 미래는 대부분 신재생 에너지의 경제성 향상과 신기술 채택에 달려 있다. 미국의 경우 풍력과 태양열로 가동되는 신규 발전 시설에서 발생하는 평생 평준화 에너지 비용은 이제 석탄을 태우는 새로운 발전소에서 발생하는 평준화 에너지 비용보다 낮은 수준이다.

이런 긍정적인 추세 외에도 배터리와 에너지 저장장치의 발전 덕분에 풍력과 태양열 에너지의 주요 약점이 개선되고 있으며, 마이크로 그리드는 지역 수요 상황에 더 민첩하게 대응하는 에너지 체계를 갖추게 되었다. 이런 새로운 에너지의 원천을 보완하기 위한 블록체인 기술의 부상은 에너지 구매가 사실상 재생 가능한 원천으로 다시 돌아갈 수 있다는 것을 증명해준다. 그런 다음 이를 증권화하고 거래할 수 있으므로 새로운 에너지 시장을 창출하고 발전시킬 수 있다.

우리는 전 세계적으로 화석 연료에 대한 의존성이 줄어들 것으로 낙관하고 있으므로 다소 도발적으로 접근해보려 한다. 만약 우리가 100년 이상 지속되는 건물을 설계하는데 설계 제약 사항 대부분이 에너지에 초점이 맞춰진다면 에너지 그리드가 깨끗할 때 건강한 건물은 어떤 모습일까? 에너지 소비로 인한 외부 환경 비용이 전혀 들지 않을 때 말이다. 에너지 제약이 없는 건강을 위한 설계는 완전히 새로운 가능성의 문을 열어준다. 에너지 불이익이 없는 미래가 현실로 와 닿지 않는다면 앤드루 쿠오모 뉴욕 주지사가 2018년 말에 선포한 2040년까지 주 전체에 걸쳐 100퍼센트 무탄소 전력을 제공하겠다는 발언을 떠올려보자.[21] 우리가 살고, 일하고, 쇼핑하는 공간을 설계할 때 건강을 가장 먼저 생각하고 에너지를 다음으로 생각하는 미래가 머지않았다.

만약 우리가 클린 에너지 그리드가 있는 미래로 간다면 건물이 대기 오염에 기여한다는 오명에서 벗어나게 될까? 이에 대한 답은 '아니요'로 밝혀졌다. 여기에는 두 가지 놀라운 이유가 있다.

첫째, 많은 건물은 여전히 현장에서 화석 연료를 연소한다. 이것은 당신이 생각하는 것보다 훨씬 더 많은 온실가스를 배출한다. 미국 환경보호국은 주거용 건물과 상업용 건물에서 배출되는 온실가스의 약 30퍼센트가 현장에서 연소되는 화석 연료에서 나오는 것으로 추정한다.[22] 우리가 지금 당장 해야 할 일은 모든 건물이 전기로 운영되도록 총력을 기울이는 것이다. 여기에는 가스난로, 온수 가열기, 공간 난방에 사용되는 보일러와 벽난로 등 화석 연료에 의존하는 모든 것이 포함된다. 그렇지 않으면 신재생 에너지를 기반으로 한 가까운 미래의 에너지 그리드는 깨끗한 전력을 공급하지만 우리는 건물의 특정 부분에서 화석 연료를 태우는 상태로 남게 될 것이다.

둘째, 에너지 사용으로 인한 대기 오염 외에도 새로운 일이 발생하고 있다. 이것은 우리가 실내 공기 오염의 불결한 비밀이라고 부르는 것이다(3장에서 소개한 실외 대기 오염의 불결한 비밀에서 추론한 것이다).

석탄 화력 발전소에서 발생하는 것과 같은 전통적인 대기 오염원을 줄이는 작업을 잘 수행하는 곳에서 실외 대기 오염의 주된 원인은 이제 실내에서 발생하는 화학물질로 밝혀졌다. 2018년에 발표된 획기적인 논문에서 연구자들은 건축 자재, 청소 용품, 공기 방향제, 개인 위생용품 등에서 배출되는 휘발성 유기화합물이 실외로 이동한다는 사실을 발견했다.[23] 휘발성 유기화합물은 자동차 배기가스에서 나오는 질소 산화물 같은 전통적인 실외 대기 오염물질과 반응하여 오존과 미세먼지를 생성한다. 산업화 도시 33군데를 조사한 결과, 실내에서 발생한 휘발성 유기화합물이 실외 대기 오염물질의 대부분을 차지하는 것으로 밝혀졌다.

이것은 충격적인 사실이며 실외 공중보건에서 건물과 건물 체계가 갖는 지속적인 중요성을 보여준다. 화석 연료에서 신재생 에너지로 전환하고 건물을 전기로 운영한다고 해도 건물에서 발생하는 휘발성 유기화합물이 실외 대기 오염의 주요 요인이 될 수 있다. 건물 소유자, 관리자, 임차인, 투자자는 건물에서 배출되는 휘발성 유기화합물을 측정하고 관리하며 규제하는 미래에 대비해야 한다.

네 개의 벽을 넘어서

이번 장에서는 건물-에너지-건강-기후-회복력의 결합이 구축된 환경에 미치는 영향과 그로 인해 발생하는 관계에 논의 대부분을 집중했다. 다행히도 건물을 '탄소 중립'으로 만드는 데 있어 중요한 일들이 일어나고 있다. 제로에너지건물net-zero buildings이라고도 부르는 이 운동은 건축 자재에 포함된 탄소에 초점을 맞추고 있으며 이제 막 고조되기 시작했다.

그러나 에너지 외에도 건물과 건강의 교차점을 살펴보면서 이야기할 만한 요소는 많다. 건강한 환경 제공과 에너지 비용 절감 모두에 영향을 미치는 몇 가지 추가 요소를 언급하자면 건물은 위치, 물과 자원 소비, 폐기물 생성을 통해 우리의 건강에 영향을 미친다. 건물과 개발이 지구에서 생명을 유지하는 자연계에 미치는 영향은 아무리 강조해도 지나치지 않는다. 2장에서 언급했듯이 갈수록 상황은 심각해지고 있으며 인간의 활동이 여섯 번째 대멸종을 일으키며 수백만 종을 위협하고 있다. 에드워드 윌슨은 그의 책 『지구의 절반』에서 우리가 지구의 50퍼센트를 자연에 돌려주어야 한다고 주장했다.[24]

이런 주제는 매우 중요하지만 이 책의 범위를 벗어난다. 이번 장의 목표는 두 가지 핵심 사항을 분명히 하는 것이다. 첫째, 진정으로 건강한 건물 전략은 외부 영향을 고려해야 한다. 둘째, 외부 영향을 고려할 때 건강한 건물 운동에 참여하고 투자하는 사람들의 범위가 더욱 확대될 수 있다.

인구 증가, 도시화, 자원 고갈, 기후변화라는 네 가지 대변화의 가시적인 영향은 우리 자신과 기업이 지구에 미치는 영향에 관한 사고방식에 급격한 전환을 가져왔다(2장에서 언급한 열 번째 대변화인 '변화하는 가치'를 떠올려보자). 이런 사고방식은 이제 우리가 실내 종족이라는 현실과 균형을 이루어야 한다. 우리는 자연의 세계를 위해 실내 세계를 희생할 수 없다. 두 세계는 반드시 공존해야 한다. 건강한 건물을 구성 원리로 삼는다면 그것이 가능할 수 있다. 그러면 중요한 문제는 "건강한 건물 운동이 소수의 틈새시장을 넘어 규모를 확장하기 위해서는 어떤 힘이 작용해야 하고 어떤 수단을 마련해야 하는가?"이다.

11장

지금 해야 할 일 앞으로 해야 할 일

미래는 이미 와 있다. 단지 널리 퍼져 있지 않을 뿐이다.

−윌리엄 깁슨

글로벌 부동산 업계와 건축계는 규모가 크고 세분화되어 있으며 작업 수준이 일정하지 않다. 실내 공기질과 실외 공기질도 전 세계적으로 매우 다르다. 저렴한 유비쿼터스 연결 센서의 부상, 이런 센서들이 서로 대화하고 과거 데이터와 예측 데이터를 공유하는 능력 그리고 건강에 대한 개인의 관심이 증가하면서 실내 공기질에 대한 지식이 있는 사람과 그들이 그 지식으로 무엇을 할지와 관련해 큰 변화가 일어날 수 있다.

궁극적으로 우리는 이미 진행되고 있는 산업의 변화를 가속화하는 방법에 관심이 있다. 이번 장에서는 이런 아이디어의 확산을 촉진하는 방법에 관한 비전을 제시하고, 앞으로 그것이 어떻게 드러날지 살펴볼 것이다. 다시 말해 우리는 '지금 우리가 해야 할 일'과 '앞으로 해야 할 일'이 무엇인지 숙고할 것이다.

지금 해야 할 일

현재 건강한 건물 운동은 엘리트 회사와 부유한 임대인만 참여할 수 있는 경주처럼 느껴질 수 있다. 어떤 면에서는 그것이 현재 상황이기도 하다. 선도적인 행동은 대부분 파리, 뉴욕, 홍콩, 런던, 샌프란시스코, 상하이, 싱가포르 같은 도시에서 일어나고 있다. 그곳에서 부동산 업계 최고 수준의 참여자들은 자신의 사업과 공간을 차별화하는 방법 그리고 정보에 대한 접근성이 좋은 입주자들의 미래 우려 사항을 해결하는 방법을 열심히 고민하고 있다.

우리는 건강한 건물 운동의 선도 기업들과 함께 전문적으로 일하고 있다. 하지만 우리가 사람들에게 맨해튼의 일류 부동산 개발업체와 협업하고, 구글과 함께 건강한 건물 자재 전략을 논의하며, 허드슨 야드에 들어설 화이자의 새로운 본사에 관해 컨설팅했다고 말하면 어떤 시선을 느낄 수 있다. 그 회사들은 특별하다. 그들은 이와 같은 노력을 계속 시도하려는 비전과 포부를 가지고 있으며 이를 실현할 자원도 있다. 그래서 우리가 그들의 성공에 관해 말하면 사람들은 자신이나 자기 회사와는 거리가 먼 이야기라고 생각한다.

우리는 이 책에서 건강한 건물의 이점이 엘리트에만 국한되지 않는다는 것을 보여주고 싶다. 우리가 1만 제곱피트(약 929제곱미터) 건물에 40명의 직원이 일하는 가상의 회사 헬스앤웰스를 내세운 이유가 여기 있다. 이것은 화이자나 구글 같은 연구 능력과 구매력이 없는 대부분의 회사와 건물을 반영하려는 의도였다.

흥미로운 점은, 건강한 건물 운동에 동참한 첫 번째 집단이 속한 곳은 급속한 인구 증가를 경험하지 않는 도시라는 것이다. 뉴욕, 파리, 샌프란시스코의 전체 건물 수는 너무 느리게 증가하기 때문에 수평선에 새로운 크레인이 등장할 때마다 큰 문제가 된다. 이런 도시에서 일어나는 건강한 건물 운동은 신축으로 제한되기 마련이지만 가장 큰 기회는 기존 건물 공간에 있다. 여기서 우리는 리드와 웰 인증으로 이어지는 투자와 행동을 추구하는 건축계 선발 주자의 초기 범주를 넘어서야 한다.

세계의 다른 지역에서는 인구가 빠르게 증가함에 따라 새로운 개발에 집중하고 있다. 대부분의 개발도상국에서는 주택, 사무실, 정부 청사, 학교, 병원이 대규모로 빠르게 들어서고 있다. 설치된 기반시설이 적기 때문에 개조할 만한 오래된 건물이 많지 않다. 빠르게 성장하는 많은 지역의 건물은 부유한 집주인이 적은 가난한 국가에 있을 가능성이 크다. 이 지역에서는 기기를 사용하여 측정하기 전에 실외 공기가 현저하게 나쁘다는 것을 알 수 있다. 뭄바이, 멕시코시티, 라고스, 충칭 등이 이런 곳에 해당한다. 이미 많은 건물이 들어선 도시와 신축이 지배할 도시 모두 사람들이 많은 정보를 가지고 있으며 자신과 자녀의 건강에 관심이 많고 서로 연결되어 있다는 특징이 있다.

시작 조건과 관계없이 더 깨끗한 공기와 건강한 건물을 제공할 기회는 어디에나 존재한다. 상황을 크게 바꾸려면 이 문제에 대한 우리의 사고방식에 변화가 필요할지도 모른다. 현재 '실외 공기'가 공익으로 인식되고 있으며 이것은 전 세계적으로 이 문제에 관한 관심을 불러일으키는 촉매제 역할을 하고 있다. 세계보건기구는 '건강한 실내 공기'를 기본 인권이라고 선언했는데 이것은 매우 중요한 신호라고 볼 수 있다.

이 책에서 다루는 도구와 방법이 산업 전반에 전파되려면 무엇이 필요할까? 우리의 연구 결과에 따르면 혁신의 확산, 부동산과 건축의 특성, 자산의 수명이라는 세 가지 요소를 고려해야 한다. 우리는 이것을 건강한 건물의 수용 곡선, 산업 구성, 클록 속도라고 부른다.

지식 생성자, 조기 수용자, 선도 시장

에버렛 로저스의 수용 곡선Rogers' Adoption Curve은 1950년대 아이오와주립대학에서 농부들이 어떻게 농업에서 새로운 아이디어와 기술을 채택했는지 알아보기 위해 개발한 이론이다.[1] 이 개념은 특히 인터넷의 탄생 당시 제프리 무어가 마케팅 안내서 『제프리 무어의 캐즘 마케팅*Crossing the Chasm*』에서 그리고 클레이턴 크리스텐센이 영향력 있는 전략서 『혁신기업의 딜레마*The Innovator's Dilemma*』의 토대 중 하나로 사용해왔다.[2] 기본 개념은 혁신의 흐름이 혁신가, 조기 수용자, 조기 다수자, 후기 다수자, 최후 수용자의 순서로 이동한다는 것이다. 이 고객들이 모여 시장을 구성한다.

우리는 이 개념을 사용하여 건축계 전반에서 혁신이 어느 정도

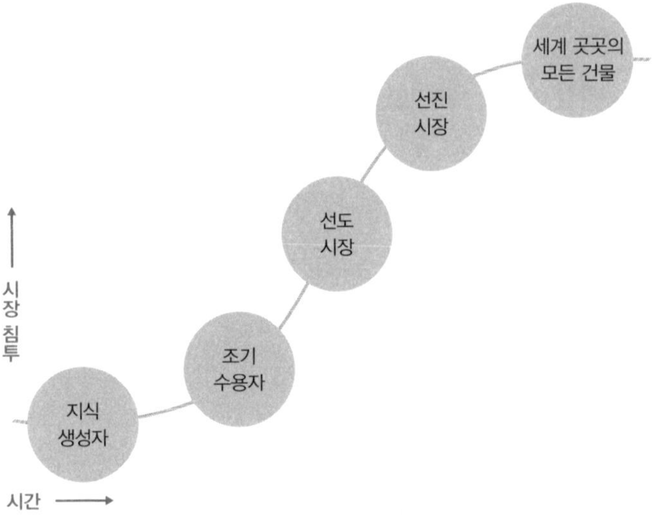

그림 11.1 건강한 건물 수용 곡선

수용될지 예측하기 위해 건강한 건물 수용 곡선을 개발했다. 엘리트(조기 수용자)만의 경주에서 '모든 건물'(광범위한 대다수)로 진화하는 방법을 알아보려면 우리가 이 곡선의 어느 지점에 있는지 생각해볼 필요가 있다. 좋은 소식은 선도 시장에서 건강한 건물 전략이 채택되면서 업계 전반적으로 앞으로 나아가고 있다는 것이다. 나쁜 소식은 우리가 현재 가장 가파른 부분에 있다는 것이다. 정상에 오르기 위해 필요한 것이 무엇인지 알아보기 전에 이 수용 곡선의 첫 번째 부분부터 살펴보자.

지식 생성자

일반적으로 새로운 도구를 발명하거나 새로운 기술을 고안하는 업계 혹은 학계의 지식 생성자에서 움직임이 시작된다. 실험실에서 현장으로 옮겨가면서 소수의 호기심 많은 조기 수용자가 새로운 지식이나 장비를 찾아내고 시험하고 배포한다.

이런 주제를 처음 접하는 독자는 핵심 지식 생성자가 우리가 8장에서 언급한 새로운 건물 인증 제도라고 생각할 수 있다. 건강한 건물 운동은 상대적으로 역사가 짧기 때문에 많은 사람이 웰이나 핏웰을 통해 이 주제를 처음 접했을 수 있다. 그러나 건강한 건물 운동은 그런 제도보다 역사가 훨씬 길며 우리는 건강한 건물 공간에서 진정한 초기 개척자(초기 지식 생성자)를 아는 것이 중요하다고 생각한다. 이들은 1900년대 초의 초기 '건강한 근로자' 연구자들이었고 1960년대와 70년대에 '실내 공기' 분야를 개척한 연구자들이 그 뒤를 이었다.

오늘날 건강한 건물 연구자들은 위대한 전임자들의 업적을 디딤돌로 삼고 연구를 발전시킨다. 아이작 뉴턴이나 마리 퀴리 같은 저명한 과학자는 아니지만 이들의 이름도 똑같이 역사에 남아야 한다. 이들 중 최고는 하버드대학 최초의 여성 교수인 앨리스 해밀턴이다. 해밀턴은 모든 분야를 통틀어 하버드대학 교수로 임명된 최초의 여성이다. 그는 근로자 건강(당시에는 '산업 의료'라고 불렀다) 분야의 발전을 이끌었으며 이런 사실은 1943년 출간된 그의 책 『유해 산업 탐구*Exploring the Dangerous Trades*』에 기록되어 있다.[3] 해밀턴은 산업혁명 시절의 작업 환경을 연구했지만 그의 연구 초점, 방법, 결과는 100여 년이 지난 지금도 여전히 영향을 미치고 있다.

1970년대에 환경운동이 시작되기 전까지 근로자 건강 분야는 20세기 대부분 동안 임상 의학과 산업 현장에 제한되었다. 환경운동이 원동력이 되어 미국 환경보호국과 산업안전보건청이 설립되었다. 후자는 미국에서 근로자 보호를 체계화하고 시행하기 위한 첫 번째 주요 노력이었다. 산업안전보건청이 제정한 여러 가지 노출 허용치는 산업 환경과 제조 환경에 초점을 맞추고 있지만 이런 관심은 다른 근로자-건강 중심의 연구와 단체를 위한 길을 열어주었다.

또한 이 무렵 일부 과학 연구자들은 실외 오염물질 연구에서 벗어나 실내 환경에 초점을 맞추기 시작했다. 올레 팡게르는 최초로 사무실과 기타 환경에 대한 온열 건강 목표를 제시한 존경받는 연구자였다(그가 개발한 것은 오늘날에도 여전히 사용되고 있다). 그 외에 조의 멘토인 잭 슈펭글러, 스웨덴 카롤린스카대학과 덴마크공과대학 얀 선델, 미국 환경보호국 랜스 월리스, 로런스버클리국립연구소 빌 피스크를 포함한 전 세계 몇몇 연구자들도 실내 환경에 관심을 갖기 시작했다. 그들은 간접흡연의 잠재적인 피해, 가정 내 제품에서 배출되는 휘발성 유기화합물, 저농도 납 노출과 그것이 어린이 지능 발달에 미치는 영향, 곰팡이·라돈·가정 내 환기되지 않는 연소원의 숨겨진 위험성을 밝히는 데 주력했다. 또한 이 시기에는 나쁜 공기와 새건물증후군의 위험성뿐만 아니라 더 나은 건물 전략이 주는 혜택에 관한 초기 연구가 진행되었다. 특히 더 많은 신선한 공기를 유입시켜 새건물증후군 증상을 줄이는 방법과 어떻게 하면 공기 청정기가 실내 미세먼지 수치를 조절하는 효과적인 도구가 될 수 있는지에 관한 연구가 이루어졌다.

이들 실내 공기 전문가는 실내 공기를 연구하는 또 다른 과학자 집단의 등장을 이끌었다. 듀크대학 헤더 스테이플턴 같은 현대 연구자들은 실내 공기질에 관한 기본적인 내용을 뛰어넘어 실내 환경에 있는 생소한 화학물질에 대해 연구한다. 이런 물질들은 건물 자재, 카펫, 커튼, 의자, 매트리스 등에서 조용히 빠져나와 즉각 확인할 수 없는 방법으로 우리의 호르몬과 신체 체계를 망가뜨린다. 그 외에 컬럼비아대학 프레더리카 페레라와 UC샌프란시스코 트레이시 우드러프는 어린이와 여성의 실내 건강을 집중적으로 연구한다. 다른 학계와 업계의 사람들은 새로운 도구를 사용하여 건물 표면(그리고 건물 안에 있는 사람들의 피부)에서 발생하는 반응에 대한 이해를 넓히는 데 주력하고 있는데 이런 연구 분야를 '실내 화학'이라고 부른다.[4] 최근에는 더 많은 연구자가 새로운 균유전체학 도구를 활용하여 우리 주변에 있는 생물학적 유기체의 역할을 탐구하고 있다. 이것은 구축된 환경의 마이크로바이옴이라고 부르는 새로운 연구 분야다.

하버드대학 동료인 필립 데모크리토우는 나노 측면에서 건물 전체에 있는 제품에 대해 가공된 나노 물질을 연구한다. 제품에 포함된 나노 물질은 공개할 필요가 없기 때문에 추적하기가 쉽지 않다. 우리는 현재 인간의 건강에 잠재적인 영향을 미칠 수 있는 나노 입자에 대해 아는 것이 많지 않다. 그러나 데모크리토우 실험실의 딜프리트 싱이 진행한 연구 결과에 따르면, 특정 나노 기반 제품이 폐기되고 소각될 때 독성 다륜성 방향족탄화수소 생성을 촉진한다는 사실이 밝혀졌다.[5] 프랑스와 중국 연구자들은 협업을 통해 이산화티타늄 나노 입자를 사용하는 건물의 광촉매 페인트가 실내에서 포름알데히드를 생성하고 배출할 수 있다는 사실을 발견했다.[6] 또한 나노 기술은 이익을 가져다줄 잠재력을 갖고 있으며 데모크리토우는 나노가공수engineered water nanostructures를 활용한 '자연에서 영감을 받은 항균물질'을 연구하고 있다.[7] 이런 분야들은 빠르게 성장하고 있으며 연구자들은 앞으로 5년에서 10년 사이에 건강한 건물 전략을 통합하는 데 기여할 지식 생성자가 될 것이다.

공중보건에 관한 관심이 높아진 이 시기에 업계는 사업 이익을 창출하는 사람들의 힘에 관해 생각하고 있었다. 하버드경영대학원의 제임스 헤스켓, 얼 새서, 레너드 슐레진저는 '서비스 수익 사슬'이라는 개념을 공유했다. 이런 관리 작업은 직원 만족도와 고객 만족도 사이, 직원 충성도와 고객 충성도 사이 그리고 서비스업에서 고객 충성도와 이익 사이의 실질적인 연결고리를 구축했다.[8] 이것은 인간을 자유자재로 조종할 수 있는 기계의 톱니로 본 프레더릭 테일러의 제조 공정 실험과는 거리가 멀다. 또한 이것은 '사람 비즈니스'와 '중요한 것을 측정하기'라는 경제학을 연구한 펠리스 바버, 라이너 스트랙, 존 도어의 연구를 위한 길을 열었다.

조기 수용자

공중보건학과 경영학의 초기 개척자들은 문제에 대한 인식을 높이고 새로운 과학적 정보 기반을 구축했다. 이런 과학적 증거가 누적되면서 몇몇 조기 수용자들은 공식적인 건강한 건물 인증 제도가 출현하기 훨씬 전부터 건강한 건물 전략을 실행했다. 데이비드 오르가 지은 오벌린대학의 애덤조지프루이스 환경연구센터 같은 건물은 건축업자 대부분이 친환경 건물에 대한 아이디어를 접하지 못했던 1990년대 중반에 친환경 건물 전략을 채택했다. 이 친환경 건물의 조기 수용자들은 십여 년이 지난 후에 이어진 최초의 '친환경+건강한' 건물을 위한 길을 닦았다.

부동산 개발 회사 더스트오거나이제이션이 소유하고 건축 사무소 쿡폭스아키텍트에서 설계한 뉴욕 브라이언트파크 1번지에 있는 뱅크오브아메리카타워는 건강한 건물 공간의 초기 리더십을 보여주는 좋은 예다. 이 건물은 신선한 공기 유입을 늘리고 일광에 대한 접근성을 높였으며, 무엇보다도 공식적으로 바이오필릭 설계를 건물에 접목하는 데 초점을 맞추었다는 점에서 주목할 만하다. 결정적으로 그들은 단지 겉으로만 건강에 초점을 맞춘 건물을 설계하는 것을 넘어, 실제로 시간이 지남에 따라 목표를 달성하고 있는지를 측정하고 검증하기 위해 노력했다. 브라이언트파크 1번지의 뱅크오브아메리카타워는 각 층마다 이산화탄소 수치 같은 건강성과지표를 실시간으로 추적 관찰하는 등의 작업을 수행한다(그들은 이것을 건강성과지표라고 부르지 않지만 조만간 그럴 것으로 생각한다).

건강한 건물의 조기 수용 흐름은 유럽에서도 일어났다. 노먼 포스터는 글로벌 재보험사 스위스리의 런던 거킨 빌딩을 통해 숨 쉬는 건물의 초기 연구를 이어나갔다. 2004년에 완공된 이 건물에는 건물에 대한 폐 역할을 하는 아트리움이 있으며, 건물 정면의 패널을 통해 신선한 공기를 유입시켜 건물 전체로 분배한다. 포스터는 자신의 건물을 살아 숨 쉬는 생명체라고 계속 말해왔다. 가장 최근에 작업한 런던의 블룸버그 본사와 관련해 그는 건물이 (1층에서 시작하는 소용돌이를 통해) 숨을 쉴 수 있을 뿐만 아니라 소음을 줄여주는 필터 역할을 하는 '지느러미를 아가미'로 활용하는 것에 관해 이야기했다. 그는 이 건물에도 살아있는 천장을 접목했다. 250만 개의 꽃잎에 차갑고 따뜻한 물이 흐르도록 설계하여 음향과 온도를 조절했다.

기술이 건강한 건물 운동에 통합되는 방식을 보여주는 또 다른 혁신적인 건물은 2015년에 완성된 암스테르담 디 엣지The Edge 건물이다. 블룸버그는 이 건물을 가리켜 "세상에서 가장 스마트한 건물"이라고 말했다.[9] 이 건물을 개발한 네덜란드 부동산 기술 회사 오브이지 리얼에스테이트OVG Real Estate는 수천 개의 센서가 내장된 '디지털 천장'을 만들어 매우 좁은 구역 단위로 건물이 빛, 온도, 기타 요소들을 추적하고 반응할 수 있도록 했다. 피엘피 아키텍트가 설계한 디 엣지는 스마트한 건물과 건강한 건물의 초기 결합을 보여주는 대표적인 건물이다.

더 건강한 건축 자재를 도입한 조기 수용자의 예는 멀리 갈 것도 없이 우리 대학 캠퍼스를 살펴보면 된다. 홉킨스아키텍트와 브루너앤콧아키텍트가 건축을 맡은 하버드대학 스미스캠퍼스센터Richard A. and Susan F. Smith Campus Center와 윌리엄론어소시에이츠가 건축을 맡은 하버드경영대학원의 새로운 클라먼홀은 2018년에 완공되었다. 이 두 건물에는 난연제, 영속적 화학물질, 항균물질 등 7장에서 언급한 여러 가지 독성 화학물질군을 일체 사용하지 않았다.

하버드대학은 하버드지속가능성연구소 책임자인 헤더 헨릭슨을 앞세워 공급업체와 협력하여 공급망을 재점검하고 독성 화학물질이 없는 제품을 제공해달라고 요청했다. 공급업체 중 일부는 처음에 반발했지만 결국 방법을 찾아냈다. 두 프로젝트에서 얻은 가장 중요한 교훈은 더 건강한 건축 자재를 사용하는 것이 예산, 프로젝트 일정, 제품 성능 등에 어떤 영향도 미치지 않는다는 것이다. 다시 한번 이야기하겠다. 예산, 프로젝트 일정, 제품 성능에 영향을 미치지 않고 건강한 실내 환경을 조성할 수 있다. 그럼 우리는 왜 더 자주 이렇게 하지 않을까?

곡선의 이 단계에서 일반적으로 볼 수 있듯이, 이 모든 참여자는 다른 사람들이 이것을 승리 전략이라고 인정하기 훨씬 전부터 과학에 따라 행동했다. 노먼 포스터의 포스터+어소시에이트, 오벌린대학, 쿡폭스아키텍트, 오브이지 리얼에스테이트, 하버드대학은 더 건강한 건물로 자신과 시장을 몰아가는 조기 수용자 역할을 수행했다. 이들은 엘리트 조직이지만 자신의 한계를 뛰어넘고, 자원에 투자하며, 모범 사례를 구축함으로써 다른 사람들을 선도하고 있다.

경쟁 우위 찾기

오늘날 우리는 이 곡선의 어느 단계에 이르렀을까? 조기 수용자들은 글로벌 포트폴리오와 함께 《포천》 500대 기업이 건강한 건물 운동에 동참할 수 있는 무대를 마련했다. 싱가포르에서 샌프란시스코에 이르는 선도 시장에서 수용 곡선의 이 단계를 밟아나가고 있지만 우리는 뉴욕의 상업용 부동산 시장에서 시작해 논의를 확대해나갈 것이다.

뉴욕은 누가 가장 건강한 건물을 가질 것인지를 놓고 싸우는 경연장 같다. 우리는 앞서 파크애비뉴 425번지 건물을 건강 측면에서 연구하면서 데이비드 레빈슨과 엘앤엘홀딩이 내린 일련의 결정들을 살펴봤다.[10] 그곳에서 몇 블록 떨어진 곳에 JP모건체이스가 새로운 본사를 짓고 있는데 예측할 수 있듯이 그들은 담대한 비전을 품고 있다. 은행 이사이자 이 프로젝트 책임자인 알렉 설티코프는 "직원은 우리의 가장 중요한 자산이다. 우리는 최고의 인재와 최고의 기술을 보유하고 있다. 이제 우리는 최고의 건물을 원한다"라고 말했다.[11]

설티코프는 그의 팀과 함께 과학 연구를 검토하고 자체 분석한 결과를 반영한 뒤 현재의 건물 표준이 인간의 성능을 최적화하도록 설계되지 않았다는 결론을 내렸다. 궁극적으로 그는 JP모건체이스의 새 본사 건물을 훌륭하게 만드는 것이 좋은 사업 전략일 뿐만 아니라 기업 철학과 일치한다고 생각하며 다음과 같이 말했다. "직원들이 최선을 다할 수 있도록 함으로써 우리는 고객에게 이바지하는 동시에 주주에게 이바지한다. 이 세 가지 요소를 극대화하는 환경을 조성함으로써 우리는 경쟁 우위에 설 수 있다. 우리는 건물과 직원을 일회성 투자 대상으로 여기지 않는다. 건물과 직원은 '일류 수준의 일류 사업'이라는 목표를 가진 이 회사 창업자의 비전과 일치하는 체계적이고 철학적인 접근 방법의 일부분이다. 우리는 지금 일류 건물을 짓고 있다."

화이자는 뉴욕 본사를 허드슨 야드로 이전하고 건강한 건물 인증을 취득했다. 티시먼스파이어는 회사 전체 포트폴리오에 핏웰 인증을 취득할 것이라고 발표했다. 이름을 밝힐 수 없는 몇몇 주요 기업들도 비슷한 행보를 보였다. 경주는 이미 시작되었다. 이 영리한 부동산 업계 사람들은 데이비드 레빈슨이 파크애비뉴 425번지에 던진 것과 동일한 질문을 하고 있다. "만약 그는 건강을 위해 건물을 설계하지 않은 반면 경쟁자는 모두 그렇게 했다면 임차권과 임차료는 어떻게 될까?

이것은 단지 뉴욕에서만 일어나는 경쟁이 아니다. 애플이 캘리포니아주 쿠퍼티노의 새로운 본사 건물을 어떻게 관리하고 있는지 살펴보자. 파크애비뉴 425번지와 마찬가지로 노먼 포스터가 설계한 애플의 새 본사 건물은 실시간으로 공기질을 추적 관리하는 기능을 갖추고 있는데, 각 방에 설치된 배관을 통해 중앙의 모니터링 위치에서 공기를 빨아들여 매초 공기의 '냄새를 맡는' 기술을 적용했다. 그들은 건물 전체의 이산화탄소 농도도 실시간으로 측정할 것이다.

시설 관리와 사용자 경험 공간 분야 주요 서비스 업체가 하고 있는 일들을 살펴보면 엄청난 변화가 진행 중이라는 더 많은 증거를 찾을 수 있다. 글로벌 종합 부동산 서비스 회사 JLL은 건강하고 생산적인 일터를 제공하고 3장에서 언급한 3-30-300 법칙을 논의한다. CBRE는 건강한 사무실 연구팀을 보유하고 있으며 로스앤젤레스 본사는 웰 인증을 취득했다. 보스턴프로퍼티에서 킬로이리얼티, 그 외 주요 선도 기업에 이르기까지 많은 기업이 건강한 건물 운동에 동참하고 있다.

이 경기장에 건물 소유자, 운영자, 시설 관리 회사만 있는 것은 아니다. 대규모 글로벌 포트폴리오를 보유한 주요 기업들이 건강한 건물을 염두에 둔 설계를 시작하자 건물 공급업체와 기술 기업도 이 방향으로 움직이고 있다. 부동산 개발자에게 에어컨 사업체로 널리 알려진 건축 기술의 주요 공급업체 캐리어를 생각해보자. 우리는 10장에서 캐리어가 최근 인텔리전트빌딩센터라고 하는 새로운 건물을 짓고 본사를 옮겼다고 이야기했다. 이 건물은 특히 겉으로 드러나지 않는 건물 체계가 작동하는 방식을 예비 구매자가 걸어 다니면서 볼 수 있도록 설계되었다. 중요한 것은 이 살아있는 쇼룸은 단순히 냉각 기기와 기계 장치가 작동하는 방식을 보여주기 위한 것이 아니라 이런 건축 기술이 인간의 건강과 성과를 어떻게 끌어올리는지 보여준다는 점이다.

유리 제조 회사 뷰는 건강에 초점을 맞춘 또 다른 건축 제품을 파는 곳이다. 뷰는 색상을 자동으로 변경하여 시간, 요일, 계절에 따라 들어오는 빛의 눈부심을 조절할 수 있는 다이내믹 글래스라고 불리는 스마트 유리를 만든다. 이 유리를 사용하면 엄청난 에너지를 절약할 수 있다(운영 비용의 20퍼센트가 줄어든다).

뷰의 경영진이 회사를 어떻게 포지셔닝하고 있는지 살펴보자. 그들은 웹사이트에서 자사의 유리가 건강과 생산성에 미치는 영향을 가장 먼저 언급한다. 그들은 심지어 건강 전략 책임자라는 새로운 직책을 만들고 공중보건 전문가 피어스 맥노튼을 영입했다. 그들은 왜 건강에 집중하는 걸까? 맥노튼은 "뷰는 구축된 환경에서는 건강이 주요 동기 부여 도구라는 것을 깨달았다"라고 말했다.[12]

JLL, 캐리어, 뷰의 이런 사례가 대단한 것처럼 보이지 않을 수 있지만 구축된 환경에서 건강으로의 전환은 시장의 지각변동을 보여주는 일이다.

새로운 기술은 건강한 건물의 아홉 가지 기본 토대를 추적 관찰하고 유지할 수 있는 가능성을 높이고 있다. 필립스, 라이팅사이언스 그룹이 새로 선보이는 건강한 조명 제품은 이제 빛의 밝기나 럭스가 아니라 제품이 일주 리듬과 건강에 미치는 영향을 이야기한다. 아클리마, 어웨어, 엔지 같은 센서 전문 스타트업은 사무실이나 가정의 공기질을 실시간으로 추적 관찰하는 시스템을 판매한다. 벨룩스와 뷰 같은 대형 건축 제품 제조 회사는 다이내믹 글라스로 된 천장과 창문에 센서를 접목함으로써 스마트 건축 기술을 주도하고 있다. 건물 안전과 보안 분야에는 이볼브 같은 회사가 있는데, 이들은 보안 점검 과정을 개선하기 위해 직원 안면 인식 시스템을 결합한 신속한 검사 기술을 구현하여 속도와 효율성을 높이고(보안 흐름) 이 과정에서 발생하는 부담과 관련 스트레스를 줄인다.

에너지 혁신을 실행하는 많은 기업도 이런 흐름에 동참하고 있다. 여기에는 에너지 효율성, 마이크로 그리드 솔루션, 디지털 건물, 모니터링과 최적화에 집중하는 슈나이더일렉트릭 같은 기존 글로벌 기업이 포함된다. 오랫동안 에너지 서비스 회사로 알려진 슈나이더일렉트릭은 이제 실시간 실내 환경질을 추적 관찰하고 보고하는 워크플레이스 어드바이저 같은 스마트 건물용 디지털 서비스를 통해 건강한 건물 분야로 이동하고 있다.

에너지 혁신 운동에는 페이즈체인지에너지솔루션Phase Change Energy Solutions 같은 스타트업도 동참하고 있다. 이들은 소위 자연적으로 열을 흡수하고 내보내는 성질을 가진 상변화물질phase change materials을 에너지 효율적인 절연체로 사용한다. 이런 제품에는 에너지 측면뿐 아니라 건강 측면에서도 장점이 있다. 이런 종류의 에너지 절약과 건강 증진 제품에 대한 수요는 빠르게 증가할 것이다.

다음으로 공기를 정화하는 더 나은 방법을 연구하는 회사가 있다. 여기에는 건강관리 회사 다이슨 같은 휴대용 공기 정화 분야의 대기업과 유명 브랜드(아직 확실한 것은 아니다), 기존 배관 내에 장치를 설치해 휘발성 유기화합물, 이산화탄소, 기타 화학물질을 포집하고 제거하는 인베리드 같은 스타트업이 포함된다.

투자자들도 이 경기에 동참하기 시작했다. JLL은 2018년에 건강한 건물 기술에 투자하기 위해 1억 달러의 기금을 모았다. 소프트뱅크는 부동산 매입, 매각, 관리에 주력하는 기술과 서비스인 '프롭테크PropTech'에 중점을 둔 1천억 달러 규모의 비전 펀드를 조성했다. 하버드대학 동료들은 '건강한 기업'에 투자하는 방법을 모색하는 수십억 달러 규모의 연기금인 PGGM에 참여하고 있다. 건강한 건물은 거기서 나온 대화 일부다.

지금까지 우리는 이 책에서 몇몇 특정 기업들을 소개했는데, 이것은 그들을 홍보하기 위해서가 아니라 시장이 어떻게 발전하고 있으며, 현재 얼마나 많은 혁신과 빠른 수용이 이루어지고 있는지 보여주는 좋은 예이기 때문이다. 이들 기업을 선정한 이유는 우리가 그들에 대해 잘 알고 있다는 이유도 있다. 우리는 다양한 조직의 수많은 경영진을 만났다. 우리는 그들이 제대로 하고 있거나 혹은 제대로 나아가기 위한 궤도에 있다고 생각한다("이렇게 하면 안 된다"라는 것을 보여주는 수많은 사례도 있지만 그것만으로도 책 한 권 분량이다).

지식 생성자, 조기 수용자, 선도 시장 참여자 등 이런 모든 사람과 기업은 건강한 건물 인증 제도의 탄생을 위한 토대를 닦았다. 조기 수용자와 선도 시장 참여자는 이제 그들이 투자자, 임차인, 직원을 위해 무엇을 하고 있는지 독립적으로 인증받을 방법을 원한다. 그래서 웰, 핏웰, 리셋 등이 생겼고 조만간 더 많은 인증 제도가 생겨날 것이다. 일부 개발자는 건강한 건물을 짓기 위한 지침으로 건강한 건물의 아홉 가지 기본 토대를 활용하기 위해 우리와 협력하고 있다.

이런 모든 신호를 종합할 때 건강한 건물 시장은 빠른 속도로 성장하고 있다고 볼 수 있다. 시스템에는 확실한 추진력이 필요하다. 지금 필요한 가장 중요한 질문은 "이것이 일회성 프로젝트인가, 아니면 평소와 같이 새로운 사업이 될 것인가?"이다.

롱테일을 가진 큰 시장

전 세계 '구축된 환경' 자산의 가치가 얼마나 큰지 파악하기는 쉽지 않다. 70억 명이 넘는 인구가 살고 있는 지구에서 많은 가족의 주요 자산은 집이다. 투자 가능하고 거래 가능한 자산으로서 상업용 부동산만으로도 수조 달러의 가치가 있다. 여기에 학교, 법원, 병원, 공장 등을 추가하면 이 업계는 실제로 매우 큰 시장이라고 할 수 있다. 글로벌 부동산 자문 회사 세빌스에 따르면 260조 달러가 넘는다.[13] 이런저런 형태의 부동산이 전 세계 부를 이끌고 있다.

부는 어떻게 분포되는가

상업용 부동산 분야에서 미국 최대 부동산 소유자는 시가총액이 약 500억 달러인 사이먼프로퍼티 그룹이다. 10위는 에퀴티레지덴셜로 시가총액이 약 240억 달러이고 100위는 아카디아리얼티트러스트로 시가총액이 24억 달러가 넘는다. 200위까지 모두 합하면 1조 달러가 넘는 규모이지만 가장 큰 규모가 차지하는 비용은 전체의 5퍼센트에 불과하다.[14] 이것은 소수의 덩치 큰 선수가 있고 그 뒤로 아파트 몇 채와 상가 5채를 보유한 영세한 투자자들이 매우 긴 꼬리처럼 이어진다는 것을 의미한다.

이와 동시에 은행이나 모기지 회사 같은 자본 제공자들도 비슷한 산업 분포를 보인다. 가장 큰 것부터 100위까지 그리고 다음 1천 위까지 곡선은 비슷한 모양을 하고 있다. 1위인 캘리버홈론은 2017년 439억 달러, 10위인 프라임렌딩은 145억 달러를 기록했다. 75위인 홈오너파이낸셜 그룹으로 내려가면 거래량은 14억 달러 규모로 줄어든다. 다시 말하지만 이 시장은 소수의 덩치 큰 선수와 작은 기업들이 긴 꼬리를 이루는 매우 큰 시장이다.[15]

부의 분포가 왜 중요한가

가장 뛰어난 임차인과 가장 긴 임대 계약을 검토하는 가장 큰 도시의 가장 탄탄한 대차대조표를 가진 가장 부유한 임대인은 선도적 위치에서 사람들에게 새로운 흐름을 알릴 능력과 경쟁력을 가지고 있다. 이런 자원, 계약, 이익은 그다지 견고하지 않은 시장, 경쟁이 치열하지 않은 노동 시장, 임차료가 막대한 자본적 지출을 정당화하지 못하는 시장에서는 빠르게 사라진다.

혁신은 결국 전파된다. 가장 구석진 동네에 있는 가장 작은 사무실 건물에도 이제 자동은 아니더라도 엘리베이터와 에어컨이 설치되어 있다. 다국적 기업이 임차인으로 있는 대도시의 A급 건물은 부동산 업계에서 가장 새로운 아이디어를 가장 먼저 채택한다. 그보다 작은 도시에 있는 B급 혹은 C급 공간에 있는 소규모 임차인이 이런 새로운 아이디어와 혜택을 분명하게 인식하는 데는 더 오랜 시간이 걸린다. 당연히 우리는 사람들의 건강과 행복이 매우 중요하기 때문에 이 책을 통해 이런 개념이 더욱 활발하게 널리 전파되기를 바란다.

이것은 건축가에서 도급업자, 건강한 건물 전문가에 이르기까지 다양한 서비스 회사에 기회가 될 수 있다. 오직 대기업만이 광범위한 내부 역량을 보유하고 있으므로 시설 관리를 대부분 외부 자원에 맡길 수 있다. 어떤 경우에는 JLL, CBRE, 위워크 같은 글로벌 기업이 해당되고, 어떤 경우에는 테라핀브라이트그린, 환경보건공학,

KGS빌딩 같은 전문 지식을 가진 소규모 기업이 해당한다. 이런 기업들은 에너지, 지속 가능성 그리고 건강에 초점을 맞추어 경영을 차별화하고 있다.

혁신의 수용 주기

생물학을 떠올려보면 일부 작은 곤충 종은 수명이 며칠에 불과하다. 쥐나 두더지 같은 작은 포유류의 수명은 몇 달 혹은 몇 년이다. 사람과 코끼리는 90년 혹은 100년까지 살 수 있다. 일부 고래와 거북이는 한 세기를 거뜬히 살 수 있다. 초파리와 같이 빠르게 번식하는 종은 며칠 혹은 몇 주 안에 사라지고 다음 세대가 태어나며 빠르게 진화한다. 사람이나 고래의 경우 진화가 훨씬 느리다.

산업에도 이와 같은 현상이 나타난다. 새로운 소셜네트워크 앱은 사라지거나 사람들의 관심사가 되기까지 수명이 몇 주 혹은 몇 개월에 불과하다. 인텔 코어 i9 같은 새로운 칩의 판매 기간은 5년 정도다. 자동차의 경우 브레이크 캘리퍼스나 브레이크슈는 십여 년 동안 별다른 변화가 없었다. 촉매 변환기가 현장에 등장했을 때 미국 선박 보유 차량에서 빠르게 의무화되었지만 90퍼센트가 이를 갖추기까지는 20년 가까이 걸렸다. 그 이유는 자동차의 내용연수가 10년에서 20년이기 때문이다. 따라서 전체 선박 보유 차량을 변경하려면 20년 이상 걸릴 수 있다.

『진화의 속도 클락 스피드*Clockspeed*』라는 책에서 찰스 파인 MIT 경영대학원 교수는 이런 현상을 증명하고 기업이 시간 주기를 가속화하고 새로운 기술을 더 빨리 도입하며 더 효율적으로 경쟁하기 위해 어떻게 내부 시스템과 고객, 공급망(이 책에서는 건축가, 도급업자, 건축 자재 제조업체)을 활용할 수 있는지 설명한다.[16]

우리가 이것을 신경 쓰는 이유는 건물은 심지어 거북이보다 더 수명이 길기 때문이다. 지금 이 책을 읽는 당신은 지은 지 50년이 넘은 집이나 사무실에 있을 가능성이 크다. 어쩌면 100년쯤 된 건물이 아니라면 건축물의 나이를 언급할 가치가 없다고 생각할 수도 있다. 2050년까지 건설될 것으로 예상하는 건물 면적의 85퍼센트가 이미 존재하는 보스턴을 생각해보라.[17] 건축 기술 발달 주기는 실제로 매우 장기일 수 있다. 따라서 미국 같은 인구 증가가 더딘 경제에서는 이 책에서 다루는 개념이 완전히 전파되려면 매우 오랜 시간이 걸릴 것이다.

이와 동시에 가정, 사무실, 병원, 학교 대부분은 정기적으로 대대적인 보수 공사를 거치며 때로 건물의 뼈대만 남겨놓을 때도 있다. 대규모 보수 공사 기간에 공간이 비어 있거나 이미 철거를 시작했을 때가 바로 지속 가능성, 에너지 효율성 그리고 건물을 제대로 측정해 건강하게 만들 수 있는 좋은 기회다. 그런 기회가 자주 오지 않는다. 만약 이 책이 독자를 설득하는 데 성공한다면 의사 결정자는 그 기회를 놓치지 않을 것이다.

전 세계적으로 새로운 건축의 기회는 엄청나다. 미국에서만 매년 약 1조2천억 달러 규모의 신축 공사가 진행된다(미국 GDP 19조 달러의 약 6퍼센트다).[18] 건설정보센터CIC에 따르면 전 세계적으로 신축 규모는 연간 12조7천억 달러로 추정된다.[19] 기존 건물들의 규모도 크지만 이처럼 엄청난 수준의 신축 활동은 지금부터 건물을 바르게 짓는 일이 매우 중요하다는 것을 확인해준다.

부동산 업계나 금융 업계와 마찬가지로 건축계도 매우 왜곡되어 있다. 서방에서 규모가 가장 큰 건설 회사인 프랑스 빈치는 2017년 약 460억 달러의 수익을 기록했다. 이것은 건축계 전체 수익의 1퍼센트 미만에 해당한다.[20] 전 세계적으로 시장 선도 기업의 점유율이 1퍼센트 미만인 산업은 거의 없다. 이것은 건강 분야에서 현명하고 준비된 리더가 될 기회는 어디에나 있으며 기업이 그 역할을 할 수 있다는 의미다.

앞으로 해야 할 일

지금까지는 오늘날 널리 통용되는 기술 전반에 대해 이야기했다. 우리는 사무실 환경에서 측정할 수 있는 실내 공기질과 다른 건강에 대한 인식과 투자를 크게 늘려야 한다고 주장했다. 하지만 세상은 변하고 있다. 건물 소유자, 주택 소유자, 근로자, 투자자가 다음으로 주목해야 할 것은 무엇일까? 미래의 시나리오를 상상해보자.

> 니나와 데이비드는 아기 샘이 태어날 날만을 손꼽아 기다리고 있다. 그들은 대도시의 새로운 아파트를 선택했다. 대도시는 거의 매일 실외 대기 오염에 대한 경고가 뜰 정도로 공기가 나쁘지만 그들은 《건강한 건물의 아홉 가지 토대》라는 보고서를 읽었으며 실외 대기 오염이 어떻게 실내 공기 오염이 되는지 잘 알고 있다. 니나와 데이비드는 샘을 기르기에 좋은 곳을 찾기 위해 온라인으로 실

시간 실내 공기질 추이 데이터(도시 어디에나 있는 실외 공기 추적 관찰 결과로 이제 미시적 수준으로 보고된다)와 핏빗, 알리바바, 다이슨, 질로우, 체이스컨소시엄이 수집한 예상 통계를 확인했다. 그들은 어린 시절 데이비드가 겪은 알레르기를 유발한 수많은 오염물질과 주요 병원균에 대해 가장 높은 등급을 받은 아파트가 어디인지 알고 싶었다.

이런 정보를 갖고 니나와 데이비드는 중고차 조회 사이트 카팩스에서 자동차를 쇼핑하듯이 아파트 주인과 협상을 시작했다. 그들은 둘 다 전통적인 사무실에서 일하지 않으므로 출퇴근할 필요는 없지만 아파트 위치와 대중교통 접근성을 중요하게 여겼다. 도시에 있는 2개의 괜찮은 아파트를 봤는데 한 곳은 스타나잇 빌딩에 있는 아파트로, 새로운 건물이고 인테리어가 비교적 수수하며 개발자들이 리드, 웰, 핏웰 인증을 내세우며 소위 실내 공기질에 큰 관심을 기울인 곳이었다. 다른 한 곳은 워릭 빌딩에 있는 아파트로, 오래된 건물이고 인테리어가 매우 화려하고 높은 천장이 있고 재생 가능한 자원으로 만든 목공예품이 많은 곳이었다.

결국 니나와 데이비드는 추가 임차료를 지불하고 스타나잇 빌딩에 있는 아파트로 들어가기로 했다. 그들은 여러모로 따져본 끝에 주인이 건물에 많은 돈을 투자했기 때문에 장기적으로 에너지 소비 비용이 덜 들 것이라고 결론을 내렸다. 더 중요한 것은 그들도 숙면을 취할 수 있고 아기도 더 좋은 공기를 마실 수 있다는 점이었다. 모닝스타의 컨소시엄 데이터 분석 결과에 따르면, 스타나잇 빌딩의 공기질은 객관적인 기준에서 우수했다. 소셜미디어에서도 이곳에서 좋은 경험을 했다는 후기들을 확인했다. 앞으로 몇 년 후 그들은 깨끗한 공기와 물이 주는 혜택과 그것이 두뇌 발달과 인지 능력에 미치는 영향 덕분에 샘이 대학 입학시험에서 높은 점수를 받을 것으로 판단했다. 니나와 데이비드는 선택지가 있다는 것을 행운으로 여겼다. 스타나잇 빌딩처럼 공기가 좋은 아파트에 들어갈 형편이 안 되는 젊은 부모들도 많기 때문이다.

미래는 이미 와 있다

어떤 사람들은 이 이야기가 터무니없고 불필요한 우려를 자아낸다고 생각할 수 있다. 그러나 구글의 알파벳 자회사인 사이드워크랩이 캐나다 토론토에서 어떤 일을 하고 있는지 생각해보자. 전례 없는 규모로 도시 성능에 대한 데이터를 수집하고 디지털화하며 대중화하고 있다. 그들이 관찰하고 측정하며 보고하는 것 중에는 대기오염 데이터도 포함된다. 구글이 샌프란시스코에서 아클리마라는 회사와 함께한 일을 살펴보자. 그들은 구글 스트리트 뷰 차량 위에 공기 오염 측정기를 설치했다.[21] 스트리트 뷰 차량은 일상적인 작업, 즉 구글 지도의 이미지와 정보를 업데이트하기 위해 도시의 거리를 다니면서 대기 오염 데이터도 함께 모은다. 시민들은 난생처음으로 블록 단위로 도시의 대기 오염 정보를 볼 수 있는데 한 도시 안에서도 극명한 차이가 난다.

이제 이 지역 밀착형 추적 관찰 방식이 다른 도시로 수출되고 있다. 모든 가로등(LED 전구는 이미 휘발성 유기화합물과 다른 오염물질을 감지하는 센서 역할을 할 수 있다), 구글 스트리트 뷰 차량, 리프트

차량, UPS 배달 트럭에 대기 오염 추적 관찰 장치가 달린 미래를 상상하는 것은 어렵지 않다. 니나와 데이비드는 이런 유형의 대기 오염 데이터를 손쉽게 활용할 수 있다.

실내 환경질 데이터의 경우 엔지와 어웨어 같은 일부 회사가 이미 제공하고 있는 서비스를 보자. 대형 건물의 사무실 책상이나 가정의 방마다 공기질을 측정하는 모니터를 설치한 뒤 하루 안에 실내 환경에 대한 데이터를 실시간으로 확인할 수 있다. 조의 팀은 건물과 인지 기능에 관한 연구 프로젝트의 하나로 6개국의 건물에 이와 같은 추적 관찰 네트워크를 설치했다.

많은 소비자 제품에는 공기질 센서가 내장되어 있으며 이미 실내 환경 데이터를 수집하고 있다. 수백만 가정이 이런 제품을 통해 수집된 환경 데이터를 보유하고 있으며 오픈 데이터 클라우드 애플리케이션에서 자유롭게 공유하고 분석할 수 있다. 이것은 시작에 불과하다. 앞으로 사무실이나 아파트 건물에 설치된 대기 오염 측정기는 벽에 달린 온도 조절 장치만큼이나 흔하게 볼 수 있을 것이다. (당신이 무심코 넘긴다면 그것은 정말 그냥 공기질 센서일 뿐이다.)

우리는 소비자에게 조만간 유비쿼터스 연결 센서와 공기질 데이터가 제공될 것으로 확신한다. 그러나 니나와 데이비드 사례에서 설득력 떨어진다고 생각하는 부분은 이 모든 데이터를 손쉽게 사용할 수 있는데도 불구하고 소비자가 결정을 내릴 때 이것을 사용하지 않는다는 것이다. 이제 가상의 시나리오에서 실제 시나리오로, 집에서 상업용 부동산으로 이동해보자.

재능과 임차권

최근 우리는 《포천》 500대 기업 임원의 전화를 받았다(누구인지는 밝힐 수 없다). 그 임원은 회사의 글로벌 부동산 포트폴리오와 새로운 기업 단지 개발을 관리한다. 그가 우리에게 연락한 이유는 이전에는 한 번도 일어난 적이 없는 일이 일어났기 때문이다. 인사부서 임원이 그에게 전화를 걸어 친환경 건물과 건강한 건물에 대해 온갖 질물은 던졌다는 것이다.

더 구체적으로 말하면 이 인사부서 임원은 새로운 본사가 '건강한 건물'이 될 것인지 알고 싶어 했다. 그의 말에 따르면 회사에서 가장 뛰어난 입사 지원자를 채용하려고 하는데, 그 지원자가 자신이 일하게 될 건물에 대해 이것저것 물었다고 한다. 최고의 인재가 건물을 면접 본 것이다!(전 유나이티드테크놀로지 최고지속가능책임자 존 맨딕이 2017년에 기고한 「당신은 사무실 건물을 면접 보고 있는가?」라는 칼럼은 결과적으로 선견지명이 있었다).[22]

건강한 건물에 대한 이런 유형의 '상향식' 요구는 세 가지 이유로 앞으로 크게 늘어날 수 있다.

첫째, 소셜미디어의 영향으로 사람들이 모든 일에 투명성을 기대한다는 점이다. 구직자, 주택 구매자, 고용주 혹은 신용평가기관이든, 단지 좋은 식당이나 유능한 배관공을 찾는 사람이든 사람들이 정보를 공유한다는 데는 의심의 여지가 없다. 업무와 관련된 이런 정보 공유의 최근 사례로 미국 직장 평가 회사 글래스도어의 웹사이트를 들 수 있다. 사람들은 이 웹사이트에서 자신이 일하는 회사에 대해 익명으로 글을 남기는데 상사, 기업 문화, 연봉은 물론 건물에 대한 의견도 늘어나고 있다. 최근 게시물 중 몇 가지 예를 들어 보자.

- 냄새가 좋지 않다: "매일 쓰레기 냄새가 난다…. 연봉 인상과 여름철 환기 장치 설치가 필요하다."[23]
- 건물에서 하수구 냄새가 난다: "나도 이게 농담이면 좋겠지만 오전 7시부터 9시까지 건물에서 하수구 냄새가 난다. 덕분에 그들이 직원들을 신경 쓰지 않는다는 생각이 더 확고해졌다."[24]
- 좋긴 하지만 시끄럽고 뻥 뚫린 사무실: "천장에 방음 장치가 설치되어 있지 않아 위층 소음이 다 들린다. 세일즈팀과 고객 서비스팀은 책상 사이에 방음 장치도 없이 전화 응대를 하고 있다. 몇 년 동안 시설 관리팀에 건의했지만 달라진 것이 거의 없다."[25]
- 안전하지도 전문적이지도 않은 일터: "사무실이 매우 지저분하고 제품이 여기저기 흩어져 있다. 화재 비상구와 비상 장비도 모두 접근하기 어렵게 되어 있다."[26]
- 사람들은 좋지만 사무실이 지나치게 춥다: "사무실이 너무 추워서 일에 집중하기 어려울 정도다."[27]
- 훌륭한 멘토, 끔찍한 조명: "우리가 있는 건물은 창문이 없고, 바닥 전체에 회색 카펫이 깔려 있으며 조명도 어둡다. 다행히 내가 그만둘 때 그들은 사무실을 옮기는 방안을 논의하고 있었다!"[28]

당신은 미처 알지 못할 수 있지만 직원들은 이미 건물을 면접 보고 있다. 음악, 정치, 여행, 뮤추얼 펀드 등에 대해 공유된 정보는 이미 넘쳐난다. 아파트, 주택, 사무실, 학교, 병원, 공공기관의 공기질에 대한 정보를 모아놓은 사이트나 평가 플랫폼이 없을 이유가 없다. 정보를 수집하고 등급을 통제할 수 있는 능력은 이제 세상으로 넘어갔으며 다시 기업으로 돌아오지 않는다.

둘째, 많은 기업이 현재 건강 사업에 종사하고 있다는 사실을 깨닫고 자체적으로 마케팅하고 있다. 아마존, 버크셔해서웨이, JP모건체이스가 하버드대학 동료 아툴 가완디가 이끄는 새로운 건강관리 벤처에 참여했다는 발표를 생각해보자. 혹은 애플 CEO 팀 쿡이 2019년 의료 서비스의 붕괴가 궁극적으로 아이폰이 아닌 애플이 남길 유산이 될 수 있다고 말한 것을 생각해보자. 모든 기업은 이제 말 그대로 건강관리 회사다.

미국 경제의 3분의 1을 차지하는 건강과 건강관리 분야로 기업들이 적극적으로 옮겨가는 것은 그리 놀라운 일이 아니다. 다양한 형태의 미디어도 건강 문제에 대한 인식을 높이고 있다. 《뉴욕타임스》 같은 주류 언론, 페이스북·유튜브·레딧 같은 소셜미디어, 〈오프라 윈프리 쇼〉·CNN 같은 방송 매체, 구글 같은 선별하고 분류하는 알고리즘으로 건강 정보 사이트 웹엠디·메이오클리닉·《뉴잉글랜드의학저널》을 검색하여 섭취, 흡입, 주입 등을 통해 우리 몸에 들어가는 것에 대해 점점 더 진실한 정보를 얻을 수 있다.

이런 방대한 정보를 통해 소비자는 건강한 삶을 구성하는 요소가 무엇인지 알 수 있으며 건물이 건강이라는 시대정신에 합류하는 것은 이제 시간문제일 뿐이다. 우리가 이야기하는 분야의 규모를 이해하기 위해 이렇게 생각해보자. 건강관리는 미국 경제의 3분의 1을 차지하고 건축은 또 다른 10퍼센트를 차지한다. 따라서 이 두 분야 사이에서 우리는 건강한 건물 운동이 어떤 방식으로든 미국 경제의 절반 가까이에 영향을 미칠 것으로 내다본다.

셋째, 센서, 분석, 빅데이터의 발전을 살펴보고 매입하려는 건물이 건강한지 판단할 수 있는 객관적이고 검증 가능한 정보를 제공한다는 것이 어떤 의미인지 생각해봐야 한다. 니나, 데이비드의 시나리오는 센서가 어디에나 있고 빠르게 변할 때만 의미가 있다. 얼마 전까지만 해도 모든 건물이 실시간으로 알려줄 수 있는 것은 온도와 습도뿐이었다. 게다가 눈으로 직접 측정기를 확인해야 했다. 납 페인트, 곰팡이, 석면 입자, 포름알데히드 같은 물질을 측정하려면 공기질 전문가나 산업위생사가 표본을 채취하여 연구소로 가져간 뒤 며칠 혹은 몇 주를 기다려야 했다.

요즘은 네스트, 에코비, 캐리어의 온도 조절 장치가 집집이 방 온도와 습도를 알려준다. 옌지, 어웨어는 이산화탄소, 일산화탄소, 초미세먼지 등을 같은 방식으로 측정하여 기록하기 시작했다. 다이슨이나 하니웰의 실내 공기 청정기는 단순히 공기를 정화하는 도구가 아니다. 그들은 환경을 감지하고 적정 상태를 벗어나면 이에 대응할 뿐만 아니라 휴대전화나 당신이 원하는 곳으로 데이터를 표시하고 전송한다. 아파트나 사무실 임대인이 건물의 모든 기록을 집계하고 이를 익명화해, 건물에서 작동하는 사물인터넷을 통해 실시간 최적의 수준으로 공기 흐름과 정화의 정도를 조정해준다고 상상해보자. 빅데이터 분석은 수천, 수만 개의 실내 공간에서 이런 정보를 고속으로 처리할 수 있다. 건물 관리 체계 분야 거물들은 이 방향으로 빠르게 이동하고 있다.

센서는 무생물인 공간에만 있는 것이 아니다. 핏빗이나 애플워치는 심박수와 호흡을 추적 관찰할 수 있으며 일부 웨어러블 장치는 혈당 등을 측정한다(개인 건강 정보 측정 분야의 가능성은 의료 서비스를 붕괴시키는 기업이 되겠다는 애플 CEO 팀 쿡의 비전을 뒷받침하는 부분이다). 당신의 기기는 이 정보를 건물과 공유하여 공간과 사람의 기분 사이의 인과관계를 탐색할 수 있다. 더 중요한 것은 이런 기기가 건물 체계와 상호 작용하여 자율적으로 개입할 수 있다는 점이다. 사람들이 이런 종류의 개인 정보를 공유하지 않는다고 생각하는가? 그들은 이미 운동선수들이 운동 중 최대산소소비량 등의 세부 정보를 교환하는 스트라바 같은 앱, 분당 회전수RPM와 분당 심박수BPM를 추적할 수 있는 펠로톤 같은 연결된 운동 기기를 이용하여 신체 단련과 성능 측정 지표를 공유하고 있다.

이런 정보를 제공하는 제3자 애그리게이터aggregator(여러 회사의 제품이나 서비스에 대한 정보를 모아 하나의 웹사이트에서 제공하는 인터넷 회사나 사이트—옮긴이)가 다른 분야에도 존재한다. 만약 미국의 퇴직연금제도인 401(k)나 개인연금, 다른 투자 수단이 있다면 모닝스타나 리퍼 같은 서비스를 이용할 확률이 높다. 이런 재무 분석 기관들은 투자 방향과 추세를 파악하고 의사 결정을 내리는 인간(그리고 기계) 관리자의 성과를 측정하기 위해 수백만 개의 데이터 포인트를 조사한다.

친환경 건물 지표는 이미 존재한다. 예를 들어 글로벌 부동산 지속 가능성 벤치마크GRESB는 부동산 포트폴리오의 지속 가능성 측면에 대한 자체 보고 데이터를 집계하여 투자자에게 제공한다. 이들은 지속 가능 보고서에 건강 부문을 추가하여 시장이 어디로 가고 있는지 보여준다. 우리가 10장에서 언급한 지오파이 같은 회사는 기후변화로 인한 자연 재해 같은 부동산 위험 요소에 대한 공개적으로 사용 가능한 정보를 집계하여 투자자들에게도 제공한다. 당신의 사무실이나 학교에 대한 모닝스타나 카팩스 평가는 꽤 설득력이 있다. 그럴 날이 머지않았다.

연기금, 기부금, 보험 회사, 국부펀드 같은 대규모 자금을 운용하는 곳은 부채와 주식에 투자할 때 두 가지 주요 기준을 살펴본다. 기대수익률은 얼마인가? 그 수익을 실현하는 데 따르는 위험 요인이나 불확실성은 무엇인가? 임차인이나 아파트 구매자에게 불쾌감을 주는 건물이 낮은 임대료와 높은 공실률이라는 불확실성에 노출되어 있다는 것은 분명한 사실이다. 많은 정보를 가진 임차인이나 구매자는 데이터를 보며 물과 공기가 자신과 사랑하는 사람에게 장기적으로 미칠 영향을 깨닫고 객관적으로 더 나은 건물에 끌릴 수밖에 없기 때문이다. 투자자들도 이 사실을 알 것이다.

공기질을 측정하고 이것을 건강과 연결하는 능력이 사람들이 위치, 전망, 미학, 비용 같은 다른 선택 기준을 바꿀 만큼 중요하게 될까? 지금은 그렇지 않지만 언젠가 분명 그렇게 될 것이다. 스마트하고 연결되며 큐레이션된 실내 공간이라는 미래는 피할 수 없다. 센서, 오픈 데이터, 모바일 플랫폼, 앱, 분석 정보, 소셜미디어 덕분에 여러 선택지가 있는 똑똑한 구매자의 증가는 건강한 건물 수용 곡선을 한층 더 상향하게 만드는 주요 원동력 중 하나가 될 것이다.

개인과 이들을 보호하거나 고용하는 기업은 정부와 법 규제가 할 수 있는 것보다 더 빠르게 모범 사례를 확보할 것이다. 이것은 사무실, 아파트, 공공기관 건축계에서 임대인, 대출기관, 매도인 사이 리더와 최후 수용자의 위치를 확대할 것이다.

건강한 건물의 미래

이 책의 목표는 모두를 위해 더 건강한 건물로의 전환을 가속하고 확장하는 방법에 대한 비전을 제시하는 것이다. 다음에 일어날 일은 전적으로 당신에게 달려있다. 급속한 인구 증가와 도시화의 충돌에 직면한 사람과 지구의 건강이 위태롭다. 집단으로서 우리는 전 세계 수십억 제곱피트 규모의 건물을 설계하고 운영하는 데 영향력을 행사함으로써 수백억 명의 건강을 좌우하는 힘과 책임감을 갖고 있다.

이 책에서 설명하는 건강한 건물 전략이 상위 1퍼센트 사람들에게만 혜택을 가져다줘서는 안 된다. 주요 도시의 조기 수용자는 이런 전략을 시행하면 예산이나 일정에 영향을 받지 않고 사업에 성공할 수 있다는 것을 보여주는 중요한 역할을 한다. 그렇다면 최초의 건강한 건물은 단지 보여주기 위한 일회성 프로젝트에 불과할까? 아니면 건강한 건물이 새로운 일상으로 자리 잡기 위한 움직임과 관심일까? 진정한 성공의 척도는 이런 전략이 얼마나 확장 가능한지에 따라 결정된다. 건강한 건물의 핵심 요소가 교외, 소규모 건물, 박물관과 시청 그리고 전 세계 도시와 근교 도시 지역에 얼마나 빠르고 깊이 침투하는지가 중요하다. 이를 위해서는 건강한 건물을 올바르게 이해하는 것이 필수적이다. 이를 통해 지구상에 있는 수십억 명의 삶을 개선할 수 있다.

이 책을 읽고 있는 당신은 구축된 환경과 건강한 건물의 미래 인플루언서다. 당신은 학교, 병원, 극장, 식당, 상점, 교회, 기타 모든 규모의 상업용 부동산에 있는 사람들을 위해 더 나은 실내 공간을 만드는 인체 건강 렌즈를 사용하는 방법을 알려줄 수 있다. 당신이 임대인, 건물 관리인, 건축가, 설계자, 도급업자, 기업 경영진, 지속 가능성 전문가, 과학자, 투자자, 시설 관리인 혹은 실내에서 생활하거나 일하는 사람이라면 당신과 동료, 가족이 건강한 삶을 살 가능성을 극대화할 기회가 있다. 또한 다양한 실내 환경에서 인간의 인지능력에 대한 새로운 경험적 관찰이든, 어디에나 설치하여 즉시 공기를 생성할 수 있는 개인용 공기질 측정기의 발명이든 당신은 공중보건학과 건축학이 빠르게 발전하고 있는 시대에 살고 있다. 다시 말해 당신은 행동을 취할 수 있다.

우리는 이 책에서 성과와 생산성을 높이기 위해 실내 공간의 놀라운 힘을 활용하는 방법을 보여주었다. 이제 당신은 건강한 건물에 대한 설득력 있는 주장을 펼치는 데 필요한 근거를 모두 가지고 있다. 건물이 우리의 건강에 미치는 영향을 보여주는 명확한 과학적 근거, 건강한 건물이 타당한 사업적 주장인 이유를 보여주는 재정적 근거, 건강 성과를 측정하고 추적 관리하는 방법을 알려주는 도구 등을 모두 알고 있다.

전 세계적으로 강력한 힘이 작용하고 있으며 흥미로운 미래를 위해 완벽한 환경을 조성하는 기술 변화가 진행 중이다. 역사상 전례 없는 순간이다. 공중보건학, 건축학, 경영학의 융합은 우리에게 건물의 잠재력을 발굴하여 경제적 가치를 창출하고 건강을 증진할 기회를 제공한다. 정말 간단한 공식이다. 건강한 건물 전략은 건강한 사람 전략이자 건강한 사업 전략이다. 상투적인 문구 같지만 이런 전략이 우리를 건강한 지구로 이끌 수 있다.

당신은 어떻게 이런 미래의 일부가 될 것인가?

후기

모두에게 득이 되는 건강한 건물

우리에게는 과학 연구가 뒷받침하는 새로운 세대의 인도주의적 설계 아이디어가 필요하다.

–노먼 포스터

많은 사람이 더 이상 단지 자신을 덜 아프게 하는 건물에서 일하는 것에 만족하지 않는다. 사람들은 더 건강할 수 있는 공간을 요구하기 시작했다. 이런 요구를 충족시키기 위해서는 현재 환기 규정인 허용 가능한 실내 공기질을 받아들이는 단계에서 인간의 건강과 성과에 최적화된 공간을 설계하는 단계로 나아가야 한다. 우리는 이제 이 단계에 가까워지고 있다.

우리는 건물이 인간의 건강 상태를 좌우하고 사업에 영향을 미치는 다양한 방식을 쉬운 언어로 전달하기 위해 이 책을 썼다. 책을 덮고 나서 아무것도 기억하지 못하더라도 우리가 서두에서 제기한 한 가지 질문만은 기억하길 바란다.

"우리는 왜 90퍼센트를 무시하는 걸까?"

우리는 하루 중 90퍼센트의 시간을 실내에서 보내는 실내 종족이 되었다. 많은 국가가 실외 대기 오염을 추적 관리하는 포괄적인 규제 체계를 가지고 있지만 실내 환경에 대해서는 비슷한 규제가 전혀 없다. 앞서 설명한 것처럼 실외 대기 오염의 노출은 대부분 실내에서도 발생한다. 게다가 우리는 실외 오염원보다 건강에 훨씬 심각한 영향을 미칠 수 있는 실내 오염물질을 '오염' 그 자체로 여기지 않는 경향이 있다. 하지만 이런 상황이 변하고 있다는 몇 가지 신호가 나타났다. 《뉴요커》는 2019년에 게재된 기사에서 '실내 스모그' 문제를 언급했는데, 이것은 우리의 전통적인 실외 오염 개념과 실내 세계를 강력하게 연결해주는 단어라 할 수 있다.[1]

우리는 또한 건강한 건물 전략이 훌륭한 사업 전략이라는 점을 강조하고 싶다. 21세기의 많은 지식 근로자 기업에서 인건비는 단연코 손익계산서에서 가장 큰 부분을 차지한다. 사무실 임차료가 두 번째가 될 수 있으며, 이 두 가지를 합하면 그 회사 비용의 90퍼센트를 차지할 수 있다. 우리는 직원들의 건강, 생산성, 창의성을 높이는 작업 환경을 조성하는 것이 환기, 공기 정화, 자재 선정 비용을 절약한 후 에너지와 운영 비용을 더 내는 것보다 더 많은 수익을 가져다준다고 생각한다.

우리 두 사람이 이 책을 함께 쓰게 된 궁극적인 동기이자 더 큰 그림이 있다. 우리는 물론 당신과 당신의 사업이 잘되길 바라지만 동시에 당신이 인구 증가와 도시화라는 세계적 대변화의 큰 맥락에서 건강한 건물을 보길 바란다. 다가오는 세계적 대변화는 너무나 방대하여 2050년까지 약 20억 명의 인구가 늘어나고 그들 중 대다수는 도시에 살 것이다. 건물은 지속 가능한 개발 과제에 대한 해결책의 일부가 되어야 한다. 건물은 오랫동안 남아있고 수십 년, 심지어 수 세기 동안 우리 삶에 영향을 미친다. 오늘날 우리가 건물과 관련해 내리는 결정은 사람들의 집단 건강 그리고 현재와 미래 세대가 살아갈 지구의 모습을 바꿀 것이다. 과학자들이 환경과 관련해 전하는 좋은 소식은 많지 않지만 건물은 개인의 이익과 사회의 이익이 충돌하지 않는 드문 경우 중 하나다. 우리는 비즈니스를 통해 개인이 승리를 거둘 수 있는 동시에 인류라는 한 집단으로서도 승리할 수 있다.

우리가 연구한 바로, 전 세계인의 건강에 영향을 주는 가장 쉬운 방법의 하나는 우리가 살아가고, 일하고, 배우고, 놀고, 기도하고, 치유하는 이 넓은 공간의 설계, 운영, 유지 관리에 영향력을 행사하는 것이다. 이 이론을 실현하기 위한 핵심 요소는 그것이 '모두에게 도움이 되는 시나리오'임을 보여주는 것이다. 자신을 위한 행동은 다른 사람들도 같은 일을 하도록 영향을 줄 수 있으며, 그렇게 건물을 하나하나씩 변화시키다 보면 우리는 매일 모든 곳에서 모든 건물에 있는 사람들의 건강을 향상할 수 있다.

서문에서 우리는 이 책이 4개의 집단 사람들, 즉 비즈니스 리더, 직장인, 건물 투자자와 소유자 그리고 개발자, 마지막으로 우리 사회의 모든 사람에게 유용할 것이라고 말했다. 건강한 건물 운동의 궁극적인 미덕은 건강한 건물이 사람, 비즈니스, 사회, 시장이라는 네 가지 성과 요소에 미치는 영향을 살펴보면 관련된 모든 사람이 이득을 얻을 수 있다는 것이다. 이런 관심은 개인에서 기업, 지역 사회, 경제 전체로 확대될 수 있다. 이제 앞에서 다룬 내용의 중요 부분을 다시 살펴보고 그것들을 네 가지 성과 요소로 구분하여 건강한 빌딩 전략을 실천하면 모든 사람이 승리할 수 있다는 점을 명확히 이해해보자.

사람 성과: 최선을 다할 기회

건강한 건물이 그 안에서 일하고 생활하는 사람들에게 유익하다는 명백한 사실부터 시작하자. 우리는 과학적으로 반박할 수 없는 몇 가지 요소에 초점을 맞추고 이 책을 시작했다. 건물에 더 많은 신선한 공기를 공급하고 더 효과적으로 여과하면 모두가 더 건강해진다는 것이다. 다시 말해 실외 공기 환기율이 높아지면 새건물증후군 증상이 줄어들고 질병 전파율이 낮아지며 결근일수도 감소한다. 최근에는 사무실 환경에서 실시한 철저한 이중 맹검법 연구를 통해 높은 환기율이 우리의 인지 기능에 직접적인 영향을 미친다는 결과를 얻었다. 구체적으로 더 나은 실내 공기질은 지식 근로자의 더 나은 의사 결정으로 이어졌다. 우리는 이론적인 이야기에서 그치지 않고 이를 뒷받침하는 실증적인 증거를 제시했다.

우리는 "건강한 건물을 구성하는 또 다른 요소에는 무엇이 있을까?"라는 질문을 제기하고 답을 찾음으로써 이 분석을 확장해나갔다. 그 결과 실내 환경에서 인간의 건강을 좌우하는 모든 요소에 대해 40년 과학 연구에 기초하여 환기, 공기질, 온열 건강성, 수질, 습기, 먼지와 해충, 조명과 전망, 음향과 소음, 안전과 보안 등 건강한 건물의 아홉 가지 기본 토대가 탄생했다. 당신은 이제 건강한 건물을 만드는 데 필요한 모든 과학적 증거를 입수했다.

7장에서는 더 건강한 건축 자재의 세계로 모험을 떠났다. 우리는 건물을 멋지게 설계하고도 쓰레기 같은 자재를 구입해 사용함으로써 모든 것을 망치기도 한다(보디빌더와 스테로이드 비유를 떠올려보자). 일부 제품에는 우리의 건강에 매우 미묘하게 작용하는 화학물질이 들어있다. 그런 물질은 우리의 심신에 서서히 작용하기 때문에 향기 나는 표면세정제에서 배출되어 곧바로 눈물을 흘리게 만드는 휘발성 유기화합물처럼 쉽게 감지되지 않는다. 이런 반휘발성 유기화합물은 제품에서 서서히 빠져나와 우리 몸에 흡수되어 호르몬 체계를 조용히 파괴한다.

8장과 9장에서는 이런 건강한 건물의 아홉 가지 기본 토대를 바탕으로 과학적으로 명확할 뿐 아니라 이 모든 것을 실제로 HPI를 사용해 측정하고 추적 관리할 수 있다는 것을 보여주었다. 우리는 HPI를 측정하기 위한 사분면 프레임워크를 소개하고 독자적으로 건물의 성능을 검증할 수 있는 인증 제도를 알아보았다(모든 건강한 건물 인증 제도에 포함되어야 하는 것들도 소개했다). 그리고 건물을 실시간으로 관리하고 개인 위생을 측정할 수 있는 새로운 센서 기술에 관해 이야기했다. 이 부분은 학문적 과학과 실생활에서의 행동을 이어주는 핵심 연결고리다. 어려운 과학 연구를 바탕으로 우리가 무엇을 해야 할지 추상적으로 이야기하는 것은 온종일 할 수 있지만, 이것을 측정하고 추적할 방법이 없다면 대부분 기업이 건물의 건강 성과를 추적하지 않을 것이다.

이제 당신은 건강한 건물을 설계하고 운영하고 유지하고 관리할 수 있는 도구를 가지고 있다. 건강한 건물 전략을 실천한다면 당신과 직원들의 건강을 해치지 않을 뿐 아니라 실제로 건강을 증진하는 보호막 역할을 하는 건물을 만들 수 있다. 따라서 건강한 건물 전략의 첫 번째 승자는 건물 안에 있는 사람들이다. 몇몇 사람들에게는 이것만으로도 충분한 동기 부여가 되지만 아직은 모든 임대인, 임차인, 투자자가 행동을 취할 만큼 충분한 원동력으로 작용하지 못하고 있다. 다음 단계는 무엇일까?

사업 성과: 사리사욕에서 벗어나다

실내 환경에 대한 기본적인 공중보건학 연구는 수십 년에 걸쳐 축적되었지만 이것만으로는 실제로 실생활에 영향을 미치지 못한다. 그러나 실내 환경이 인간의 인지 능력, 집중력, 생산성에 어떤 영향을 주는지에 관한 새로운 기술과 연구 결과가 상황을 바꿔놓았다. 그것들은 건강한 건물 운동의 또 다른 승자, 바로 기업을 끌어들였다. 추가 비용에 대한 점진적 결정 대신 건강에 관한 보다 엄격한 조치가 기업의 이익을 향상시킨다. 즉 환기를 위한 에너지 예산을 줄이기보다는 더 나은 실내 공기 개선을 위한 지출을 늘리면 높은 생산성, 낮은 결근일수, 낮은 이직률, 순이익 증가의 형태로 돌려받을 수 있다. 최근까지 업계는 건물이 그 안에서 일하는 사람들에게 어떤 영향을 미치는지 제대로 측정할 수 없었는데 이제 가능하게 되었다.

여기에도 역시 실증적인 증거가 있다. 4장에서 높은 환기율 비용을 조사했던 것을 떠올려보자. 우리는 이것을 가상의 컨설팅회사 헬스앤웰스의 재무제표에 적용했고, 거기서 환기율을 높이는 데 비용이 발생한다는 것을 확인했다. 그러나 이것은 그로 인한 이익을 감안하지 않은 분석이었다. 결근율 감소와 성과 향상(재무 모델에서 '급여 효과'와 '생산성 향상')에서 얻는 이익을 포함하면 환기율을 높이는 데 드는 추가 비용은 이 회사가 얻는 10.7퍼센트의 순이익에 비하면 사소한 것으로 나타났다. 환기율이라는 단 한 가지의 개선으로 이런 결과를 얻었다. 모든 직원은 그저 숨만 쉬면 된다! 교육을 받을 필요도 없고, 1년짜리 새로운 프로그램을 시작하지 않아도 된다. 직장 문화를 바꿀 필요도 없이 그저 숨을 쉬기만 하면 된다.

게다가 건물 소유자가 개선된 건물에 대해 임차인에게 프리미엄 임대료를 청구할 수 있는 경우를 보여주었다. 우리의 경우에는 10퍼센트라는 상당히 큰 폭으로 이익이 증가했다. 이 부분은 오랫동안 건강한 건물 전략 채택의 걸림돌이 된 인센티브 분할 문제를 다루기 때문에 절대적으로 중요하다. 건물 소유자가 왜 임차인에게 돌아가는 혜택을 위해 추가 비용을 부담해야 하는가? 이제 우리는 답을 찾았다. 임대인은 건물 개조에 드는 추가 비용을 떠맡고 개선된 건물에 대해 임차인에게 프리미엄 임대료를 청구할 수 있다. 건강한 건물 전략을 채택함으로써 얻을 수 있는 경제적 이득이 너무 크기 때문에 모두가 함께 나눌 몫이 충분하다. 직원들도 좋고, 사업주도 좋고, 건물주도 좋은 일이다.

이 책의 핵심 메시지가 바로 여기 있다. 건물은 사람들의 건강에 영향을 주며 이제 우리는 건물에 투자하는 것이 왜 회사에 투자하는 것인지 객관적으로 정량화할 수 있다. 건강한 건물은 사람들의 성과를 향상한다. 사람들의 성과가 향상되면 회사의 성과도 향상한다.

사회 성과: 건물을 위한 ESG의 'S'

우리는 이 책에서 처음 두 가지 요소인 사람 성과와 사업 성과를 다루는 데 많은 부분을 할애했다. 그런 다음 10장과 11장에서 초기 건강한 건물 운동이 더 빠르고 더 멀리 퍼질 수 있는 요소에 대한 새로운 개념, 즉 사회 성과와 시장 성과를 소개했다. 11장에서는 건물이 네 개의 벽을 넘어 건강과 부에 미치는 영향과 더 나은 사회 성과로 이어지는 방법을 살펴봤다. 이것은 건강한 건물이 주는 개인적 혜택에서 주변 이웃과 외부 사람들도 누리는 혜택으로 확대된다는 면에서 중요한 의미를 갖는다. 건강한 건물은 지속 가능성, 환경위생, 공중보건에 대한 보다 광범위한 대화의 중심이 된다.

기후변화가 계속되고 있으며 이것은 대기 중에 배출되는 가스, 즉 기후 강제력climate forcing의 직접적인 결과다. 변화하는 기후는 부동산 영역에서 불확실성, 위험성, 자금 조달력, 회복력에 대한 중요한 질문을 던지도록 만들었다. 가상의 사업자 메리와 은행 직원 낸시의 이야기를 떠올려보자. 수정된 홍수 지도로 인해 메리의 부동산은 100분의 1의 확률에서 20분의 1 확률로 위험성이 증가하면서 대출 계약을 위반했다. 이것은 오늘날 전 세계 모든 국가에서 나타나는 중대한 도전과 문제를 제기한다.

메리는 극단적인 기후변화에 맞서 건물을 개조해야 할까? 은행은 담보권을 행사해야 할까? 아니면 재융자를 해주어야 할까? 만약 재융자를 해준다면 어떤 조건으로 해야 할까? 이런 질문들은 지역 수준을 넘어 기관투자자에도 해당한다. 현명한 투자자는 기계 학습 기술과 지리정보시스템GIS을 활용하여 부동산 데이터와 대기, 기후 예측, 사회 인구 통계를 종합해 재무 위험을 추정하고 더 나은 의사 결정을 한다.

건물-에너지-건강-기후-회복력의 연결성을 통해 우리는 건물이 문제인 동시에 건강한 건물 전략의 해결책이 될 수 있다고 설명했다. 불타는 화석 연료가 지배하는 에너지 체계는 이산화탄소 같은 온실가스를 배출한다. 이런 문제를 해결하기 위해 총력을 기울이는 가운데 신재생 에너지로 옮겨가는 데 주력하는 동시에 수요 측면에 집중해야 하는 것은 당연한 일이다. 여기서 건물이 집중 조명을 받는다. 전 세계 에너지의 40퍼센트를 소비하는 건물은 전체 온실가스 배출량의 3분의 1을 차지한다(화석 연료에서 얻는 전 세계 에너지의 80퍼센트×건물이 사용하는 40퍼센트).

에너지 사용량을 줄이는 건강한 건물 전략은 온실가스 배출 감소 측면에서 건강에 공동 혜택을 가져다준다. 더 즉각적인 혜택은 화석 연료를 태우는 과정에서 배출되는 대기 오염물질이 줄어들면서 주변 지역 사회에 건강상의 혜택을 준다는 것이다. 건물의 에너지 사용량을 줄임으로써 건강에 심각한 영향을 미치는 초미세먼지 같은 대기 오염물질이 줄어들 것이다.

사람 성과나 사업 성과와 마찬가지로 사회 성과의 혜택도 정량화할 수 있다. 이로 인한 이익은 실로 엄청나다. 미국에서는 에너지 비용으로 1달러를 절약할 때마다 평균 0.59달러의 건강과 기후 공동 혜택이 발생한다. 개발도상국에서는 에너지 비용으로 1달러를 절약할 때마다 10달러의 건강과 기후 공동 혜택을 얻을 수 있다.[2] 신재생 에너지 사용으로 에너지 그리드가 더 깨끗해진다 해도 건물은 책임을 회피할 수 없다. 지난 몇 년간 건물의 화석 연료 소비, 콘크리트와 강철 같은 자재에 포함된 탄소에 대한 철저한 조사가 진행되었다. 건물의 사회 성과에 관한 대화는 이제 막 시작되었다.

건강한 건물의 정의를 에너지 보존과 정량화할 수 있는 다른 외향적 조치를 포함하도록 확장하는 것은 부동산 업계의 사업적 이해관계와 대중의 이해관계를 연결하는 방법이 될 수 있다. 즉 건강한 건물은 건물 안에 있는 개인과 건물 소유자뿐 아니라 전체 사회 구성원에게도 혜택을 제공한다는 것을 실증적으로 보여줄 수 있다.

이것은 정부와 지방자치단체가 건강한 건물 게임에 참여할 충분한 이유가 될 수 있다. 건물의 건강 공동 혜택을 정량화하는 것은 정부뿐 아니라 부동산 개발자, 소유자, 투자자 모두에게 중요하다. ESG 투자 수요가 증가하면서 부동산 개발자, 소유자, 투자자는 이제 ESG의 S, 즉 사회에 대한 질문을 받고 있다. 당신이 가지고 있는 부동산 자산이 거둔 사회적 성과는 어떤가? 과거에는 이것을 정량화하기 어려웠지만 이제 더 이상 그렇지 않다.

시장 성과: 소비자가 획득한다

승자의 목록을 정리하면 소유자, 개발자 그리고 건강한 건물에 대한 시장 수요가 늘어나고 많은 정보를 보유한 구매자가 늘면서 성공한 투자자가 있다. 먼저 건강한 건물 투자자가 어떻게 승리할 수 있는지 그리고 이것이 건강한 건물 운동을 널리 퍼뜨리는 데 어떻게 도움이 되는지 살펴보자.

데이비드 레빈슨과 엘앤엘홀딩이 파크애비뉴 425번지에 있는 '사람을 위한 타워'가 뉴욕시에서 가장 높은 임차료를 받을 수 있다는 것을 보여주면서 부동산의 가치뿐 아니라 주요 투자자인 도큐랜드 미국 법인의 투자 가치도 상승했다. 일본 부동산 그룹 도큐랜드의 다음 투자에서 어떤 일이 일어날 것 같은가? 이것이 경쟁 우위이자 성공하는 투자 전략이라는 것이 입증되었기 때문에 그들은 앞으로 건강한 건물 프로젝트에만 투자할지도 모른다.

레빈슨의 경쟁자들은 그의 건물이 높은 임대료를 받는다는 사실을 알고 어떤 행동을 할까? 매달 맨해튼에서는 10억 달러 규모의 새로운 건물 개발이 진행된다. 사람들은 다른 사람들에게 무슨 일이 일어나고 있는지 보고 그들도 자신만의 디자인으로 대응할 것이고 이 분야에 수요가 있음을 깨달을 것이다. 아마존 같은 회사가 새로운 본사 건물을 놓고 전국적으로 경쟁을 하도록 만든다면 개발자, 투자자, 소유자는 "어떻게 하면 전 세계 아마존을 내 건물로 끌어들일 수 있을까?"를 고민할 것이다.

뉴욕 이외의 시장에서는 어떤 일이 벌어지고 있을까? 다른 도시에서도 모두 건강한 건물을 주시하고 있다. 시애틀에서 보스턴, 런던, 홍콩, 상하이, 방콕에 이르기까지 부동산 개발자들은 새로운 건강한 건물을 계획하고 있다. 투자자와 개발자의 입장에서 오늘날의 경쟁보다 더 중요한 것은 미래의 경쟁일 것이다. 레빈슨에게 파크애비뉴 425번지에 건강한 건물의 요소를 실현하는 것은 건물의 미래를 보장하는 조치다. 그가 지금 건강한 건물을 목표하지 않는다면 올해 프리미엄 임차료를 낼 수 있는 임차인은 직원의 생산성과 건강을 위해 더 나은 환경을 제공하는 허드슨 야드나 월스트리트 주변에 있는 다른 건물로 옮겨 갈 것이다. 이것은 더 나은 실내 공기질을 두고 벌어지는 경쟁으로, 좋은 현상이다.

그러나 건강한 건물에 대한 하향식 접근 방법보다 더 중요한 것은 다음에 무엇이 올 것인가이다. 바로 11장에서 소개한 많은 정보를 보유한 구매자의 부상이다. 데이터의 보편화와 개인 정보 공유에 대한 장벽이 사라진 접근 방법은 건강한 건물에 상향식 압력을 가하고 있다. 건물에 센서가 설치되는 것뿐 아니라 직원들이 각자 센서를 가지고 다니는 광경도 볼 수 있는데 이런 흐름은 더 작고 저렴하고 질 좋고 연결되어 있다. 이와 같은 현상이 대규모 상업용 부동산 사업자가 사업에 대해 생각하는 방식을 바꾸고 있다.

연간 수익이 25억 달러에 달하는 부동산투자신탁 회사 보스턴프로퍼티스의 보스턴 지사 부사장인 브라이언 쿠프가 이런 이야기를 들려주었다. 그는 회사에서 관리하는 일부 건물에서 일하는 사람들이 공기질 측정기를 가지고 다니면서 그 데이터를 경영진에게 보내는 것을 목격했다. 그들은 데이터를 경영진뿐 아니라 같은 부서 동료들에게도 모두 공유했다. 건물 환경에 대한 실시간 데이터가 이제 휴게실에서 공유되고 있다. 결국 이 문제를 해결하는 동안 해당 부서는 일주일 이상 업무가 중단되었다.

쿠프는 이것을 모든 업계에서 일어나는 매수자 위험 부담 원칙에서 매도자 위험 부담 원칙으로 전환하는 과정 일부라고 보았다. 요즘 자동차 구매자는 매장을 방문할 때 판매자보다 시장 가격에 대해 더 잘 알고 있다. 영업사원이 구매자와 협상을 하고 "더 좋은 가격으로 드릴 수 있는지 확인해볼게요"라고 이야기하고 안쪽 사무실로 들어가는 것은 옛날 일이다. 요즘은 판매자가 매니저와 이야기하러 들어가면 구매자는 휴대전화로 반경 50마일 안에 있는 모든 매장의 자동차 가격을 비교해본다. 판매자가 돌아올 때쯤에는 구매자가 판매자보다 더 많은 정보를 알고 있다. 자동차 보험 회사 프로그레시브는 몇 년 전 고객을 대상으로 자사 웹사이트에 경쟁사 제품 가격을 모두 게시하고 있다는 일련의 광고를 함으로써 이런 추세를 선도했다. 그들은 고객이 가장 좋은 가격을 찾기 위해 여러 웹사이트를 돌아다니며 비교해본다는 사실을 알고 이 과정을 줄여주기 위해 자사 웹사이트에 경쟁사의 가격을 나란히 올려두었다.

이런 일이 부동산 업계에도 일어나고 있으며 앞서가는 경영진은 이미 대비하고 있다. 프로그레시브와 마찬가지로 보스턴프로퍼티스의 쿠프는 이런 사고방식의 변화를 활용하여 어떻게 하면 회사가 앞서나갈 수 있을지 계획을 세웠다. 그의 전략은 공기질과 건강한 건물의 다른 요소를 남보다 먼저 이야기하는 것이다. 잠재 고객이 다른 건물을 보러 갔을 때 그 건물 소유자가 공기질에 대해 언급하지 않는다면 쿠프가 승리할 것이다. "누가 더 건강한 건물에 있고 싶어 하지 않을 것이며, 누가 기꺼이 그 비용을 지불하려 하지 않겠는가?" 그가 물었다.

건강한 건물에 대한 상향식 압력의 마지막 부분은 옐프나 트립어드바이저 같은 웹사이트에서 소비자가 인기 있는 회사나 제품을 평가하는 크라우드소싱 접근 방법에서 비롯된다. 몇 번의 클릭만으로 잠재 고객은 서비스, 경험, 인상 등에 대한 상세한 리뷰를 검토하여 당신보다 당신의 음식점이나 리조트에 대해 더 많은 것을 알 수 있다. 회사가 음식점이나 건물 사진을 포토샵으로 처리하고 그럴듯한 설명을 적어 웹사이트에 올리고 브랜드를 관리하던 시절은 끝났다.

상업용 부동산 업계에도 글래스도어 같은 웹사이트를 통해 이런 현상이 나타나고 있다. 오늘날 글래스도어에는 주로 연봉, 직책, 경영 스타일에 대한 의견이 많이 올라온다. 이 가운데 직원들이 건물에 관한 의견을 올린 예를 11장에 소개했다. 이 일을 계기로 당신이 건강한 건물에 대해 눈을 뜨게 되었으면 하는 바람이다. 과학수사관으로서 조는 암 다발 지역이나 질병이 발생하는 건물을 현장 조사를 위해 방문하고 있지만 과거에는 이런 사건이 암암리에 진행되고 대중에게 공개되지 않았다.

만약 암 다발 지역이라고 지목된 건물에서 일하는 직원들이 글래스도어 같은 웹사이트에 글을 올리면 어떤 일이 일어날까? 뛰어난 인재가 당신의 회사를 검색하다 부정적인 소문을 듣게 된다면 당신의 일자리 제안을 수락할까? 건물 소유자가 건물을 팔려 할 때 잠재 구매자와 투자자가 이 문제를 보고 돌아서거나 가격을 깎아달라고 요구하지 않을까? 제 역할을 못 하는 건물은 잠재적으로 건강을 위협할 뿐만 아니라 브랜드에도 큰 타격을 입힐 수 있다. 건강한 건물은 기업의 직원, 브랜드, 평판, 투자를 보호하는 데 유용한 위험 관리 도구가 될 것이다.

최고의 기업은 이런 원칙에 따라 행동하고 있다. 위워크의 글로벌 시설 관리 책임자 모린 에렌베르크는 오늘날 고용인 대부분은 행복하고 건강하고 참여도가 높은 직원을 원하며, 최고의 인재를 끌어모으고 그들이 오래 일하기를 바란다고 말했다. 에렌베르크는 우리가 이 책에서 제시한 핵심 개념, 즉 건물이 이를 실현하는 열쇠라는 데 동의했다. 그는 '스마트'한 업무 현장에 관해 이야기할 때 기술을 활용하여 직원의 생산성을 높이는 편안함, 안락함, 접근성 관점에서 공간을 더 효율적으로 운영하는 것을 목표로 삼았다.

거기서 멈추지 않는다. 에렌베르크에게 이것은 "환경, 건강, 복지를 위한 약속과 더 나은 내일의 원칙에 근거하여 사람들이 '하고 싶은 일을 할 수 있도록' 돕는 것에 중점을 두는 일"이기도 했다.[3] 본질적으로 그는 실내 공기질이 사업에 도움이 되는 요소지만 건강한 업무 환경을 조성하는 것은 모두에게 더 나은 미래를 위한 약속이라고 말한다. 사람 성과가 사업 성과가 되고 사회 성과, 곧 시장 성과로 이어진다.

나는 무엇을 해야 하는가

이 책은 전 세계 주요 도시의 상업용 부동산 시장을 겨냥하고 있다. 그러나 뉴욕에서 싱가포르, 라고스에 이르기까지 주택 구매자 혹은 법원, 병원, 공항 어디든 다른 건물의 의사 결정자에게도 도움이 될 것이다. 선택은 개인, 공급업체, 대출기관, 소유자가 한다. 다음은 몇 가지 주요 행동 지침이다.

- 환기 장치는 저렴하지만 중요한 설비다. 환풍기를 돌리고 신선한 공기를 유입시키고 여과한다.
- 건강한 건물의 아홉 가지 기본 토대를 기본부터 시작하여 점점 확

장해나간다.

- 건강한 환경을 객관적으로 측정한다. 약간의 비용을 투자하면 직원들의 건강으로 얻는 이익이 더 크다는 사실을 확인할 수 있다. 가장 중요한 KPI는 HPI다.
- 건물이 네 개의 벽을 넘어 외부에 미치는 영향은 매우 중요하다. 건강한 건물은 향후 ESG 논의에서 핵심 역할을 할 것이다.
- 구매자와 임차인이 개별적인 방의 성능에 대한 모든 것을 알고 그 정보를 이용할 줄 아는 세상에 대비해야 한다. 실시간 측정기, 통합된 데이터, 벤치마킹, 소셜미디어, 예상 분석 결과 등은 더 많은 사람과 기업이 건물을 면접하게 만들 것이다.
- 건물과 관련된 결정과 비용편익분석에 건강과 사람의 성과가 포함되는지 확인한다. 성과와 생산성이 건물에서 '가치 엔지니어링' 되어 최고의 인재와 수익을 가져다줄 것이다.

마지막 악수

이 책을 통해 우리는 건강한 건물 전략을 채택하는 데 걸림돌이 된 많은 주장, 즉 한 명의 승자, 인센티브 분할, 원가, 인증 비용, 에너지 비용, 건강과 성과에 대한 과학적 증거 등에 대한 우려를 뒤집을 수 있는 증거를 제시했다. 우리는 이런 걸림돌을 제거하기 위해 설득력 있는 주장을 펼쳤다. 우리가 이야기한 것들을 실천하기 위해서는 많은 일이 그렇듯이 현명한 리더십이 필요하다. 투자하는 비용보다 얻는 것이 훨씬 크다는 사실을 깨달을 수 있는 리더가 필요하다. 오늘날 건물에 대해 내리는 결정이 당신과 회사의 성공 여부를 좌우할 수 있다.

몇 년 전 존은 하버드경영대학원에서 「설계가 부를 창출한다: 2000 타워 오크스 불바르」라는 제목의 사례 연구를 진행했다. 베다 디자인을 통한 더 나은 실내 환경과 더 좋아진 직원 건강과 성과가 가져다주는 경제적 혜택을 탐구한 사례다.[4] 재정적 혜택은 스프레드시트로 쉽게 산출할 수 있지만 당시에는 이것을 증명하기 어려웠다. 건물 성능과 그 이점을 공중보건학을 활용하여 객관적으로 정량화하는 방법은 지금까지 명확하지 않았다.

몇 년 전 조와 그의 팀은 더 나은 실내 환경이 주는 건강상의 혜택을 탐구하고 이런 접근 방법의 경제적 혜택에 관한 초기 분석을 포함하는 인지 기능 연구를 진행했다. 건강상의 혜택은 분명했지만 건강한 건물 전략으로 얻는 재정적 성과를 경영학을 활용하여 객관적으로 정량화하는 방법은 지금까지 명확하지 않았다.

우리가 이 책을 함께 쓰기 위해 서로를 찾은 이유가 바로 이것이다. 우리는 둘 다 각자의 분야에서 손을 흔드는 일에 지쳤다. 조의 경우 건강한 건물의 재정적 성과를 손으로 흔들었고 존은 건물의 건강 성과를 향해 손을 흔들었다. 이 책을 통해 우리는 손 흔들기를 공중보건의 세계와 경영의 세계 사이 악수로 바꾸었다. 우리는 이제 당신의 손을 잡고 이런 새로운 도구와 기술을 활용하여 더 건강한 건물과 더 건강한 사람들, 더 효율적인 직원들과 더 탄탄한 이익, 더 탄력적인 도시와 더 행복한 지역 사회가 있는 미래로 함께 걸어갈 수 있게 되어 기쁘다.

감사의 말

조지프 앨런

나는 15년 전 아내 메리가 하버드공중보건대학원에서 연구 조교를 구한다는 벽보 광고를 보고 연락처를 뜯어다 준 일이 계기가 되어 공중보건 분야에 발을 들여놓게 되었다. 나머지 이야기는 앞에서 본 대로다. 나의 첫 번째 감사 인사는 그때 연락처를 뜯어다 준 아내 메리에게 바친다. 그리고 내게 공중보건 분야 일을 맡겨준 앤지 크래덕, 스티브 고트메이커, 마렌 프레갈라, 로비 도드슨, 데비 베넷에게도 감사를 전한다.

얼마 지나지 않아 나는 보스턴대학에서 대학원 과정을 시작했고 나의 박사학위 지도교수인 마이크 맥클린을 만났다. 그는 내게 박사학위를 받을 생각이 있는지 물었고 이후 나는 그의 첫 박사과정 학생이 되었다. 나는 마이크에게서 학생들을 멘토링하는 방법을 배웠으며 지금도 종종 "이런 상황에서 마이크라면 뭐라고 이야기했을까?"라고 자문한다. 과학에 대한 열정을 다시 불태우게 해준 보스턴대학의 훌륭한 교수님들 톰 웹스터, 웬디 하이거-버니스, 팀 히렌,

로버타 화이트, 딕 클랩에게 특별한 감사를 전한다.

전문가로서 나의 삶은 잭 매카시와 잭 슈펭글러라는 2명의 잭이 이끌어주었다. 환경보건공학 분야에서 나는 맥카시의 휘하에서 수업에서 배운 내용을 현장에 적용하는 방법을 배웠다. 그리고 압박감을 느끼는 상태에서 어떻게 훌륭한 과학자가 되고 의사 소통자가 되는지에 대한 귀중한 교훈을 얻었다. 환경보건공학 분야에서 5년간 지내면서 만난, 감사 인사를 전해야 할 사람들의 이름을 모두 나열할 수는 없지만 매일 나와 함께 문제를 해결한 데이비드 매킨토시, 짐 스튜어트, 테코 미네기시, 매트 프래갈라, 캐슬린 브라운, 윌 웨이드, 브라이언 베이커 그리고 세계 최고의 엔지니어 제리 루드비히에게 감사를 전한다.

환경보건공학 분야에 몸담는 동안 나는 하버드대학에서 특별한 인물인 잭 슈펭글러와 함께 일하는 믿을 수 없는 행운을 누렸다. 우리는 함께 연구를 시작했고 돈독한 우정을 쌓았다. 그는 진정으로 선견지명이 있는 사람이다. 잭은 1970년대부터 훌륭한 환경 보건 운동의 선두에 있었다. 그래서 나는 항상 그가 하는 말을 귀담아듣는다. 그는 15년간 보이지 않는 손처럼 나를 이끌어주었지만 한 번도 자신의 공을 인정해달라고 요구한 적이 없다. 내가 가장 좋아하는 것은 그의 영혼이다. 아이디어가 풍부하고 항상 앞날을 생각하며 모든 것에 대해 타의 추종을 불허하는 열정을 가지고 있다. 나는 영원히 그에게 받은 은혜를 잊지 않을 것이다.

내가 하버드대학 교수진에 합류했을 때 외부인들은 학계에서 기대할 법한 동료 간의 협력 관계는 기대하기 힘들고 경쟁이 심할 것이라고 주의를 주었다. 그러나 나는 정반대라는 사실을 깨달았다.

지지와 안내와 함께 용기를 북돋아 준 학과장 미셸 윌리엄스와 교수 동료들 러스 하우저, 데이비드 크리스티아니아, 프랜신 라덴, 엘시 선덜랜드, 프란체스카 도미니시, 브렌트 콜, 다이앤 골드, 페트로스 쿠트라키스, 더그 도커리, 하워드 고, 애런 번스타인, 아시시 얀나, 줄리엣 카이엠, 나오미 오레스키스에게 감사를 전한다. 연구 교수들인 타마라 제임스 토드, 박진아, 캐리 아담키비츠, 제이미 하트, 콴 루, 크리스 사로시크, 잭 나겔, 수루티 마할린가이아, 카르멘 메셀리안, 베르나르도 레모스에게도 훌륭한 동료가 되어준 것에 감사를 전한다. 남모르게 마법을 부려준 행정팀에게도 고마움을 전한다. 건강한 건물 프로그램이 진행되는 동안 지지를 아끼지 않은 어맨다 스피카드와 사라 브랜스트래터, 기술개발부의 젠 라이스와 그랜트 지메르만, 연구 결과를 하버드대학 전체에 적용하는 일을 함께 진행한 지속가능성연구소의 헤더 헨릭슨에게도 특별히 감사 인사를 전하고 싶다.

나의 건강한 건물팀에게도 감사를 전한다. 내가 신뢰하고 존중하는 부책임자 피어스 맥노튼(지금은 뷰에 있다)과 호세 기예르모 세데뇨 로랑, 나의 현재 박사과정 학생 안나 영, 에밀리 존스, 에리카 아이틀랜드에게 인사를 전한다. 우리 팀은 박사후연구원, 박사과정 학생, 전문 연구원, 관리자로 구성된 특별한 팀이다. 하버드대학에 합류한 첫날 나는 "당신의 연구가 세상에 어떤 영향을 미칠 것인가?"라는 질문을 받았다. 나는 이 질문을 건강한 건물 프로그램 실험실의 화이트보드에 적어놓고 우리가 맡은 프로젝트와 연구를 숙고할 때마다 되새겼다. 이렇게 뛰어난 사람들과 과학자들에게 둘러싸여 있어 얼마나 행복한지 모른다.

건강한 건물 운동의 선구자들에게도 개별적으로 감사 인사를 전하고 싶다. 그들 중에는 나와 직접적으로 함께 일한 사람들도 있고 그들의 작업을 통해 내게 영감을 준 사람들도 있다. 전 미국 국립환경보건과학원 수장 린다 번바움, 리치 콜시, 일레인 후발, 프레드리카 페레라, 트레이스 우드러프, 찰리 웩슬러, 빌 나자로프, 칼 구스타프-보네하그, 빌 피스크가 그들이다. 또한 쉘리 밀러, 마리나 벤스, 존 레비, 브렌트 스티븐스, 파웰 와고키, 마이클 워링, 게브리엘 베코, 우샤 사티쉬, 크리스토프 레인하트, 헤더 스테이플턴처럼 훌륭한 차세대 건강한 건물 연구자들에게도 영감을 얻고 영향을 받았다. 노동 보건 분야의 위대한 거인이자 하버드대학의 첫 번째 여성 교수인 앨리스 해밀턴에게 감사를 전한다. 그의 뒤를 이을 수 있다는 것을 영광스럽게 생각한다.

우리가 이 책에서 말했듯이 외부와 단절된 연구는 아무에게도 도움이 되지 않는다. 그래서 나는 특히 비즈니스 세계의 협력자들이 자랑스럽고 감사하다. 메리 밀모, 존 맨딕, 코리 리칼데, 애쉴리 배리, 카렌 키트리지, 알렉 설티코프, 루치 서튼, 콜린 팸, 모린 에렌베르크, 브라이언 쿠프, JLL 팀, 밥 팍스, 더스트 가, 사모, 제네즈, 잇사 로긴, 데이비드 레빈슨, 샤미 와이스만, 로빈 배스, 벤 마이어스, 제러드 챈 그리고 노먼 포스터에게 감사를 전한다.

갑작스러운 나의 메일에 친절하게 답장을 해주고 첫 번째 점심 약속에 동의해준 나의 공동 저자 존 매컴버에게도 고마움을 전한다. 그와 함께 이 책을 쓰고 다시 수정하는 작업을 하면서 우리가 함께 이야기하기 전에는 상상할 수 없었을 만큼 내 생각이 탄탄해지고 명확해졌다. 그와 손을 잡게 되어 기쁘다.

개인적인 삶에서 나는 나를 지지해주고 즐겁게 해주는 대가족이라는 선물을 받았다. 내게 세상 사는 지혜를 알려준 부모님, 다섯 명의 형제자매(그들의 배우자까지 합하면 열 명), 열다섯 명의 조카, 서른 명이 넘는 사촌, 이모, 삼촌 그리고 처가 식구인 마거릿과 빌, 앤에게 감사를 전한다. 그들은 내가 자라는 동안, 교육받는 동안, 현재 이 일을 하기까지 큰 힘이 되어준 사람들이다.

마지막으로 가장 소중한 아내 메리와 세 아이 콜비, 첼시, 랜던에게도 인사를 전한다. 나는 일을 사랑하지만 내게 가장 소중한 역할은 남편과 아버지다. 이들은 내 일에 목적의식을 부여하고 내 삶을 행복으로 채워주는 사람들이다.

메리에게. 15년 전 하버드공중보건대학 복도에 붙어 있던 전단을 뜯어다 주고 이후 올바른 방향으로 조금씩 나아갈 수 있도록 도와줘서 고마워. 당신은 내가 공중보건과 내 일에 대해 끊임없이 이야기하는 것을 참을성 있게 들어주었어. "이제 최소한 공중보건 석사학위는 딴 것 같은데"라는 농담에 전적으로 동의해. 이 모든 것을 나와 함께 즐기며 응원해줘서 고마워.

감사함을 전하며….

전진, 앞으로!

존 매컴버

인생의 세 번째 단계가 나를 조와 이 책 그리고 시스템과 입주자의 성과를 최적화하기 위한 금융 모델링이라는 개념으로 이끌었다. 다트머스대학과 하버드경영대학원 학생일 때 존 케메니는 내게 확률 이론과 컴퓨터를 사용한 모델링을, 도넬라 메도즈는 시스템 역학과 복잡한 시스템을, 브루스 그린왈드는 관리경제학을 소개했다. 이 개념들은 당시 내게 큰 영향을 미쳤으며 지금도 여전히 내게 중요하다.

건축계에서 일하는 동안 많은 멘토가 있었지만 가장 한결같은 사람들은 나의 형제자매이자 동업자인 형 조지 매컴버와 여동생 그레이스 버드다. 지난 30년간 부동산 업계에서 사업 동반자를 만나기도 했다. 피터 노드블럼과 그의 선친 로드는 노스웨스트 파크 등에서 건강한 건물을 모델링하고 건물에 거주하는 사람들의 행복을 새로운 시각에서 고민했다. 미래 지향적인 상업용 부동산 임대인이 실제로 어떻게 생각하고 투자하는지 알려줘서 감사하다.

MIT의 프레드 모아벤자데는 1988년 내게서 불꽃이 튀었다고 생각하고 나를 강의실 앞으로 데려갔다. 내용과 장소는 변했지만 나는 한 번도 그곳을 떠난 적이 없다. 나의 학생들이 세상에 긍정적인 영향을 줄 리더가 될 수 있도록 도울 기회가 있다는 것은 정말 행운이다. 조처럼 하버드대학에 오기 전 나는 그곳에서 나를 인정해주고 반겨줄지 걱정했다. 기쁘게도 그들은 나를 반갑게 맞아주었고 나는 하버드경영대학원의 경영과 환경 이니셔티브와 하버드대학환경센터에 특히 마음이 끌렸다. 아서 시겔, 레베카 헨더슨, 포레스트 라인하르트, 마이크 토플은 협력자이자 동료, 공동 교사, 지지자, 강의 교정자가 되어주었다. 학과장 니틴 노리아는 세상의 큰 문제를 해결하는 데 도움이 되는 경영의 길을 밝히고 우리 모두에게 그 길을 따라갈 수 있는 자원을 제공했다.

돌아가신 내 아버지 조지 매컴버는 "우리가 어떻게 인류라는 공을 앞으로 나아가게 할 수 있을까?"라고 말하곤 했다. 이 책이 그 목적을 달성하는 데 도움이 되었으면 좋겠다. 내 아내 크리스틴은 스타트업을 할 때, 방향을 전환할 때, 교직에 있을 때, 그 외 모든 일에 대해 항상 지원을 아끼지 않았다. 그는 내가 교육 프로젝트로 집을 비울 때도, 내가 집에 돌아올 때도 늘 행복해했다. 무엇보다도 내 어머니 앤디 매컴버에게 감사를 전한다. 그는 마음이 원하는 삶을 살도록 격려했고, 내 열정과 아이디어를 자유롭게 추구할 수 있도록 이끌어주었으며, 존경과 신뢰를 얻는 데 필요한 감각을 심어주었다. 어머니는 많은 것을 받은 사람은 그만큼 주어야 한다고 말했다.

조와 존으로부터

우리에게 저자로서 새로운 기회를 준 하버드대학출판부 팀에게 감사한다. 그들은 작업이 진행되는 동안 능숙하게 우리를 이끌어주었고, 훌륭한 편집자 조이 드 메닐과 제프 딘은 우리가 쓴 글을 깔끔하게 손봐주었다. 초고를 읽고 의견과 통찰을 준 익명의 동료 검토자 세 사람에게 감사를 전한다. 우리는 또한 참고문헌 정리를 도와준 하버드대학생 시드니 로빈슨에게 감사를 전한다. 그는 전체 원고를 꼼꼼히 읽고 수정 작업을 하며 참고문헌 정리 외에 더 많은 것을 도와주었다. 마지막으로 경영과 공중보건 커뮤니티 사이의 협력을 강화하기 위한 우리의 노력을 지지해준 하버드공중보건대학원의 학장 혁신 기금에 감사를 전한다.

주

1장

1. L. Iyer, J. D. Macomber, and N. Arora, “Dharavi: Developing Asia’s Largest Slum(A),” Harvard Business School Case 710-004, July 2009, https://www.hbs.edu/faculty/Pages/item.aspx?num?=?37599.
2. The Twenty-Second Conference of the Parties to the UN Framework Convention on Climate Change.
3. S. Ro, “Here’s What the $294 Trillion Market of Global Financial Assets Looks Like,” *Business Insider*, February 11, 2015, https://www.businessinsider.com/global-financial-assets-2015-2; US Department of the Treasury, “Daily Treasury Yield Curve Rates,” Resource Center, accessed October 2, 2019, https://www.treasury.gov/resource-center/data-chart-center/interest-rates/Pages/TextView.aspx?data?=?yield.
4. Centers for Disease Control and Prevention, “Legionella (Legionnaires’ Disease and Pontiac Fever),” November 26, 2018, https://www.cdc.gov/legionella/about/history.html.
5. A. Mavridou et al., “Prevalence Study of Legionella spp Contamination in Greek Hospitals,” *International Journal of Environmental Health Research* 18 (2008): 295-304; J. E. Stout et al., “Role of Environmental Surveillance

in Determining the Risk of Hospital-Acquired Legionellosis: A National Surveillance Study with Clinical Correlations," *Infection Control and Hospital Epidemiology* 28 (2007): 818824; J. L. Kool et al., "Hospital Characteristics Associated with Colonization of Water Systems by Legionella and Risk of Nosocomial Legionnaires' Disease: A Cohort Study of 15 hospitals," *Infection Control & Hospital Epidemiology* 20, no.12 (1999): 798-805.

6. World Health Organization, "Legionellosis," February 16, 2018, http://www.who.int/news-room/fact-sheets/detail/legionellosis.

7. World Health Organization, *Health Effects of Particulate Matter* (Copenhagen, 2013), http://www.euro.who.int/data/assets/pdf_file/0006/189051/Health-effects-of-particulate-matter-final-Eng.pdf.

8. Q. Di et al., "Air Pollution and Mortality in the Medicare Population," *New England Journal of Medicine* 376, no.26 (2017): 2513-2522.

9. I. Kloog et al., "Acute and Chronic Effects of Particles on Hospital Admissions in New-England," *PLoS One* 7, no.4 (2012): e34664.

10. V. Strauss, "Education Secretary Betsy DeVos Stumbles during Pointed '60 Minutes' Interview," *Washington Post*, March 12, 2018.

11. *Schools for Health: Foundations for Student Success* (Boston: Healthy Buildings Program, Harvard T. H. Chan School of Public Health, 2018), https://schools.forhealth.org.

12. David A. Coley, Rupert Greeves, and Brian K. Saxby, "The Effect of Low Ventilation Rates on the Cognitive Function of a Primary School Class," *International Journal of Ventilation* 6, no.2 (2007): 107-112.

13. Oluyemi Toyinbo et al., "Modeling Associations between Principals 'Reported Indoor Environmental Quality and Students' Self-Reported Respiratory Health Outcomes Using GLMM and ZIP Models," *International Journal of Environmental Research and Public Health* 13, no.4 (2016): 385.

14. Ulla Haverinen-Shaughnessy and Richard J. Shaughnessy, "Effects of Classroom Ventilation Rate and Temperature on Students' Test Scores," *PloS One* 10, no.8 (2015): e0136165.

15. Jisung Park, "Hot Temperature and High Stakes Exams: Evidence from New York City Public Schools" (working paper, Harvard University, 2018), https://scholar.harvard.edu/files/jisungpark/files/paper_nyc_aejep.pdf.

16. Michael S. Mott et al., "Illuminating the Effects of Dynamic Lighting on Student Learning," *SAGE Open* 2, no.2 (2012).

17. William J. Sheehan et al., "Association between Allergen Exposure in Inner-City Schools and Asthma Morbidity among Students," *Journal of American Medical Association Pediatrics* 171, no.1 (2017): 31-38.

2장

1. United Nations Department of Economic and Social Affairs, Population Division, *World Population Prospects 2019: Highlights*, ST/ESA/SER.A/423 (New York: United Nations, 2019).

2. United Nations Department of Economic and Social Affairs, "2018 Revision of World Urbanization Prospects," May 16, 2018, https://www.un.org/development/desa/publications/2018-revision-of-world-urbanization-prospects.html.

3. McKinsey Global Institute, *India's Urban Awakening: Building Inclusive Cities, Sustaining Economic Growth*, April 2010.

4. Rachel Carson, *Silent Spring* (Boston: Houghton Mifflin, 1962).

5. E. O. Wilson, *Half-Earth: Our Planet's Fight for Life* (New York: Liveright, 2016).

6. Joseph G. Allen et al., *Building for Health: The Nexus of Green Buildings, Global Health, and the U.N. Sustainable Development Goals* (Boston: Healthy Buildings Program, Harvard T. H. Chan School of Public Health, October 2017).

7. Environmental Protection Agency, *Advancing Sustainable Materials Management: 2015 Fact Sheet* (Washington, DC, July 2018), https://www.epa.gov/sites/production/files/2018-07/documents/2015_smm_msw_factsheet_07242018_fnl_508_002.pdf.
8. World Bank, "Fossil Fuel Energy Consumption(% of Total)," 2015, https://data.worldbank.org/indicator/EG.USE.COMM.FO.ZS.
9. John Holdren, speech at Harvard University Center for the Environment, March 21, 2017.
10. World Health Organization, "Constitution of WHO: Principles," accessed December 2018, https://www.who.int/about/mission/en/.
11. Aaron Antonovsky, "The Salutogenic Model as a Theory to Guide Health Promotion," *Health Promotion International* 11, no.1 (1996): 11-18.
12. I. Papnicolas, L. R. Woskie, and A. K. Jha, "Health Care Spending in the United States and Other High-Income Countries," *Journal of the American Medical Association* 319, no.10 (2018): 1024-1039.
13. National Business Group on Health, "Large U.S. Employers Project Health Care Benefit Costs to Surpass $14,000 per Employee in 2018, National Business Group on Health Survey Finds," press release, August 8, 2017, https://www.businessgrouphealth.org/news/nbgh-news/press-releases/press-release-details/?ID?=?334; A. W. Mathews, "Employer-Provided Health Insurance Approaches $20,000 a Year," *Wall Street Journal*, October 4, 2018.
14. John A. Quelch and Emily C. Boudreau, *Building a Culture of Health: A New Imperative for Business* (Cham, Switzerland: Springer International, 2016).
15. Eric Schmidt and Jonathan Rosenberg, *How Google Works* (New York: Grand Central, 2014).
16. Google, "Smelling the Carpet: Making Buildings Healthier, Along with the People in Them," accessed May 18, 2019, https://sustainability.google/projects/smelling-the-carpet/.

17. Correspondence with Kate Brandt, June 20, 2019.
18. H. Jung, "Modeling CO_2 Concentrations in Vehicle Cabin" (SAE Technical Paper 2013-01-1497, 2013), https://doi.org/10.4271/2013-01-1497.
19. *Merriam-Webster*, s.v. "sick building syndrome," accessed October 3, 2019, https://www.merriam-webster.com/dictionary/sick%20building%20syndrome.
20. Correspondence with Greg O'Brien, June 19, 2019.
21. Gianpiero Petriglieri, Susan J. Ashford, and Amy Wrzesniewski, "Thriving in the Gig Economy," *Harvard Business Review*, April 11, 2018, https://hbr.org/2018/03/thriving-in-the-gig-economy.
22. J. Manyika et al., "Independent Work: Choice, Necessity, and the Gig Economy," McKinsey and Company, October 2016, https://www.mckinsey.com/featured-insights/employment-and-growth/independent-work-choice-necessity-and-the-gig-economy.
23. US Occupational Safety and Health Administration, "Protecting Temporary Workers," accessed August 25, 2019, https://www.osha.gov/temp_workers/.
24. Ethan S. Bern stein and Stephen Turban, "The Impact of the 'Open' Workspace on Human Collaboration," *Philosophical Transactions of the Royal Society B* 373, no.1753 (2018), https://royalsocietypublishing.org/doi/10.1098/rstb.2017.0239.
25. Correspondence with Greg O'Brien, June 19, 2019.
26. John D. Macomber and Griffin James, "Design Creates Fortune: 2000 Tower Oaks Boulevard," Harvard Business School Case 210-070, March 2010, 9.
27. Correspondence with Rebecca Boll, November 11, 2019.
28. R. G. Eccles and S. Klimenko, "The Investor Revolution," *Harvard Business Review*, May June 2019, https://hbr.org/2019/05/the-investor-revolution.

29. Larry Fink, "2018 Letter to CEOs: A Sense of Purpose," BlackRock, accessed October 3, 2019, https://www.blackrock.com/corporate/investor-relations/2018-larry-fink-ceo-letter.
30. David Gelles and David Yaffe-Bellany, "Shareholder Value Is No Longer Every thing, Top C.E.O.s Say," *New York Times*, August 18, 2019.
31. Marc Benioff, "We Need a New Capitalism," *New York Times*, October 14, 2019.

3장

1. N. E. Klepeis et al., "The National Human Activity Pattern Survey (NHAPS): A Resource for Assessing Exposure to Environmental Pollutants," *Journal of Exposure Science and Environmental Epidemiology* 11, no.3 (2001): 231.
2. Velux, "The Disturbing Facts about the Indoor Generation," accessed October 3, 2019, https://www.veluxusa.com/indoorgeneration.
3. Tweet from Richard Corsi, @CorsIAQ, January 24, 2014.
4. Environmental Protection Agency, "NAAQS Table," accessed October 3, 2019, https://www.epa.gov/criteria-air-pollutants/naaqs-table.
5. Chinese Ministry of Environmental Protection and General Administration of Quality Supervision, Inspection, and Quarantine of the People's Republic of China, *Ambient Air Quality Standards*, GB 3095-2012 (Beijing, 2012); Priemus and E. Schutte-Postma, "Notes on the Particulate Matter Standards in the European Union and the Netherlands," *International Journal of Environmental Research and Public Health* 6, no.3 (2009): 1155-1173; Japanese Ministry of the Environment, "Environmental Quality Standards in Japan Air Quality," accessed August 26, 2019, https://www.env.go.jp/en/air/aq/aq.html.
6. Occupational Safety and Health Administration, "Permissible Exposure Limits Annotated Tables," accessed October 3, 2019, https://www.osha.

gov/dsg/annotated-pels/index.html.

7. Jones Lang LaSalle Incorporated, "A Surprising Way to Cut Real Estate Costs," September 25, 2016, http://www.us.jll.com/united-states/en-us/services/corporates/consulting/reduce-real-estate-costs.

8. Building Owners and Managers Association International, "BOMA International's Office and Industrial Benchmarking Report Released," September 18, 2018, https://www.boma.org/BOMA/Research-Resources/3-BOMA-Spaces/Newsroom/PR91818.aspx.

9. US Bureau of Labor Statistics, "Occupational Employment Statistics: May 2018 State Occupational Employment and Wage Estimates Massachusetts," last modified April 9, 2019, https://www.bls.gov/oes/current/oes_ma.htm.

10. R. W. Allen et al., "Modeling the Residential Infiltration of Outdoor PM2. 5 in the Multi-ethnic Study of Atherosclerosis and Air Pollution (MESA Air)," *Environmental Health Perspectives* 120, no.6 (2012): 824-830.

11. C. Chen and B. Zhao, "Review of Relationship between Indoor and Outdoor Particles: I/O Ratio, Infiltration Factor and Penetration Factor," *Atmospheric Environment* 45 (2011): 275-288.

12. Environmental Protection Agency, "*Exposure Factors Handbook* 2011 edition," *EPA/600/R-09/052F*, https://cfpub.epa.gov/ncea/efp/recordisplay.cfm?deid?=?236252.

13. Lance A. Wallace, *Project Summary: The Total Exposure Assessment Methodology* (TEAM) Study, EPA/600/S6-87/002 (Washington, DC: US Environmental Protection Agency, September 1987).

14. Rachel Weiner, "Lumber Liquidators to Pay $33 Million for Misleading Investors about Formaldehyde in Laminate Flooring," *Washington Post*, March 12, 2019.

15. R. E. Dodson et al., "Impact of Attached Garages on Indoor Residential BTEX Concentrations," in *HB 2006: Healthy Buildings: Creating a Healthy*

Indoor Environment for People, Proceedings, vol. 1, *Indoor Air Quality (IAQ), Building Related Diseases and Human Response*, ed. E. de Oliveira Fernandes, M. Gameiro da Silva, and J. Rosado Pinto (Porto, Portugal: Universidade do Porto, 2006), 217.

16. US Environmental Protection Agency, "Idle-Free Schools Toolkit for a Healthy School Environment," acccssed August 25, 2019, https://www.epa.gov/schools/idle-free-schools-toolkit-healthy-school-environment; P. H. Ryan et al., "The Impact of an Anti-idling Campaign on Outdoor Air Quality at Four Urban Schools," *Environmental Science: Processes and Impacts* 15, no.11 (2013): 2030-2037.

17. N. Twilley, "Home Smog," *The New Yorker*, April 8, 2019.

18. A. W. Nørgaard et al., "Ozone-Initiated VOC and Particle Emissions from a Cleaning Agent and an Air Freshener: Risk Assessment of Acute Airway Effects," *Environment International* 68 (2014): 209-218.

19. D. K. Farmer et al., "Overview of HOMEChem: House Observations of Microbial and Environmental Chemistry," *Environmental Science: Processes and Impacts* 21, no.8 (2019): 1280-1300.

20. C. J. Weschler et al., "Transdermal Uptake of Diethyl Phthalate and Di(n-butyl) Phthalate Directly from Air: Experimental Verification," *Environmental Health Perspectives* 123, no.10 (2015): 928-934; G. Beko et al., "Dermal Uptake of Nicotine from Air and Clothing: Experimental Verification," *Indoor Air* 28, no.2 (2018): 247-257; G. C. Morrison et al., "Role of Clothing in Both Accelerating and Impeding Dermal Absorption of Airborne SVOCs," *Journal of Exposure Science and Environmental Epidemiology* 26, no.1 (2016): 113.

21. Environmental Protection Agency, "*Exposure Factors Handbook* 2011 Edition," *EPA/600/R-09/052F*, https://cfpub.epa.gov/ncea/efp/record isplay.cfm?deid?=?236252.

22. D. L. Bohac et al., "Second hand Smoke Transfer and Reductions by

Air Sealing and Ventilation in Multiunit Buildings: PFT and Nicotine Verification," *Indoor Air* 21, no.1 (2011): 36-44.
23. K. Murphy, "What's Lurking in Your Countertop?," *New York Times*, July 24, 2008.
24. J. Allen et al., "Assessing Exposure to Granite Countertops," *Journal of Exposure Science and Environmental Epidemiology* 20 (2010): 263280; J. Allen et al., "Predicted Indoor Radon Concentrations from a Monte Carlo Simulation of 1,000,000 Granite Countertop Purchases," *Journal of Radiological Protection* 33 (2013): 151-162.
25. John Mandyck and Joseph Allen, "The Nexus of Green Buildings, Global Health, and the U.N. Sustainable Development Goals," at the Distinguished Sustainability Lecture Series, Jaipur, India, October 4, 2017.

4장

1. B. Franklin and W. T. Franklin, *Memoirs of the Life and Writings of Benjamin Franklin* (London: Colburn, 1809), 3.
2. J. Allen et al., "Associations of Cognitive Function Scores with Carbon Dioxide, Ventilation, and Volatile Organic Compound Exposures in Office Workers: A Controlled Exposure Study of Green and Conventional Office Environments," *Environmental Health Perspectives* 124, no.6 (2016): 805-812.
3. Allen et al., "Associations of Cognitive Function Scores with Carbon Dioxide," *Environmental Health Perspectives* 124, no. 6 (2016): 805–812, figure 1.
4. J. Allen, "Research: Stale Office Air Is Making You Less Productive," *Harvard Business Review*, March 21, 2017, https://hbr.org/2017/03/research-stale-office-air-is-making-you-less-productive.
5. J. F. Brundage et al., "Building-Associated Risk of Febrile Acute

Respiratory Diseases in Army Trainees," *Journal of American Medical Association* 259, no.14 (1988): 2108-2112; P. J. Drinka et al., "Report of an Outbreak: Nursing Home Architecture and Influenza-A Attack Rates," *Journal of the American Geriatrics Society* 44, no.8 (1996): 910-913; C. W. Hoge et al., "An Epidemic of Pneumococcal Disease in an Overcrowded, Inadequately Ventilated Jail," *New England Journal of Medicine* 331, no.10 (1994): 643-648; L. D. Knibbs et al., "Room Ventilation and the Risk of Airborne Infection Transmission in 3 Health Care Settings within a Large Teaching Hospital," *American Journal of Infection Control* 39, no.10 (2011): 866-872; D. K. Milton, P. M. Glencross, and M. D. Walters, "Risk of Sick Leave Associated with Outdoor Air Supply Rate, Humidification, and Occupant Complaints," *Indoor Air* 10, no.4 (2000): 212-221; O. A. Seppanen and W. J. Fisk, "Summary of Human Responses to Ventilation," *Indoor Air* 14, suppl. 7 (2004): 102-118; P. Wargocki and D. P. Wyon, "The Effects of Moderately Raised Classroom Temperatures and Classroom Ventilation Rate on the Performance of Schoolwork by Children (RP-1257)," *HVAC&R Research* 13, no.2 (2007): 193-220.

6. ASHRAE, "The Standards for Ventilation and Indoor Air Quality," accessed October 4, 2019, https://www.ashrae.org/technical-resources/bookstore/standards-62-1-62-2.

7. S. E. Womble et al., "Developing Baseline Information on Buildings and *Indoor Air* Quality (BASE 1994): Part I Study Design, Building Selection, and Building Descriptions" (presentation, Healthy Buildings 1995, September 11-14, 1995), https://www.researchgate.net/publication/237729515_Developing_Baseline_Information_on_Bui-ldings_and_Indoor_Air_Quality_BASE_'94_Part_I_Study_Design_Building_Selection_and_Building_Descriptions.

8. W. J. Fisk, "The Ventilation Problem in Schools: Lit er a ture Review,"

Indoor Air 27, no.6 (2017): 1039-1051.

9. M. J. Mendell et al., "Association of Classroom Ventilation with Reduced Illness Absence: A Prospective Study in California Elementary Schools," *Indoor Air* 23, no.6 (2013): 515-528.

10. R. L. Corsi et al., "Carbon Dioxide Levels and Dynamics in Elementary Schools: Results of the TESIAS Study," *Proceedings of Indoor Air* 2 (2002): 74-79.

11. X. Cao et al., "The On-Board Carbon Dioxide Concentrations and Ventilation Performance in Passenger Cabins of US Domestic Flights," *Indoor and Built Environment* 28, no.6 (2018).

12. J. G. Allen et al., "Airplane Pilot Flight Performance on 21 Maneuvers in a Flight Simulator under Varying Carbon Dioxide Concentrations," *Journal of Exposure Science and Environmental Epidemiology* 29, no.4 (2019): 457-468.

13. D. K. Milton et al., "A Study of Indoor Carbon Dioxide Levels and Sick Leave among Office Workers," *Environmental Health* 1 (2002): article 3.

14. P. Wargocki et al., "The Effects of Outdoor Air Supply Rate in an Office on Perceived Air Quality, Sick Building Syndrome (SBS) Symptoms and Productivity," *Indoor Air* 10, no.4 (2000): 222-236; B. W. Olesen, "Indoor Environment Health-Comfort and Productivity," 2005, http://perfectproblems.com/testashrae/Olesen-Health-comfort-productivity.pdf; W. J. Fisk, "Health and Productivity Gains from Better Indoor Environments and Their Relationship with Building Energy Efficiency," *Annual Review of Energy and the Environment* 25 (2000): 537-566.

15. P. MacNaughton et al., "Economic, Environmental and Health Implications of Enhanced Ventilation in Office Buildings," *International Journal of Environmental Research and Public Health* 12, no.11 (2015): 14709-14722.

5장

1. Market Research Hub, "Global Construction Outlook 2021," April 30, 2017, https://www.marketresearchhub.com/report/global-construction-outlook-2021-report.html.
2. Federal Reserve Bank of St. Louis, "Average Sales Price of Houses Sold for the United States," August 23, 2018, https://fred.stlouisfed.org/series/ASPUS.
3. "Median Age of Maturing U.S. Housing Stock is 37," *Realtor Magazine*, August 13, 2018, https://magazine.realtor/daily-news/2018/08/13/median-age-of-maturing-us-housing-stock-is-37; N. Zhao, "Half of US Homes Built before 1980," Eye on Housing, National Association of Home Builders, August 1, 2018, http://eyeonhousing.org/2018/08/half-of-us-homes-built-before-1980/.
4. L. Zullo, "Tenant Energy Performance Optimization Case Study: Li & Fung USA, Empire State Building," NRDC, April 19, 2013, https://www.nrdc.org/resources/tenant-energy-performance-optimization-case-study-li-fung-usa-empire-state-building.
5. Harvard University, "Green Revolving Fund," accessed October 4, 2019, https://green.harvard.edu/programs/green-revolving-fund.
6. P. MacNaughton et al., "Economic, Environmental and Health Implications of Enhanced Ventilation in Office Buildings," *International Journal of Environmental Research and Public Health* 12, no.11 (2015): 14709-14722.
7. M. Hamilton et al., "Perceptions in the U.S. Building Industry of the Benefits and Costs of Improving Indoor Air Quality," *Indoor Air* 26, no.2 (2016): 318-330.

6장

1. Piers MacNaughton et al., "The Impact of Working in a Green Certified

Building on Cognitive Function and Health," *Building and Environment* 114 (2017): 178-186.

2. P. MacNaughton et al., "Economic, Environmental and Health Implications of Enhanced Ventilation in Office Buildings," *International Journal of Environmental Research and Public Health* 12, no.11 (2015): 14709-14722.

3. B. Stephens, T. Brennan, and L. Harriman, "Selecting Ventilation Air Filters to Reduce $PM_{2.5}$ of Outdoor Origin," *ASHRAE Journal*, September 2016, 12-20.

4. J. G. Laurent et al., "Reduced Cognitive Function during a Heat Wave among Residents of Non-air-conditioned Buildings: An Observational Study of Young Adults in the Summer of 2016," *PLOS Medicine* 15, no.7 (2018): e1002605.

5. O. Seppanen, W. J. Fisk, and Q. H. Lei, "Effect of Temperature on Task Performance in Office Environment" (paper, Ernest Orlando Lawrence Berkeley National Laboratory, Berkeley, July 2006), http://eta-publications.lbl.gov/sites/default/files/lbnl-60946.pdf.

6. J. G. Cedeño Lauren et al., "Reduced Cognitive Function During a Heat Wave among Residents of Non-Air-Conditioned Buildings: An Observational Study of Young Adults in the Summer of 2016," *PLoS Med* 15, no. 7 (2018): e1002605, https://doi.org/10.1371/journal.pmed.1002605, figure 3.

7. Tyler Hoyt et al., "CBE Thermal Comfort Tool," Center for the Built Environment, University of California, Berkeley, 2017, http://comfort.cbe.berkeley.edu/.

8. B. Kingma and W. van Marken Lichtenbelt, "Energy Consumption in Buildings and Female Thermal Demand," *Nature Climate Change* 5, no.12 (2015): 1054.

9. A. Lydgate, "Is Your Thermostat Sexist?," *New Yorker*, August 3, 2015.

10. S. Karjalainen, "Thermal Comfort and Gender: A Lit er a ture Review," *Indoor Air* 22, no.2 (2012): 96-109.
11. Y. Zhai et al., "Human Comfort and Perceived Air Quality in Warm and Humid Environments with Ceiling Fans," *Building and Environment* 90 (2015): 178-185.
12. Joseph Allen and Jose Guillermo Cedeno Laurent, "Want Air Conditioning and a Healthier Planet? Here's One Step We Can Take Today," *The Hill*, July 30, 2018, https://thehill.com/blogs/congress-blog/energy-environment/399549-want-air-conditioning-and-a-healthier-planet-heres-one.
13. Lawrence Berkeley National Laboratory, "Thermal Stress and Deaths during Heat Waves," accessed May 13, 2019, https://iaqscience.lbl.gov/cc-thermal.
14. Environmental Protection Agency, "National Primary Drinking Water Regulations," March 22, 2018, https://www.epa.gov/ground-water-and-drinking-water/national-primary-drinking-water-regulations.
15. ASHRAE, *Legionellosis: Risk Management for Building Water Systems*, ANSI/ASHRAE Standard 188-2018, 2018, https://www.ashrae.org/technical-resources/bookstore/ansi-ashrae-standard-188-2018-legionellosis-risk-management-for-building-water-systems.
16. D. L. Ryan, "High Lead Levels Found at Hundreds of Massachu setts Schools," *Boston Globe*, May 2, 2017.
17. 이 과정에 수반된 화학 작용은 매우 흥미로우며 생물막과 물때, pH와 알칼리성, 유기물 등의 복잡한 상호 작용을 포함한다. 이 문제를 요약한 자료와 납과 구리에 관한 규정을 보려면 미국 환경보호국의 보고서를 참고하라. Environmental Protection Agency, *Optimal Corrosion Control Treatment Evaluation Technical Recommendations for Primacy Agencies and Public Water Systems*, March 2016, https://www.epa.gov/sites/production/files/2019-07/documents/occtmarch2016updated.pdf.

18. J. Allen et al., *The 9 Foundations of a Healthy Building* (Boston: Harvard T. H. Chan School of Public Health, 2017), 21, https://forhealth.org/9_Foundations_of_a_Healthy_Building.February_2017.pdf.

19. D. Licina et al., "Clothing-Mediated Exposure to Chemicals and Particles," *Environmental Science and Technology* 53, no.10 (2019): 5559-5575.

20. Environmental Protection Agency, "Update for Chapter 5 of the Exposure Factors Handbook: Soil and Dust Ingestion," September 2017, http://ofmpub.epa.gov/eims/eimscomm.getfile?p_download_id?=?532518.

21. 우리가 몇 가지 권장 사항을 이야기하기 전에 정말 먼지에 관심이 있다면 폴 리오이의 『먼지*Dust*』를 읽어보길 추천한다. 리오이는 9·11 테러 직후 먼지에서 발견한 화학물질의 유해한 혼합물을 조사한 결과를 토대로 이 책을 썼다. P. J. *Lioy, Dust: The Inside Story of Its Role in the September 11th Aftermath*, foreword by T. H. Kean (Lanham, MD: Rowman and Littlefield, 2011).

22. Occupational Safety and Health Administration, "OSHA Factsheet: Laboratory Safety Noise," accessed October 7, 2019, https://www.osha.gov/Publications/laboratory/OSHAfactsheet-laboratory-safety-noise.pdf; "Chapter 39: Noise Hazard Assessment and Control," accessed October 7, 2019, http://www2.lbl.gov/ehs/pub3000/CH39.html.

23. D. Owen, "Is Noise Pollution the Next Public Health Crisis?," *New Yorker*, May 6, 2019.

24. S. Pujol et al., "Association between Ambient Noise Exposure and School Performance of Children Living in An Urban Area: A Cross-Sectional Population-Based Study," *Journal of Urban Health* 91, no.2 (2013): 256-271.

25. A. W. Correia et al., "Residential Exposure to Aircraft Noise and Hospital Admissions for Cardiovascular Diseases: Multi-airport Retrospective Study," *British Medical Journal* 347 (2013): f5561.

26. S. Ganesan et al., "The Impact of Shift Work on Sleep, Alertness and Performance in Healthcare Workers," *Scientific Reports* 9, no.1 (2019):

4635; S. M. James et al., "Shift Work: Disrupted Circadian Rhythms and Sleep Implications for Health and Well-Being," *Current Sleep Medicine Reports* 3, no.2 (2017): 104-112.

27. IARC Working Group on the Evaluation of Carcinogenic Risk to Humans, *Painting, Firefighting, and Shiftwork*, IARC Monographs on the Evaluation of Carcinogenic Risks to Humans 98 (Lyon: International Agency for Research on Cancer Press, 2010).

28. O. Keis et al., "Influence of Blue-Enriched Classroom Lighting on Students' Cognitive Performance," *Trends in Neuroscience and Education* 3, nos. 3-4 (2014): 86-92; B. M. T. Shamsul et al., "Effects of Light's Colour Temperatures on Visual Comfort Level, Task Performances, and Alertness among Students," *American Journal of Public Health Research* 1, no.7 (2013): 159-165.

29. L. M. James, "Blue-Enriched White Light in the Workplace Improves Self-Reported Alertness, Performance and Sleep Quality," *Scandinavian Journal of Work, Environment and Health* 34, no.4 (2008): 297.

30. E. O. Wilson, *Biophilia* (Cambridge, MA: Harvard University Press, 1984).

31. R. Ulrich, "View through a Window May Influence Recovery from Surgery," *Science* 224, no.4647 (1984): 420-421.

32. J. Yin et al., "Physiological and Cognitive Performance of Exposure to Biophilic Indoor Environment," *Building and Environment* 132 (2018): 255-262.

33. J. Yin et al., "Effects of Biophilic Interventions in Office on Stress Reaction and Cognitive Function: A Randomized Crossover Study in Virtual Reality," *Indoor Air*, published ahead of print, August 16, 2019, https://doi.org/10.1111/ina.12593.

34. J. Yin et al., "Restorative Effects of Biophilic Indoor Environment: A Between-Subjects Experiment in Virtual Reality," *Environment International* (2020).

35. J. Allen et al., *9 Foundations*, 23
36. Juliette Kayyem, conversation with authors, May 2019.
37. B. J. Allen and R. Loyear, *Enterprise Security Risk Management: Concepts and Applications* (Brooksfield, CT: Rothstein, 2017).
38. W. J. Fisk, D. Black, and G. Brunner, "Benefits and Costs of Improved IEQ in US Offices," *Indoor Air* 21, no.5 (2011): 357-367.

7장

1. R. Ruiz, "Industrial Chemicals Lurking in Your Bloodstream," *Forbes*, July 11, 2012, https://www.forbes.com/2010/01/21/toxic-chemicals-bpa-lifestyle-health-endocrine-disruptors.html#7679e596bb91.
2. R. Harrington, "The EPA Has Only Banned These 9 Chemicals Out of Thousands," *Business Insider*, February 10, 2016, https://www.businessinsider.com/epa-only-restricts-9-chemicals-2016-2.
3. ABC News, "Schwarzenegger Has No Regrets about Steroid Use," February 25, 2005, https://abcnews.go.com/ThisWeek/Health/story?id?=?532456 &page?=?1.
4. C. Potera, "Reproductive Toxicology: Study Associates PFOS and PFOA with Impaired Fertility," *Environmental Health Perspectives* 117, no.4 (2009): A148; C. C. Carignan et al., "Urinary Concentrations of Organophosphate Flame Retardant Metabolites and Pregnancy Outcomes among Women Undergoing In Vitro Fertilization," *Environmental Health Perspectives* 125, no 8. (2017): 087018.
5. Environmental Protection Agency, "Summary of the Toxic Substances Control Act," September 19, 2018, https://www.epa.gov/laws-regulations/summary-toxic-substances-control-act.
6. Rachel Carson, *Silent Spring* (Boston: Houghton Mifflin, 1962).
7. L. N. Vandenberg et al., "Low Dose Effects of Bisphenol A: An Integrated Review of In Vitro, Laboratory Animal, and Epidemiology

Studies," *Endocrine Disruptors* 1, no.1 (2013): e26490.

8. J. R. Rochester and A. L. Bolden, "Bisphenol S and F: A Systematic Review and Comparison of the Hormonal Activity of Bisphenol A Substitutes," *Environmental Health Perspectives* 123, no.7 (2015): 648.

9. J. Allen, "Stop Playing Whack-a-Mole with Hazardous Chemicals," *Washington Post*, December 15, 2016.

10. Silent Spring Institute, "The Detox Me Action Kit by Silent Spring Institute," accessed October 7, 2019, https://silentspring.org/detoxmeactionkit/.

11. N. Kristof, "What Poisons Are in Your Body?," *New York Times*, February 23, 2018.

12. A. M. Calafat et al., "Polyfluoroalkyl Chemicals in the U.S. Population: Data from the National Health and Nutrition Examination Survey (NHANES) 2003-2004 and Comparisons with NHANES 1999-2000," *Environmental Health Perspectives* 115, no.11 (2007): 1596-1602.

13. J. Allen, " These Toxic Chemicals Are Everywhere Even in Your Body. And They Won't Ever Go Away," *Washington Post*, January 2, 2018.

14. QV. Barry, A. Winquist, and K. Steenland, "Perfluorooctanoic Acid (PFOA) Exposures and Incident Cancers among Adults Living Near a Chemical Plant," *Environmental health Perspectives* 121, nos. 1112 (2013): 1313-1318.

15. C8 Science Panel, "The Science Panel Website," accessed August 16, 2019, http://www.c8sciencepanel.org/.

16. P. Grandjean et al., "Serum Vaccine Antibody Concentrations in Children Exposed to Perfluorinated Compounds," *Journal of the American Medical Association* 307, no.4 (2012): 391-397.

17. G. Liu et al., "Perfluoroalkyl Substances and Changes in Body Weight and Resting Metabolic Rate in Response to Weight-Loss Diets: A Prospective Study," *PLoS Medicine* 15, no.2 (2018): e1002502.

18. Science Daily, "Unsafe Levels of Toxic Chemicals Found in Drinking

Water for Six Million Americans," August 10, 2016, https://www.sciencedaily.com/releases/2016/08/160809121418.htm.

19. C. Lyons, *Stain-Resistant, Nonstick, Waterproof, and Lethal: The Hidden Dangers of C8* (Westport, CT: Praeger, 2007).

20. S. DeVane, "State Investigates Rising GenX Levels at Chemours Plant," *Fayetteville Observer*, January 18, 2019.

21. A. Blum et al., " Children Absorb Tris-B P Flame Retardant from Sleepwear: Urine Contains the Mutagenic Metabolite, 2, 3-Dibromopropanol," *Science* 201, no.4360 (1978): 1020-1023.

22. Michigan Department of Public Health, "PBBs in Michigan Frequently Asked Questions, 2011 Update," https://www.michigan.gov/documents/mdch_PBB_FAQ_92051_7.pdf.

23. Emory Rollins School of Public Health, Michigan PBB Registry, "Research," accessed August 24, 2019, http://pbbregistry.emory.edu/Research/index.html.

24. F. J. Di Carlo, J. Seifter, and V. J. DeCarlo, "Assessment of the Hazards of Polybrominated Biphenyls," *Environmental Health Perspectives* 23 (1978): 351.

25. K. Noren and D. Meironyte, "Certain Organochlorine and Organobromine Contaminants in Swedish Human Milk in Perspective of Past 20-30 Years," *Chemosphere* 40, nos. 911 (2000): 1111-1123.

26. Tom Webster, presentation at Boston University School of Public Health, 2006.

27. J. G. Allen et al., "Critical Factors in Assessing Exposure to PBDEs via House Dust: *Environment International* 34, no.8 (2008): 1085-1091; J. G. Allen et al., "Exposure to Flame Retardant Chemicals on Commercial Airplanes," *Environmental Health* 12, no.1 (2013): 17; S. Harrad and S. Hunter, "Concentrations of Polybrominated Diphenyl Ethers in Air and Soil on a Rural Urban Transect across a Major UK Conurbation,"

Environmental Science and Technology 40, no.15 (2006): 4548-4553; R. J. Letcher et al., "Bioaccumulation and Biotransformation of Brominated and Chlorinated Contaminants and Their Metabolites in Ringed Seals (Pusa hispida) and Polar Bears (Ursus maritimus) from East Greenland," *Environment International* 35, no.8 (2009): 1118-1124; M. A. McKinney et al., "Flame Retardants and Legacy Contaminants in Polar Bears from Alaska, Canada, East Greenland and Svalbard, 2005-2008," *Environment International* 37, no.2 (2011): 365-374; S. Hermanussen et al., "Flame Retardants (PBDEs) in Marine Turtles, Dugongs and Seafood from Queensland, Australia," *Marine Pollution Bulletin* 57, nos. 612 (2008): 409-418.

28. T. J. Woodruff, A. R. Zota, and J. M. Schwartz, "Environmental Chemicals in Pregnant Women in the United States: NHANES 2003-2004," *Environmental Health Perspectives* 119, no.6 (2011): 878-885; K. Inoue et al., "Levels and Concentration Ratios of Polychlorinated Biphenyls and Polybrominated Diphenyl Ethers in Serum and Breast Milk in Japanese Mothers," *Environmental Health Perspectives* 114, no.8 (2006): 1179-1185; S. Harrad and L. Porter, "Concentrations of Polybrominated Diphenyl Ethers in Blood Serum from New Zealand," *Chemosphere* 66, no.10 (2007): 2019-2023; L. Zhu, B. Ma, and R. A. Hites, "Brominated Flame Retardants in Serum from the General Population in Northern China," *Environmental Science and Technology* 43, no.18 (2009): 6963-6968.

29. H. Viberg, "Exposure to Polybrominated Diphenyl Ethers 203 and 206 during the Neonatal Brain Growth Spurt Affects Proteins Important for Normal Neurodevelopment in Mice," *Toxicological Sciences* 109, no.2 (2009): 306-311; L. H. Tseng et al., "Developmental Exposure to Decabromodiphenyl Ether (PBDE 209): Effects on Thyroid Hormone and Hepatic Enzyme Activity in Male Mouse Offspring," *Chemosphere* 70, no.4 (2008): 640-647; T. E. Stoker et al., "In Vivo and In Vitro Anti-

androgenic Effects of DE-71, a Commercial Polybrominated Diphenyl Ether (PBDE) Mixture," *Toxicology and Applied Pharmacology* 207, no.1 (2005): 78-88; L. H. Tseng et al., "Postnatal Exposure of the Male Mouse to 2, 2', 3, 3', 4, 4', 5, 5', 6, 6'-Decabrominated Diphenyl Ether: Decreased Epididymal Sperm Functions without Alterations in DNA Content and Histology in Testis," *Toxicology* 224, nos. 12 (2006): 33-43.

30. J. B. Herbstman et al., "Prenatal Exposure to PBDEs and Neurodevelopment," *Environmental Health Perspectives* 118, no.5 (2010): 712-719; J. D. Meeker et al., "Polybrominated Diphenyl Ether (PBDE) Concentrations in House Dust Are Related to Hormone Levels in Men," *Science of the Total Environment* 407, no.10 (2009): 3425-3429; K. M. Main et al., "Flame Retardants in Placenta and Breast Milk and Cryptorchidism in Newborn Boys," *Environmental health Perspectives* 115, no.10 (2007): 1519-1526.

31. J. G. Allen et al., "PBDE Flame Retardants," 60.

32. T. Hamers et al., "Biotransformation of Brominated Flame Retardants into Potentially Endocrine-Disrupting Metabolites, with Special Attention to 2,2',4,4'-Tetrabromodiphenyl Ether (BDE-47)," *Molecular Nutrition and Food Research* 52, no.2 (2008): 284-498.

33. C. M. Butt and H. M. Stapleton, "Inhibition of Thyroid Hormone Sulfotransferase Activity by Brominated Flame Retardants and Halogenated Phenolics," *Chemical Research in Toxicology* 26, no.11 (2013): 1692-1702.

34. H. M. Stapleton et al., "Identification of Flame Retardants in Polyurethane Foam Collected from Baby Products," *Environmental Science and Technology* 45, no.12 (2011): 5323-5331.

35. California Environmental Protection Agency, "Evidence on the Carcinogenicity of Tris (1,3-Dichloro-2-Propyl Phosphate)," July 2011, https://oehha.ca.gov/media/downloads/proposition-65/chemicals/tdcpp070811.pdf.

36. Carignan et al., "Urinary Concentrations," 087018.

37. P. Callahan and S. Roe, "Playing with Fire," *Chicago Tribune*, May 2012, http://media.apps.chicagotribune.com/flames/index.html.

38. J. G. Allen et al., "Linking PBDEs in House Dust to Consumer Products Using X-Ray Fluorescence," *Environmental Science and Technology* 42, no.11 (2008): 4222-4228.

39. D. Michaels, *Doubt Is Their Product: How Industry's Assault on Science Threatens Your Health* (Oxford: Oxford University Press, 2008); Naomi Oreskes and Erik M. Conway, *Merchants of Doubt: How a Handful of Scientists Obscured the Truth on Issues from Tobacco Smoke to Global Warming* (New York: Bloomsbury, 2011).

40. R. Hauser and A. M. Calafat, "Phthalates and Human Health," *Occupational and Environmental Medicine* 62, no.11 (2005): 806-818.

41. I. Colon et al., "Identification of Phthalate Esters in the Serum of Young Puerto Rican Girls with Premature Breast Development," *Environmental Health Perspectives* 108, no.9 (2000): 895-900.

42. C. G. Bornehag et al., "The Association between Asthma and Allergic Symptoms in Children and Phthalates in House Dust: A Nested Case Control Study," *Environmental Health Perspectives* 112, no.14 (2004): 1393-1397.

43. A. S. Nair, "DuPont Settles Lawsuits over Leak of Chemical Used to Make Teflon," *Reuters*, February 13, 2017.

44. T. Kary, "3M Settles Minnesota Lawsuit for $850 Million," *Bloomberg*, February 20, 2018, https://www.bloomberg.com/news/articles/2018-02-20/3m-is-said-to-settle-minnesota-lawsuit-for-up-to-1-billion.

45. *Literature Review of Remediation Methods for PCBs in Buildings* (Needham, MA: Environmental Health and Engineering, 2012).

46. HomeAdvisor, "How Much Does It Cost to Remove Asbestos?," accessed October 7, 2019, https://www.homeadvisor.com/cost/environmental-

safety/remove-asbestos/; *Literature Review of Remediation Methods*.

47. C. Pellacani et al., "Synergistic Interactions between PBDEs and PCBs in Human Neuroblastoma Cells," *Environmental Toxicology* 29, no.4 (2014): 418-427.

48. State of California, Environmental Protection Agency, "Chemicals Known to the State to Cause Cancer or Reproductive Toxicity," October 26, 2018, https://oehha.ca.gov/media/downloads/proposition-65/p65list102618.pdf.

49. Perkins+Will, "Transparency," accessed August 26, 2019, https://transparency.perkinswill.com.

8장

1. U.S. Green Building Council, "LEED v4," accessed October 8, 2019, https://new.usgbc.org/leed-v4.

2. GRESB Infrastructure, 2016 *Report* (Amsterdam: GRESB, 2016), https://gresb.com/wp-content/uploads/2017/07/2016_Infrastructure_Report.pdf.

3. U.S. Green Building Council, personal communication, November 5, 2019.

4. P. MacNaughton et al., "Energy Savings, Emission Reductions, and Health Co-benefits of the Green Building Movement," *Journal of Exposure Science and Environmental Epidemiology* 28, no.4 (2018): 307-318.

5. PR Newswire, "Tishman Speyer Launches Global Tenant Health and Wellness Initiative with Fitwel Certification of Its Portfolio," October 23, 2017, https://www.prnewswire.com/news-releases/tishman-speyer-launches-global-tenant-health-and-wellness-initiative-with-fitwel-certification-of-its-portfolio-300541249.html.

6. Fitwel, "How Does the Fitwel Process Work?," accessed October 8, 2019, https://fitwel.org/certification.

7. RESET homepage, accessed October 8, 2019, https://www.reset.build/.
8. WELL, "WELL v2 Pricing," https://www.wellcertified.com/certification/v2/pricing.
9. Urban Land Institute, Center for Sustainability and Economic Performance, *The Business Case for Healthy Buildings: Insights from Early Adopters* (Washington, DC: Urban Land Institute, 2018), https://americas.uli.org/wp-content/uploads/sites/2/ULI-Documents/Business-Case-for-Healthy-Buildings-FINAL.pdf.
10. John Macomber, Emily Jones, and Joseph Allen, "A Tower for the People," Harvard Business School, 2020 (in press).
11. Interview of David Levinson, April 24, 2019.
12. Merlin Fulcher, "Foster Scoops Prize New York Tower," *Architects' Journal*, October 3, 2012, https://www.architectsjournal.co.uk/home/foster-scoops-prize-new-york-tower/8636694.article.
13. David Levinson, interview with Joe and John, April 23, 2018.
14. David Levinson, interview with Joe and John, April 3, 2019.
15. J. Carreyrou, *Bad Blood: Secrets and Lies in a Silicon Valley Startup* (New York: Alfred A. Knopf, 2018).

9장

1. F. Barber and R. Strack, "The Surprising Economics of a 'People Business,' " *Harvard Business Review*, June 2005, https://hbr.org/2005/06/the-surprising-economics-of-a-people-business.
2. J. Doerr, *Measure What Matters: How Google, Bono, and the Gates Foundation Rock the World with OKRs* (New York: Penguin, 2018).
3. Tyler J. VanderWeele and Miguel A. Hernan, "Results on Differential and Dependent Measurement Error of the Exposure and the Outcome Using Signed Directed Acyclic Graphs," *American Journal of Epidemiology* 175, no.12 (2012): 1303-1310.

4. J. G. Allen et al., "Green Buildings and Health," *Current Environmental Health Reports* 2, no.3 (2015): 250-258.
5. J. G. Laurent et al., "Influence of the Residential Environment on Undergraduate Students' Health," *Journal of Exposure Science and Environmental Epidemiology* (2019), https://www.nature.com/articles/s41370-019-0196-4.
6. J. G. Allen et al., "Elevated Corrosion Rates and Hydrogen Sulfide in Homes with 'Chinese Drywall,' " *Science of the Total Environment* 426 (2012): 113-119; Environmental Health & Engineering, *Final Report on an Indoor Environmental Quality Assessment of Residences Containing Chinese Drywall*, January 28, 2010, https://www.CPSC.gov.
7. R. Maddalena et al., *Small-Chamber Measurements of Chemical-Specific Emission Factors for Drywall*, Report LBNL-3986E (Berkeley: Lawrence Berkeley National Laboratory, June 2010).
8. R. Maddalena, *Effect of Environmental Factors on Sulfur Gas Emissions from Problem Drywall*, Report LBNL-5026E (Berkeley: Lawrence Berkeley National Laboratory, August 2011).
9. US Department of Health and Human Services, Agency for Toxic Substances and Disease Registry, *Health Consultation Possible Health Implications from Exposure to Sulfur Gases Emitted from Chinese-Manufactured Drywall* (Atlanta: US Department of Health and Human Services, May 2, 2014).
10. Lawrence Berkeley National Lab, "Building Commissioning: A Golden Opportunity for Reducing Costs and Greenhouse Gas Emissions," 2009, http://cx.lbl.gov/2009-assessment.html.
11. L. M. Weatherly and J. A. Gosse, "Triclosan Exposure, Transformation, and Human Health Effects," *Journal of Toxicology and Environmental Health*, Part B 20, no.8 (2017): 447-469.
12. Kaiser Permanente, "Banning Use of Antimicrobial Agents for Infection

Control," December 11, 2015, https://about.kaiserpermanente.org/total-health/health-topics/kaiser-permanente-rejects-antimicrobials-for-infection-control.

13. J. P. Onnela, "Research Areas: Digital Phenotyping," Harvard T. H. Chan School of Public Health, July 26, 2017, https://www.hsph.harvard.edu/onnela-lab/research/.

10장

1. Energy Information Administration, "How Much Energy Is Consumed in U.S. Residential and Commercial Buildings?," May 3, 2018, https://www.eia.gov/tools/faqs/faq.php?id?=?86&t?=?1.

2. World Bank, "Fossil Fuel Energy Consumption (% of Total)," accessed October 9, 2019, https://data.worldbank.org/indicator/EG.USE.COMM.FO.ZS.

3. D. W. Dockery et al., "An Association between Air Pollution and Mortality in Six US Cities," *New England Journal of Medicine* 329, no.4 (1993): 1753-1759.

4. C. Liu et al., "Ambient Particulate Air Pollution and Daily Mortality in 652 Cities," *New England Journal of Medicine* 381, no.8 (2019): 705-715.

5. Q. Di et al., "Air Pollution and Mortality in the Medicare Population," *New England Journal of Medicine* 376, no.26 (2017): 2513-2522.

6. A. Zanobetti et al., "A National Case-Crossover Analysis of the Short-Term Effect of PM 2.5 on Hospitalizations and Mortality in Subjects with Diabetes and Neurological Disorders," *Environmental Health* 13, no.1 (2014): 38.

7. R. Khalili et al., "Early-Life Exposure to PM 2.5 and Risk of Acute Asthma Clinical Encounters among C hildren in Massachusetts: A Case-Crossover Analysis," *Environmental Health* 17, no.1 (2018): 20.

8. P. MacNaughton et al., "Impact of Particulate Matter Exposure and Sur-

rounding 'Greenness' on Chronic Absenteeism in Massachusetts Public Schools," *International Journal of Environmental Research and Public Health* 14, no.2 (2017): 207.

9. M. A. Kioumourtzoglou et al., "Long-Term PM2. 5 Exposure and Neurological Hospital Admissions in the Northeastern United States," *Environmental Health Perspectives* 124, no.1 (2015): 23-29.

10. R. Raz et al., "Autism Spectrum Disorder and Particulate Matter Air Pollution before, during, and after Pregnancy: A Nested CaseControl Analysis within the Nurses' Health Study II Cohort," *Environmental Health Perspectives* 123, no.3 (2014): 264-270.

11. J. J. Buonocore et al., "An Analysis of Costs and Health Co-Benefits for a US Power Plant Carbon Standard," *PloS One* 11, no.6 (2016): p.e0156308.

12. Harvard Healthy Buildings Program, "CoBE: Co-benefits of the Built Environment," 2019, http://cobe.forhealth.org/.

13. Di et al., "Air Pollution and Mortality."

14. P. MacNaughton et al., "Energy Savings, Emission Reductions, and Health Co-benefits of the Green Building Movement," *Journal of Exposure Science and Environmental Epidemiology* 28, no.4 (2018): 307-318.

15. For Health, "The CogFx Study Indoor Environmental Quality," accessed October 9, 2019, https://research.forhealth.org/2016/12/17/cogfx/.

16. Evan Mills, *Building Commissioning: A Golden Opportunity for Reducing Energy Costs and Green house Gas Emissions* (Berkeley: Lawrence Berkeley National Laboratory, July 21, 2009), http://cx.lbl.gov/documents/2009-assessment/lbnl-cx-cost-benefit.pdf.

17. Reuters, "Total of 79 Chinese Cities Trigger Air Pollution Alerts: Xin hua," December 1, 2018.

18. "Special Report: Global Warming of 1.5 Degrees C," The Intergovernmental Panel on Climate Change, https://www.ipcc.ch/sr15/.

19. Ali Ayoub and Nils Kok, "Who Cares about Climate Risk?," GeoPhy, May 8, 2018, https://medium.com/geophy-hq/who-cares-about-climate-risk-ca68236f2e62.

20. J. D. Macomber, "Climate Change Is Going to Transform Where and How We Build," *Harvard Business Review*, October 16, 2019, https://hbr.org/2019/10/climate-change-is-going-to-transform-where-and-how-we-build.

21. Emma Foehringer Merchant, "NY Governor Wants Zero-Carbon Electricity by 2040," GTM, December 18, 2018, https://www.greentech-media.com/articles/read/new-york-names-100-carbon-neutral-electricity-as-priority#gs.HnsNTS06.

22. Environmental Protection Agency, *Inventory of U.S. Green house Gas Emissions and Sinks: 19902017*, April 11, 2019.

23. Brian C. McDonald et al., "Volatile Chemical Products Emerging as Largest Petrochemical Source of Urban Organic Emissions," *Science* 359, no.6377 (2018): 760-764.

24. E. O. Wilson, *Half-Earth: Our Planet's Fight for Life* (New York: Liveright, 2016).

11장

1. Everett Rogers, *Diffusion of Innovations* (New York: Free Press, 1962).

2. Clayton M. Christensen, *The Innovator's Dilemma: When New Technologies Cause Great Firms to Fail* (Boston: Harvard Business School Press, 1997).

3. Alice Hamilton, *Exploring the Dangerous Trades* (Boston: Little, Brown and Company, 1943).

4. D. K. Farmer et al., "Overview of HOMEChem: House Observations of Microbial and Environmental Chemistry," *Environmental Science: Processes and Impacts* 21, no.8 (2019): 12801300; H. Zhao, E. T. Gall, and B. Stephens, "Measuring the Building Envelope Penetration Factor for Ambient

Nitrogen Oxides," *Environmental Science and Technology* 53, no.16 (2019): 9695-9704.

5. D. Singh et al., "Nanofiller Presence Enhances Polycyclic Aromatic Hydrocarbon (PAH) Profile on Nanoparticles Released during Thermal Decomposition of Nano-Enabled Thermoplastics: Potential Environmental Health Implications," *Environmental Science and Technology* 51, no.9 (2017): 5222-5232.
6. A. Gandolfo et al., "Unexpectedly High Levels of Organic Compounds Released by Indoor Photocatalytic Paints," *Environmental Science and Technology* 52, no.19 (2018): 11328-11337.
7. N. Vaze et al., "A Nano-Carrier Platform for the Targeted Delivery of Nature-Inspired Antimicrobials Using Engineered Water Nanostructures for Food Safety Applications," *Food Control* 96 (2019): 365-374.
8. James L. Heskett, W. Earl Sasser, and Leonard A. Schlesinger, *Ser vice Profit Chain: How Leading Companies Link Profit and Growth to Loyalty, Satisfaction and Value* (New York: Free Press, 1997).
9. Tom Randall, "The Smartest Building in the World," *Bloomberg*, September 23, 2015, https://www.bloomberg. com/features/2015-the-edge-the-worlds-greenest-building/.
10. John Macomber, Emily Jones, and Joseph Allen, "A Tower for the People," Harvard Business School, 2020 (in press).
11. Alec Saltikoff, interview with Joe Allen, May 17, 2019.
12. Personal communication with Piers MacNaughton, July 17, 2019.
13. Yolanda Barnes, "8 Things to Know about Global Real Estate Value," Savills Impacts, https://www.savills.com/impacts/economic-trends/8-things-you-need-to-know-about-the-value-of-global-real-estate.html.
14. GFM Asset Management, "Top 200 US-Listed Real Estate Investment Trusts (REITs) by Market Cap as of 2017Q3," August 3, 2017, https://gfmasset.com/2017/08/top-200-us-listed-real-estate-investment-trusts-

reits-by-market-cap-as-of-2017q3/.

15. Scotsman's Guide, "Top Overall Volume: Scotsman Guide's Top Mortgage Lenders 2017," accessed October 9, 2019, https://www.scotsmanguide.com/Rankings/Top-Lenders-2017/Results/Top-Overall-Volume-New/.

16. Charles Fine, *Clockspeed: Winning Industry Control in the Age of Temporary Advantage* (New York: Basic Books, 2008).

17. Boston Green Ribbon Commission, *Carbon Free Boston: Summary Report* 2019, https://www.greenribboncommission.org/document/executive-summary-carbon-free-boston/.

18. T. Wang, "U.S. Construction IndustryStatistics & Facts," Statista, July 17, 2019, https://www.statista.com/topics/974/construction/.

19. Reuters, "Global Construction Market 2018; Expected to Drive a Galloping Growth to US$12.7 Trillion by 2022," August 23, 2018, https://www.reuters.com/brandfeatures/venture-capital/article?id?=?48295.

20. T. Wang, "Leading Construction Contractors Worldwide in 2017, Based on Revenue (in Billion U.S. Dollars)," Statista, last edited August 9, 2019, https://www.statista.com/statistics/279942/the-largest-construction-contractors-worldwide-based-on-total-revenue/.

21. Stephen Edelstein, "Google Street View Cars with Built-In Air-Quality Sensors Are Going Global," The Drive, September 12, 2018, http://www.thedrive.com/tech/23529/google-street-view-cars-with-air-quality-sensors-are-going-globally.

22. John Mandyck, "Are You Interviewing Your Building?," *Huffington Post*, February 8, 2017, https://www.huffingtonpost.com/john-mandyck/are-you-interviewing-your_b_14642324.html.

23. "Smells Bad," Glassdoor, May 1, 2016, https://www.glassdoor.com/Reviews/Employee-Review-rePLANET-RVW10457626.htm.

24. "SLP Building Smells like Sewage," Glassdoor, May 15, 2018, https://

www.glassdoor.com/Reviews/Employee-Review-Honeywell-RVW20588766.htm.

25. "Perks, but Noisy Open Office," Glassdoor, March 24, 2017, https://www.glassdoor.com/Reviews/Employee-Review-Square-RVW14337633.htm.

26. "Unsafe and Unprofessional Workplace," Glassdoor, October 1, 2017, https://www.glassdoor.com/Reviews/Wellco-Industries-Reviews-E1603538.htm.

27. "Great People but the Office Is Way Too Cold," Glassdoor, July 16, 2018, https://www.glassdoor.com/Reviews/ Employee-Review-Local-Splash-RVW21504798.htm.

28. "Great Mentors, Bad Lighting," Glassdoor, August 5, 2015, https://www.glassdoor.com/Reviews/Employee-Review-INL-RVW7468192.htm.

후기

1. N. Twilley, "Home Smog," *New Yorker*, April 8, 2019.

2. P. MacNaughton et al., "Energy Savings, Emission Reductions, and Health Co-benefits of the Green Building Movement," *Journal of Exposure Science and Environmental Epidemiology* 28, no.4 (2018): 307.

3. Interview with Maureen Ehrenberg, February 11, 2019.

4. John D. Macomber and Griffin H. James, "Design Creates Fortune: 2000 Tower Oakes Boulevard," Harvard Business Publishing Education, case study, March 21, 2010, https://hbsp.harvard.edu/product/210070-PDF-ENG.

옮긴이_ 이현주

펜실베이니아주립대학 신문방송학과를 졸업하고 광고대행사에서 일했다. 글밥아카데미 출판 번역 과정을 수료하고 현재 전문 번역가로 활동하고 있다. 옮긴 책으로 『1등 스타트업의 비밀』 『미라클 모닝 다이어리』 『본격 청소세포 자극 도감』 『마법의 광고 디자인』 등이 있다.

건강한 건물

코로나 이후, 사무실이 진화한다

1판 1쇄 찍음 2021년 6월 3일
1판 1쇄 펴냄 2021년 6월 9일

지은이 조지프 앨런 · 존 매컴버
옮긴이 이현주
펴낸이 송상미

편집 박혜영
디자인 이석운 · 김경진

펴낸곳 머스트리드북
출판등록 2019년 10월 7일 제2019-000272호
주소 (03925) 서울시 마포구 월드컵북로 400, 5층 11호(상암동, 문화콘텐츠센터)
전화 070-8830-9821
팩스 070-4275-0359
메일 mustreadbooks@naver.com

ISBN 979-11-970227-6-0 03320

* 이 책 내용의 전부 또는 일부를 이용하려면
반드시 저작권자와 머스트리드북 양측의 서면 동의를 받아야 합니다.
* 책값은 뒤표지에 표시되어 있습니다.